KB143637

소통의 기초

스피치와 토론

Public Speaking and Debate

소통의 기초
스피치와 토론

스피치와 토론 교과교재 출간위원회 **지음**

성균관대학교 출판부

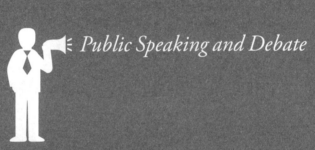

Public Speaking and Debate

머리말

현대와 같은 전파·전자매체의 시대에도 스피치와 토론 능력의 중요성은 더욱더 강조되고 있다. 공공의 영역에서 자신의 의사를 표현하고 남의 의사를 전달받으며 그룹과 조직을 이끌어 나가는 데 스피치와 토론은 중요한 커뮤니케이션 수단이다. 현대를 살아가는 이들은 연설, 발표, 보고, 협상, 인터뷰, 토론 등 다양한 형태의 의사 표현을 접하게 된다. 또한 민주적 정치과정이 활발히 전개되면서 사회 각 분야에서 스피치와 토론의 능력은 민주 시민의 기본 소양이 되었다. 건전한 민주화의 실현은 사회 구성원 상호간에 얼마나 합리적이고 논리적인 커뮤니케이션이 이루어지느냐에 달려 있다.

그동안 한국 대학 교육에서 의사소통에 대한 교육은 소홀히 다루어졌다. 그러나 근래 일부 대학에서는 말하기와 글쓰기에 대한 교육을 강화하며 기존의 백화점 식 교양교육의 틀을 벗어나 체계적이며 종합적인 교양교육과정으로 개편하고 있다. 대학 교육의 핵심은 종합적인 사고 능력을 갖춘 지성인을 양성하는 것과 동시에 전문 지식을 다룰 수 있는 능력을 함양하는 것이다. 그러나 한국 대학 교육은 지난 수십 년 간 이 두 영역 모두 만족스러운 교육을 제공하지 못하였다는 반성의 목소리가 높았다. 특히 그동안 교육과정은 비체계적인 면이 없지 않았다. 일부 대학들은 일반교육(general education)과 자유교육(liberal education)의 교양교육을 강화하기 위해 학부대학을 신설하여 운영하고 있다. 일반교육이 전인적 인격체로서의 인간을 형성해 주는 교육이라면 자유교육은 '자유인'으로서 삶의 자세를 견지할 수 있는 자질과 능력을 함양하는 교육이다.

서구에서는 스피치와 토론 교육을 고대로부터 일반교육과 자유교육의 기초로 인식하고, 교양교육의 핵심 과정으로 편성하였다. 그러나 동양에서는 '아는 사람은 말하지 않고 말하는 사람은 아는 것이 없다.'는 노자의 말이나 '말하지 않는 것이 가장 훌륭한 웅변이다.'라는 장자의 말에서 나타나듯이, 언어의 제약을 인식하고 말보다 행동에 중점을 두어 말에 대한 교육을 다소 소홀히 하였다. 이로 인해 말하기에 대한 체계적인 교육이 부족하였고, 이런 전통은 수십 년 간 현대 한국 대학 교양교육에서 말하기 교육의 부실로 이어졌다. 하지만 대학 교양교육에서 스피치와 토론 교육은 건전한 민주 사회의 토대가 된다.

지난 몇 년 간 교양교육을 강화한 국내 대학들은 말하기에 대한 교육을 대폭 개편·심화하고 있다. 각 대학마다 '언어 커뮤니케이션', '언어와 표현', '사고와 표현', '말과 삶', '발표와 토론', '프레젠테이션', '현대 화법', '프레젠테이션 기법과 기술', '비즈니스 프레젠테이션', '화술론', '스피치 커뮤니케이션', '리더십 훈련' 등 다양한 명칭으로 과목이 개설되고 있다. 다양한 과목명이 보여 주듯이 교수 학습내용도 다양하게 존재한다. 교과목의 주체와 주관도 다양하여 교양과정의 핵심으로 편성되어 있는 학교가 있는 반면, 교양과정의 선택 과목으로 편성되기도 하고 일부 학과의 전공과정으로 편성되어 있기도 하다.

대학 교양교육의 제 기능 찾기와 스피치와 토론 교육에 대한 사회적 요구가 증대함에 따라 스피치와 토론 교육을 어떻게 할 것인가에 대한 논의를 하고 있지만, 여전히 과목명은 물론 교육 내용과 목표에 대한 심도 있는 논의가 더 필요하다. 이러한 논의를 바탕으로 의사소통 교육자들은 한국 대학의 교육 실정에 맞는 좋은 교재를 만들어 나갈 수 있을 것이다. 본 위원회에서는 의사소통 교육에 대한 사회적·교육적 논의가 다소 부족한 상황하에, 미비하나마 그간의 교재를 전면적으로 뜯어고쳐서 스피치와 토론교육을 위한 교재를 만들게 되었다.

이 교재에서 스피치는 서구 교양교육의 퍼블릭 스피킹(public speaking) 혹은 퍼블릭 스피치(public speech)에 해당하며 '공적 말하기'를 의미한다. 퍼블릭 스피치는 고대로부터 교과과정이 개발되어 왔다. 이에 반해 '사적 말하기'에 대한 교육은 최근 관심이 대두되고 있으나 아직 교과과정이나 내용이 체계적이지 않다. 그리고 교양교육과정보다 전공과정에서 주로 다루어지고 있기에 대화와 같은 사적 말하기는 이 교재에 포함하지 않았다.

이 교재에서 토론은 서구 교양교육의 모델인 디베이트(debate)를 의미하며, 집단 사고의 일환인 토의를 배제하였다. 토의에 대한 교육은 리더십과 집단 구성원들간의 의사소통 능력을 함양하는 데 유용한 교육 수단이긴 하지만, 토의를 교육하려면 '휴먼 커뮤케이션', '소집단 커뮤니케이션'의 이론적 논의가 함께 이루어져야 하며, 이는 '스피치와 토론'과는 별도로 교육하는 것이 바람직하다고 보기 때문이다. 서구에서는 수천 년 간 찬반 토론으로서 디베이트를 민주 시민 교양교육의 도구로 활용하여 왔다. 그러나 이런 토론 교육이 한국 대학

교육에서는 최근에야 소개되어 아직 초기 단계이므로 많은 개선과 발전이 이루어져야 할 것이다.

　스피치와 토론은 사고와 표현에 관한 교양교육의 일부로서 비판적 사고 및 글쓰기와 밀접한 관련을 맺고 있다. 이 교재는 첫째, 스피치와 토론의 기법 습득, 둘째, 능동적·공적 자아 계발, 셋째, 정치·사회 공동체의 민주시민 소양 교육, 넷째, 비판적이며 합리적인 사고의 함양을 목적으로 하고 있다. 스피치와 토론 능력은 어느 정도 선천적으로 타고나지만 대부분 후천적 학습의 결과이다. 스피치와 토론 능력은 테니스와 농구처럼 연마를 통해 향상이 가능한 능력이다. 처음엔 낯설고 불안하지만 스피치와 토론의 원리를 배우고 연습을 하고 실전을 치르면 어느 정도 숙련된 기술을 발휘하게 된다.

　스피치와 토론 교육은 단지 말 잘하는 기술만 습득하는 것이 아니라, 청중이나 상대 토론자에게 윤리적으로 말하며 합리적인 방법으로 주어진 문제를 해결하는 소통의 방법을 학습함으로써 민주 시민 교육의 기초를 습득하게 할 것이다. 또한 스피치와 토론 교육은 타인의 주장과 견해를 들으며 듣기 교육을 체험하게 된다. 특히 토론 교육은 비판적 사고와 논리적 분석력을 배양할 것이며 자신의 견해와 다르더라도 타인의 의견을 주의 깊게 경청하면서 체계적인 반박을 통해 자신의 주장이 상대적으로 우월함을 드러내 보일 수 있는 능력을 기를 것이다.

　이 교재는 2006년 발간한 『스피치와 토론』을 전면 개편한 것인데, 크게 2부로 나누어져 있다. 제1부는 스피치에 대한 내용이며, 제2부는 토론에 대한 내용이다. 제1부 1장에서는 스피치에 대한 기본 개념과 관점을 소개하였으며, 2~5장에서는 핵심 메시지 개발, 본론 개발, 서론과 결론 개발, 개요서와 큐카드 작성법 등 스피치 내용을 준비하는 과정을, 6장과 7장에서는 언어적 표현과 비언어적 표현으로 전달하는 방법을 소개하였다. 그리고 8장과 9장에서는 정보제공 스피치와 설득 스피치의 구체적 사례를 제시하였다.

제2부 1장에서는 토론에 대한 정의, 역사와 윤리를 소개하였으며, 2장에서는 토론의 형식을, 3장에서는 토론 성립의 전제 조건과 논제 구성법을 소개하고, 4장에서는 토론의 필수 쟁점을, 5~6장에서는 정책 토론 준비 방법 및 내용 구성의 실제를 소개하였다.

제1부의 1장과 제2부는 이상철 교수가 집필하였고, 제1부의 2~9장은 백미숙 교수가 집필하였다. 두 필진의 원고는 해당 강의를 담당하는 교수진에서 세 차례에 걸쳐 교열을 진행하였고, 학부대학장이 최종 감수하였다. 이 교재의 준비 과정부터 내용과 구성 방향에 대한 논의에 도움을 주신 '스피치와 토론' 교강사님들께 깊이 감사드리며, 스피치와 토론 수강생들의 협조에도 고마움을 표한다. 아무쪼록 부족한 점이 있더라도 스피치와 토론 과목의 교재로 잘 활용되기를 기대한다.

2014년 7월
스피치와 토론 교과교재 출간위원회

목차

제2부　토론

제1부

스피치

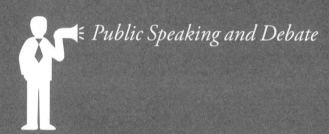

Public Speaking and Debate

제1장
스피치에 대한 이해

1. 스피치와 토론 교육

민주주의가 발전하고 대중사회가 출현하면서 스피치와 토론의 기능과 역할 또한 증대되어 왔다. 민주주의의 확산으로 민주적 정치과정이 활발히 전개되면서 사회 각 분야에서 스피치와 토론 능력은 민주 시민의 기본 소양이 되고 있다. 건전한 민주 사회의 실현은 사회 구성원들이 얼마나 합리적이고 논리적으로 커뮤니케이션을 하느냐에 달려 있다. 현대 대중사회는 개인과 개인 간의 의사소통은 물론 다양한 조직과 집단 간의 의사소통도 활발히 이루어지고 있다. 따라서 현대를 살아가는 사람들은 연설, 발표, 강의, 프레젠테이션, 협상, 인터뷰 등 다양한 형태의 의사표현을 자주 접하게 되었다. 자신의 의사를 조리 있고 효과적으로 표현할 수 있는 능력은 현대 사회 생활에서 중요한 요인이 되었다.

그리스 사람들은 스피치와 토론이 사회 공동체를 유지하고 조정하는 데 중요한 기능과 역할을 한다는 것을 인식하고, 이를 체계화하여 시민들을 교육하였다. 그리스 문명이 개발한 스피치 기법과 교육의 방법은 로마 문명으로 전승되었고, 현대 서구 사회의 스피치 문화와 교육의 토대로 이어지게 되었다. 서구에서는 근대에 민주주의가 발전하면서 시민들의 의사 표현의 자유에 대한 중요성을 인식하고, 학교 교육에서 스피치와 토론 교육을 강화하였다. 서구 대학 교육에서 스피치와 토론 과목은 'Introduction to Public Speaking'과 'Debate'란 이름으로 개설되고 있으며, 학생들의 공적 자아 계발, 의사소통 능력 함양, 비판적 사고 능력 향상, 민주 시민의식과 관용 의식 체험을 위한 대학 교양교육의 중요한 교과목으로 편성되어 있다.

전통적으로 한국 사회는 말보다 행동에 중점을 두었기에 스피치와 토론에 대한 교육을 소홀히 한 점이 없지 않다. 그러나 근래에 한국은 대중사회의 출현과 민주주의가 발전하면서 자신의 견해를 조리 있게 효과적으로 표현할 수 있는 능력을 기르는 스피치와 토론 교육에 관심을 기울여 왔다. 이에 따라 각 대학에서는 2000년 이후 체계적인 스피치와 토론 교육을 교양 교육과정에 편성하고 있다. 스피치와 토론 교육의 중요성을 정리하면 다음과 같다.

1) 공적 자아 계발

스피치와 토론을 준비하고 발표하는 과정에서 연사는 자신의 의사소통 능력을 능동적으로 성찰하고 표현 능력을 교정하면서 공적 자아에 대한 개념을 체험하게 된다. 연사의 측면에서 보면, 공공의 주제를 다루는 스피치와 토론 실습을 통해 자신의 공적인 권리와 책임감을 인지하게 된다. 청중의 측면에서 보면, 연사가 공공의 영역에서 행한 스피치와 토론을 통해 연사에 대한 인품이나 인격을 판단하게 되고, 그에 대한 공적 이미지를 갖게 된다. 연사 역시 스피치와 토론 과정에서 청중에 비친 자신의 모습을 돌아보며 공적 자아를 계발할 수 있을 것이다.

2) 의사소통 능력 함양

스피치와 토론을 준비하고 연습하는 과정에서 의사소통 능력 함양에 필요한 논리적·수사학적 내용 구성 능력과 표현 능력이 증대된다. 학생들은 주제에 대한 다양한 자료를 탐구하고 자료들을 체계적으로 정리하는 방법을 학습하며, 자료를 바탕으로 스피치와 토론을 진행하면서 자신의 주장과 견해를 구성·배열하게 되고 그 과정에서 사고력이 함양된다. 또한 청중에게 적합한 구문이나 어휘를 구상하는 과정에서 언어의 표현 능력을 기르게 된다. 스피치와 토론을 연습하는 과정에서 말의 속도, 몸동작, 자세, 눈 맞춤과 얼굴 표정 등이 청중에게 어떻게 받아들여질 것인가를 점검하고, 스피치를 실행하는 과정에서 스스로 비언어 행위를 수정하고 조정하면서 자신의 비언어적 표현 능력을 개발할 수 있다.

3) 비판적 사고 능력 향상

스피치와 토론을 준비하고 발표하는 과정에서 연사는 자신의 주장, 근거, 논거, 관점 등을 논리적으로 구성하고 전개하는 능력이 함양되며, 청중 역시 연사의 주장을 비판적으로 점검하고 평가하는 기회를 가질 수 있다. 스피치와 토론 실습 과정에서 비판적 사고인 "주의 깊게 듣는 능력, 숨어 있는 가정을 찾아내는 능력, 주장의 도출 과정을 찾아내는 능력"(원만희 외, 2012) 등을 기르며 무엇이 옳고 그른지, 어느 선택이 최선책인지, 어느 것이 사실인지를 판단하는 과정을 체험하게 된다. 자신만의 견해인지를 비판적으로 들으면서 비판적 사고력을 함양할 수 있다. 청중은 연사의 주장에 대해 논증의 전개가 충분한 근거로 뒷받침되었는가를 판단하고, 제시된 전제가 객관적이며 합리적인가를 검토하거나 연사가 말하지 않은 숨겨진 전제나 근거들을 발견하는 능력을 연습하게 될 것이다. 나아가 청중은 자신의 주관적 관점을 벗어나 객관적 관점에서 경청하고 주장의 진위를 파악하는 과정을 체험하게 될 것이다.

한편 연사는 스피치와 토론 내용 구성을 준비하는 과정에서 자신의 주장, 논거, 근거, 관점 등이 청중에게 어떻게 받아들여질까를 점검하며 비판적 사고 능력을 함양하게 될 것이다. 스피치와 토론을 준비하고 실행하는 과정에서 사실과 견해를 구분하는 능력과 주장이나 전제를 논리적으로 점검하며 비판적 사고 능력을 기르게 된다.

4) 민주 시민의식과 관용 의식 체험

스피치와 토론 교육을 통해 민주 시민의식과 관용을 체험하게 된다. 민주주의는 의사표현의 자유를 기본 권리로 정하고 있다. 또한 민주주의는 생각과 견해의 다양성을 전제로 하고 있으며, 스피치와 토론 교육은 이러한 민주적 다양성에 대한 관용을 기르게 한다. 스피치와 토론에서 자신의 생각이나 견해에 대한 장단점을 인식하게 되며, 생각이나 견해가 자신과 다른 사람들과 소통하는 과정에서 다양한 견해를 접하게 되며 민주적 시민의식을 체험하게 될 것이다. 자신이 지지하는 정책이나, 자신과 견해가 다른 주장을 비판적으로 듣고 판단하고 수용하는 능력은 민주적 시민의식의 기초가 될 것이다. 또한 생각이나 견해가 자신과 판이하게 다른 사람들의 발표를 경청하면서 다양성에 대한 민주적 관용을 체험하는 기회를 가진다. 스피치와 토론을 통한 의사표현의 자유와 책임에 대한 학습은 우리 사회를 좀 더 나은 민주주의 사회로 만들 것이다.

앞에서 스피치와 토론 교육의 필요성에 대해 살펴보았다. 이 교재의 제1부는 스피치, 제2부는 토론에 대한 내용으로 구성되어 있다. 제1부에서는 스피치에 대한 논의를 할 것이며 제2부에서는 아카데미식 토론(academic debate)을 살펴 볼 것이다.

2. 스피치에 대한 정의

스피치는 말하기의 한 종류이다. 사람들은 매일 많은 양의 생각과 정보를 말이라는 수단을 통해 소통하고 있다. 말하기는 일상 대화와 같은 사적 말하기와 스피치와 같은 공적 말하기로 구분할 수 있다. 일상 대화와 같은 사적 말하기를 유형화하기는 쉽지 않다. 사적 말하기는 대화 참여자와 상황이 너무 다양하기 때문이다.

1) 공적 말하기와 사적 말하기

스피치는 공적 말하기이다. 공적 말하기로서 스피치는 사회 공동체 유지와 운영에 중요한 역할을 한다. 또한 스피치는 공적인 주제에 대해 말하는 것이며 사적인 말하기를 배제하겠다는 뜻을 함축하고 있다.

스피치와 일상 대화의 유사점과 차이점을 살펴보면 스피치에 대한 이해를 더 넓힐 수 있다. 일상 대화와 스피치의 유사점은 둘 다 말을 매개로 하여 자신의 생각이나 견해를 전달하고 소통한다는 것이다. 청중의 수준에 맞도록 자신의 메시지를 적절하게 조정하며 생각을 표현할 수 있다는 점에서도 유사하다. 또한 청중의 반응을 살피며 상황에 따라 자신이 말하는 내용과 방법을 수정한다는 점에서도 유사하다. 그리고 자신의 생각을 논리적으로 구성하거나 감정을 실어서 전달할 수 있다는 점에서도 유사하다. 둘 다 말을 통한 인간의 의사소통 행위이기 때문이다.

그러나 둘은 다르다. 첫째, 스피치는 공적 말하기이며 일상 대화는 사적 말하기이다. 둘째, 청중의 규모가 다르다. 사적 말하기로서 일상 대화는 적은 수의 청자를 대상으로 하지만 스피치는 다수의 대중을 청중으로 한다. 셋째, 주제가 다르다. 일상 대화에서는 대개 사적인 주제로 소통하지만 스피치에서는 공적인 주제로 말하기를 전개한다. 넷째, 말의 내용에 대한 책임이 다르다. 스피치에서 연사가 한 말에 대한 책임은 일상 대화에서 한 말에 대한 책임보다 훨씬 크다. 다섯째 차이는 준비성이다. 일상 대화는 대체로 준비 없이 즉석에서 할 수 있다. 그러나 스피치는 미리 준비되어 있어야 한다. 여섯째, 주어지는 시간이 다르다. 일상 대화에서는 발언자의 시간이 대개 자유롭지만, 스피치는 행사나 상황에 따라 시간 제약이 따르는 경우가 대부분이다. 일곱째, 어휘나 말투가 다르다. 사적인 일상 대화에서는 비격식체인 비속어, 은어 등을 사용할 수 있지만 스피치에서는 공적 상황에 적합한 격식체 어휘나 말투를 사용해야 한다. 여덟째 차이점은 비언어 요소에 있다. 일상 대화에서는 말의 속도나 강약의 조절, 얼굴 표정, 제스처 등을 자연스럽게 하지만, 스피치에서는 이런 것들을 스피치 내용이나 청중의 규모에 따라 의도적으로 다르게 한다. 또한 일상 대화와는 달리 스피치에서는 상황에 적합한 복장이 요구된다.

스피치와 대화의 차이

구분	공적 말하기 (스피치)	사적 말하기 (일상 대화)
청중	다수 [청중]	소수 [청자]
주제	공공 주제	사적 주제
책임 수위	높음	낮음
시간	제약	자유
준비성	준비	즉시
말투/어휘	격식체	비격식체
비언어	의도적 조절	자연스러움

2) 스피치와 유사한 개념

우리는 일상생활에서 스피치와 유사한 의미로 '발표', '연설', '프레젠테이션'이란 용어를 많이 사용한다. 이러한 어휘들과 스피치를 비교·대조해 보면 스피치에 대한 이해를 넓힐 수 있다.

발표는 스피치의 일종이다. 스피치의 목적은 정보를 전달하거나, 자신의 견해로 청중을 설득하거나, 청중을 즐겁게 하는 등 다양한 목적을 갖고 있으나, 발표는 정보제공을 목적으로 하는 소통 행위라는 의미를 강하게 내포하고 있다. 이런 맥락에서 보면 발표는 스피치의 한 종류이며 정보제공 목적이 강하다고 볼 수 있다.

연설은 여러 사람 앞에서 자기의 생각이나 주장을 진술하는 행위이다. 연설은 스피치와 가장 잘 대응하는 용어로서 스피치는 곧 대중 연설이다. 이 교재에서는 연설 대신 스피치라는 외래어를 사용할 것이다. 그동안 한국 사회에서 연설회를 개최하면서 청중을 고의로 동원하는 경우가 자주 있었고, 쌍방향의 소통이 아니라 일방적인 발표를 하던 사회문화적 배경을 가지고 있어서 원래 연설이 갖고 있던 사전적 의미가 어느 정도 퇴색되어 가고 있다고 볼 수 있다.

프레젠테이션은 영어 'presentation'으로부터 유래한 외래어이다. 외래어로서 프레젠테이션은 시각자료 등과 같은 기술을 활용한 발표 행위를 함축하고 있다. 스피치는 시각자료를 활용할 수도 있고 활용하지 않을 수도 있다. 이런 의미에서 프레젠테이션은 스피치의 일종이지만 시각자료 의존도가 높은 스피치라고 할 수 있다.

이상에서는 스피치를 일상 대화, 발표, 연설, 프레젠테이션 등과 비교하며 그 의미를 살펴보았다. 다시 강조하자면 스피치는 공공의 영역에서 다수의 청중을 대상으로 공적 주제에 대해 자신의 생각이나 견해를 말로써 전달하는 소통 행위이다.

3. 스피치의 구성요소

스피치는 의사소통을 통해 특정 주제에 대한 내용을 전달하고 서로 공유하는 과정이다. 이 과정 속에 여러 가지 요소들이 작용하여 그 내용을 전달하고 공유한다. 현대 스피치 구성 요소들은 다음의 그림에서 볼 수 있는 것처럼 ① 연사, ② 청중, ③ 내용, ④ 매체, ⑤ 경청, ⑥ 피드백, ⑦ 잡음, ⑧ 환경 등이 있다.

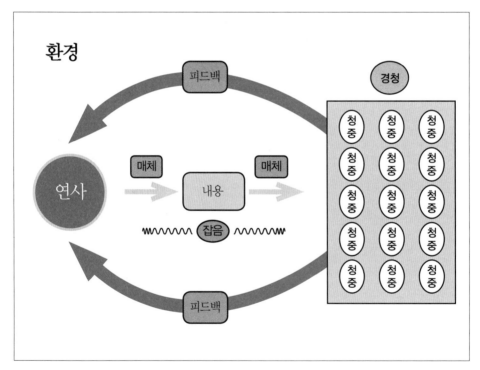

스피치의 기본 요소와 과정

1) 연사

연사는 스피치 내용을 구성하고 이를 전달하는 사람이다. 연사는 공신력이 있어야 한다. 연사의 공신력은 청중으로부터 좋은 반응을 얻게 되며, 연사는 스피치를 통해 자신의 공신력을 높일 수 있다. 연사의 공신력을 구성하는 요소로는 주제에 대한 전문성, 평소 행위로 형성된 인품 내용과 청중에 대한 진정성 등으로 이루어진다.

(1) 전문성

전문성이란 주제에 대해 연사가 갖추고 있는 지식의 전문적인 특성을 말한다. 연사는 스피치 주제에 대한 심도 있는 지식과 정보 그리고 풍부한 경험을 지니고 있으면 공신력이 높아진다. 이러한 공신력은 '실천적 지혜'와 밀접한 관계에 있는데, 실천적 지혜란 연사가 갖고 있는 인품이나 열정과는 관계없이 주제에 대해 가지고 있는 실질적 지식을 말한다. 예를 들어, 김치를 맛있게 담그는 방법에 대한 스피치를 한다면 종갓집 며느리가 연사로서 전문적 지식을 갖고 있으며, 스노보드를 잘 타는 방법에 대한 스피치를 한다면 스노보드 동아리 선배가 실질적 지식을 갖고 있는 것이다. 정보를 제공하거나 설득을 하는 연사는 자신이 전달하는 내용에 대해 정확히 알고 있으며 이에 따른 자신감을 가지면 청중은 스피치에 믿음을 갖는다. 따라서 연사는 스피치를 통해 가능한 적극적으로 자신이 실천적 지혜를 지녔다는 사실을 알리면서 공신력을 높일 수 있다. 서구 문화의 경우 스피치 서두에 자신의 전문성을 직접 드러내는 경우가 많으나, 우리 문화의 경우 겸양을 갖추며 전문성을 밝히는 간접적 전략이 효과적일 때도 있다. 상황에 따라 사회자와 같은 제3자를 통해 자신의 전문성을 강조하여 소개해 달라고 미리 부탁하는 방법도 있다.

(2) 인품

인품이란 연사가 평소에 보여 준 태도, 행위, 가치관, 업적, 비전 등이 합쳐진 혼합의 개념이며 평판이라고도 할 수 있다. 인품은 다소 시간을 갖고 형성된 연사의 성품과 인격을 포함하고 있다. 따라서 인품이란 개념은 다소 광의적이며 추상적이어서 개념화하기에 어려움이 있지만 평소 배려 있는 행동을 하였는가, 옳은 말을 하며 선하고 의로운 행위를 하였는가, 예의가 있는 사람인가, 청중이나 공동체에 어떤 리더십을 행하였는가에 따라 형성된다. 대개 청중들은 스피치를 하기 전 연사의 인품에 대해 나름대로의 이미지를 갖고 있는 경우가 많다. 또한 인품은 스피치를 하는 과정을 통해 형성되기도 한다. 연사의 평소 인품을 모르고 있는 청중이라면 제3자가 이를 언급하도록 하는 방법도 있다.

(3) 진정성/열정

연사의 진정성이란 주제에 대한 연사 자신의 열정·태도와 관련된 특성을 말한다. 진정성이란 연사가 주제와 스피치 상황과 관련하여 자신이 관심을 가지게 된 동기를 솔직히 밝히거나, 청중들이 주제와 관련된 내용을 꼭 알아야 하는 이유를 강조하며, 스피치의 주제와 내용이 진정으로 청중과 공동체의 이익을 위한 것임을 보여 줄 때 잘 전달된다. 따라서 진심을 담은 거짓 없는 내용의 스피치는 청중을 감동시킬 수 있다. 또한 진정성은 열정으로 나타나기도 하는데, 특히 목소리, 자세, 표정 등 연사의 비언어적 표현으로 나타나는 열정은 청중에게 강렬한 인상을 줄 수 있다. 그러나 우리 문화에서는 열정이 지나치거나 상황에 부적절하면 자칫 겸손하지 못한 사람으로 보일 수가 있기 때문에 적절한 수위를 조절할 필요가 있다.

2) 청중

연사는 스피치를 준비하는 과정에서 자신의 스피치가 누구를 대상으로 하는 스피치인가를 조사하고 분석하는 것이 필요하다. 왜냐하면 스피치의 성패는 연사에게 있는 것이 아니라 청중에게 달려 있다고 말해도 과언이 아니기 때문이다. 청중은 단순한 집단이 아니라 사회문화적 배경이나 입장이 서로 다른 다양한 사람들의 모임이다. 청중 분석은 청중들의 인구통계학적 속성을 알아보는 외적 분석과 사회심리학적인 성향을 알아보는 내적 분석으로 이루어진다. 먼저 외적 분석의 항목으로는 연령, 성별, 경제적 수준, 학력, 직업, 사회집단 등을 들 수 있으며, 내적 분석의 대상으로는 주제에 대한 청중들의 태도나 관심과 지식수준을 들 수 있다.

(1) 청중의 외적 분석

① 연령

청중의 연령층이 다양한가 혹은 동일한 집단인가를 먼저 고려해야 한다. 아리스토텔레스에 의하면, 일반적으로 젊은 청중들은 이상주의적이며 명분에 따라 움직이기 쉽고, 나이가 많은 사람일수록 현실적이며 실리에 의해 움직인다고 하였다. 또한 젊은 사람일수록 금전에 덜 예민한 반면, 나이가 많아질수록 금전에 더 예민해진다고 말하기도 하였다. 젊은 사람일수록 특정 대상에 대한 관심과 욕구가 단기적인 반면, 나이가 들수록 대상에 대한 관심과 욕구가 장기적이라고 하였다. 젊은 사람들은 쉽게 상대를 믿고 흥분하기 쉬우며, 나이가 많은 사람일수록 자제력은 높아지나 상대에 대한 의심이 많아진다고 한다.

그래서 젊은이들로 이루어진 동일 집단 청중에게는 이상과 명분을 앞세운 내용의 스피치를 하는 것이 효과적인 반면, 나이 든 청중일수록 현실과 실리에 중점을 둔 내용의 스피치를 하는 것이 효율적일 수 있다. 연령층이 다양할 경우에는 평균 연령층보다 약간 하위 집단을 상정하여 스피치 내용을 구성하는 것이 좋으며, 이때에도 젊은 청중과 나이 든 청중을 위한 사례를 함께 준비하여 활용하는 것이 좋다.

② 성별

청중의 성별을 미리 알아 두는 것이 필요하다. 남성들의 관심사와 여성들의 관심사가 다를 수 있기 때문에 남성과 여성의 혼성 비율을 알아 두는 것도 필요하다. 청중이 동성인 집단은 혼성인 집단보다 비교적 내용 구성과 사례를 준비하기 쉽다. 여성 연사가 남성 청중들을 대상으로 스피치를 할 때, 여성 중심의 사례를 제시할 것인가 남성 중심적 사례를 제시할 것인가에 대한 결정이 어려울 수 있다. 반대로 남성 연사가 여성 청중만을 대상으로 스피치할 때도 마찬가지이다. 주의할 점은 어떠한 경우라도 성 차별적 어휘나 내용 혹은 성적인 농담은 연사의 공신력에 상처를 남기게 되므로 삼간다. 성 고정관념적인 내용도 삼간다. 예를 들어, 간호사들은 여성만 있는 것이 아니며 또한 비행기 조종사가 남성만 있는 것이 아니라는 점 등을 유념해야 할 것이다.

③ 경제적 수준

스피치를 준비하면서 청중들의 경제적 수준에 맞는 근거와 사례를 준비하면 효과적이다. 예를 들어, 자취와 관련된 정보제공 스피치를 하면서 지나치게 비싼 아파트 전세금 사례는 적합하지 않을 것이다. 오히려 원룸의 임대료나 월세와 관련하여 이야기하는 것이 더 효과적일 것이다. 그리고 부유한 청중이라면 보수적일 가능성이 높으며 자존심이 강할 가능성이 높다. 이들의 관심을 자극하려면 때로는 금전적인 자존심을 건드리는 내용도 효과적이다. 연사가 이야기하고자 하는 주장이나 견해를 뒷받침해 줄 근거나 사례들을 청중들의 경제수준에 맞는 것으로 준비해야 할 것이다.

④ 학력

청중의 학력수준을 고려하며 스피치 준비를 할 필요가 있다. 일반적으로 고등교육을 받은 청중들을 대상으로 할 때는 시사상식을 어느 정도 갖고 있다는 가정하에 내용을 준비하는 것이 좋다. 반면, 교육수준이 낮은 청중을 대상으로 하는 경우에는 어려운 전문용어를 사용하거나 현학적인 표현은 삼간다. 가능한 쉬운 말과 짧은 문장과 단순한 논리를 전개하는 것이 좋다. 교육수준이 높은 사람들에게는 전문용어나 개념 그리고 복잡한 구조를 가진 논리를 사용할 수도 있다. 그리고 학교 정규교육 외에 청중의 사회교육도 함께 고려해야 한다. 정규교육을 받지 못했어도 정규교육 받은 사람들 못지않게 상식과 지식을 가진 청중이 있다는 것을 항상 유념해야 한다.

⑤ 직업

청중의 직업도 중요하다. 청중의 직업에 맞는 사례를 준비해야 하며 사무직과 노동직 등 직종에 따른 다양한 내용과 사례들을 준비할 필요가 있다. 또한 직업 내의 직위를 고려해야 하며, 사람들을 많이 상대하는 직업인지 아닌지를 고려하여 내용을 준비할 필요가 있다. 나아가 청중의 직업 만족도 혹은 직장 스트레스 정도를 가늠하면서 스피치 내용을 준비하면 더욱더 좋을 것이다.

⑥ 사회집단

청중이 속한 집단을 알면 도움이 된다. 사회집단을 알면 청중의 가치를 추정할 수 있다. 예를 들어, 재향군인회의 회원은 보수적일 가능성이 높은 반면, 전국교직원노동조합원들은 진보적 가치를 갖고 있을 가능성이 높다. 또한 사회문화적 배경으로 출신 지역도 고려할 수 있다. 도시 출신이 많은 청중이냐 농촌 출신이 많은 청중이냐에 따라서 스피치 내용을 조절할 필요가 있다. 지역이나 집단에 따라 문제를 바라보는 청중의 관점이 다를 수 있으며, 청중이 중요시하는 규칙이나 관습을 미리 알고 이에 적합한 내용을 준비해야 할 것이다. 청중들에게 공감을 얻을 수 있는 내용, 용모, 의상, 행동 등을 준비하는 것이 효율적이다.

(2) 청중의 내적 분석

청중의 내적 분석은 사회심리적 분석의 기본 요소인 청중이 갖고 있는 태도, 지식으로 나눌 수 있다. 첫째, 청중이 갖고 있는 태도란 청중의 주제에 대한 호감도를 말한다. 둘째, '지식'은 말 그대로 주제에 대해 청중이 지니고 있는 지식 유무나 지식수준을 가리킨다.

① 태도에 따른 청중 분류

스피치에서 주제에 대한 청중의 태도는 중요하다. 스피치 주제에 대한 청중의 태도에 따라 세 가지로 분류하며 이에 따라 스피치 내용과 전략도 달라져야 한다. 청중은 주제에 대한 태도에 따라 ㉮ 우호적 청중, ㉯ 중립적 청중, ㉰ 적대적 청중으로 나눌 수 있다(임태섭, 2003). 이와 같은 청중 분석은 제9장 설득 스피치에서 좀 더 자세히 다룰 것이므로 여기서는 간략히 소개만 하기로 한다.

㉮ 우호적 청중

주제에 대해 우호적인 청중을 대상으로 할 때는 서로가 동의하는 부분에 대한 언급은 생략하는 것이 좋다. 스피치 시작 부분부터 강조해야 할 주장을 곧바로 반복하여 상기시키며 공감대를 형성하는 것이 효율적이다. 그리고 공동의 비판 대상인 가치관이나 사례 혹은 예시를 언급하며 공감대를 강화하는 것이 효과적이다. 스피치의 목적과 결론을 앞부분에 분명히 밝히는 것도 가능하다. 청중이 동의하는 주장은 더욱 강조하고 동의가 약한 주장은 근거를 제시하며 논의를 확산시켜 나간다. 그리고 마지막으로 행동을 촉구하는 방안을 준비한다.

㉯ 중립적 청중

중립적인 청중은 주제에 관심이 없거나 충분한 정보가 없어 결정을 망설이는 청중이다. 관심이 없는 청중일 경우에는 주제에 대한 관심을 유발시켜야 하므로 청중의 삶과 직접적인 관련이 있는 사례나 근거 등을 제시하는 내용을 준비한다. 충분한 정보가 없어 결정을 못

내리는 중립적인 청중들에게는 주제에 대한 배경지식을 제공하며 주제와 관련된 다양한 관점 등을 제시한다. 그리고 청중들이 망설이는 이유를 철저히 조사하는 것이 중요하다. 이러한 조사를 바탕으로 스피치의 주장과 내용을 청중이 논리적으로 선택할 수 있도록 하는 것이 효율적이다.

ⓒ 적대적인 청중

적대적인 청중은 주제에 대해 비판적이며 심지어 적대감을 나타내는 청중이다. 적대적인 청중의 경우, 스피치 초반에는 인류 보편적인 가치나 대상을 언급하는 것이 낫다. 그리고 청중이 우호적으로 생각하는 인물, 대상, 사건 등을 언급하는 것도 효율적이다. 논증의 전개는 계단식으로 공감하는 부분부터 시작하여 주제에 다양한 관점을 제시하며 찬찬히 한 단계씩 발전시켜 나간다. 그러나 비우호적 청중을 대상으로 할 때는 한 번에 그들의 태도나 생각을 바꾸려고 하지 않는 것이 좋다. 스피치의 목적과 관련된 주장이나 결론은 드러내어 말하지 않고 간접적으로 밝히는 것이 효율적이다. 스피치의 순서상 처음에는 보편적으로 받아들일 수 있는 사례나 예시를 근거로 제시하는 것이 좋고 주장이나 결론은 마지막에 미괄식으로 전개하는 것이 효과적이다. 경우에 따라서는 주제에 대한 다양한 관점을 소개하는 정도의 내용이나 새로운 의식을 고양하는 것만을 목표로 삼는 것이 효율적이다.

② 청중의 관심과 지식수준

주제에 대한 청중의 관심은 청중의 동기와 지식수준으로 이어진다. 청중의 주제에 대한 관심과 지식수준은 크게 지식수준이 낮은 청중과 지식수준이 높은 청중으로 분류할 수 있다(임태섭, 2003).

㉑ 지식수준이 낮은 청중

우선 주제에 대한 관심과 지식수준이 낮은 청중에게는 이해하기 쉽게 주제의 배경부터 시작하여 찬찬히 설명한다. 둘째, 용어나 어휘 선택에 있어서도 전문용어보다 일상용어를 사용하는 것이 좋다. 셋째, 주요 개념과 용어에 대한 설명은 현실적으로 다가올 수 있는 예시를 준비하거나, 주제가 우리 삶에 미치는 직접적 영향을 사례로 제시하면 효과적이다. 넷째, 중요하다고 생각하여도 너무 많은 내용을 말하지 말고 적절한 양의 정보를 제공하는 것이 바람직하다. 예를 들어 '양적 완화 축소가 한국 경제에 미치는 영향'에 대한 설명을 한다면 미국 경제, 기축 통화의 배경, 달러 화폐 발행처 등에 대한 기초지식을 차근차근 설명한 후, 미국 정부가 달러를 많이 발행하는 이유 등을 설명하고, 달러가 많이 유통될 경우 세계 경제에 미치는 영향을 설명하는 방식으로 내용을 전개하면 무난할 것이다.

지식수준이 낮은 청중

- 기초부터 설명
- 전문용어보다 일상용어
- 우리 삶에 미치는 영향 언급
- 적절한 양의 정보

㉔ 지식수준이 높은 청중

주제에 대한 지식이 많은 청중은 첫째, 새로운 정보를 알려 주어야 한다. 이미 알고 있는 내용을 알려 주면 지루해서 집중력이 떨어진다. 둘째, 전문용어를 사용하면 효율적이다. 전문 집단 청중의 경우, 그 집단에 익숙한 전문용어를 활용하여 스피치를 하면 동질성이 강화된다. 셋째, 논리 전개에 있어 복잡한 구조를 사용해도 무방하다. 그리고 기존 지식을 설명하는 데 시간을 보내지 않는 것이 좋다. 주제에 대해 청중이 어느 정도 알고 있을 경우에는 청중이 아직 잘 모르는 부분을 정확히 파악해서 기존 지식을 바탕으로 새로운 정보를 알려줘야 한다.

지식수준이 높은 청중

- 새로운 지식 제공
- 전문용어나 개념 사용
- 복합적인 논리 활용 가능

(3) 청중의 구성상 특성 분석

청중의 구성상 특성은 자발적이며 동질적인 청중과 이질적인 청중으로 나눌 수 있다.

① 동질 집단 청중

스피치를 들으려고 자발적으로 참여하는 청중들은 동질성이 강한 청중들이다. 자발적 청중들은 연사나 주제에 대해서 가지는 욕구, 감정, 태도가 비슷하기 때문에 내용 구성을 위에서 논의한 우호적 청중과 유사한 방식으로 준비하는 것이 좋다. 동질 집단 청중들에게는 청중과 맞는 정체성과 동질성을 강조하는 내용을 포함하는 것이 좋다. 대표적인 사례로 같은 종교를 믿는 집단을 들 수 있다.

② 이질 집단 청중

청중이 다양한 인구 분포로 이루어졌을 경우에는 청중들을 각각의 하부 집단으로 분류하여 여러 가지 내용을 준비하는 것이 바람직하다. 스피치 내용 구성에 있어 보편적 논거를 많이 준비하면서 동시에 각 하부 집단에 적합한 내용을 준비해야 할 것이다. 청중들의 연령, 지식수준, 경제수준 등이 다양할 때는 이에 대한 평균을 가상으로 설정한 후 평균보다 약간 하위 수준의 사례나 예시를 포함하는 것이 효율적이다. 청중 구성이 평균을 낼 수 없을 정도로 다양할 때는 각 구성원의 하부 집단을 파악하고 각 집단의 특성에 맞는 내용을 준비하는 것이 바람직하다.

3) 내용

내용은 구성적 요소와 언어의 기법으로 나누어진다. 구성적 요소는 스피치 전체에 대한 구성을 어떻게 하느냐에 관한 것이며, 언어 기법은 문장 단위, 어구 단위, 어휘 단위에서 어떠한 기법으로 표현하느냐 하는 것이다.

(1) 내용 구성

내용 구성은 첫째, 주제를 선정하고 스피치의 주요 아이디어를 개발하며 필요한 논거와 자료를 정리하는 것으로 시작한다. 둘째, 준비한 자료를 배치하고 전체 스피치 내용의 얼개를 짠다. 셋째, 내용은 일반적으로 서론, 본론, 결론으로 구성한다. 넷째, 개요서를 작성한다.

주어진 주제에 대한 아이디어를 개발하는 구체적 방법은 다음 장인 제2장에서 구체적으로 제시하며, 본론 내용의 조직 기법은 제3장 스피치의 본론 개발에서, 서론과 결론의 다양한 기법은 제4장 스피치의 서론과 결론 개발에서 상세히 다루기로 한다. 마지막으로 개요서를 작성하는 기법은 제5장에서 다루기로 한다.

(2) 언어 기법

언어는 생각의 그릇이다. 자신의 좋은 생각을 효과적인 말로 표현할 수 있다면 청중으로부터 좋은 반응을 얻게 된다. 스피치를 준비하는 과정에서 자신의 생각을 선명하고 명확하게 드러낼 수 있도록 정확한 어법과 어휘를 준비하여야 한다. 청중의 관심을 유발하거나 연사의 주장을 강조하기 위해서는 대조, 대구, 직유, 은유, 비유법 등과 같은 수사적 기법은 물론이고 주제와 관련된 인용, 격언, 우화, 속담 등도 함께 준비해야 할 것이다. 흥미롭고 생생한 표현법을 잘 활용하면 밋밋하거나 평범한 스피치도 빛을 발할 수가 있다. 청중의 마음을 파고드는 언어는 힘이 있으며 청중의 생각을 움직이고 청중을 행동하게 한다. 언어 기법은 제6장 언어적 표현에서 다루기로 한다.

4) 매체

매체는 내용을 전달하는 수단이다. 매체는 의미를 나타내는 단위인 코드와 의미를 전달하는 채널로 나눌 수 있다.

(1) 코드

코드는 크게 언어, 비언어, 그림, 이미지 등으로 나누어진다. 코드로서 언어는 말과 글이 있다. 스피치에서 언어 코드는 말이기 때문에 매체로서 말의 특성에 대해서 살펴보기로 한다. 그림에 대한 논의는 여기에서 배제하지만 제8장 정보제공 스피치의 시각자료 활용법 편을 참조하기 바란다.

① 매체로서의 말

첫째, 말은 글과 달리 즉시적이며 현존성이란 특성이 있다. 말은 실시간으로 이루어지고 끝나며 즉시 사라져 버리기 때문에 되돌릴 수 없다. 반면에 글은 종이 위에 존재하기 때문에 다시 읽거나 나중에 읽거나 생각하면서 읽을 시간이 충분하다. 그렇기 때문에 말이란 매체는 반복적이며 중복적이고 설명적이다. 이런 점에서 스피치는 무엇보다 청중이 이해하기 쉽고 기억하기도 쉽게 준비해야 한다.

둘째, 말의 특징은 전인적이다. 스피치에서 말은 인품을 담고 있다. 스피치에서 연사는 현장에서 실시간으로 청중들과 인간적으로 만나기 때문에 스피치를 통해 연사의 전인적인 성품이 드러난다. 스피치를 할 때 선정한 어휘나 논리와 같은 언어적 요소는 연사의 인격과 인품을 투영한다. 마찬가지로 청중의 듣는 자세나 태도는 청중의 인품을 반영한다. 연사는 말을 통해 청중을 항상 배려하고 존중해야 하며, 청중도 마찬가지로 시종일관 진지하게 경청하는 자세로써 연사에 대한 예를 갖춰야 한다.

② 비언어

스피치는 현시적이고 즉시적이기 때문에 비언어로 많은 의미가 전달된다. 스피치에서 비언어는 음성적인 요소와 태도 표현으로 나누어진다. 음성적 요소로는 발음, 음량, 억양, 강조, 쉼(Pause) 등이 있으며 태도 표현으로는 표정, 시선, 몸동작, 제스처, 용모, 거리 등이 있다. 스피치에서 연사의 감정이나 태도 또는 인품이 음성과 몸짓언어와 같은 비언어를 통해 청중에게 전달된다. 비언어적 요소는 스피치 전달의 성패를 가르기도 한다. 아무리 창의적이고 재미있는 내용이라 하더라도 청중에게 잘 전달되지 않는다면 아무 소용이 없다. 따라서 스피치를 성공적으로 마치기 위해서는 비언어 전달 기술이 필요하다. 청중이 쉽게 알아들을 수 있도록 발음을 정확하게 하는 습관을 기르고, 다양한 음성적 요소들을 사용하여 청중들의 흥미를 자극할 수 있어야 할 것이다.

단조로운 목소리는 청중들의 흥미를 떨어뜨릴 것이므로 고저강약이 풍부한 목소리로 스피치를 해야 한다. 또한 절제 있는 제스처, 올바른 자세와 태도, 그리고 청중과의 자연스런 눈맞춤은 스피치를 성공으로 이끌 것이다.

좋은 스피치의 내용이 훌륭한 비언어적 전달력과 만날 때 스피치의 효과는 배가된다. 하지만 스피치의 내용은 허술한데 비언어 전달만 뛰어나다면 청중들은 연사의 진정성을 의심하게 된다. 더 중요한 것은 스피치 내용을 충실하게 준비하는 것이다. 스피치 내용을 철저히 준비하고 자신의 수준에 적합한 비언어로 전달한다면 발음이 조금 안 좋아도 앞서 말한 연사의 진정성이 높아지고 그 스피치는 높이 평가받을 수 있다. 비언어적 표현과 전달은 제7장에서 다루기로 한다.

(2) 채널

채널은 의미를 전달하는 도구이다. 대표적인 매체로서 글의 채널은 종이이다. 모든 물체에 글이나 상징을 표현할 수 있으므로 세상의 모든 물체는 채널이 될 수 있다. 그러나 말의 채널은 공기와 전파이다. 따라서 스피치를 할 때 공기를 통한 말의 특성을 알아 두는 것도 도움이 된다. 스피치 연단의 위치가 높은 곳인지 낮은 곳인지를 고려해야 하며, 장소가 실내인지 실외인지도 고려해야 한다. 실내에서 할 때는 장소의 크기를 미리 알아 두는 것도 중요하다.

현대 사회에서는 전파라는 채널을 통한 스피치가 매우 중요한 시대가 되었다. 일반적으로 청중의 규모가 50명이 넘으면 마이크를 사용해야 하는데 이때 마이크 활용을 잘해야 한다. 유선 마이크인지 무선 마이크인지를 점검해야 하며, 최신 마이크들은 예민하기 때문에 거리를 잘 조정하여 목소리의 크기를 적절히 잘 맞추어야 한다. 또한 매체 융합의 시대를 맞이하여 텔레비전과 같은 매스미디어 스피치의 특성도 알아 두면 좋다.

5) 경청

경청은 적극적 듣기이다. 적극적 듣기는 때로 말하기보다 중요하다. 청중이 연사의 스피치를 잘 들어 줄 때 효율적인 의사소통이 이루어진다. 스피치에서 청중은 수동적인 구성원이 아니라 능동적 구성원이어야 한다. 능동적이고 적극적 듣기는 연사에 대한 배려일 뿐 아니라 연사를 자극하여 준비한 스피치를 잘할 수 있도록 도와준다. 스피치를 들을 때는 언어에만 집중하지 말고 비언어 행위에도 집중할 필요가 있다. 스피치 내용의 각 부분을 분리해서 듣지 말고 주요 아이디어와 세부 아이디어가 어떻게 연결되어 있는가에 집중하며 듣는 것이 중요하다. 그리고 내용에 대한 섣부른 결론을 먼저 내리지 말고 스피치 내용의 전반적 가치를 평가한 후 결론을 내리는 것이 중요하다.

탈무드에서 사람들이 '입은 하나이고 귀가 두 개인 것'은 말하는 것보다 더 잘 들어 주어야 하기 때문이라고 한다. 한자의 청(聽)을 이루는 각각의 변을 분석해 보면 귀(耳), 눈(目), 열(十), 마음(心)으로 귀만 아니라 눈, 머리, 가슴을 갖고 들으라는 의미로 볼 수 있다(이상철 외, 2006).

적극적 듣기 (Active Listening)

들기는 공감적 듣기, 감상적 듣기, 분석적 듣기, 비판적 듣기 등으로 나눌 수 있다(차배근, 2004). 공감적 듣기는 연사의 감정을 이해하고 배려하며 듣는 것이고, 감상적 듣기는 즐거움을 목적으로 듣는 것이며, 분석적 듣기는 설명이나 정보를 제공할 때 듣는 방식이고, 비판적 듣기는 비교 · 평가 · 판단을 하면서 듣는 것을 의미한다. 따라서 정보제공 스피치에서는 분석적 듣기가, 설득 스피치에서는 공감적 듣기가, 의례 스피치에서는 감상적 듣기가,

토론에서는 비판적 듣기가 많이 사용된다고 보아도 무방하다.

듣기는 비판적 사고와도 연결되어 있다. 특히 토론에서 비판적 듣기는 상대편 주장과 그 주장의 정당화를 위한 추론을 구분할 수 있게 하며, 상대편 논리 전개의 문제점을 점검하고, 상대편 주장의 약한 논거를 드러나게 할 것이다. 브라우넬(Brownell, 2007)에 따르면, 듣기의 과정은 청취하기, 이해하기, 기억하기, 해석하기, 평가하기, 반응하기로 나뉘며 듣기는 피드백으로 이어진다.

6) 피드백

적극적 듣기는 피드백으로 이어진다. 피드백은 청중이 연사의 스피치에 반응하면서 보내는 비언어적 행위이다. 연사는 스피치의 전달 중에 비언어로 표현되는 청중의 반응에 민감해야 한다. 스피치에서 청중은 표정이나 자세와 같은 비언어를 통해 연사에게 지속적으로 피드백을 전달한다. 청중들이 표정을 변화시키거나 고개를 끄덕이는 긍정적 피드백은 연사의 흥과 자신감을 북돋아 준다. 반면 청중들이 적극적으로 피드백을 주지 않으면 연사는 스피치에 자신감을 잃고 의기소침해질 수 있다.

연사는 청중들의 피드백을 통해 청중의 반응을 감지하고, 청중들이 잘 듣고 있는지, 연사의 말에 동의하는지를 가늠할 수 있다. 연사가 청중의 피드백을 무시하거나 청중의 반응에 무감각할 경우에 스피치는 일방적인 전달에 그칠 수 있다. 특히 청중의 반응이 좋지 않다고 느낄 때나 청중이 적극적으로 듣지 않고 있다고 느낄 때, 연사는 적절한 대처를 할 수 있어야 한다. 따라서 스피치의 성공 여부는 연사가 청중과 함께 호흡하고 교감하며 무언의 대화를 잘 이끌 수 있는가에 달려 있다. 스피치의 성공 여부를 판단하는 것은 그 누구도 아닌 청중이기 때문이다.

7) 잡음

잡음은 물리적 잡음과 심리적 잡음으로 나눌 수 있다. 물리적 잡음의 대표적인 사례로는 강의실에서 스피치나 토론을 할 때 일련의 외부 학생들이 복도에서 큰 소리로 떠들며 방해할 때를 들 수 있다. 또한 스피치를 할 때 청중의 스마트폰 벨이 울리거나, 청중이 전화를 받으러 밖으로 나가거나, 누군가 발표장의 앞문으로 들어오는 경우에도 이에 해당한다.

심리적 잡음은 청중들이 스피치를 들을 때 스마트폰을 만지거나, 책상 위에 놓인 다른 물건을 보거나, 사사로운 일로 딴생각을 하는 경우이다. 심리적 잡음은 특히 점심 식사를 마친 청중들에게 자주 일어난다. 이때 스피치 연사는 청중들의 잡음에 대한 이해를 하고 이런 잡음에 대한 대처방안을 마련하면 효율적인 스피치를 할 수 있을 것이다.

말은 원래 글보다 반복적이지만 잡음이 많으면 반복은 더 많아진다. 스피치에서 잡음이 많으면 같은 내용을 다른 표현으로 다시 반복하는 것이 좋다. 예를 들어, 같은 내용을 문장 단위로 표현하였다가 다시 이야기체로 반복 표현하는 것이 이에 해당한다. 반복은 잡음과 정비례한다고도 할 수 있다.

8) 환경

연사는 스피치를 하기 전 물리적 환경을 점검하여야 한다. 물리적 환경에 대한 예비지식은 효과적인 스피치를 위해 필요하기 때문이다. 스피치에서 고려해야 할 환경적 요인으로는 시간, 청중의 규모, 장소, 행사의 성격 등으로 구분할 수 있다(임태섭, 2003).

(1) 스피치 시간

스피치를 하는 특정 시간이나 날짜 등이 청중들에게 특별할 수 있으며 스피치를 하게 되는 특정 계절이 청중에게 영향을 줄 수 있음을 염두에 두어야 한다. 예를 들면, 월요일 아침 시간에 하는 스피치에 대해서는 청중의 반응이 평소보다 둔한 경향이 있으므로 신선한 자극제가 필요하다. 또한 같은 과목이라도 오전 9시에 스피치와 토론 강의를 듣는 수강생과 오후 1시에 스피치와 토론 수업을 듣는 수강생들은 다르다. 또는 주어진 날짜가 청중에게 특별한 의미를 가지는 경우가 있을 때는 스피치에서 적절히 언급하면 청중과의 일체감을 높일 수 있다. 4월 초 스피치에는 벚꽃에 관한 언급을, 가을에는 수확의 기쁨을 언급하는 방안이나, 보수적 청중에겐 보수 성향에 맞는 기념일을, 진보적 청중에겐 진보 성향에 맞는 기념일을 언급하는 것도 효과적인 방안이다. 대체로 스피치는 시간적 제약이 부과되는 경우가 많으므로 스피치를 준비하면서 작성된 원고가 어느 정도의 시간이 소요될 것인가를 반드시 점검해야 한다. 스피치 실습을 하면서 자신의 3분, 4분, 혹은 5분 스피치의 전체 원고 분량을 잘 측정하고 이를 기억해 두면 편리할 것이다.

(2) 청중의 규모

청중의 규모에 대한 준비를 해야 한다. 청중이 많으면 많을수록 연사와 청중 간의 물리적 거리감과 심리적 거리감이 커진다. 청중의 규모가 클수록 좀 더 격식을 갖춘 어휘와 내용을 많이 준비하는 것이 효율적이며 말의 속도도 약간 느리게 하는 것이 좋다. 청중이 많으면 손동작 같은 제스처도 크고 느리게 하는 것이 좋다. 반면 청중의 규모가 20명 내외이면 얼굴을 마주 보며 면대면으로 스피치를 할 수 있기 때문에 사적인 내용이나 유머 등을 활용하거나 말의 속도나 제스처도 평상시처럼 하는 것이 효율적이다. 30~60여 명의 청중들을 대상으로 하는 스피치에서는 공적인 내용과 사적인 내용을 혼합할 수 있으며 말의 속도도 평상시보다 약간 천천히 하는 것이 효율적이다. 대체로 40~50여 명이 넘으면 마이크를 사용할 수 있도록 준비해야 한다.

(3) 스피치 장소

스피치 장소는 발표에 많은 영향을 미친다. 스피치 장소에서 점검해야 할 항목은 5가지가 있는데 ① 실내인가 실외인가, ② 스피치 장소의 형태는 어떠한가, ③ 청중의 규모는 어떠한가, ④ 청중의 배치는 어떠한가, ⑤ 소음의 정도는 어떠한가이다.

장소의 상태에 따라 스피치의 전달 방법도 다르게 한다. 장소가 세로로 긴 공간인가, 가로로 긴 공간인가, 혹은 원형 세미나실인가를 미리 알아 두면 연사는 청중과의 시선, 자세, 몸의 움직임 등과 같은 비언어적 표현들을 준비할 수 있을 것이다. 장소의 특성으로 연단이 있는지 없는지를 점검하고, 연단이 있다면 크기와 높이가 어떠한가, 연사의 공간이 넓은지 좁은지를 점검해야 하며, 조명은 어떠한가, 청중과의 거리는 어느 정도인가를 고려할 필요도 있다. 그리고 청중들이 띄엄띄엄 앉아 있는가 혹은 밀집하여 앉아 있는가를 파악하는 것도 도움이 될 것이다.

(4) 행사의 성격

연사는 행사의 성격, 목적, 분위기를 파악하여 청중의 기대에 맞추어 스피치를 해야 한다. 연사는 행사의 취지나 목적에 유념해야 하는데, 예를 들어 기념식사를 하는 자리에서 자신의 정치적 견해나 신념을 강조하는 스피치는 삼가야 하며, 오히려 공동체 구성원이나 청중을 치하하는 것이 바람직하다. 또한 정보를 목적으로 모인 청중들에게 자신의 신념이나 철학을 강조한다면 청중들의 주의를 끌기가 어려울 것이다. 사교 모임의 스피치에서는 재미있는 내용의 스피치를 하는 것이 바람직하다.

이상과 같이 이 단원에서는 스피치의 구성 요소로 ① 연사, ② 청중, ③ 내용, ④ 매체, ⑤ 경청, ⑥ 피드백, ⑦ 잡음, ⑧ 환경 등을 살펴보았다. 다음은 스피치의 종류에 대해 살펴보기로 한다.

4. 스피치의 종류

스피치는 기준이 무엇인가에 따라 다양한 방법으로 분류할 수 있는데, 스피치의 목적에 따른 분류가 전통적인 분류 방식이다. 스피치는 목적에 따라 정보제공 스피치, 설득 스피치, 의례 스피치, 유흥 스피치 등 네 가지로 분류할 수 있다.

1) 정보제공 스피치

정보제공 스피치는 연사가 청중에게 주어진 주제에 대한 지식이나 정보를 알려 주기 위한 스피치이다. 정보제공 스피치의 예로는 강의나 강연, 보고, 프레젠테이션, 시범 등이 있다. 정보제공 스피치에서 연사는 인물, 장소, 사물, 사건, 과정, 개념 등에 대한 지식이나 정보를 교육, 시범, 묘사, 정의, 설명, 분석 등의 방법으로 청중에게 제공한다. 정보제공 스피치에서는 청중의 기존 지식에 새로운 정보를 제공해야 한다. 그렇기 때문에 효과적인 정보제공 스피치를 위해서는 청중의 지식수준을 자세히 파악하는 것이 중요하다. 청중의 지식수준을 잘 분석하여 과다한 정보가 제공되지 않도록 유의해야 하며, 청중의 지식수준을 과대평가하는 것도 주의해야 한다. 정보제공 스피치에서는 지식이나 정보를 명확하고 정확하게 그리고 객관적으로 알리는 것이 중요하다. 나아가 이러한 지식이나 정보가 청중의 생활과 어떻게 연결되는가를 제시하는 것도 유용한 방안이다.

2) 설득 스피치

설득 스피치는 청중의 태도, 믿음, 행동에 영향을 미치려는 스피치이다. 정치 연설, 시위 연설, 선거 연설, 계몽 연설, 비즈니스 연설, 특정 사안에 대한 자신의 생각이나 입장을 발표하는 연설 등 다양한 형태로 나타나며 스피치 중에서 가장 많은 부분을 차지하기도 한다. 또한 정보제공 스피치나 의례 스피치에서 원래 목적은 설득이 아니어도 설득적 요소를 포함하는 경우가 많이 있다. 설득 스피치는 내용 구성이나 기법이 가장 다양한 형태로 나타나고 있다. 설득 스피치에서 연사는 자신과 같은 입장의 청중에게는 실천과 행동 촉구를, 자신과 다른 입장인 청중에게는 태도, 믿음, 행동 등을 변화시키는 것을 목적으로 하기 때문에 가장 어려운 스피치이기도 하다. 자신과 다른 입장의 청중을 변화시킨다는 것은 결코 쉽지 않다. 그렇기 때문에 설득 스피치에서는 논리와 수사적 기법이 많이 등장하며 이를 효과적으로 활용해야 청중에게 영향을 미칠 수 있을 것이다. 설득 스피치는 제9장에서 상세히 논의하기로 한다.

3) 의례 스피치

의례 스피치는 특정 사건, 행사나 날짜를 기념하기 위한 치사 스피치이다. 대표적인 의례 스피치로는 각종 기념식사, 입학식사·졸업식사와 같은 각종 축사, 취임사, 격려사, 추도사, 하례 연설, 펩 토크(pep talks: 동기 부여 연설) 등이 있다. 의례 스피치에서는 공동체의 가치관을 부각시키고 강조하거나, 기념할 일이나 사건에 대한 재해석, 모인 청중에 대한 치사 혹은 격려 등이 주요 내용으로 등장한다. 의례 스피치는 고대로부터 중요한 스피치로 평가받으며 공동체의 가치를 재확인하고 구성원들의 동질성을 강조하는 기능을 하였다. 의례 스피치인 추도사는 오랜 전통을 갖고 있다. 그리스 정치인 페리클레스의 추도사와 링컨의 게티스버그 연설은 추도사로서 위대한 명연설의 반열에 올라 있다. 또한 대통령의 취임사는 취임식의 중심 행사이며 정치 공동체에서 중요한 기능을 한다. 마찬가지로 각종 기념식에서 기념사는 그 기념식의 주요 행사이며, 스피치가 행해지는 사회 공동체에서 중요한 기능을 하고 있다.

4) 유흥 스피치

유흥 스피치는 모임의 분위기를 띄우기 위해 오락과 즐거움을 목적으로 하는 스피치이다. 대표적인 유흥 스피치로는 연회 연설, 행사진행 사회 연설, 유머 연설 등이 있다. 서구의 경우에는 스탠딩 코미디, 식후 연설(After-dinner speech), 로스트 연설(roast speech: 인물에 대한 유머 연설) 등이 있다. 스탠딩 코미디는 몸 개그가 아닌, 그냥 서서 스피치만으로 사람들을 웃기는 것이다. 식후 연설은 그리스와 로마 시대부터 내려온 연설로 주로 식사 후에 행해졌는데 중요한 정치·사회적 주제들을 풍자하여 재미있게 구성한 유흥 연설이다. 로스트 스피치는 특정 인물을 유머러스하게 치켜세우거나 조롱하면서 연사와 청중들의 동질성을 강조하는 스피치이다. 서구 문화에서는 스탠딩 코미디, 식후 연설과 로스트 연설은 유흥 스피치의 중요한 형태로 자리매김하고 있다. 유흥 스피치는 청중을 즐겁게 하는 것이 주목적이지만 스피치를 통해 연사와 청중의 동질감을 확인하며 우호를 다지는 기능도 있다. 우리 문화에서도 만찬회나 파티에서 행해지는 유흥 스피치는 모인 청중들을 즐겁게 하기도 하지만 청중들의 우호를 다지는 역할을 하기도 한다.

5. 발표 불안증

발표 불안증은 스피치를 하기 전 혹은 하는 동안에 긴장하거나 불안해하는 행위로 연단 공포증, 무대 공포증, 무대 울렁증이라고도 한다. 모든 발표자는 정도의 차이는 있지만 발표 불안증을 갖고 있으며 이는 자연스러운 현상이다. 발표 불안증에 대한 근원과 본질을 알고 대비책을 마련하면 발표 불안증을 극복할 수 있다. 발표 불안증은 심리적 불안감과 상황적 불안감으로 나눌 수 있다. 심리적 불안은 성격적 불안으로 대중 앞에 서는 것 자체가 두렵고 떨리는 것이다. 반면 상황적 불안은 면접과 같이 특정 스피치 상황이 자신의 생활에 아주 중대하거나, 절대적 권한을 가진 청중을 대상으로 할 때 나타난다. 발표 불안증은 이에 대한 심도 있는 이해와 스피치에 대한 철저한 준비 및 연습을 통해 극복할 수 있다.

1) 발표 불안증에 대한 이해

(1) 자연스러운 현상

누구나 발표 불안증을 갖고 있다. 청중 앞에 서면 정도의 차이가 있지만 누구나 긴장하고 불안해한다. 발표 불안증은 부정적인 것만은 아니며 사람들의 보편적인 본성이라 할 수 있다. 매일매일 스피치를 하는 훌륭한 연사라도 중요한 스피치에 대해서는 발표 불안증을 가질 수 있다. 발표 불안증을 완전히 없앤다는 생각을 버리고 자신의 발표 불안 증상을 파악하여 긍정적으로 대처하는 방안을 강구하는 것이 중요하다. 자신이 불안해하는 원인이 구체적으로 무엇이며, 불안으로 인한 증상은 어떻게 나타나는가를 파악하는 것이다. 특히 스피치의 성공 여부에 너무 집착하면 발표 불안증은 증폭된다. 따라서 성공 여부에 너무 집착하지 말고 준비한 만큼 최선을 다해 스피치를 하면서 자신의 불안증을 파악하고 이해하는 것이 우선이다.

(2) 긴장감의 유익성

긴장감은 스피치를 방해하는 요인이 아니라 오히려 유익한 기능을 한다고 긍정적으로 받아들인다. 긴장감은 스피치 준비를 철저히 해야 하는 동기로 이어지기 때문에 스피치를 앞두고 긴장하는 것은 공적인 자신을 발전시키는 원동력이 된다. 스피치를 할 때에 나타나는 적절한 긴장감은 열정으로 전환되는 경우가 많으며 건설적으로 작용한다. 조절할 수 있는 긴장감은 스피치를 열정적으로 만들며, 청중들은 연사의 적절한 긴장감을 진심 어린 태도로 받아들일 가능성이 높다.

2) 발표 불안증 대처 방안

(1) 준비 또 준비 그리고 연습

불안을 극복하는 가장 근본적인 방법은 준비 또 준비 그리고 연습이다. 철저한 준비는 불안증 극복의 기초이다. 준비가 되어 있지 않으면 스피치를 잘할 수 없다. 중요한 스피치를 벼락치기로 준비한다면 성공할 확률이 낮다. 청중 분석, 주제에 대한 고민, 자료 수집, 원고 작성 등에 충분한 시간을 두고 준비한 후 반복하여 예행연습을 한다면 발표 불안증은 줄어든다. 전달 연습에서는 실제 상황을 상상하며 자신의 비언어 요소를 점검한다. 자신과 청중, 장소와 환경에 대한 이해를 철저히 고려하여 스피치를 준비한다면 발표 불안증은 낮아진다.

(2) 불안 증세에 대한 대비

스피치를 준비하는 과정에서 자신의 불안 증세가 어떻게 나타날 것인가를 파악하고 이에 대한 대비책을 마련한다. 내용을 잊어버리는 것이 불안하다면 큐카드를 잘 준비하면 되고, 손이 떨리는 것이 걱정된다면 손에다 큐카드를 꼭 잡는 방법을 연습한다. 또한 발음이 불안정하고 목소리가 떨린다면 원고를 천천히 되풀이하여 읽으면서 어느 부분에서 떨리는가를 파악하고 대비한다. 떨리는 부분에서는 시각자료를 활용하는 방안도 효율적이다. 말을 더듬는다면 말을 천천히 하면서 되풀이하여 연습해 본다. 다리가 떨린다면 서는 자세를 다양하게 하며 자신에 맞는 보폭과 연단에서의 동선을 예상하여 그려 본다. 그리고 유창하고 성공적으로 마쳐야 한다는 강박관념을 버린다. 청중은 유창하다고 스피치를 높이 평가하지 않으며, 연사의 전달이 불안해도 성실하게 준비한 내용의 스피치라면 청중은 긍정적으로 평가한다.

(3) 긍정적인 생각

스피치에서 실패할지도 모른다는 생각에서 벗어나 오히려 스피치가 나를 발전시키는 기회라고 생각하며 스피치에 임한다. '나는 잘할 수 있어.'라며 긍정적인 자기암시를 하는 것도 좋은 방안이다. 성공적으로 스피치를 끝내는 장면을 상상해 보면 좋다. 예상할 수 있는 불안한 상황에 대한 대비책을 마련하면 긍정적으로 바뀐다. 무엇보다 불안감을 숨기지 않는 것이 좋다. 혹시 불안증이 심해 중간에 생각이 나지 않아 내용이 끊어진다면 잠시 쉰다고 생각한다. 이런 경우 잠시 쉼을 둔 후, 청중들에게 '제가 불안증이 많아 너무 떨립니다.'라고 솔직히 밝히는 것도 효과적인 대비책이다. 연사가 성격적으로 불안해서 그렇다는 것을 청중들이 이해하면 오히려 청중으로부터 동정심과 긍정적 피드백을 얻을 수 있다. 자신의 스피치에 대한 긍정적인 생각과 불안증에 대한 긍정적 대책 방안 마련은 연사에게 자신감을 주며 연사를 안정시켜 줄 것이다.

제2장

스피치의 핵심 메시지 개발

자신의 생각을 잘 전달하기 위해서는 스피치를 하기 전에 자신의 생각을 명확하게 하나의 문장으로 정리할 수 있어야 한다. '뭔지는 알겠는데 딱히 말로 표현할 수 없어.'라는 말은 엄밀한 의미에서 전달해야 할 내용, 즉 메시지가 무엇인지를 정확하게 파악하지 못해서 말로도 표현할 수 없다는 뜻이다. 따라서 전달할 메시지를 명확하게 파악하기 위해 준비 단계에서 가장 먼저 해야 할 일은 주제문, 즉 핵심 메시지를 개발하고 작성하는 일이다.

핵심 메시지는 연사가 스피치에서 전달하고자 하는 메시지를 간결하게 하나의 문장으로 표현한 것으로서 핵심 메시지를 개발하고 작성하기 위해서는 몇 가지 단계를 거쳐야 한다. 우선 어떤 주제로 스피치를 할 것인지를 정하고, 주제가 정해지면 스피치의 목적을 개괄적이고 구체적으로 명시할 필요가 있다. 그런 다음 연사가 스피치를 통해서 말하고자 하는 주요 내용을 핵심 메시지로 작성하는 절차를 거치면 된다. 이 단계들은 서로 중첩되기도 하고, 경우에 따라서 순서를 달리할 수도 있지만, 여기서는 편의상 주제 선정, 개괄적 목적 결정, 구체적 목적 결정, 핵심 메시지 작성의 순서로 나누어 설명하기로 한다.

핵심 메시지 작성 절차

1. 주제 선정하기

스피치는 대개 다음 세 가지 상황에서 이루어진다. 첫째는 요청에 의한 것이고, 둘째는 필요에 의한 것이고, 셋째는 자발적인 의사에 의한 것이다. 요청이나 필요에 의한 스피치의 경우 연사의 의지와는 상관없이 스피치의 주제가 미리 정해져 있을 때가 많고, 자발적으로 이루어지는 경우에는 연사가 직접 주제를 정하는 것이 일반적이다. 주제가 주어지는 경우 주제에 대해서 고민하지 않아도 된다고 생각하기 쉽지만 실제로는 주제가 아니라 화제가 주어지는 경우가 많다. 화제는 '무엇에 대해 이야기하려고 하는가?'라는 물음을 던졌을 때 그 '무엇'에 해당하는 것으로서 제재 혹은 중심 소재라고 이해할 수 있다. 이에 비해 주제는 '무엇에 대해 어떤 것을 설명(주장)하려고 하는가?'와 관련이 있다. 즉, 주제는 말하는 사람이 말을 통해 전하고 싶은 이야기를 뜻한다. 설령 주최 측에서 스피치의 주제를 정해 주었다고 하더라도 그것이 화제의 수준인지 아니면 주제인지를 정확하게 파악하고, 화제라면 화제의 범위를 국한시켜서 주제를 한정하는 것은 연사 자신이 직접 챙겨야 할 몫이다. 주제를 선정하고 나아가서 한정하는 것은 스피치의 성패 여부를 결정하는 매우 중요한 요인이기 때문에 연사는 주제를 정하는 일에서부터 세심한 주의를 기울이지 않으면 안 된다.

어떤 동기에서 스피치가 행해지든지 청중은 연사의 활동 분야와 관련된 경험과 지식에 대해 듣기를 원한다. 예를 들어 연사가 증권 애널리스트라면 청중은 주식거래 방법, 주식투자 전략, 주식의 종류, 주식시장의 미래와 전망 등과 관련해서 연사의 경험과 지식을 듣고 싶어할 것이다. 그래서 연사는 증권이라는 분야와 관련된 다양한 주제 중에서 하나를 선택하는 것이 가능하다. 먼저 특정 분야를 정한 후에 그 분야와 관련된 여러 가지 주제들을 떠올리면서 그중에서 한 가지 적절한 주제를 선택하는 것이 일반적이다.

주제 설정은 스피치의 출발점이다. 주제가 결정되어야 자료를 수집하고 정리하여 스피치를 준비할 수 있기 때문이다. 또한 어떤 주제를 설정하느냐에 따라 스피치의 준비와 실행 전략도 달라질 수 있다. 왜냐하면 모든 전략은 주제를 명확하게 드러내고, 주제와의 일관성을 유지할 때 비로소 유효할 뿐만 아니라 의미가 있기 때문이다. 이처럼 주제는 스피치의 핵심이기 때문에 스피치를 본격적으로 준비하기 전에 주제를 명확하게 설정하는 일은 매우 중요하다.

먼저 주제를 찾고 한정할 때 도움이 될 수 있는 브레인스토밍(brain storming)을 소개한 후에 주제를 정할 때 고려해야 할 사항에 대해서 살펴보기로 한다.

1) 브레인스토밍

브레인스토밍은 용어가 말해 주듯이 두뇌에서 폭풍이 몰아치듯 생각나는 아이디어를 가능한 많이 도출해 낸다는 의미로, 집단 구성원들의 자유 발언을 통해서 창의적인 사고를 촉진하고 문제를 같이 해결하기 위한 집단 토의의 기법으로 고안되었다. 그러나 브레인스토밍은 집단 토의 이외에도 개인적으로 스피치나 프레젠테이션을 준비할 때에도 매우 유용하게 사용할 수 있는 방법이다.

브레인스토밍은 아이디어의 발상과 평가를 철저히 분리해서 열린 마음으로 자유로운 사고를 하도록 유도하는 것을 목표로 한다. 따라서 어떤 주제로 말할지 도무지 생각이 안 나거나 또는 주제를 정하기는 했는데 너무 넓은 범주라서 그 범위를 한정하기 어려울 때 일정한 시간을 정해 놓고 일단 머리에 떠오르는 즉흥적인 생각들을 순서 없이 적은 다음 아이디어들을 선별하고 조합하고 통합하는 과정을 거쳐서 생각들을 발전시킨다. 이 방법은 주제에 대한 내용을 구상하고 전개시킬 때 그리고 토론에서 쟁점화시킬 때에도 효과적인 수단이다.

일반적으로 브레인스토밍을 할 때 다음과 같은 두 가지 원칙을 따른다.

첫째, 아이디어 수가 많을수록 질적으로 우수한 아이디어가 나올 가능성이 많기 때문에 어떤 주제나 문제에 대해서 생각나는 대로 모두 백지에 자유롭게 적어 본다. 브레인스토밍의 핵심은 생각의 자유분방함을 인정하는 것으로 생각의 질보다는 양을 추구하는 데 큰 의미가 있다. 가치의 유무나 적절성 여부 등을 고려하지 말고 생각이 미칠 수 있는 범위를 확대해 가면서 떠오르는 생각들을 가리지 않고 적어 보는 것이 좋다.

둘째, 창의적인 생각이 나오게 하기 위해서는 비록 엉뚱하거나 유치한 내용이라도 절대로 비판을 해서는 안 된다. 일반적으로 아이디어는 비판이 가해지지 않으면 많아지게 마련이다. 대부분의 사람들은 고정된 틀 안에서만 생각하는 경향이 강하기 때문에 자칫 섣부른 평가나 판단으로 인해서 창의적인 생각들을 놓치기 쉽다. 따라서 어떤 평가나 비판도 가해지지 않은 상태에서 가능하면 많은 아이디어를 도출함으로써 이를 수정하고 결합해서 더 좋은 아이디어로 발전시킬 수 있는 토대를 마련하는 것이 중요하다.

브레인스토밍에는 다음 세 가지 방법이 있다.

(1) 개방형 브레인스토밍

개방형 브레인스토밍은 거의 백지 상태에서 출발해서 자유로운 연상을 통해서 생각을 떠올리는 방법이다. 특히 말하고자 하는 것이 막연해서 주제의 실마리를 찾고자 할 때 이 방법은 큰 도움이 된다.

우선 A4 용지를 펼쳐 놓고 자기의 지식이나 체험, 상상력에 충실하여 자유롭게 그리고 비판을 가하지 않은 채 떠오르는 생각들을 적어 본다. 이처럼 아이디어를 생성하는 과정은 일정한 시간을 정해 놓고 진행하는 것이 좋다. 이때 앞서 언급한 바와 같이 아이디어를 내는 작업은 평가 작업과 분리해서 진행해야 한다. 아이디어를 생산한 후에 떠오른 생각들을 분류하거나 구조화하고 수정 또는 결합하는 과정을 거치다 보면 자기만의 개성 있고 독창적인 주제가 나올 수 있다. 처음부터 기발한 주제만을 찾으려 하지 말고 브레인스토밍을 거치면서 적절하고 참신한 주제에 접근하는 것이 좋다.

(2) 항목별 브레인스토밍

항목별 브레인스토밍은 어떤 주제나 문제에 대하여 생각나는 것들을 항목화해서 그 항목들에 연관되는 것들을 연상하는 방법이다. 이 방법은 주로 주제를 한정할 때 많이 쓰인다. 막상 정하긴 했는데 그 주제가 막연하고 폭이 너무 넓다면 주제와 관련된 내용들을 떠올리면서 생각을 정리할 필요가 있다. 항목을 설정한 후에 이와 연관되는 내용들을 나열해 봄으로써 막연하고 포괄적인 주제를 구체적이고 한정된 주제로 좁혀 갈 수 있다.

주제를 한정할 때 고려해야 할 사항으로 여러 가지가 있지만, 그중에서 스피치의 소요 시간과 청중의 지식수준 등을 고려하는 것은 매우 중요하다. 주어진 시간에 충분히 다룰 수 있고, 청중이 잘 소화시킬 수 있는 주제가 적당하다. 좁혀진 주제로 스피치를 하는 것이 폭넓은 주제로 스피치 하는 것보다 훨씬 구체적이고 설득력이 있다. 예를 들어 다음과 같이 항목을 설정한 후에 각 항목과 관련된 생각들을 적어 본다.

안락사	소중한 물건
적극적 안락사	컴퓨터
소극적 안락사	테디 베어
김 할머니 사건	빨간 줄무늬 티셔츠
호스피스	시계
…	…
시련과 어려움	**행복했던 순간**
첫 사랑의 실패	부모님과의 여행
재수	첫사랑
아버지의 사업 실패	대학 입학
친구와 관계 악화	봉사 활동
…	…

항목별 브레인스토밍

(3) 고리식 브레인스토밍

고리식 브레인스토밍은 하나의 생각이 떠오르면 그 생각에 대해서 고리를 이어 가면서 자유연상을 하는 방법이다. 다시 말해서 하나의 생각이 떠오르면 이와 관련해서 연상되는 생각들을 고리로 이어 가듯이 생각을 전개시키는 방법으로, 일종의 지도와 같다고 할 수 있다. 고리식 브레인스토밍은 지도처럼 떠오른 생각들을 도식적으로 표현하기 때문에 마인드 맵핑(mind mapping)을 이용한 브레인스토밍이라고도 한다.

고리식 브레인스토밍의 가장 큰 장점은 고리를 통해서 생각들간의 관계가 명확히 드러나게 됨으로써 주제의 전개 방향이 명확하게 부각될 수 있다는 점이다. 전체적인 생각의 흐름을 파악하는 것은 내용을 개발하고 조직하는 데에도 많은 도움이 된다.

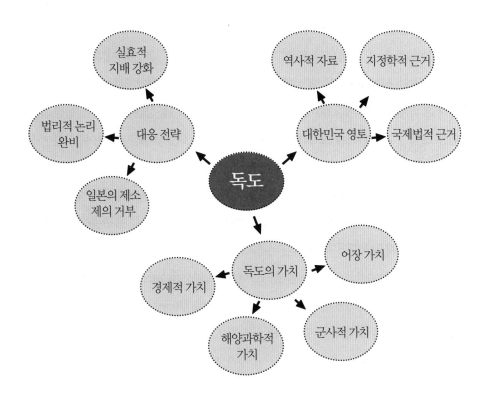

고리식 브레인스토밍

2) 주제 선정의 기준

스피치의 주제로 삼을 수 있는 것은 도처에 있다. 그러나 이 모든 것이 다 스피치의 주제가 될 수 있는 것은 아니다. 왜냐하면 스피치란 특정 연사가 특정 청중을 대상으로 특정한 상황에서 행하는 행위이기 때문이다. 따라서 연사 자신, 청중, 상황을 고려해서 적절한 주제를 선정하는 것은 좋은 스피치의 선결 요건에 속한다.

(1) 연사

주제를 선정할 때 연사는 무엇보다도 자신의 지적 수준과 경험 그리고 관심을 고려할 필요가 있다.

첫째, 연사가 잘 알고 있는 주제를 고르는 것이 중요하다. 스피치에서도 아는 것이 힘이다. 잘 알고 있는 주제를 말할 때 가장 잘할 수 있다. 잘 모르는 주제로 스피치를 하게 되면 어색한 스피치가 되기 쉽다. 연사 스스로 주제를 잘 알지 못할 경우 스피치에 대한 심리적 부담은 그만큼 커질 수밖에 없어서 자신감 있는 모습으로 스피치를 하기가 어렵다. 자신감 없는 연사의 모습은 무능한 모습으로 비칠 수 있다. 또한 연사의 지적 수준과 경험은 내용 구성에도 많은 영향을 미친다. 연사 역량으로 소화할 수 있는 주제라면 자기 주장을 강화할 수 있는 풍부한 자료와 적절한 증거를 제시하면서 내용을 짜임새 있게 구성하는 것이 가능하다. 반면 소화할 수 없는 주제일 경우 내용 구성이 허술해질 수밖에 없다. 따라서 연사의 능력에 미치지 못하는 주제라면 처음부터 선택하지 않는 것이 좋으며, 잘 모르고 있는 것에 대해 스피치를 해야 할 경우라면 스피치를 하기 전에 그 주제에 대해서 자료를 수집하여 충분한 지식을 쌓아야 한다.

둘째, 연사가 관심이 있거나 흥미 있는 주제를 선택한다. 연사가 평소 관심을 갖고 있거나 흥미 있는 주제로 스피치를 하게 되면 준비하거나 실행할 때 자연스레 열심히 하게 된다. 특히 연사의 경험을 곁들여서 스피치를 한다면 청중은 연사의 말에 더 귀를 기울일 것이다.

연사가 실제로 경험한 내용을 얘기하면 청중뿐 아니라 연사 자신도 스피치 자체에 몰입을 하게 되는 이점이 있다. 이러한 연사의 열정적인 태도는 연사의 공신력을 높이는 결과로 이어진다.

(2) 청중

연사는 자신이 잘 알고 있거나 또는 관심이 있다고 해서 스피치의 주제를 성급하게 결정해서는 절대로 안 된다. 왜냐하면 스피치는 항상 특정 청중을 염두에 두고 행해지기 때문에 올바른 주제를 선정하기 위해서는 청중을 고려하지 않을 수 없다. 즉, 스피치에서 중요한 것은 연사가 무엇을 말하는가가 아니라 청중이 무엇을 듣는가이다. 이런 의미에서 볼 때 스피치 준비 단계에서 청중 분석은 반드시 필요한 과정이다. 청중 분석을 통해서 여러 가지 사항을 고려할 수 있지만 특히 주제 선정 시 적어도 다음 두 가지 사항을 고려하는 것이 바람직하다.

첫째, 청중에게 관심이나 흥미가 있는 주제를 선택해야 한다. 청중이 주제에 대해 많은 관심이나 흥미를 가지게 되면 청중의 주의를 끄는 일에 대해 특별히 신경 쓸 필요가 없다. 자발적이든 동원되었든 주제만 알고 스피치를 들으러 오는 청중이 많은데, 이런 경우 스피치 주제가 청중과 직·간접적으로 관련이 있다는 것을 일깨워 줄 필요가 있다. 일반적으로 청중은 "이 주제가 나와 무슨 상관이 있지?" 또는 "이 주제가 나에게 무슨 의미가 있지?"라고 자문하면서 주제를 자신과 관련지어서 생각하는 경향이 있기 때문이다. 주제가 청중의 일상생활이나 업무와 밀접하게 관련되어 있거나, 어떤 문제나 갈등 상황을 해결하는 데 도움이 되거나, 시의적절하다고 판단되면 청중은 주제에 대해 관심을 갖고 듣는다.

둘째, 청중의 지적 수준에 맞는 주제를 선택해야 한다. 청중은 귀중한 시간을 내어 스피치를 듣는 대가로 뭔가 자신에게 새롭거나 유익한 정보를 얻어 가길 기대한다. 따라서 주제를 정하기에 앞서 청중 분석을 통해서 청중의 지적 능력을 파악할 필요가 있다. 예를 들어

초등학교 학생들에게 은행 저축의 유익한 점에 대해서 얘기하는 것은 적절하지만, 은행의 지불 준비금 제도에 대해서 말하는 것은 적절하지 못하다. 또한 청중이 너무 잘 알고 있는 내용이나 이해하기 어려운 내용을 주제로 정하는 것 역시 바람직하지 않다. 별로 얻어갈 게 없는 주제라면 청중은 괜히 시간만 낭비했다는 생각을 가질 것이다. 특히 너무 쉬운 주제일 때 청중은 무시당한 것 같아서 화가 날 수도 있다.

(3) 상황

주제를 정할 때 연사와 청중의 속성과 더불어 상황을 고려하는 것은 매우 중요하다. 모든 스피치는 특정 상황에서 이루어지기 때문에 아무리 연사와 청중의 속성을 충분히 고려해서 주제를 정했다고 해도 그 주제가 상황에 적절하지 않으면 실패한 스피치가 된다. 상황 적절성은 좋은 스피치의 조건 중 하나이다. 상황과 관련해서는 특히 행사의 성격과 스피치의 소요시간이 주제 선택에 영향을 미친다.

첫째, 주제는 행사의 성격에 적절해야 한다. 퇴임식에서 직장 상사가 퇴임하는 직원의 공로나 업적을 치하하기보다는 잘못을 지적하거나 아픈 기억을 일일이 들추어내고, 졸업식에서 졸업생들의 노고를 치하하고 건승을 비는 대신 취업하기 어려운 현실을 비관하면서 졸업생들의 사기와 의욕을 꺾어 놓는다면 이것은 상황에 적절하지 않다. 아무리 옳은 내용이라도 상황에 적절하지 않은 주제는 피해야 한다.

둘째, 주어진 시간에 다루기 적절한 주제를 선택해야 한다. 어떤 연사는 너무 거창하거나 광범위한 주제를 선정해서 제한된 시간 내에 소화하지 못하는 우를 범한다. 스피치를 하는 시간으로 짧게는 몇 분에서부터 길게는 몇 시간까지 주어질 수 있다. 예를 들어 어느 학생이 5분 스피치를 하는데 '남녀평등'과 같이 너무 광범위한 주제를 정했다면 그 시간 안에 청중에게 어떤 참신한 내용도 전달하지 못한 채 스피치를 끝낼 가능성이 크다. 그보다는 '가정에서의 남녀평등', '학교에서의 남녀평등', '직장에서의 남녀평등' 등의 여러 가지 측면을 검토한 후 이 중에서 한 가지 측면을 주제로 정하는 것이 바람직하다. 이처럼 주제의 범위나 난이도는 스피치의 소요시간에 직접적인 영향을 미치기 때문에 사전에 이를 충분히 고려해서 주제를 정해야 한다. 준비된 내용을 다 말하지 않았다고 하여 예정된 시간을 넘겨서 스피치를 하면 청중의 집중력이 현저하게 떨어질 뿐만 아니라 청중의 반감을 사기 쉽다. 따라서 예정된 시간을 정확하게 지키기 위해서는 처음부터 주어진 시간 안에 다룰 수 있는 주제를 선정하는 것이 중요하다.

2. 개괄적 목적 결정하기

어떤 상황에서든 또는 누구를 대상으로 하든지 모든 스피치에는 목적이 있게 마련이다. 다시 말해서 연사는 청중들로부터 일정한 반응을 이끌어내는 데 목적을 두고 스피치를 한다. 그 목적을 달성하기 위해서 연사는 목적을 분명히 세울 필요가 있다. 스피치를 할 때 목적을 정하는 것은 여행할 때 목적지를 정해야 하는 이유와 같다. 목적을 분명히 정해야 청중으로부터 원하는 반응을 기대할 수 있다.

스피치의 목적은 크게 개괄적 목적과 구체적 목적으로 나누어 볼 수 있다. 개괄적 목적은 연사가 스피치를 할 때 일반적으로 가지게 되는 목적을 가리키고, 구체적 목적이란 연사가 특정 청중에게 기대하는 목적을 가리킨다.

스피치의 개괄적 목적은 일반적으로 정보제공, 설득, 의례, 유흥으로 분류한다. 교사가 강의를 하는 것은 학생들에게 정보를 제공하려는 목적이 있고, 정치인이 선거유세를 하는 것은 유권자들에게 투표를 유도하려는 설득의 목적이 있다. 대통령이 축사나 치사를 하는 것은 국민들을 격려하는 의례의 목적이 있고 만찬장에서 주빈이 만찬사를 하는 것은 참석자들을 즐겁게 하려는 목적이 있다. 이처럼 연사가 스피치를 할 때 기본적으로 가지게 되는 목적이 개괄적 목적이다.

개괄적 목적에 따라 스피치의 방향과 성격이 달라질 수 있기 때문에 처음부터 정보제공, 설득, 유흥, 의례 중에서 하나를 주가 되는 개괄적 목적으로 분명히 정하는 것은 매우 중요하다. 그러나 스피치는 복잡한 행위이기 때문에 하나의 스피치라도 주된 목적 이외의 다른 목적들이 함께 나타날 수 있다. 예를 들어 환경오염의 피해를 줄이기 위해 가정에서 세제를 적절한 양으로 사용해야 한다고 설득할 경우, 먼저 환경오염의 심각성을 알리기 위해서 환경오염의 실태에 대한 여러 가지 정보를 제공하지 않으면 안 된다. 또한 고등학생들에게 특정 대학에 입학하도록 설득을 하면서 대학에 대한 정보도 제공하고, 재미있는 대학 생활을 들려줌으로써 청중을 즐겁게 할 수도 있다. 이처럼 설득이 주된 목적이지만 정보제공이나 유흥의 요소가 한 스피치에 중첩되어 나오는 것이 보통이다.

1) 정보제공

스피치를 통해서 청중의 정보나 지식을 넓혀 주고자 한다면 정보제공의 목적이 있다. 정보제공의 목적은 '…에 대한 정보를 제공하기 위해서', '…를 이해시키기 위해서', '…을 알리기 위해서', '…에 대해 설명하기 위해서', '…을 소개하기 위해서', '…에 대해 안내하기 위해서'라고 표현할 수 있다.

잘 알지 못하는 주제라면 새로운 정보를 제공할 수도 있고, 이미 알고 있는 주제라면 새로운 관점에서 바라보거나 좀 더 폭넓게 또는 깊이 있게 이해할 수 있도록 정보를 제공할 수 있다. 따라서 정보제공 스피치에서는 주로 설명, 보고, 묘사, 정의, 시범 등의 기법이 많이 사용된다. 새로운 사실에 대해 설명하고, 이미 일어난 사건에 대해 보고하고, 특정 장면을 묘사하고, 새로운 개념이나 용어에 대해 정의하고, 과정에 대해 시범을 보일 수 있다. 단순히 청중을 이해시키기 위한 목적으로 정보를 제공하는 경우도 있지만 청중의 행동을 변화시키기 위한 설득의 전단계로서 정보를 제공하기도 한다. 예를 들어 담배를 끊도록 설득하려면 담배가 건강에 나쁜 영향을 미친다는 것을 과학적 데이터로 제시해야 한다.

2) 설득

청중들의 신념이나 태도, 가치관 등에 영향을 미쳐서 행동을 변화시키고자 한다면 설득의 목적을 갖는다. 설득의 목적은 '…하도록 설득하기 위해서', '…을 제안하기 위해서', '…하도록 촉구하기 위해서', '…에 대한 동의를 이끌어 내기 위해서'라고 표현할 수 있다.

설득의 대상에는 행동뿐 아니라 생각이나 견해, 믿음도 포함되어 있다. 스피치를 듣고 나서 청중이 구체적인 행동으로 옮기거나, 새로운 결심을 하거나, 믿음과 가치관을 바꾼다면 연사는 설득에 성공한 것이다. 예를 들어 국회의원 입후보자가 선거유세를 하고, 세일즈맨이 신상품에 대한 프레젠테이션을 하고, 구직자가 면접을 보는 것은 각각 유권자가 투표에서 자신을 지지하고, 소비자가 상품을 구매하고, 면접관이 자신을 채용하도록 하는 등의 구체적인 행동을 기대하는 것이다. 반면 정치 지도자가 자신의 정책이나 신념을 말하고, 환경운동가가 환경오염의 피해를 말하는 것은 신념이나 태도의 변화를 요구하는 것이다.

설득의 목적을 갖는 스피치에서는 자신의 주장을 증명해 보일 수 있어야 한다. 그렇지 않으면 청중은 쉽게 설득당하려 하지 않는다. 구체적인 행동으로 옮기든 신념이나 태도의 변화를 꾀하든 청중으로 하여금 자신이 주장하는 바를 믿도록 하기 위해서 그 주장을 뒷받침할 수 있는 예시나 통계 또는 증언 등을 함께 제시해야 한다.

3) 의례

청중의 의욕을 고취시키거나 사기를 진작시키고, 청중을 치하하거나 격려하고자 한다면 의례의 성격을 띤다. 의례는 다양한 목적으로 행해질 수 있기 때문에 상황에 맞게 '…로 청중을 격려하기 위해', '…로 청중의 의욕을 자극하기 위해', '…청중에게 사기를 불어넣어 주기 위해' 등과 같이 그 목적을 표현할 수 있다.

식사, 치사, 축사, 격려사, 기념사, 환영사, 퇴임사 등이 대표적인 의례 스피치에 속한다. 예를 들어 대통령이 광복절이나 현충일에 기념사를 하는 것은 청중에게 조국에 대한 애국

심을 불러일으키거나 순국선열에 대한 존경과 감사의 마음을 가지도록 하려는 목적이 있다. 또한 대학 총장이 입학식이나 졸업식에서 축사를 하는 것은 대학생에게 그동안의 노고를 치하하면서 앞으로 펼쳐질 새로운 세계에서 더욱더 열심히 정진하도록 격려하려는 목적이 있다. 의례 스피치에서는 청중에게 구체적이고 가시적인 행동을 요구하는 것이 아니라 청중의 느슨해진 마음 상태를 다시 한 번 잡아 주려는 데 목적이 있기 때문에 이성에 호소하기보다는 정서나 감성에 호소하는 방법이 주로 사용된다.

4) 유흥

청중에게 즐거움과 재미를 주거나 행사의 분위기를 띄우고자 한다면 유흥의 목적에 해당한다. 유흥의 목적은 '…로 청중을 즐겁게 하기 위해', '…로 청중을 재미있게 하기 위해' 또는 '…로 모임의 분위기를 고조시키기 위해'라고 표현하는 것이 좋다.

유흥 스피치는 청중을 웃김으로써 긴장을 풀어 주고 청중이 즐거워하도록 하는 데 목적이 있다. 예를 들면 동창회, 야유회, 만찬이나 파티, 텔레비전 쇼 프로에서 행해지는 스피치는 대개 유흥의 목적을 갖는다. 물론 재미나 즐거움만을 생각해서 유흥 스피치를 하는 경우도 있지만 정보제공이나 설득이 주목적인 스피치에서도 청중의 흥미를 불러일으키고 이해를 돕기 위해서 관련된 재미있는 에피소드나 농담을 곁들일 수 있다. 반대로 유흥 스피치를 하면서 정보제공이나 설득의 요소를 가미할 수도 있다.

3. 구체적 목적 결정하기

스피치의 주제와 개괄적 목적이 정해진 후에는 구체적 목적을 분명히 세워야 한다. 구체적 목적이란 스피치를 통해서 연사가 달성하고자 하는 것, 즉 청중으로부터 기대하는 반응을 좀 더 자세하고 정확하게 표현한 것이다. 정보제공, 설득, 의례, 유흥이라는 개괄적 목적으로는 그 범위가 너무 넓고 막연하여 청중으로부터 연사가 기대하는 반응을 이끌어 내기 어렵다.

구체적 목적을 세우는 것은 연사에게 나아갈 방향을 정확하게 제시해 줄 뿐만 아니라 중요한 경유지를 지나치지 않도록 그리고 잘못된 길로 들어서지 않도록 안내 역할을 담당하는 지도와 흡사하다. 특히 스피치가 성공하기 위해서는 청중과 직접 대면한 상황에서 바로 효과를 거둬야 하기 때문에 준비 과정에서 처음부터 구체적인 목적을 분명히 설정할 필요가 있다.

구체적인 목적을 정할 때 스피치가 끝나고 청중이 해 주었으면 하고 바라는 바를 구체적으로 생각하면 된다. 예를 들어 '다이아몬드 감별법'이란 주제로 정보제공 스피치를 했다면 연사는 스피치가 끝나고 난 후 청중이 다이아몬드를 감별하는 방법을 설명할 수 있길 바랄 것이다. 또한 '월드비전 후원'이란 주제로 설득 스피치를 했다면 연사는 스피치가 끝나고 청중이 월드비전의 후원자가 되기를 바랄 것이다. 이처럼 스피치를 다 듣고 나서 청중이 해 주었으면 하고 바라는 바, 즉 청중의 구체적인 반응이 구체적인 목적이다.

구체적 목적은 정보제공, 설득, 의례, 유흥이라는 개괄적 목적에 한정된 주제와 특정 청중을 결부시켜서 표현할 수 있다. 구체적 목적에 특정 청중을 명시하는 것은 스피치의 목적을 달성하기 위해서는 청중 중심의 사고가 반드시 필요하다는 것을 나타낸다. 똑같은 주제를 다루더라도 청중이 누구냐에 따라서 스피치의 내용이 달라질 수 있을 뿐만 아니라, 목적을 달성하기 위한 전략도 달라질 수 있다. 따라서 구체적 목적에 청중을 명시함으로써 연사는 스피치를 준비하는 과정에서부터 실행하는 과정에 이르기까지 모든 것을 항상 청중의 입장에서 생각하게 된다.

구체적 목적을 명시하는 것은 성공적인 스피치를 준비하는 데 있어 매우 중요한 단계이기 때문에 다음에 소개하는 원칙에 따라 구체적 목적을 작성할 것을 권한다.

1) 청중과 주제를 명시하여 목적구로 표현한다

구체적 목적을 작성할 때 청중과 주제를 명시하여 개괄적 목적을 목적구로 표현해야 한다. 이때 개괄적 목적을 잘 나타내는 동사를 사용해서 목적구로 표현하는 것이 좋다. 정보 제공이라면 '정보를 제공하기 위해서' 또는 '알리기 위해서', 설득은 '설득하기 위해서' 또는 '제안하기 위해서', 의례는 '격려하기 위해서' 또는 '사기를 진작시키기 위해서', 유흥은 '즐겁게 하기 위해서' 또는 '분위기를 띄우기 위해서' 등의 목적구로 표현해야 구체적 목적이 명확하게 드러나게 된다. 다음에서 구체적 목적을 올바르게 표현한 것과 올바르게 표현하지 못한 것을 비교해 보자.

> 부적절한 표현: 스마트폰의 중독에 대해서 말하고자 한다.
> 적절한 표현: 청중에게 스마트폰 중독의 양상과 해결 방안에 대해 설명하기 위해서

> 부적절한 표현: 채식이 좋다.
> 적절한 표현: 청중에게 채식하도록 설득하기 위해서

위의 예에서와 같이 "스마트폰의 중독에 대해서 말하고자 한다."의 표현에는 말하는 목적도 말하는 대상도 명시되어 있지 않을 뿐만 아니라 주제가 너무 광범위해서 스피치의 초점이 명확하게 드러나 있지 않다. 또한 "채식이 좋다."는 표현 역시 스피치가 나아갈 방향을 연사에게 구체적으로 제시해 주지 못하고 있다. 반면 개괄적 목적을 잘 나타내는 동사를 한정된 주제와 특정 청중을 결부시켜서 목적구로 작성된 적절한 표현은 연사에게 나아갈 방향을 명확하게 제시하면서 청중에게 스피치의 내용을 알려 주는 기능을 한다.

또한 구체적인 목적을 명확하게 작성하기 위해서 명사나 명사구 그리고 의문형은 피하는 것이 좋다. 명사나 명사구 또는 의문형으로는 구체적 목적이 충분하게 드러나기 어렵다. 스

피치의 목적이 직접적이고 구체적으로 드러나게 하기 위해서는 서술형의 목적구로 표현해야 한다.

부적절한 표현: 스킨스쿠버다이빙

적절한 표현: 청중에게 스킨스쿠버다이빙의 장점을 알려 주기 위해서

부적절한 표현: 왜 헌혈을 해야 하나?

적절한 표현: 청중에게 헌혈하도록 설득하기 위해서

2) 명확하게 표현한다

스피치를 통해서 연사가 달성하고자 하는 구체적 목적을 분명히 하기 위해서는 불명료하고 모호한 표현은 피해야 한다. 두루뭉술하거나, 애매모호하거나, 다의적이거나, 우회적이거나, 비유적인 표현을 사용하면 구체적 목적이 정확하게 반영되기 어렵다.

부적절한 표현: 청중에게 다이아몬드에 대한 정보를 제공하기 위해서

적절한 표현: 청중에게 다이아몬드를 감별하는 중요한 4가지 기준에 대한 정보를 제공하기
　　　　　　　　위해서

부적절한 표현: 청중에게 통신사의 조삼모사 식의 상술에 넘어가지 않도록 하기 위해

적절한 표현: 청중이 통신사의 공짜폰 선전에 넘어가지 않도록 하기 위해

이와 같이 두루뭉술한 표현보다는 명확한 표현을, 추상적인 표현보다는 구체적인 표현을, 비유적인 표현보다는 직설적인 표현을 사용할 때 구체적 목적이 명료하게 드러난다. 구

체적 목적을 명료하게 표현할수록 스피치의 목적을 달성할 가능성이 높아진다.

4. 핵심 메시지 작성하기

스피치의 주제와 개괄적 목적, 구체적 목적이 정해졌으면 이를 토대로 핵심 메시지를 작성한다. 핵심 메시지와 구체적 목적은 매우 밀접한 관련이 있다. 구체적 목적이 연사가 스피치를 통해 달성하고자 하는 바를 표현한 것이라면, 핵심 메시지는 구체적 목적을 달성하기 위해서 연사가 스피치에서 해야 할 말을 간결하게 하나의 문장으로 표현한 것이다. 이렇게 한 문장으로 연사가 전달하고자 하는 내용을 담고 있는 핵심 메시지는 구체적 목적을 달성하는 데 도움을 준다.

다음의 예는 주제와 개괄적 목적, 구체적 목적, 핵심 메시지의 상호 관계를 보여 주는 것으로 핵심 메시지가 주제나 개괄적 목적, 구체적 목적보다 훨씬 구체적이라는 것을 알 수 있다. 비교적 광범위한 주제에서 출발하여 개괄적 목적과 구체적 목적을 거쳐서 핵심 메시지로 옮겨 가면서 그 범위가 점점 좁아지고 구체화된다. 따라서 핵심 메시지에는 스피치의 내용이 어느 정도 간결하게 드러나 있는데, 대개 스피치의 본론에서 다룰 주요 아이디어의 내용이 포함되어 있다.

주제: 다이아몬드 감별법

개괄적 목적: 정보제공

구체적 목적: 청중에게 다이아몬드를 감별하는 중요한 네 가지 요소에 대한 정보를 제공하기
위해서

핵심 메시지: 다이아몬드는 중량, 색깔, 투명도, 커팅 상태를 보고 감별할 수 있다.

주제: 월드비전 후원

개괄적 목적: 설득

구체적 목적: 청중에게 월드비전의 후원자가 되어 달라고 설득하기 위해서

핵심 메시지: 월드비전을 통해 기아와 질병에 시달리는 개발도상국의 어린이를 후원하자.

이처럼 스피치를 통해서 전달하고자 하는 주요 내용을 압축해서 단 하나의 문장으로 표현한 것이 핵심 메시지이다. 다른 말로 표현해서, 스피치가 끝나고 나서 청중이 다른 것은 다 잊어도 이것만은 꼭 기억했으면 하고 바라는 것을 표현한 하나의 선언적 문장이 핵심 메시지라고 할 수 있다.

내용을 구성하기 전에 핵심 메시지를 작성하는 것은 연사에게 매우 중요한 의미를 갖는다. 핵심 메시지를 작성함으로써 앞으로 나아갈 스피치의 방향이 분명하게 정해진다. 자료를 조사하고 주요 아이디어나 세부 아이디어를 개발하는 것뿐 아니라 스피치의 분량을 예측할 수 있다는 점에서도 많은 도움이 된다.

핵심 메시지를 작성할 때에는 구체적 목적을 작성할 때의 원칙을 그대로 따르면 된다. 의문문이 아닌 평서문으로 표현하고, 모호하고 비유적인 표현보다는 명확하고 직설적인 표현을 사용한다. 다만 구체적 목적과는 달리 핵심 메시지는 목적구가 아닌 완전한 문장으로 작성해야 한다. 왜냐하면 완전한 문장으로 표현할 때 스피치의 전개 방향이 더 분명하게 드러나기 때문이다.

제3장

스피치의 본론 개발

　스피치의 핵심 메시지를 개발한 후에는 자료의 수집과 정리 과정을 거쳐 내용을 구성하는 단계로 들어간다. 자료를 배치하여 얼개를 짜는 것을 내용 구성이라고 하는데, 내용 구성은 스피치 전체의 설계도를 그리는 작업과 같다. 집을 짓기 전에 설계도를 그리듯이 스피치를 하기 위해서는 먼저 내용을 구성해야 한다. 설계도를 치밀하게 그릴수록 마음에 드는 집을 짓는 것과 같이 내용 구성을 치밀하게 할수록 좋은 스피치를 할 수 있다.

　내용 구성의 궁극적인 목적은 스피치의 주제를 효과적으로 전달하는 데 있다. 따라서 처음부터 끝까지 핵심 메시지에서 벗어나지 않도록 구성해야 하는 것은 물론이고, 자료를 논리적이고 일관성 있게 연결하여 주제가 효과적으로 드러나도록 해야 한다.

　내용 구성은 특히 청중의 집중력과 연사의 공신력에 많은 영향을 미친다. 내용이 체계적으로 구성되어 있으면 청중은 그 내용을 쉽게 따라가면서 자연스럽게 스피치에 집중하지만, 일관성이 없고 비논리적으로 구성되어 있으면 청중은 끝까지 집중력을 유지하기 힘들다. 특히 말은 글과는 달리 한번 지나가면 그것으로 끝이기 때문에 청중이 연사의 말을 잘 따라갈 수 있도록 하기 위해서는 내용을 논리적이면서 유기적으로 조직할 필요가 있다. 또한 체계적으로 내용을 구성하면 준비가 잘 된, 능력 있고 신뢰할 수 있는 연사라는 인상을 준다. 반면 내용이 산만하고 무질서하게 구성되어 있으면 연사의 공신력도 함께 실추될 수밖에 없다.

내용 구성 방법에는 여러 가지가 있지만 그중에서 가장 보편적인 방법은 서론 – 본론 – 결론으로 이루어진 3단 구성이다. 스피치를 실행할 때는 서론 – 본론 – 결론의 순서로 진행되지만, 내용을 구성할 때는 먼저 본론을 마련하고, 서론과 결론은 본론을 완성한 후에 개발하는 것이 좋다. 왜냐하면 스피치의 핵심부라고 할 수 있는 본론에서 말할 내용이 확실하게 정해져야 적절한 서론과 결론의 개발이 가능하기 때문이다. 뿐만 아니라 이 순서로 개발하는 것이 능률적이다.

집을 지을 때 필요한 재료들을 알맞은 자리에 써야 하는 것과 마찬가지로 주제에 알맞게 선택된 재료들이라 하더라도 그것을 효과적으로 배열해야 한다. 본론을 조직하는 과정에서 가장 먼저 해야 할 일은 다양한 자료를 통해 얻은 많은 아이디어들 중에서 중요한 아이디어들을 골라 잘 배열하는 것이다. 훌륭한 연사는 주제가 효과적으로 잘 드러나도록 하고 청중이 아이디어를 잘 이해하고 기억할 수 있도록 일정한 패턴으로 제시한다.

스피치의 주제를 효과적으로 드러내려면 요점을 몇 가지로 나눠야 한다. 이것은 내용 구성의 기본이다. 이 요점들은 바로 본론의 뼈대를 구성하는 것으로 주요 아이디어(main idea)라고 부른다. 주요 아이디어의 배열 방식에 따라 크게 시간적 조직법, 공간적 조직법, 인과적 조직법, 문제 해결식 조직법, 소재별 조직법, 찬반 조직법, 비교우위 조직법, 동기 유발 조직법으로 구분할 수 있다. 이 중에서 찬반 조직법과 비교우위 조직법은 소재별 조직법의 일종이고, 동기 유발 조직법은 문제 해결식 조직법의 변형된 형태이다. 찬반 조직법, 비교우위 조직법, 동기 유발 조직법은 정보제공이나 설득 스피치에서 자주 사용되는 조직법이다. 가장 많이 사용되는 조직법을 중심으로 주요 아이디어 조직법을 소개하면 다음과 같다.

1. 주요 아이디어 조직하기

1) 시간적 조직법

시간적 조직법(chronological pattern)은 일정한 기간에 걸쳐서 일어난 사건들을 그것이 일어난 순서에 따라 배열하는 방법이다. 따라서 개인의 일생에 대해서 설명하거나 역사적 사건을 기술할 때 매우 효과적인 방법이다. 주요 아이디어를 시대별 또는 단계별로 나누어서 나열하는 시간적 조직법의 핵심은 어느 시점을 기점으로 하여 앞으로 나가거나 뒤로 갈 수는 있지만 앞뒤로 왔다 갔다 해서는 안 되고, 일정한 시간의 흐름에 따라 전개해야 한다는 것이다. 즉, 먼 과거의 시간에서 시작해서 가까운 과거의 시간으로 전개할 수도 있고, 반대로 가까운 과거의 시간에서 시작해서 먼 과거의 시간으로 전개할 수도 있다.

또한 시간적 조직법은 일의 진행 과정과 절차에 대해 설명할 때에도 아주 유용하다. 이런 경우에는 처음 단계에서 시작해서 마지막 단계로 끝내는 것이 좋다. 왜냐하면 진행되는 시간적 순서로 말하는 것이 전체 과정을 이해하는 데 훨씬 많은 도움이 되기 때문이다.

사랑의 변화 단계	심폐 소생술 순서 CAB
1. '갈망' 단계	1. 가슴 압박(Chest compression)
2. '홀림' 단계	2. 기도 개방(Air way)
3. '애착' 단계	3. 인공 호흡(Breathing)

시간적 조직법의 예

2) 공간적 조직법

공간적 조직법(spatial pattern)은 주요 아이디어들을 지역별 또는 분포별로 배열하는 방법이다. 예를 들어 우리나라의 각 도별 명승지에 대해 소개하고자 할 때, 동쪽에서 서쪽으로, 북쪽에서 남쪽으로, 아래에서 위로, 중심에서 바깥으로 등의 방식으로 설명할 수 있다. 또는 반대 방향으로도 가능하다. 어느 쪽에서 시작하느냐 하는 것은 주제의 특성이나 연사의 기호에 따라 결정될 수 있다.

공간적 조직법을 사용할 때는 대개 전체적인 윤곽을 먼저 기술한 후에 전체와 유기적인 관계 속에서 각 부분을 파악할 수 있도록 설명하는 것이 효과적이다. 공간적 조직법은 시간적 조직법과 더불어 정보제공 스피치에 가장 많이 사용되는 방법으로, 특히 국가간 또는 지역간 제도나 특성의 차이를 논할 때에 많이 사용된다.

보육 정책 비교

1. 선진국 사례
   1) 스웨덴
   2) 프랑스
   3) 영국
   4) 미국
   5) 독일
2. 우리나라 현황

공간적 조직법의 예

3) 인과적 조직법

인과적 조직법(causal pattern)은 어떤 현상이나 사건의 원인과 결과에 관해 분석한 내용을 인과관계로 배열하는 방식이다. 먼저 어떤 현상이나 사건의 원인에 대해서 논의하고, 그로 인하여 발생한 결과를 진술하는 '원인 – 결과의 순서로 배열하는 방식'이 있다. 그리고 결과로서 나타난 어떤 현상이나 사건에 대해 기술하고 나서 그것의 원인을 진술하는 '결과 – 원인의 순서로 배열하는 방식'이 있다. 스피치의 주제에 따라서 이 중 한 가지 방법을 선택할 수 있다.

예를 들어 청중에게 우리나라의 저출산 현상에 대해 심각한 문제를 제기하면서 먼저 저출산을 부추기는 원인을 말한 후에 그로 인해서 생길 수 있는 영향이나 부작용에 대해서 설명하는 것이 좋다. 저출산으로 인해 나타날 수 있는 부작용을 마지막에 언급함으로써 청중에게 경각심을 갖게 할 수 있다.

원인 – 결과 순서의 인과적 조직법의 예

　반면, 청중에게 이미 결과가 드러난 현재의 상황에서 그 원인을 진단하는 내용을 주요 아이디어로 다루고자 할 경우에는 결과 – 원인의 순서로 배열하는 것이 적절하다. 예를 들어 표절에 대한 인식 변화를 주제로 다룰 때 다음과 같이 먼저 결과에 대해 말한 후 이 결과에 대한 원인을 몇 가지로 분석해 볼 수 있다.

결과 – 원인 순서의 인과적 조직법의 예

4) 문제 해결식 조직법

문제 해결식 조직법(problem-solution pattern)은 문제점과 그 해결책을 제시하는 방법으로, 문제점을 확인하는 주요 아이디어와 그에 대한 해결책을 다루는 주요 아이디어로 구성되어 있다.

문제 해결식 조직법은 주로 설득 스피치에 쓰이지만 때에 따라서는 정보제공 스피치에서 쓰이기도 한다. 정보제공이 목적일 경우 문제의 심각성을 알리면서 문제에 대해 가능한 여러 가지 해결책을 제시할 수 있다. 반면 설득 스피치에서는 문제의 심각성을 부각시키면서 청중에게 생각이나 행동의 변화를 요구해야 하기 때문에 가능한 여러 가지 해결책 중에서 가장 효과적이라고 생각하는 해결책을 선택해서 그것을 시행하자고 주장해야 한다.

청중이 이미 그 문제가 현존하고 있다는 것과 그 문제의 심각성을 잘 알고 있다면 그 문제점을 확인시키는 데 많은 시간을 할애할 필요가 없지만, 그렇지 않을 경우에는 우선 청중이 문제가 있다는 것을 깨달을 수 있도록 자세하게 설명하는 것이 중요하다. 그리고 나서 문제에 대한 해결책을 제시해야 하는데, 이때 제시한 해결책은 해결 가능할 뿐만 아니라 실현 가능한 것이어야 한다.

병의원의 항생제 남용 처방의 문제점과 그 해결책

1. 항생제 처방 남용의 심각성
   1) 항생제 처방 세계 2위
   2) 국민 건강 위협
2. 항생제 처방 남용의 해결책
   1) 항생제 남용 병의원 명단 공개
   2) 처방 시 환자에게 항생제 고지 의무화
   3) 항생제 처방 전산관리 시스템 구축

문제 해결식 조직법의 예

5) 소재별 조직법

소재별 조직법(topical pattern)은 가장 많이 사용되는 조직법 중 하나로, 주요 아이디어를 앞에서 소개한 시간적 조직법, 공간적 조직법, 인과별 조직법, 문제 해결식 조직법으로 배열하기에 적절하지 않을 때 사용할 수 있는 방법이다. 다음에서 소개할 찬반 조직법이나 비교우위 조직법 역시 소재별 조직법에 속한다(백미숙, 2006a).

소재별 조직법에서 주요 아이디어로 배열되는 소재들은 시간적 또는 공간적 특성이 있는 것은 아니다. 그리고 원인과 결과 또는 문제와 해결책이라는 논리적 관계에 있지는 않지만 주제를 이해하는 데 필요한 소재들로 구성되어 있다.

소재의 배열 순서가 주제를 이해하는 데 전혀 영향을 미치지 않는다면 여러 가지 방법의 소재 배열이 가능하다. 예를 들면 아래와 같이 '고령화 사회의 문제점'이란 주제를 설명하기 위해 경제적인 면, 사회적인 면, 정치적인 면 세 가지 소재를 정했다면 이 소재들은 어떤 순서로 배열해도 상관이 없다. 다만 이런 경우 연사가 방점을 두고 있는 특정 소재를 특정 순서에 배열할 수 있다. 이때 인간의 심리적 효과를 반영해서 가장 중요하다고 생각되는 정보를 맨 처음 또는 맨 마지막에 배열하는 것이 효과적이다. 이것은 사람들이 일반적으로 맨 처음에 들은 정보를 잘 기억한다는 초두 효과(primacy effect)와 맨 마지막에 들은 정보를 잘 기억한다는 최신 효과(recency effect)를 이용한 것이다.

고령화 사회의 문제점

1. 경제적인 면
2. 사회적인 면
3. 정치적인 면

임의적 순서의 소재별 조직법의 예

그러나 주제의 성격에 따라 소재들을 무작위로 단순하게 나열해서는 안 되는 경우가 있다. 소재들간에 일정한 논리적 순서가 없다 하더라도 주제를 잘 이해하기 위해서는 소재들간의 관계와 질서가 일정한 순서를 통해서 잘 드러나지 않으면 안 된다. 예를 들면 소비자에게 콘택트렌즈의 올바른 착용법을 주제로 스피치를 한다면 맨 먼저 '콘택트렌즈의 편리성'을 설명한 후, '콘택트렌즈의 종류'에 대해서 말하고 '콘택트렌즈의 관리법'과 '관리 소홀로 인한 부작용'에 대해서 설명해야 청중이 쉽게 이해할 수 있다.

올바른 콘택트렌즈 착용법

1. 콘택트렌즈의 편리성
2. 콘택트렌즈의 종류
3. 콘택트렌즈의 관리법
4. 관리 소홀로 인한 부작용

일정한 순서의 소재별 조직법의 예

6) 찬반 조직법

찬반 조직법(pro-con pattern)은 소재별 조직법의 일종으로 주로 일정한 사안에 대해서 찬성하는 의견과 반대하는 의견이 분분하고 팽팽해서 양쪽의 의견을 함께 알아보고자 할 때 사용된다. 먼저 찬성하는 몇 가지 이유를 첫 번째 소재로 열거한 후에 반대하는 이유를 두 번째 소재로 배열한다.

찬반 조직법은 사안의 본질에 대해서 명확하게 설명할 목적으로 하는 정보제공 스피치에서 유용하게 사용할 수 있는 조직법이다. 찬성과 반대의 이유와 근거를 모두 제시함으로써 청중이 사안에 대해 균형 잡힌 시각에서 합리적으로 판단할 수 있도록 도울 수 있다.

찬반 조직법의 예

7) 비교우위 조직법

비교우위 조직법(comparative advantages pattern)은 여러 정책들의 장점을 비교한 후 그중에서 가장 우수한 정책을 채택하자고 제안하는 설득 스피치에서 많이 사용된다. 특히 해결방안을 놓고 논쟁이 뜨거울 때 매우 적합한 방법이다. 가능한 여러 가지 해결 방안들의 장단점을 서로 비교함으로써 자신의 해결 방안이 지닌 장점과 우월성을 부각시키는 것이 효과적이다(백미숙, 2006a).

예를 들어 빨리 걷기가 달리기보다 다이어트에 더 효과적이라는 점을 청중에게 설득시키기 위해서 비교우위 조직법을 사용할 수 있다.

> **빨리 걷기가 달리기보다 다이어트에 더 효과적이다.**
>
> 1. 걷기는 저강도 운동으로 고강도 운동인 달리기에 비해 지방 연소 비율이 높다.
> 2. 걷기는 달리기에 비해 운동 강도가 낮아 덜 지친다.
> 3. 걷기는 달리기에 비해 부상의 위험이 적어 지속적으로 할 수 있다.

비교우위 조직법의 예

8) 동기 유발 조직법

동기 유발 조직법(motivated sequence pattern)은 앨런 몬로가 개발한 조직법으로 설득 스피치에 매우 효과적이다(Monroe, 1962). 이 조직법은 문제 해결 조직법과 비슷하다고 할 수 있다. 그러나 문제 해결 조직법에서는 주제와 관련된 특정 내용을 주요 아이디어로 배열하는 데 비해 동기 유발 조직법은 청중의 동기 유발을 염두에 둔 용어를 주요 아이디어로 배열한다는 차이점이 있다. 동기 유발 조직법은 관심 끌기, 필요성 인식, 필요 충족, 시각화, 행동 촉구의 5단계를 거쳐서 특정 행동을 하도록 청중의 동기를 유발시키고자 할 때 사용할 수 있다(백미숙, 2006a).

첫 번째 단계는 서론에 해당되는 관심 끌기 단계로 청중이 주제에 관심과 호기심을 갖도록 하기 위해서 주제와 관련된 재미있는 개인의 경험담을 들려주거나, 충격적인 발언이나 통계자료를 제시하거나, 질문을 던질 수 있다.

두 번째 단계는 필요성을 인식시키는 단계로 왜 주제에 관심을 가져야 하는지를 일깨워 줘야 한다. 이를 위해 현재의 상황에 심각한 문제가 있음을 부각시키고, 해당 사안이 직접적으로 청중에게 영향이 있다는 것을 납득시켜야 한다. 이때 청중의 가치관이나 관심사와 관련되어 있는 좋은 예시나 통계, 인용과 같은 세부 아이디어로 그 필요성을 설명해 주면 청중은 심리적으로 연사의 의견을 받아들일 준비를 한다.

세 번째 단계는 문제에 대한 해결 방안을 제시하여야 한다. 이 단계에서는 연사의 해결방안이 무엇인지를 명확하게 보여 주면서 연사의 방안이 문제를 해결할 수 있는 대안이 된다는 점을 정확하게 설명해 주어야 한다. 필요하다면 청중이 분명히 이해할 수 있도록 방안에 대한 충분한 정보를 자세하게 제공하는 것이 좋다.

네 번째 단계에서는 연사가 제시한 해결 방안을 받아들일 경우 어떠한 이득이 있는지, 또는 연사의 방안을 받아들이지 않을 경우 어떠한 불이익이 있는지를 이해시켜야 한다. 즉, 이해득실을 구체적으로 보여 주기 위해서 시각화하는 단계이다. 긍정적인 면과 부정적인 면 중에서 하나를 부각시킬 수도 있고 동시에 이 두 가지 면을 다 부각시킬 수도 있다. 예를 들어 후자의 경우 연사의 제안을 받아들이면 그 문제가 해결이 될 것이고, 그렇지 않으면 상황은 훨씬 더 나빠질 것이라고 말할 수 있다.

동기 유발 조직법의 마지막 단계인 행동 촉구는 스피치의 결론에 해당된다. 청중이 연사가 제안하는 방안에 대해 충분히 납득을 했다면 그 후속 조치로 연사는 청중이 그 방안을 행동에 옮길 수 있도록 이끌어야 한다. 예를 들면 액션 플랜을 제시함으로써 청중이 해야 할 구체적인 행동에 대해서 알려 줄 필요가 있다.

동기 유발 조직법은 청중으로 하여금 요구된 행동을 하도록 단계적으로 이끌어 가기 때문에 설득 스피치에 매우 유용하다. 특히 이 조직법은 상황에 따라서 융통성 있게 일부 단계를 증감해서 사용할 수 있다. 예를 들어 그 주제에 대해 수용적 태도를 보이는 청중이라면 이미 필요성에 대해서는 충분히 인식하고 있기 때문에 필요성 단계에 많은 시간을 허비할 필요가 없다. 차라리 문제 해결을 위한 구체적인 행동에 대해 강조하는 것이 더 낫다. 반대로 적대적인 청중이라면 필요 단계에 상당한 시간을 할애해서 문제의 심각성을 부각시키고 그 문제에 대한 청중의 관심을 유발해야 한다. 또한 무관심한 청중이라면 문제에 대한 관심을 불러일으키는 데 특별히 신경을 쓰는 것이 좋다(백미숙, 2006a).

월드비전의 아동 후원금 모금

서론(관심 끌기)

1. 긴급구호 활동가로 잘 알려진 한비야는 책 『지구 밖으로 행군하라』에서 저개발 국가에서 팔이 말라 비틀어져 죽어 가는 어린이의 참상을 고발하고 있습니다.

2. 저는 지난 2년 간 월드비전을 통해서 한 어린아이를 후원하면서 그 아이의 인생이 바뀌는 것을 보았습니다.

본론(필요성 인식, 필요 충족, 시각화)

1. 개발도상국의 수백만의 어린이들은 배고픔과 질병에 시달리고 있습니다.**(필요성 인식)**

2. 월드비전은 영양실조, 탈수증, 결핵으로 죽어 가는 어린이를 돕고 있습니다.**(필요 충족)**

   1) 월드비전은 음식과 의류를 제공할 뿐만 아니라 학교나 화장실 등을 건설하고 질병 예방 접종을 실시하고 있습니다.

   2) 월드비전은 투명한 회계감사와 철저한 후원관리로 가장 공신력 있는 단체로 인정받고 있습니다.

3. 월 3만 원이면 한 어린아이의 인생을 바꿀 수 있습니다. **(시각화)**

   1. 어린이에게 배불리 먹이면서 그를 건강하게 키울 수 있습니다.

   2. 어린이에게 학교에서 교육받을 수 있는 기회를 제공할 수 있습니다.

   3. 교육을 받은 아이는 건강한 사회 구성원으로 성장할 것입니다.

결론(행동 촉구)

1. 한 어린아이의 후원자가 되어 주십시오.

2. 월드비전 홈페이지에 들어가셔서 지금 당장 아동 후원신청서를 작성해 주세요.

동기 유발 조직법의 예(백미숙, 2006a)

2. 세부 아이디어 개발하기

주요 아이디어는 스피치를 이루는 주요 뼈대가 될 뿐이지 그 자체만으로 온전한 스피치를 구성할 수 있는 것은 아니다. 주요 아이디어는 일종의 주장이기 때문에 이 주장을 청중에게 이해시키고 믿게 하기 위해서는 이를 뒷받침할 수 있는 자료를 마련해야 하는데, 이 자료들을 세부 아이디어(sub idea, support material)라고 부른다. 세부 아이디어의 유형과 역할 그리고 세부 아이디어를 개발하고 조직하는 방법에 대해서 설명하기로 한다.

1) 세부 아이디어의 유형

연사는 청중으로 하여금 주요 아이디어인 자신의 주장을 받아들이도록 하기 위해서 비교적 구체적이고 상세한 자료를 증거로 제시할 필요가 있다. 이런 증거는 곧 주장에 대한 근거가 된다. 증거나 근거가 바로 세부 아이디어에 해당된다. 세부 아이디어들은 무엇보다도 주요 아이디어와 관련이 있어야 하고, 그 내용이 정확하고, 신뢰할 수 있어야 한다. 주장을 입증하기 위해 자주 사용되는 대표적인 세부 아이디어에는 사례, 통계, 증언 등이 있다.

(1) 사례

사례(example)는 개념, 문제, 사안 등을 설명하기 위해서 구체적인 보기를 들어 보여 주는 방법이다. 적절한 사례를 들어 보임으로써 청중의 이해를 돕는 것은 물론이고 연사의 주장에 대한 사실성과 타당성도 확보할 수 있다. 특히 사례는 내용을 실감나게 만드는 효과가 있기 때문에 청중에게 깊은 인상을 심어 줄 수 있다는 특징이 있다.

자기가 직접 경험하거나 목격한 일, 다른 사람에게 일어났던 사건, 신문이나 책, 텔레비전, 라디오와 같은 여러 매체에서 보고 들은 이야기, 역사적 사실, 고사나 설화 등을 사례로 보여 줄 수 있다. 또한 다음과 같이 이야기나 일화처럼 비교적 긴 사례를 들 수도 있고 간단한 사례를 들 수도 있다.

> 링컨은 훌륭한 연사의 조건을 갖춘 사람입니다. 링컨은 게티스버그 국립묘지 개장 행사에서 연사로 초청 제의를 받은 날부터 연설 준비에 착수했죠. 연설문 초안을 작성하여 그것을 모자 속에 넣고 다니면서 틈이 날 때마다 그리고 생각을 거듭할 때마다 그 연설문을 꺼내서 다듬었습니다. 링컨은 행사 전날 밤까지도 연설문 수정에 온 힘을 기울였습니다. 심지어 보좌관을 찾아가 큰 소리로 연설문을 낭독한 다음 평을 해 달라고 부탁하기도 했죠. 짧은 연설이었지만 이렇게 심혈을 기울였기 때문에 게티스버그 연설은 아직도 많은 사람들이 기억하는 명연설문 중 하나로 꼽히고 있습니다(백미숙, 2006a).

연사의 설명이나 의견이 아닌 링컨에 관한 실제 사건을 그대로 보여 줌으로써 철저하게 준비하는 것이 훌륭한 연사의 조건이라는 주장을 실감나게 강화하고 있다.

좀 더 강한 인상을 심어 주기 위해서 다음과 같이 간단한 실례를 여러 개 들어 보일 수 있다.

> 조울증 장애가 CEO병이라는 별명을 가지고 있는 걸 아십니까? 테드 터너도 조울증이었고, 스티브 잡스도 조울증이었죠. 네스카페의 창시자 3명도 모두 조울증이었답니다(Cameron Herod, 아이를 기업가로 키우는 법).

이야기나 일화와 같이 비교적 긴 사례를 사용할 때에는 시간의 흐름에 따라 사건이나 행동을 비교적 자세하게 설명함으로써 청중의 이해를 도모할 수 있다는 장점이 있지만 자칫하면 본질을 흐리거나 장황한 설명이 될 가능성도 있다. 따라서 너무 긴 이야기라면 주장을 명료하게 하는 데 도움이 되는 부분을 부각시키면서 연사 나름대로 각색을 하는 것이 좋다.

자신이 주장하고자 하는 바를 이야기 형태로 전달하는 것을 스토리텔링이라고 하는데 스토리텔링은 정보를 단순히 단편적으로 전달하는 것이 아니라 전달하고자 하는 정보를 쉽게 이해시키고, 기억하게 하며, 정서적 몰입과 공감을 이끌어 낸다는 특성이 있다. 이런 점 때문에 최근 들어 스토리텔링 마케팅, 스토리텔링 프레젠테이션, 스토리텔링 수학, 문화재 스토리텔링, 지역 스토리텔링 등과 같이 다양한 분야에서 스토리텔링은 아주 효과적인 커뮤니케이션 방법으로 자리매김하고 있다(백미숙, 2013).

대중 스피치에서도 역시 스토리텔링은 청중의 이해를 도우면서 청중의 공감을 불러일으키기 위해 자주 사용된다. 버락 오바마와 스티브 잡스는 연설이나 프레젠테이션을 할 때 스토리텔링을 즐겨 하는 대표적인 연사로 잘 알려져 있다.

(중략) 그렇게 해서 서른 살에 저는 애플사에서 쫓겨났습니다. 그것도 아주 공개적으로 말이죠. 줄곧 제 성년기 인생의 구심점 역할을 했던 대상이 사라져 버리자 정말 참담한 심정이었습니다.

저는 몇 달 동안 어떻게 해야 할지 종잡을 수가 없었습니다. 제가 선배 기업인들을 실망시켰다는 생각이 들었습니다. 계주에서 앞서 달렸던 주자가 제 손에 쥐어 준 바통을 놓친 것처럼 말입니다. 저는 일을 그르친 것에 대해 데이비드 패커드와 밥 노이스를 만나서 사과하려고 애썼습니다. 공공연한 실패자가 된 저는 심지어 실리콘 밸리를 아주 떠날까도 생각했습니다.

하지만 뭔가가 제 머릿속에 떠올랐습니다. 제가 하던 일을 아직도 여전히 사랑하고 있다는 자각이었습니다. 애플사에서 겪었던 그 어떤 사건도 그 사실에는 전혀 영향을 주지 못했습니다. 비록 해고됐지만 전 여전히 사랑에 빠져 있었던 겁니다. 그래서 저는 다시 시작해 보기로 했습니다.

그때는 몰랐지만 나중에 생각해 보니 애플사에서 해고된 것은 제 인생에서 최고의 사건이었습니다. 모든 것이 불확실한 초심자의 마음으로 돌아가니 성공에 대한 부담감은 후련함으로 바뀌었습니다. 그로 인한 자유로움 속에서 저는 인생에서 가장 창의력이 넘치는 시기를 맞이하게 되었습니다.

그 후 5년 동안 저는 넥스트와 픽사라는 회사를 차렸고, 또한 제 아내가 될 멋진 여성과 사랑에 빠졌습니다. 세계 최초로 컴퓨터 애니메이션 '토이 스토리'를 제작한 픽사는 지금 세계에서 가장 성공한 애니메이션 제작사가 되었습니다.

애플사가 넥스트를 인수하고 저는 다시 애플사로 복귀하게 되었습니다. 우리가 넥스트에서 개발한 기술은 현재 전성기를 구가하고 있는 애플사에서 핵심적인 역할을 하고 있습니다. 그리고 저는 로렌과 멋진 가정도 꾸렸습니다.

제가 지금 분명히 단언할 수 있는 것은 만일 제가 애플사에서 해고되지 않았다면 이런 일들이 결코 일어나지 않았을 겁니다. 해고의 경험은 지독하게 쓴 약이었지만 환자에게는 필요한 약이었나 봅니다. (중략) (스티브 잡스, 스탠포드 대학교 졸업식 축사)

이야기에는 자신이 직접 경험한 이야기, 주변 사람들이 겪은 이야기 또는 책이나 언론을 통해서 접한 이야기 등이 있지만 이 중에서 먼저 자신의 이야기로 시작하는 것이 바람직하다. 자신만이 겪은 이야기는 다른 것들과 가장 확실하게 차별화되어 있어서 가장 창의적이고 독창적일 수 있기 때문이다. 사람마다 개성이 다르듯이 살아온 삶 역시 제각기 다르기 때문에 자신만의 이야기를 들려주면 다른 그 어떤 이야기보다 청중의 주목을 확실하게 끌 수 있다. 또한 자신을 적절하게 노출했을 때 상대방은 연사에게 마음의 문을 열고 더욱 친근감을 갖게 되고 인간적 매력을 느끼게 된다. 이로써 연사는 스토리텔링을 통해 청중과 교감하는 법을 깨닫게 된다(백미숙, 2013).

(2) 통계

통계(statistics)란 사실이나 현상, 연구 결과 등의 상황을 숫자로 나타낸 자료를 말한다. 숫자로 요약된 통계를 제시함으로써 청중은 크기, 비례, 백분율 등의 의미를 좀 더 선명하게 이해할 수 있다.

일반적으로 사람들이 숫자를 신뢰하는 경향이 있을 뿐만 아니라 청중의 주의를 끄는 강력한 힘도 있기 때문에 통계는 스피치의 세부 아이디어로 자주 사용된다. 아주 중요한 통계나 사람들을 깜짝 놀라게 할 수 있는 통계를 들었을 때 청중은 그 크기, 위력, 영향에 대해 강한 인상을 받을 수 있다. 특히 요점을 정확하게 수량화해서 나타내는 통계의 특성상 문제의 중요성이나 심각성을 청중에게 이해시키는 데 통계의 사용은 매우 효과적이다.

한 설문조사에 의하면 조사 대상의 82%가 통계자료가 제시되었을 때 이야기의 공신력이 높아진다고 답했다(Griffin, 2003). 일반적으로 숫자로 표현되었을 때 청중은 확실하게 이해했다는 느낌을 갖는다. 통계자료를 적절하게 사용하면 내용에 대한 공신력과 함께 연사 자신에 대한 공신력도 높일 수 있다.

> 페트병, 유아용 젖병 등에 포함돼 있는 화학물질 BPA(비스페놀―A)가 관상동맥을 좁게 만들어 심장발작 위험을 높인다는 연구 결과가 발표됐습니다. 16일 로이터통신 등에 따르면, 영국 엑스터대 데이비드 멜저 교수팀은 591명의 참가자를 대상으로 BPA와 관상동맥질환의 인과관계에 대해 분석한 결과, 385명이 BPA로 인해 심각한 동맥손상을 입은 사실을 최근 확인했습니다.

통계자료가 여러 가지 이점을 갖고 있는 게 사실이지만 통계자료를 선택하고 사용할 때에는 다음과 같은 점에 유의해야 한다.

① 통계를 신중하게 평가한다

통계자료는 연사가 주장하고자 하는 내용의 의미와 중요성을 강조하고 주요 아이디어를 뒷받침하는 역할을 하지만 효과적인 증거가 되기 위해서는 신중하게 사용하지 않으면 안 된다. 다음과 같은 점을 유념해야 한다.

첫째, 신뢰할 수 있고 객관적인 정보원에서 나온 통계자료를 선택해야 한다. 윤리적인 연사라면 어떤 정보이든지 객관적으로 다루어야 한다. 아무리 내용이 유용하고, 그 내용 구성이 논리적이라도 거짓된 정보라면 청중으로부터 신뢰를 받을 수 없다. 특히 통계는 조작이 가능하기 때문에 잘못되거나 너무 오래된 정보를 주었을 경우 청중에게 큰 혼란을 야기할 수 있다. 이와 함께 정확하지 않거나 거짓된 데이터로 밝혀질 경우 연사의 공신력도 함께 실추될 것이다. 책임 있는 연사가 되기 위해서는 무엇보다도 신뢰할 수 있고 객관적인 정보원에서 나온 통계를 출처와 함께 사용하는 것이 중요하다. 통계의 정확한 출처를 밝힐 때 그 자료의 신뢰성을 보장받을 수 있다.

둘째, 대표성을 지니는 통계자료를 사용해야 한다. 충분한 샘플을 토대로 해서 얻어진 통계만을 연사의 주장을 강화하는 세부 아이디어로 사용해야 한다. 적은 수의 표본에서 추출한 통계는 일반화하기 어려울 뿐만 아니라 대표성을 띠지 못한다.

② 너무 많이 사용하지 않는다

사람들은 일반적으로 이야기는 비교적 잘 기억하는 데 비해 숫자는 잘 기억하지 못한다. 숫자가 자주 언급될수록 청중의 기억력은 현저하게 떨어진다. 폭탄 세례를 퍼붓듯이 숫자를 연거푸 사용하면 청중은 그 숫자에 질려서 귀를 닫고 싶을 것이다. 숫자를 과다하게 그리고 무작위로 사용할 경우 청중은 그것을 이해하고 기억하기는커녕 오히려 혼란에 빠질 것이다. 통계자료를 사용할 때 다음 몇 가지 사항에 주의할 필요가 있다.

첫째, 가능하면 긴 숫자는 반올림해서 사용한다. 대략적인 크기나 정도 또는 양을 강조하는 것으로 충분하다면 굳이 정확한 수치를 댈 필요가 없다. 더군다나 청중은 긴 숫자를 정확하게 기억하지 못하기 때문에 긴 숫자는 반올림해서 단순화시켜 말하는 것이 좋다. 예를 들어 10,143이나 621 대신에 약 10,000이나 약 600이라고 말하면 청중은 그것을 더 잘 기억하게 된다.

둘째, 중요한 통계만 골라서 사용한다. 조사한 통계자료를 무작위로 다 나열하지 말고 그중에서 중요하거나 필요하다고 생각되는 통계, 예를 들어 자기 주장을 펴는 데 도움이 되거나 청중에게 주제에 대한 관심을 불러일으킬 수 있는 자료만 제시하는 것이 효과적이다. 자기 주장을 지지하는 데 직접적으로 관련이 없거나 불필요한 통계까지 다 제시한다면 오히려 주장의 본질을 이해하는 데 방해가 될 수 있다. 아무리 중요하더라도 숫자를 지나치게 자주 사용하면 청중의 관심이 멀어질 수밖에 없다는 점을 명심해야 한다.

셋째, 경우에 따라 시각적 보조 자료와 함께 사용한다. 스피치의 주제나 내용 특성상 복잡하거나 많은 통계자료를 제시해야 하는 경우 말로만 전달하는 것보다 시각자료의 도움을 받는 것이 좋다. 청중이 복잡하거나 연거푸 거론되는 많은 통계의 내용을 말로만 듣고 이해하기란 여간 어려운 것이 아니다. OHP, 파워포인트, 핸드아웃 등을 이용해서 통계자료를 보여 줄 수 있다. 이런 시각자료를 사용하면 요점을 훨씬 명료하게 드러내 줄 뿐만 아니라 청중의 시선을 잡아 두는 데도 많은 도움이 된다.

③ 숫자에 옷을 입혀라

숫자의 의미를 부연 설명해서 청중을 이해시키는 것이 연사의 역할이다. 통계자료가 의미하는 바를 부연해서 설명하지 않고 숫자만 언급을 하면 청중이 스스로 알아서 그 숫자의 의미를 해독해야 하는 어려움이 있다. 이런 경우 이해하기 어려운 숫자를 청중의 생활과 밀접하게 관련되어 있는 내용이나 청중이 얻게 될 이익이나 혜택과 결부시켜서 설명한다면 더욱 쉽게 이해하고 공감할 수 있게 된다. 예시와 마찬가지로 통계자료도 숫자 그 자체에 의미가 있는 것이 아니기 때문에 그 수치를 제시함으로써 청중에게 무엇을 설명하고자 하는 지를 분명하게 말해 줄 필요가 있다.

누구보다도 스티브 잡스는 프레젠테이션에서 숫자를 자주 활용했는데, 이때 전문가인 자신에게 초점을 맞추지 않고 그 제품을 사용하게 될 청중에 초점을 맞춰 숫자에 대해 부연 설명을 한다. 다음 예문을 보면 중요한 것은 숫자 자체가 아니라 숫자에 어떻게 의미를 부여 하고 그것을 해석하는가에 달려 있다는 것을 알 수 있다(백미숙, 2013).

이것은 1천 곡의 노래를 저장할 수 있는 새로운 휴대용 MP3 플레이어입니다.
(5GB의 저장용량을 갖춘 새로운 휴대용 MP3 플레이어를 소개할 때)

30GB를 채용한 아이팟은 7천500곡의 노래와 2만 5천 장의 사진 그리고 75시간 분량의 동영 상을 저장할 수 있는 용량으로 샌프란시스코에서 도쿄로 가는 동안 내내 동영상을 볼 수 있습니다.
(30GB 대용량의 하드디스크를 채용한 아이팟을 설명할 때)

또한 아래의 경우와 같이 단순히 38이라고 말하면 이 숫자가 의미하는 바를 정확하게 알 기 어렵다. 이때 숫자를 다른 대상과 비교해서 의미를 부여한다.

잘 먹고 열심히 훈련함으로써 심박수는 분당 38회까지 떨어졌습니다. 이것은 올림픽에 출전 하는 운동선수보다 더 낮은 것입니다.

(3) 증언

증언(testimony)은 자기주장을 뒷받침하기 위한 증거로 다른 사람들의 말을 인용하는 것 을 가리킨다. 증언이라고 하면 보통 권위 있는 사람, 즉 주제와 관련된 방면에서 지식이나 기술이 풍부하고 경험이 많은 전문가가 하는 말을 생각하는데 반드시 전문가의 의견이나 생각만이 증언이 될 수 있는 것은 아니다. 일반인들 중에도 주제와 관련해서 풍부한 경험과 지식을 갖췄다면 그 사람의 말 역시 충분히 증언으로서의 가치를 인정받을 수 있다.

그러나 분명한 것은 인지도가 높고 권위를 인정받는 사람이 한 말일수록 청중은 그 내용에 대해 더 신뢰를 하게 된다는 것이다. 그래서 동서고금을 막론하고 권위 있는 성인, 철인, 학자, 정치가, 종교인 등의 말이나 글이 스피치의 요점을 뒷받침하는 증거 자료로 자주 인용된다. 또한 자기주장에 대한 지지 근거로 권위 있는 사람이 한 말을 인용함으로써 청중에게 깊은 인상을 심어 줄 뿐만 아니라 연사 자신에 대한 공신력도 높일 수 있다. 전문가의 말을 인용한다는 것은 연사 자신이 펼치는 주장을 자신만이 아니라 그 방면에 정통한 전문가도 똑같은 생각을 하고 있다는 것을 보여 주는 일이다. 청중은 마치 전문가의 공신력이 연사에 대한 공신력인 것처럼 받아들이는 경향이 있다. 이처럼 권위 있는 사람의 말은 주장을 뒷받침할 뿐만 아니라 연사의 공신력을 높일 수 있는 효과도 함께 기대할 수 있기 때문에 이점은 증언이 가진 가장 큰 장점이라고 할 수 있다.

우리의 가장 큰 공포는 우리가 부족하다는 게 아니에요. 우리가 가장 두려워하는 것은 우리 자신이 측정할 수 없을 만큼 강력하다는 것이죠. 우리의 어둠이 아니라 빛이 우릴 두렵게 만들죠 (마리안느 윌리암스).

옛말에 "만약 당신이 누군가에게 고기를 주면 하루를 먹고 살게 해 준 것이지만, 만약 고기 잡는 법을 가르쳐 준다면 평생 먹고 살 수 있는 법을 알려 준 것이다."라는 말이 있습니다.

위의 인용문은 각각 다른 사람의 삶에 영향을 끼칠 만큼 우리 안에는 강력한 힘이 있다는 주장을 할 때, 그리고 부모와 사회가 문제에 대한 답을 스스로 찾도록 아이들을 이끌어야 한다는 주장을 할 때 적절하게 사용할 수 있다.

위의 예처럼 증언을 인용할 때 다른 사람이 한 말을 원문 그대로 직접 인용할 수도 있고 다른 사람의 말을 연사 자신의 말로 요약해서 인용할 수도 있다. 원문 그대로 인용할 경우 청중이 그 내용을 더 신뢰하는 경향이 있기는 하지만 때에 따라서 그대로 인용하기에 적절하지 않은 경우도 있다. 예를 들어 인용문이 너무 길거나 복잡해서 청중이 이해하기 어려운 경우, 그리고 부적절한 단어가 있어서 그대로 말하기에 곤란한 경우라면 변용하는 것이 좋다. 변용할 때 신중을 기해야 할 점은 본래의 의미를 해치지 않는 범위 내에서 요약을 해야 한다는 점이다. 원래의 의미를 왜곡시키거나 적절하지 않은 문맥에서 사용하는 것은 윤리적인 연사라면 지양해야 할 점이다.

2) 세부 아이디어의 역할

주요 아이디어는 대개 내용상 일반적이고 추상적인 성격을 띠고 있어 청중이 그 의미를 쉽게 이해하기 어려운 반면, 세부 아이디어는 구체적이고 특정한 내용으로 이루어져 있기 때문에 청중이 그 의미를 금방 파악할 수 있다. 세부 아이디어의 역할은 크게 3가지로 설명할 수 있다.

첫째, 세부 아이디어는 주요 아이디어를 뒷받침하는 역할을 한다. 아무리 좋은 주장이라도 그 주장을 뒷받침할 수 있는 자료를 함께 제시하지 못한다면 설득력을 발휘하기 어렵다. 주요 아이디어를 뒷받침하기 위해 사용하는 자료를 흔히 증거 또는 근거라고 부르기도 한다. 즉, 증거나 근거는 세부 아이디어의 또 다른 이름이다. 세부 아이디어가 주요 아이디어를 강화한다는 점에서 세부 아이디어의 개발은 매우 중요하다. 어떤 세부 아이디어를 사용했느냐 그리고 세부 아이디어들을 어떻게 조직했느냐는 스피치의 성패를 결정지을 수 있다.

둘째, 세부 아이디어는 주요 아이디어의 의미를 좀 더 명확하게 이해하는 데 도움이 된다. 주요 아이디어는 스피치의 요지를 간결하게 표현한 것이기 때문에 대개 일반적이고 추상적인 개념이다. 이런 개념은 청중이 쉽사리 이해하기 어려운 경우가 많다. 따라서 연사는 일반적이고 추상적인 주요 아이디어를 뒷받침할 수 있는 세부 아이디어를 통해서 주요 아이디어를 잘 이해하도록 만들어야 한다. 예를 들어 "핵폐기물 처리장은 안전하다."와 같은 주장을 주요 아이디어로 정했다면 무엇보다도 왜 핵폐기물 처리장이 안전한지 그 이유를 구체적으로 밝혀야 한다. 그래야 청중이 연사의 주장에 수긍하게 된다. 즉, 연사 나름대로 그 주장이 옳다고 생각하는 근거를 말해서 청중을 이해시켜야 한다.

셋째, 세부 아이디어는 스피치를 보다 흥미롭게 만든다. 연사가 부연 설명도 하지 않고 증거도 제시하지 않은 채 계속해서 주장만 늘어놓으면 청중은 금방 흥미를 잃어버릴 것이다. 세부 아이디어는 스피치에서 조미료나 향신료의 역할을 한다. 주장의 의미를 명확하게 설명해 주고 다양한 형태의 뒷받침 자료, 그중에서도 특히 실례나 증언 등을 곁들인다면 스피치가 좀 더 맛깔스럽게 된다. 또한 세부 아이디어는 청중에게 휴게소와 같은 역할도 한다. 아무리 좋은 주장이라도 청중은 그것을 이해하고 소화시킬 시간을 갖기를 원한다. 소화시킬 시간도 주지 않고 주장들을 연달아 쏟아 낸다면 청중은 그것들을 기억하지 못할 뿐만 아니라 부담스럽게 여길 것이다.

3) 세부 아이디어에 대한 자료 조사

스피치의 주제가 정해진 후에는 보통 그 주제와 관련된 자료들을 찾는 일에 착수하게 된다. 자료를 찾는 것은 주요 아이디어뿐 아니라 세부 아이디어를 개발하는 과정에서도 필수적이다. 특히 주요 아이디어가 마련된 후에는 도서관이나 인터넷을 통해서 주요 아이디어를 뒷받침하는 자료를 찾아 이 중에서 얼마나 적절하고 신뢰할 만한 자료들을 선별하느냐가 좋은 스피치의 내용 구성을 결정하는 요인이다.

자료는 주로 도서관이나 인터넷에서 찾지만 때에 따라서는 자기 자신의 경험에서 찾을 수도 있고 조사 목적의 개인 인터뷰를 통해 구할 수도 있다. 정확하고 객관적인 자료 제시가 요구되는 정보제공이나 토론의 경우 출처를 자신의 경험이나 인터뷰로만 하게 되면 때로는 자료의 대표성과 공신력을 의심받을 수도 있기 때문에 도서관이나 인터넷 같은 외부에서 찾은 자료와 함께 사용하는 것이 좋다. 이런 경우 주요 아이디어를 뒷받침하면서 스피치에 생동감을 불어넣어 주기 때문에 일석이조의 효과를 거둘 수 있다.

도서관을 이용할 경우 단행본, 학위논문, 논문집, 학술지, 저널, 보고서, 신문, 백과사전, 연감 등을 찾을 수 있다. 또한 요즈음에는 많은 논문이나 기사가 전자저널 형태로 데이터베이스화되어 있기 때문에 검색창에 주제를 치면 주제와 관련된 논문이나 기사를 손쉽게 찾아서 초록 또는 전문을 볼 수 있다. 도서관에서 이용할 수 있는 자료는 인터넷에서 얻을 수 있는 자료와는 달리 여러 단계의 검증을 거쳐서 비치된 자료이기 때문에 정확성과 신뢰성을 어느 정도 담보할 수 있다. 예를 들어 단행본과 학술지는 비교적 엄격한 편집 절차를 거쳐서 출판되며 이후 도서관 비치 여부도 도서 담당자의 승인 과정을 거치도록 되어 있다.

인터넷 검색을 통한 자료 조사는 시간을 절약해 주고 손쉽게 접근이 가능하다는 점에서 일반적으로 매우 선호하는 방법이지만, 인터넷에서 찾은 자료는 도서관에서 얻을 수 있는 자료와 달리 검증되지 않은 많은 정보들도 포함하고 있기 때문에 자료의 정확성, 신뢰성 그리고 객관성에 대해 철저하게 따져 봐야 한다. 따라서 인터넷 자료는 주제와 관련해서 개괄적이고 기본적인 내용 또는 최신의 정보를 확인하는 정도로만 활용하고, 좀 더 정확하고 전문적인 양질의 정보는 도서관에 비치된 자료를 통해서 획득하는 것이 바람직하다.

4) 세부 아이디어를 조직하는 방법

다양한 자료 조사를 통해서 주요 아이디어를 뒷받침하는 세부 아이디어들이 마련되었다면 이것들을 어떠한 순서로 배열하고 조직할 것인지에 대해서 고민해야 한다. 앞서 주요 아이디어 조직법과 마찬가지로 세부 아이디어 역시 청중들이 잘 이해하고 기억할 수 있는 순서와 조직법으로 배열해야 한다.

예를 들어 운동의 선택 기준을 주제로 정한 후에 운동을 선택할 때 자신에게 맞는지를 고려하는 것이 가장 중요하다는 점을 첫 번째 주요 아이디어로 배열할 경우 자신의 경험이나 일화, 증언, 사실, 사례를 중심으로 다음과 같이 떠오르는 생각들을 쭉 써 본다.

1. 운동을 선택할 때 가장 중요한 기준은 자신에게 맞는가이다.

- 골밀도가 낮은 노년층에게 조깅이나 테니스는 적합하지 않다.
- 얼마 전 TV 건강 프로그램에서 평상시 에어로빅과 등산을 즐겨 하는 50대 여성이 무릎 연골 파열 진단을 받았다.
- ~~TV에 유익한 건강 프로그램이 많이 편성되어 있다.~~
- ~~무릎 인공관절 수술에는 '자가연골 이식술'과 '자가연골 세포배양 이식술'이 있다.~~
- 유산소 운동을 한다.
- 무산소 운동을 한다.
- 요가를 시작했지만 대화하기를 좋아하는 성격과 잘 맞지 않아서 포기한 적이 있다.
- 근육을 키우는 데 도움이 되어야 한다.
- 체중을 감량하는 데 도움이 되어야 한다.
- 운동은 흥미를 갖고 오래 지속적으로 할 수 있어야 한다.

해당 주요 아이디어에 관련해서 떠오르는 생각들을 나열한 후에는 그 생각들을 선별하고 분류해야 한다. 예를 들어 위에서 'TV에 유익한 건강 프로그램이 많이 편성되어 있다.'와 '무릎 인공관절 수술에는 자가연골 이식술과 자가연골 세포배양 이식술이 있다.'는 주요 아이디어와는 직접적으로 관련이 없다. 따라서 일단 이 두 가지 진술은 목록에서 제외시킨다. 그리고 적어 놓은 진술들을 해당 주요 아이디어를 구성하는 몇 개의 논점으로 다시 분류하기 위해서 다음과 같이 관련되는 진술들을 한데 모아 각각의 논점으로 설정한다.

1. 운동을 선택할 때 가장 중요한 기준은 자신에게 맞는가이다.
   1) 나이와 체력을 고려해야 한다.
      (1) 골밀도가 낮은 노년층에게 조깅이나 테니스는 적합하지 않다.
      (2) 얼마 전 TV 건강 프로그램에서 평상시 에어로빅과 등산을 즐겨 하는 50대 여성이 무
          릎연골 파열 진단을 받았다.
   2) 성향과 흥미를 고려해야 한다.
      (1) 운동은 흥미를 갖고 오래 지속적으로 할 수 있어야 한다.
      (2) 요가를 시작했지만 대화하기를 좋아하는 성격과 잘 맞지 않아서 포기한 적이 있다.
   3) 운동의 목표를 고려해야 한다.
      (1) 체중 감량을 목표로 한다.
          ① 유산소 운동한다.
      (2) 근육 강화를 목표로 한다.
          ① 무산소 운동을 한다.

이처럼 가지치기를 하듯이 몇 개의 논점을 항목화하는 방법은 말하기뿐 아니라 글쓰기에서도 내용을 구조화하는 데 매우 유용하다. 『논리의 기술』을 펴낸 바바라 민토는 그룹화(grouping)와 요약(summary)의 과정을 거쳐서 사고의 구조가 완성되면, 이를 피라미드 구조로 정리해서 독자에게 전달해야 한다고 주장하였는데, 이는 말하기에서도 그대로 해당된다. 스피치에서 뼈대 역할을 하는 주요 항목들을 설정하는 것은 말하기의 흐름을 자연스럽고 일목요연하게 보이게 하기 위한 기본이다.

첫 번째 주요 아이디어(상위 논점)는 다시 두 번째 주요 아이디어(하위 논점)로 뒷받침되고,

각각의 주요 아이디어는 자료 형태의 세부 아이디어로 뒷받침될 수 있다. 또한 세부 아이디어들은 앞서 설명한 주요 아이디어를 배열하는 대표적인 조직법인 시간적 조직법, 공간적 조직법, 인과적 조직법, 문제 해결식 조직법, 소재별 조직법에 따라 배열할 수 있다.

3. 안내사 사용하기

스피치의 심장에 해당되는 주요 아이디어와 이를 뒷받침해 주는 세부 아이디어를 개발한 후에는 청중이 잘 이해할 수 있도록 아이디어들을 연결해야 한다. 아이디어를 연결하기 위해서 사용되는 단어나 구 또는 문장을 안내사라고 부른다. 스피치를 할 때 안내사는 다음 두 가지 점에서 매우 중요하다.

첫째, 안내사는 아이디어들간의 관계를 보여 주고 연결을 부드럽게 하는 역할을 한다. 안내사를 적절하게 사용함으로써 스피치 전체가 물 흐르듯이 자연스럽게 그리고 논리적으로 연결되어 있다는 인상을 준다.

둘째, 안내사는 청중이 내용의 흐름을 무리 없이 따라가면서 스피치에 집중하도록 한다. 이처럼 청중의 이해도와 집중력이 높아지면 자연스럽게 그 내용을 더 잘 기억할 수 있게 된다. 이런 점에서 적절한 안내사의 사용은 스피치에서 필수적이다.

스피치에서 중요한 안내사로는 논의 전환사, 내용 이정표, 중간 예고, 중간 요약의 4가지 유형을 들 수 있는데, 이 안내사들은 단독으로 쓰이기도 하고 같이 결합해서 쓰이기도 한다.

1) 논의 전환사

논의 전환사(transition)란 한 내용에 대한 논의가 끝나고 그 다음 내용에 대한 논의로 넘어간다는 것을 알려 주는 구나 문장을 가리킨다. 다리를 이용해서 육지의 어느 한편에서 다른 한편으로 안전하게 넘어갈 수 있듯이, 스피치에서 연사는 논의 전환사를 사용해서 내용에 대한 논의를 자연스럽게 전환할 수 있다. 즉 논의 전환사는 어느 한쪽에서 다른 한쪽으로 무리 없이 건너갈 수 있도록 양쪽을 연결해 주는 가교 역할을 한다. 바뀌는 논의 내용에 대해서 예고를 하지 않으면 청중은 사고의 연결에 무리가 생겨서 혼란스러워할 것이다. 반면 논의 전환사를 사용하면 청중은 논의 내용이 바뀌는 것에 대해 마음속으로 준비를 하게 된다.

예를 들어 '직장 내에서의 폭력'이란 주제로 스피치를 하면서 "최근 몇 년 동안 직장 내 폭력이 증가했다."와 "갈등관리에 관한 교육을 실시함으로써 직장 내 폭력을 줄일 수 있다."의 두 가지 내용을 주요 아이디어로 정했다고 하자. 첫 번째 주요 아이디어에 대한 논의를 하면서 그 주장을 뒷받침해 주는 몇 가지 사례와 통계를 인용한 후에 바로 두 번째 주요 아이디어에 대한 논의로 넘어가면 너무나 갑작스럽게 느껴진다. 이보다는 청중에게 부드럽게 기어를 변속할 수 있는 시간을 주는 것이 좋은데, 이때 "지금까지 직장 내 폭력의 심각성에 대해서 말씀을 드렸는데 이제부터는 그 문제의 해결책에 대해서 살펴보고자 합니다."와 같이 논의 전환사를 사용할 수 있다.

2) 내용 이정표

내용 이정표(signpost)란 스피치에서 위치를 알려 주는 단어나 구 또는 문장을 말한다. 운전자들이 도로 이정표를 보고 전체 여정에서 어느 지점을 통과하고 있는지 또는 올바른 방향으로 가고 있는지를 알 수 있듯이, 청중은 내용 이정표를 듣고 지금 듣고 있는 내용이 전체 내용 중에서 몇 번째에 해당되는지 또는 중요한 내용이 무엇인지를 알 수 있다. 즉, 내용 이정표는 청중에게 논의되는 각각의 내용을 전체와의 관계 속에서 파악하도록 해 주면서 전체적인 스피치의 흐름을 따라갈 수 있게 도와준다.

내용 이정표의 대표적인 형태는 '첫 번째…', '두 번째…', '세 번째…' 또는 '첫째', '둘째', '셋째' 등과 같이 논의되는 내용의 순서를 알려 주는 숫자이다. 예를 들면 "부작용을 최소화하면서 다이어트를 할 수 있는 첫 번째 방법으로 ⋯ 이 있습니다.", "두 번째 방법은 ⋯ 입니다.", "세 번째 방법은 ⋯ 입니다."라고 내용 이정표를 사용하면 청중은 그 내용을 놓치지 않고 따라갈 수 있다. '그리고', '다음은', '또 한 가지는', '또 다른 예는' 등과 같은 표현보다는 숫자를 사용하는 것이 순서를 확실하게 나타내는 데 훨씬 효과적이다.

중요한 내용임을 알려 주는 구나 문장도 내용 이정표에 속한다. 예를 들어서 "여러분이 반드시 명심해야 할 것은⋯", "제 말을 이해하기 위해서는 다음의 내용을 꼭 알아야 합니다.", "이 내용은 오늘 얘기 중에서 가장 중요한 내용인데⋯", "중요한 내용을 반복하자면⋯" 등과 같은 표현이 여기에 속한다. 이런 내용 이정표를 사용함으로써 청중에게 더 세심한 주의를 불러일으킬 수 있다. 그러나 이런 구나 문장을 사용할 때에는 정말로 중요한 대목에서 딱 한 번만 사용할 때 효과적이다. 여러 번 사용하게 되면 청중은 중요한 내용이라는 연사의 말을 더 이상 믿으려고 하지 않을 것이다.

3) 중간 예고

중간 예고(internal preview)는 본론 중 다음에서 논의하게 될 내용이 무언인지 미리 청중에게 알려 주는 기능을 한다. 논의 전환사가 이미 논의가 끝난 아이디어와 앞으로 논의할 아이디어를 연결해 주는 데 초점이 맞추어져 있다면, 중간 예고는 앞으로 논의할 아이디어가 무엇인지에 대해 초점이 맞추어져 있다. 따라서 중간 예고는 논의 전환사보다 앞으로 다룰 내용에 대해서 좀 더 자세하게 알려 주는 기능을 한다고 볼 수 있다.

중간 예고는 서론에서 하는 예고 기능과 흡사하지만 서론에서 하는 예고는 스피치 전체 내용과 관련되어 있고, 중간 예고는 본론 중에서 다룰 주요 아이디어나 세부 아이디어와 관련되어 있다는 점에서 다르다. 물론 본격적인 논의에 앞서 새로운 아이디어를 소개할 때마다 반드시 중간 예고를 할 필요는 없다. 논의할 아이디어가 매우 중요하거나 또는 어렵거나 복잡해서 청중의 주의를 집중시킬 필요가 있을 때 중간 예고를 하는 것이 효과적이다.

여러 개의 주요 아이디어로 구성된 스피치를 할 때 대개 첫 번째 주요 아이디어에 대한 본격적인 논의를 시작하기에 앞서 앞으로 다룰 주요 아이디어를 간단하게 소개한다.

> (논의 전환사) 지금까지 기업이 사회적 구성원으로서 사회적 책임을 다해야 한다는 점을 들어 사회공헌 활동을 해야 한다고 주장을 하였는데 (중간 예고) 이제부터는 기업이 사회공헌 활동을 해야 하는 두 번째 이유로 크게 기업에 대한 긍정적인 평가, 기업과 그 제품의 호감도 증가, 기업의 경쟁력 향상이라는 근거를 들어 설명하도록 하겠습니다.

이렇게 논의 전환사와 함께 중간 예고를 통해서 청중에게 앞으로 논의될 내용에 대해 대략적으로 알려 줌으로써 그 내용을 수용할 준비를 하도록 한다.

4) 중간 요약

중간 요약(internal summary)이란 본론 중 이미 논의를 마친 내용에 대해서 짧게 요약하여 알려 주는 것을 말하는데, 이렇게 이미 논의가 끝난 주요 내용을 청중에게 상기시켜 준다는 점에서 중간 요약은 중간 예고와는 다른 기능을 한다.

새로운 내용에 대한 논의로 넘어가기 전에 이미 논의된 내용 중에서 중요한 부분을 간추려서 요약해 주면 청중은 주요 내용을 잘 이해했는지 확인할 수 있는 시간을 가질 수 있을 뿐만 아니라 주요 내용을 더 잘 기억할 수 있게 된다. 중간 요약 없이 급작스럽게 새로운 아이디어에 대한 논의로 넘어가면 청중은 주요 내용에 대해 확신을 하지 못하거나 미처 정리가 되지 않은 느낌을 가질 수 있다. 복잡하거나 추상적이어서 이해하기가 어렵거나 중요한 내용일수록 중간 요약을 해 주는 것이 좋다.

중간 요약에는 주로 "짧게 정리해 보면…", "지금까지 논의한 내용을 요약해 보자면…", "요점을 간단하게 표현하면…" 등과 같은 표현이 사용된다. 중간 예고와 마찬가지로 중간 요약 역시 논의 전환사와 함께 사용하면 새로운 내용에 대한 논의를 자연스럽고 부드럽게 이어 주게 된다.

(중간 요약) 지금까지 기업 역시 사회 구성원이며 또한 경제민주화를 실현해야 하는 점을 들어 기업이 사회적 구성원으로서 사회적 책임을 져야 한다는 주장을 하였습니다. (논의 전환사) 이제 부터는 사회공헌 활동이 기업의 이미지 향상에 도움이 된다는 점에 대해서 말씀드리겠습니다.

제4장
스피치의 서론과 결론 개발

서론과 결론은 전체 스피치에서 차지하는 분량 면에서 볼 때 본론에 비하면 작은 부분이지만 스피치를 시작하고 끝을 맺는다는 점에서 매우 중요한 부분이라고 할 수 있다. 서론에서는 청중에게 계속해서 듣고 싶은 마음이 생기도록 만들어야 하고, 결론에서는 끝까지 듣기를 잘했다는 마음이 들게 해야 한다. 이번 장에서는 서론과 결론의 내용을 개발하기 위해서 알아야 할 서론과 결론의 기능과 그 기법에 대해서 소개하기로 한다.

1. 서론 구성

'시작이 반'이라는 말이 있듯이 스피치의 성공 여부는 서론의 성공 여부에 달려 있다고 해도 과언이 아니다. 특히 서론은 청중과의 첫 만남이 이루어지는 곳이며 스피치 전체에 대한 첫인상을 심어 준다는 점에서 매우 중요하다. 서론에서 어떤 인상을 받느냐에 따라 청중은 스피치에 관심을 가질 수도 있고 그렇지 않을 수도 있다. 서론에서 청중의 주의를 끌지 못할 경우 흐트러진 관심을 다시 바로잡으려면 어려움이 따른다. 스피치에서 관심이 점점 멀어지는 청중의 태도는 시간이 흐르면서 연사에게 큰 심리적 부담으로 다가올 수 있다.

뿐만 아니라 서론은 연사의 자신감에도 직접적인 영향을 미칠 수 있다. 서론이 순조롭게 잘 풀리면 연사는 자신감을 갖고 본론에 임하게 되지만, 서론이 순조롭지 않으면 심리적으로 위축되어 자칫하면 스피치 전체를 그르칠 수 있다. 이것은 발표 불안증이 심할수록 더 확연하게 나타나는 경향이 있다.

서론의 내용을 개발하기 위해서는 먼저 서론의 기능을 이해할 필요가 있다. 서론은 크게 청중의 호감을 사고, 청중의 관심을 불러일으키고, 주제를 예고하는 등 3가지 기능을 갖는다.

1) 호감 사기

대인관계와 마찬가지로 대중 스피치에서도 연사와 청중의 관계형성은 매우 중요한 요소이다. 특히 낯선 사람에 대해서는 누구나 무의식적으로 방어적인 태도를 취하면서 경계를 하게 마련이다. 이런 경계심을 허물어 주면서 믿을 만한 사람이라는 것을 보여 줄 필요가 있다.

우선 청중과 관계맺기 차원에서 청중과의 공통점이나 인연을 강조함으로써 공감대를 형성하거나, 청중을 칭찬하거나 감사의 말을 건넴으로써 청중의 마음을 사거나, 유머를 사용함으로써 경계심을 갖지 않도록 할 수 있다.

또한 서두에서 주제에 대해 말할 자격이 있는 사람이라는 것을 보여 줌으로써 연사로서의 공신력을 확립하는 것 역시 청중의 호감을 사는 데 도움이 된다. 아리스토텔레스는 청중이 연사의 말을 받아들이도록 만드는 가장 강력한 힘의 원천이 전문성, 진실함, 공정함, 선의, 열정, 배려심, 관용, 겸손함 등과 같은 연사의 자질이라고 보았다. 이러한 연사가 가지고 있는 개인적인 자질을 스피치 커뮤니케이션에서 흔히 에토스(ethos)라고 부른다. 즉 에토스란 '청중이 연사를 얼마나 믿을 만하고 말할 자격이 있는 사람으로 생각하고 있느냐'를 가리키는 말로서 로고스, 파토스와 함께 설득의 3대 요소에 속한다. 따라서 에토스는 연사의 공신력과 같은 개념으로 이해할 수 있다.

스피치를 하는 동기가 연사가 이득을 보거나 지식을 자랑하기 위한 것이 아니라 청중에게 도움을 주려는 것이며, 나아가 공익과 관계가 있다는 것을 보여 주면 청중은 그만큼 연사를 신뢰하게 된다. 그리고 청중은 능력 있는 연사의 말을 듣고 싶어한다. 따라서 서론에서 연사는 스피치 주제와 관련된 분야에 대해 충분한 지식과 경험이 있기 때문에 사람들 앞에 나서서 말할 자격이 있다는 것을 보여 주어야 한다. 연사가 주어진 주제에 대해서 말할 자격이 있는 사람이라는 생각이 들면 청중은 연사의 말에 귀를 기울일 것이다. 예를 들어 주제와 관련된 분야에서 많은 지식을 쌓고 숙련된 기술을 습득하기까지 어떤 교육을 받았고, 어떤 경험을 했으며, 어떤 경력과 업적을 쌓았는지에 대해 언급해 주는 것이 좋다.

자신의 능력이나 전문성을 드러낼 때 청중의 반감을 사지 않도록 우회적으로 은근하게 표현하는 것이 좋다. 지나치게 많은 시간을 할애하거나 허풍을 떨면서 말한다면 잘난 체하는 것으로 비칠 수 있다. 이런 경우 공신력을 확립하기는커녕 오히려 청중의 반감을 살 뿐만 아니라 연사의 능력까지도 의심을 받을 수 있다. 반면 지나치게 겸손한 것도 연사의 공신력을 떨어뜨릴 수 있다는 점을 명심해야 한다. "사실 전 스피치에 서투르기 때문에 남 앞에 서는 것을 좋아하지 않습니다", "갑자기 요청을 받는 바람에 준비를 제대로 하지 못했습니다", "오늘 제 얘기가 여러분에게 얼마나 도움이 될지 모르겠습니다." 등과 같이 사과나 변명으로 시작하는 것은 연사의 공신력을 스스로 무너뜨리는 좋지 않은 방법이다. 귀한 시간을 내어 스피치를 들으러 온 청중에게 준비를 제대로 하지 못했다거나 자신이 없다고 말하는 것은 청중을 무시하는 언사이다.

2) 관심 끌기

서론은 끝까지 스피치를 들을 것인지 말 것인지 망설이는 청중의 태도에 많은 영향을 미치기 때문에 청중이 주의 깊게 또는 호기심을 갖고 잘 들어 주길 바란다면 서론에서 관심을 끄는 데 성공해야 한다. 또한 청중은 대개 스피치 초반에 "오늘 스피치 주제가 나와 무슨 상관이 있을까?"라고 생각하는 경향이 있기 때문에 주제가 청중과 관련이 있다는 것을 보여 줄 필요가 있다. 자신과 관련이 되는 주제일 때 청중은 관심을 갖는다.

스피치가 시작된다고 해서 청중이 연사에게 자동적으로 관심을 기울이는 것은 아니다. 스피치가 시작됐는데도 청중 중에는 옆 사람과 귓속말을 나누거나, 연사에게 눈길은 주지만 머릿속으로는 딴 생각을 하거나, 공상에 잠기거나, 주변 사람들을 이리저리 둘러보는 사람이 있을 수 있다. 이런 상황을 반전시키는 것이 바로 서론에서 연사가 해야 할 과제이다. 즉 서론에서 청중의 관심이 스피치에 모아지도록 그들의 시선을 끌어야 한다.

"오늘 스피치 주제는 다이어트의 부작용에 관한 것입니다." 또는 "오늘 여러분에게 다이어트의 부작용에 대해서 말씀을 드리려고 합니다."와 같이 단순히 주제를 알리는 것은 청중의 관심을 불러일으키기에 충분하지 않다. 이러한 평범하고 진부한 방법 대신 재미있는 이야기를 들려주거나, 질문을 하거나, 남의 말을 인용하거나, 긴장감을 조성하는 식으로 청중의 관심을 끌면서 자연스럽게 주제를 도입하는 방법이 효과적이다.

또한 서두 말을 꺼내기 전에 비언어적인 요소를 통해서 청중의 관심을 끌어낼 수 있는 방법도 있다. 연사로 소개를 받고 연단을 향해서 걸어가는 순간부터 청중은 연사를 주목하기 시작한다. 연사가 연단에 서면 대개 청중은 연사에 주목하지만 그렇지 않을 때도 있다. 이때 곧바로 말을 시작하지 말고 잠시 아무 말도 하지 않고 청중을 주시하면 청중은 모든 말과 동작을 멈추고 연사에 주목하게 될 것이다.

청중의 관심을 불러일으킨 후에는 관심이 계속해서 유지될 수 있도록 많은 신경을 써야 한다. 청중의 무관심은 흔히 주의산만으로 이어지고, 일부 청중에서 시작된 주의산만은 점점 청중 전체로 번져서 결국 스피치 전체에 부정적인 영향을 미칠 수 있다. 따라서 연사는 시종일관 청중의 반응을 살피면서 관심을 잡아 두는 데 주력해야 한다.

관심을 끄는 기법 중 어떤 기법을 선택할 것인지는 스피치의 주제나 상황, 청중에 달려 있다. 또한 한 가지 기법을 사용할 수도 있고 경우에 따라서는 두 가지 이상의 기법을 함께 사용할 수도 있다. 가장 많이 쓰이는 서론 기법에 대해서 설명하면 다음과 같다.

(1) 이야기 기법

대부분의 사람들은 이야기 듣는 것을 좋아하기 때문에 이야기를 들려주면서 서론을 시작하는 것은 청중의 관심을 끄는 데 매우 효과적인 방법이다. 연사 자신의 경험담을 들려줄 수도 있고 또는 다른 사람이 겪거나 책이나 텔레비전에서 읽고 본 이야기를 들려줄 수도 있다. 그리고 경우에 따라서는 실화 이외에 가공된 이야기를 들려줄 수도 있다. 특히 재미있거나 드라마틱한 이야기 또는 흥미진진하거나 도발적인 이야기라면 청중은 더욱 귀를 기울일 것이다.

다음의 예에서 연사는 자기가 겪었던 일을 이야기 형식으로 들려주고 있다. 이야기 기법을 사용할 때 반드시 명심해야 할 점은 이야기의 내용이 스피치의 주제나 주요 내용과 직접 관련이 있어야 한다는 점이다.

아버지께서는 위대한 탐험가들에 대한 이야기를 자주 해 주셨습니다. 아버지께서는 역사를 사랑하셨죠. 저에게 남극점을 도보로 정복한 스콧 선장에 대해서, 그리고 에베레스트 산을 등정한 에드먼드 경에 대해서도 말씀해 주셨습니다. 그래서 여섯 살 때부터 제 꿈은 극지방에 가는 것이었습니다.

(2) 질문 기법

질문 기법은 청중의 참여를 유도한다는 점에서 청중의 관심을 불러일으키는 효과적인 방법이다. 서론에서 사용할 수 있는 질문으로 두 가지 유형을 생각할 수 있는데, 하나는 참여식 질문이고 다른 하나는 수사적 질문이다.

참여식 질문은 청중이 말로 또는 손을 들어 직접 대답하게 하는 질문이다. 예를 들어 탄수화물 중독의 원인과 해결방안에 대한 정보제공 스피치를 하면서 서두에서 간단한 자가진단 테스트를 하기 위해 "쿠키, 아이스크림, 도넛 등 당과류를 1주에 3회 이상 드시는 분 손들어 주시겠어요?"라는 질문을 던진 후 이에 해당되는 사람이 몇 명이나 되는지 확인함으로써 그 자리에서 답을 이끌어 내는 방법이다. 참여식 질문에 청중은 머릿속이 아니라 실제로 소리를 내든지 손을 들어 보임으로써 스피치에 적극적으로 참여하게 된다. 이때 가능하면 연사가 원하는 답이 나올 수 있도록 효율적인 질문을 던지는 것이 좋다.

수사적 질문이란 표면적으로 질문의 형태를 띠지만 실제로는 청중에게 그 질문에 대한 대답을 기대하지 않는 질문을 말한다. 이때 연사가 질문에 대한 답을 이미 알고 있는 상태에서 던지는 질문이기 때문에 질문을 한 후 연사는 스스로 그 질문에 대해 준비한 답을 제시하면서 계속해서 자기의 주장을 펴 나간다. 다음과 같이 수사적 질문을 던질 수 있다.

독수리는 왜 우리들에게 나쁜 인상으로 기억되고 있을까요?

여러분이 마지막으로 "어린아이 같다."는 소리를 들었던 적은 언제였나요?

지금 저와 소통하는 여러분의 보디랭귀지는 어떤가요? 혹은 저의 보디랭귀지는 어떻죠?

위에서와 같이 수사적 질문의 경우에는 때에 따라서 한 개의 질문만 던질 수도 있고 여러 개의 질문을 연달아 던질 수도 있다. 수사적 질문은 청중이 직접 답을 할 필요는 없지만 한 번 생각하게 함으로써 청중의 참여를 유도하고 청중의 궁금증을 자아내려는 목적이 있기 때문에 질문을 던진 후에는 곧바로 답을 주지 말고 약간의 쉼(포즈)을 두는 것이 중요하다. 긴장감을 조성하면서 청중에게 마음속으로 답할 수 있는 시간을 주는 것이다. 이것은 간접적으로 청중을 스피치에 참여시키는 효과가 있다.

수사적 질문이든 참여식 질문이든 질문 기법은 청중을 능동적으로 스피치에 참여하도록 만든다는 이점이 있지만, 무엇보다 주제와 직접적으로 관련된 질문을 던지는 것이 중요함을 잊지 말아야 한다.

(3) 인용 기법

청중의 관심을 불러일으키기 위한 또 다른 방법으로 인용 기법이 있다. 유명한 사람의 말이나 글을 인용할 수도 있고, 신문이나 영화, 텔레비전에서 보고 들은 내용, 시나 노래의 구절을 인용할 수도 있다.

이야기나 질문으로 서두를 시작할 때와 마찬가지로 스피치의 주제나 주요 내용과 관련 있는 말을 인용해야 한다. 스피치의 내용과 무관한 인용문을 사용할 경우 오히려 분위기가 썰렁해질 수 있기 때문이다. 또한 너무 길게 인용하는 것은 바람직하지 않다. 긴 인용문은 오히려 청중의 주의를 산만하게 만들거나 졸리게 할 수 있다. 인용문 전체 중에서 필요한 대목만 일부 인용하는 것도 한 가지 방법이 될 수 있다.

반드시 명성 있는 사람의 말을 인용할 필요는 없지만 유명한 사람이나 전문가가 한 말을 인용하는 것은 그들이 가지고 있는 공신력을 연사 자신의 공신력으로 연결시키는 효과가 있다. 즉 유명한 사람이나 전문가의 공신력을 빌려서 자신의 주장에 힘을 실어 줄 수 있다. 예컨대 연사의 윤리를 주제로 스피치를 하면서, 사형선고를 받는 소크라테스가 최후변론에서 한 말을 인용하여 서두를 열 수 있다.

"아테네 시민 여러분, 제가 이번 소송에서 능력이 부족하여 지긴 했지만, 그것은 말하는 능력이 부족해서가 아닙니다. 다만 파렴치하고 뻔뻔스럽게 말하고 행동할 능력이 부족해서입니다."

또한 시나 노래는 대개 아름다운 시어와 함께 잔잔한 여운을 남기는 효과가 있기 때문에 스피치의 주제나 주요 내용과 관련된 일부 구절을 인용하면서 서론을 시작하는 것도 좋은 방법이다. 다음과 같이 사무엘 울만의 시 〈청춘〉에 나오는 일부 구절을 인용하면서 열정에 대해 말을 이어 갈 수 있다.

때로는 이십의 청년보다 육십이 된 사람에게 청춘이 있다.
단지 나이를 먹는다고 해서 우리가 늙는 것이 아니다.
이상을 잃어버릴 때 비로소 늙는 것이다.
세월은 우리의 주름살을 늘게 하지만 열정을 가진 마음을 시들게 하지는 못한다.

(4) 긴장감 조성 기법

청중의 관심을 끌기 위해서 호기심을 자극하거나 충격을 주는 방법이 있는데 이 방법은 청중에게 긴장감을 불러일으키는 효과도 있기 때문에 서론 기법으로 매우 효과적이다.

1만 3천 피트 높이에서의 대형폭발을 상상해 보세요. 연기로 가득 찬 비행기를 상상해 보세요. 엔진이 딸각, 딸각, 딸각, 딸각, 딸각 소리 내는 걸 상상해 보세요. 무섭게 들리죠? 저는 그날 특별한 좌석에 앉아 있었습니다. 비행기가 흔들렸을 때 저는 승무원들을 쳐다봤는데 그들은 "아마 새에 부딪혔을 거예요."라며 저를 안심시켰습니다(릭 엘리아스, 비행기 추락사고에서 배운 세 가지).

또 긴장감을 조성하기 위해서 충격적인 발언으로 시작할 수 있다. 예를 들어 성폭력을 주제로 스피치 할 경우 "낙태는 심각한 사회적 문제입니다."라고 말하는 것보다 다음과 같이 충격적인 발언을 함으로써 좀 더 효과적으로 주제를 도입할 수 있다. 호기심을 자극하는 말을 할 때와 마찬가지로 충격적인 내용을 청중의 문제와 관련 지으면 긴장감은 한층 고조된다.

> 여러분과 친한 여성 3명을 떠올려 보십시오. 누구를 생각하셨습니까? 어머니? 여동생? 여자 친구? 아내? 이 중에서 누가 낙태를 경험할 것이라고 생각하세요? 기분 나쁜 상상이죠. 그러나 최근 보건복지부 발표에 의하면 우리나라 가임여성 3명 중 한 명 이상은 낙태를 경험하는 것으로 나타났습니다.

충격적인 발언을 할 때 명심해야 할 것은 그 내용이 주제와 직접적으로 관련이 있어야 한다는 것이다. 오로지 긴장감을 조성하기 위한 목적으로 주제와 전혀 상관없는 충격적인 발언을 한다면 청중은 혼란스러워할 것이다. 특히 자존심을 건드리거나 불쾌감을 줄 소지가 있는 내용이라면 청중의 관심을 끌기는커녕 오히려 반감을 살 수 있기 때문에 신중을 기해야 한다.

(5) 동기부여 기법

대부분의 연사는 자신이 중요한 내용이라고 생각하는 것을 주제 삼아 스피치를 할 것이다. 연사는 자신의 이런 생각을 청중도 분명히 알 수 있도록 서론에서 말해 줄 필요가 있다. 청중이 스피치 주제가 중요하다는 것쯤이야 다 알 것이라고 생각하는 것은 잘못된 생각이다. 스피치 초반에 일부 청중은 '왜 내가 관심을 갖고 이 스피치를 들어야 하지?' 또는 '이 스피치가 나와 무슨 관계가 있지?'라고 생각할 수 있다. 이런 청중을 위해서 서론에서 이 스피치를 왜 들어야 하는지를 분명하게 얘기해 주어야 한다.

"오늘 스피치는 여러분에게 매우 중요합니다." 또는 "오늘 스피치가 여러분에게 많은 도움이 될 것입니다."라고 두루뭉술하게 말하기보다는 스피치의 주제가 청중의 일상생활이나 이해와 직접적으로 관련되어 있다는 것을 확실하게 보여 주어야 한다. 예를 들어 심폐소생술에 관한 주제라면 이 주제가 청중의 일상생활과 밀접하게 관련되어 있다는 것을 보여주면서 청중의 귀를 솔깃하게 만들 수 있다.

가족이나 친구, 연인과 같이 여러분에게 정말로 소중한 사람이 어느 날 갑자기 심장마비로 쓰러져서 의식을 잃어 가고 있다고 생각합시다. 이 위급한 상황에서 여러분이 심폐소생술에 대해 알고 있다면 그 소중한 사람의 생명을 구할 수 있을 것입니다.

3) 주요 내용 예고하기

연사는 서론에서 청중에게 주제를 알림으로써 청중이 본론을 받아들일 수 있는 마음의 준비를 하도록 해야 한다. 즉 서론은 청중이 본론으로 자연스럽게 넘어갈 수 있도록 가교 역할을 해야 하는데, 이것은 주제를 소개하고 스피치의 주요 내용에 대해 예고하는 일과 관련되어 있다. 주제와 주요 내용을 알고 스피치를 들으면 청중의 이해력과 함께 그만큼 청중의 집중력도 높아질 것이다.

스피치 주제에 대한 소개는 흔히 서두에서 청중의 관심을 끄는 것과 연계하여 이루어지고, 주요 내용에 대한 예고는 본론으로 들어가기 직전에 이루어진다. 주제를 소개하는 것은 연사가 서론에서 해야 할 가장 기본적인 임무인데도 이것을 지키지 않는 연사가 간혹 있다. 서론에서 주제를 소개하는 것은 청중의 이해를 돕는 차원에서 반드시 해야 할 일로, 설득 스피치나 정보제공 스피치에서 모두 필요하다. 서론이 거의 끝나 가는데도 주제에 대해서 알지 못한다면 청중은 무척 혼란스러울 것이다. 서두에서 주제에 대한 직접적인 언급 없이 주변만 빙빙 돈다면 청중은 방향과 초점을 잃을 것이다. 청중이 이미 스피치의 주제를 알고 있더라도 스피치가 시작된다는 확실한 느낌을 갖도록 서론에서 주제를 분명하게 언급해 줄 필요가 있다.

반면 스피치의 주요 내용에 대한 예고는 스피치의 유형이나 상황에 따라 서론에서 할 수도 있고 하지 않을 수도 있다. 일반적으로 정보제공 스피치에서는 주요 내용을 예고한 후에 본격적인 논의로 넘어가는 데 비해, 설득 스피치에서는 긴장감을 높이기 위한 목적으로 예고 과정을 생략하기도 한다.

서론에서 주요 내용을 예고해 주는 것은 다음 두 가지 점에서 유익하다.

첫째, 청중의 이해를 돕는다. 대부분의 청중은 주요 내용을 서두에서 예고해 주는 연사에게 고마움을 느낀다. 왜냐하면 간단하나마 주요 내용을 미리 앎으로써 청중은 전체적인 그림을 머릿속에 떠올리면서 들을 준비를 하기 때문이다. 그리고 스스로 생각을 정리하면서 들을 수 있는 여유도 가지게 된다.

둘째, 주요 내용에 대한 예고는 연사의 공신력을 높여 준다. 주요 내용을 정확하게 밝힘으로써 말하고자 하는 내용을 정확하게 알고 있으며 철저하게 준비한 유능한 연사라는 인상을 청중에게 심어 줄 수 있다.

2. 결론 구성

서론 못지않게 중요한 것이 결론이다. 결론은 스피치에 대한 마지막 인상을 결정 짓는 부분이기 때문에 그 내용을 잘 구성해야 한다. 아무리 서론과 본론을 잘했다고 하더라도 결론을 잘 맺지 않으면 좋은 인상을 주기 어렵다. 결론에서 마무리를 잘하는 것은 우리나라 속담에 "끝이 좋으면 다 좋다."라는 말처럼 스피치의 완성도를 높일 수 있다.

결론의 기능과 기법에는 여러 가지가 있지만 다음에서는 그중에서도 가장 많이 쓰이는 것을 중심으로 소개할 것이다. 결론의 가장 중요한 기능은 스피치의 종료를 알리고, 주요 내용을 요약해서 재강조하고, 청중에게 깊은 인상을 심어 주는 것이다.

1) 종료 신호하기

대부분의 사람은 마무리가 되었다는 느낌을 갖고 싶어한다. 예를 들어 자기가 좋아하는 음악을 듣고 있는데 광고 방송으로 약 10초를 남겨 두고 갑자기 끊긴다면 찜찜한 생각에 화가 날 수도 있다. 마찬가지로 스피치에서 연사가 종료 신호도 보내지 않은 채 갑작스럽게 끝을 맺으면 청중은 완결되지 않은 느낌에 당황스러울 것이다.

종료 신호는 청중에게 스피치가 끝나 간다는 것을 알려서 마음의 준비를 시키는 역할을 한다. 언어적 요소와 비언어적 요소를 사용해서 종료 신호를 보낼 수 있다.

일반적으로 스피치의 종료를 알리기 위해서 "결론적으로 말해서…", "지금까지 제 이야기를 정리하자면…", "오늘 주제와 관련해서 말씀드린 주요 내용을 다시 한 번 요약하자면…" 등의 언어적 표현이 사용된다.

이런 언어적 표현을 사용할 때 보통 속도나 톤 또는 얼굴 표정이나 자세와 같은 비언어적 요소에 변화를 주어서 결론으로 접어들었다는 것을 알릴 수 있다. 이런 변화는 스피치 종료를 알리는 아주 중요한 단서를 제공한다. 예를 들어 결론 부분에 이르렀을 때 호흡을 가다듬은 후 자세를 바로잡으면서 힘차게 마무리하는 모습을 보여 줄 수 있다.

2) 요점 요약하기

스피치가 끝나 갈 무렵이면 따분함을 느끼거나 집중력이 떨어지기 쉽다. 이렇게 듣는 태도가 좀 느슨해질 때 연사가 스피치를 끝내려고 한다는 신호를 보내면 청중은 다시 정신을 바짝 차리게 된다. 이 순간을 이용해서 본론에서 다룬 주요 내용을 다시 한 번 말해 줌으로써 청중의 이해를 돕는 것이 좋다.

가장 손쉽고 보편적인 방법은 핵심 메시지와 주요 아이디어를 요약해 주는 것으로, 주요 내용을 마지막에 다시 한 번 명확하게 강조함으로써 청중의 기억을 환기시킬 뿐만 아니라 기억 속에 각인시킨다는 의미가 있다.

요점을 정리할 때 주의해야 할 점은 너무 길어지거나 장황해지지 않도록 해야 한다는 것이다. 곧 스피치가 끝날 것이라고 기대하고 있는 청중에게 장황한 설명은 중언부언하는 듯한 인상을 심어 줄 수 있다. 너무 세세한 내용까지 다 말하지 말고 핵심 내용만 재강조하는 것이 효과적이다. 또한 본론에서 이미 사용했던 똑같은 언어를 사용해서 요점을 요약해 주는 것이 청중이 그 내용을 기억하는 데 도움이 된다. 마무리 단계에서 익숙하지 않거나 전혀 새로운 표현이 나오면 그것으로 인해 청중은 명쾌하게 이해하지 못한 부분에 대해 의구심이나 궁금증을 가질 수 있다.

3) 강한 인상 남기기

본론에서 다루었던 주요 내용을 요약해서 말해 주는 것만으로는 청중에게 깊은 인상을 심어 주기 어렵다. 청중은 스피치가 끝나면 다시 일상으로 돌아갈 것이고 시간이 흐르면서 들었던 내용들을 차츰차츰 잊어버리게 될 것이다. 따라서 청중이 오랫동안 스피치의 핵심 내용을 기억 속에 간직할 수 있도록 하기 위해서는 좀 더 강력하게 마무리할 수 있는 방법을 생각할 필요가 있다.

결론 중에서도 청중에게 강한 인상을 심어 주거나 깊은 여운을 남기기 위해서 하는 말을 결언이라고 부르는데, 결언의 방법에는 여러 가지가 있다. 그중에서 가장 많이 사용하는 방법으로 인용 기법, 전망 제시 기법, 실천 유도 기법을 들 수 있다. 이 방법들은 주요 내용에 대해 요약을 해 줄 때 함께 쓰이기도 하고 요약과 별도로 쓰이기도 한다.

(1) 인용 기법

인용 기법은 스피치를 마무리 짓기 위해 가장 많이 사용하는 방법이면서 가장 효과적인 방법이다. 스피치 전체를 통해서 말하고자 하는 핵심 메시지를 잘 나타내는 다른 사람의 말이나 글을 결언에 인용함으로써 청중에게 강한 인상을 남길 수 있다. 유명한 사람의 말이나 글뿐 아니라 책이나 신문, 영화, 텔레비전에서 보고 들은 내용 또는 속담, 고사성어 등도 인용할 수 있다.

스피치의 핵심 메시지를 함축적으로 암시하면서 공감과 감동을 불러일으킬 수 있는 인용문이라면 더 효과적이다. 인용문의 내용이 공감을 자아내고 감동적일수록 청중은 그 내용을 훨씬 선명하게 그리고 오래 기억할 것이다.

인용 기법으로 끝맺음을 할 때 가장 유념해야 할 점은 인용문을 간결하게 인용해야 한다는 것이다. 인용 기법의 핵심은 명료함과 간결함을 통해서 강한 인상과 깊은 여운을 남기는 데 있기 때문에 지나치게 긴 인용문은 사용하지 않는 것이 좋다.

> 1990년에 현대 무용의 전설적인 거장인 마사 그레엄이 한국에 왔어요. 김포공항에 휠체어를 타고 나이 아흔 살이 넘은 거장이 입국하는 장면을 봤는데, 기자가 물어봤어요. 기자들은 보통 그런 질문들을 많이 하죠? "무용을 잘하려면 어떻게 해야 될까요?" (중략) 자 그랬더니 이분이 이렇게 말씀하셨어요. "JUST DO IT" 아! 감동적이었어요. 딱 세 단어를 얘기하고는 바로 입국장을 나가셨는데, 자 그렇습니다. 지금 우리에게 필요한 것은 무엇일까? 예술가가 되자, 당장, 지금 당장입니다. 어떻게? JUST DO IT입니다(김영하, 예술가가 되라).

자신이 전하고자 하는 메시지에 맞게 인용문을 변형해서 사용할 수도 있다. '통증은 질병이다'라는 주제의 스피치에서 다음과 같은 마무리는 인상적이다.

저는 조지 칼린이 말한 'No Pain, No Gain'에 제 철학을 담아 'No Pain, No Pain'이라고 표현하고 싶습니다(엘리엇 크레인, 만성통증의 수수께끼).

결론에서 인용문으로 마무리를 지을 때 가능하면 청중의 눈을 쳐다보면서 말해야 한다. 청중과의 눈맞춤은 메시지를 더 강력하게 전달하는 효과가 있기 때문이다. 그러기 위해서는 연사는 인용문을 정확하게 기억하고 있어야 한다. 그러나 서두를 정점으로 해서 서서히 줄어들면서 거의 사라졌던 발표 불안증이 마무리 단계에 이르면 약간 고개를 다시 들 수 있는데, 이때 사용하려던 인용문이 생각나지 않을 수 있다. 따라서 이런 경우에 대비해서 인용문의 내용을 큐카드에 적어 놓으면 큰 도움이 된다. 필요할 때 개요서를 잠깐 보면서 그 내용을 확인할 수 있기 때문에 연사에게 안정감을 가져다줄 수 있다.

(2) 전망 제시 기법

전망 제시 기법은 스피치의 핵심 메시지가 갖는 중요성을 미래 상황과 결부시킴으로써 스피치를 마무리하는 방법이다. 즉 연사가 주장하는 바가 미래에 어떤 결과로 나타날지를 구체적으로 상상하도록 만들어서 스피치의 의미를 다시 한 번 되새겨 보도록 할 수 있다.

가능하면 부정적인 전망보다는 긍정적인 전망을 제시하는 것이 좋다. 청중은 본론을 통해서 문제의 심각성을 충분히 알게 되었다 하더라도 끝날 때에는 미래지향적이고 희망적인 이야기를 기대한다. 비록 당장은 불가능하고 제약이 있다 하더라도 가벼운 마음을 갖고 집으로 돌아가고 싶어한다. 비관적인 논조의 결론은 청중의 마음을 무겁고 혼란스럽게 만들수 있다. 따라서 부정적인 어휘보다는 긍정적인 어휘를 사용하고 비관적인 분위기보다는 낙관적인 분위기로 마무리하는 것이 좋다.

하루 중 10분만 뒤로 한 발자국 물러나, 지금 이 순간과 익숙해지기만 하시면 됩니다. 그러면 더 대단한 감각을 경험하게 될 것입니다. 삶에서 집중력, 차분함과 명확함을 경험하게 될 겁니다(앤디 퍼디컴, 10분만 알아차리면 됩니다).

우리는 흙으로부터 와서 흙으로 돌아갑니다. 우리가 환경과 연결되어 있다는 것을 이해하게 되면 우리 인류의 생존이 우리 행성의 생존에 달려 있다는 사실을 알 수 있게 됩니다. 저는 이것이 환경에 대한 진정한 책임의 시작이라고 믿습니다(이재림, 나의 버섯 수의).

(3) 실천 유도 기법

실천 유도 기법은 청중의 신념이나 행동의 변화를 촉구하기 위해 호소하는 방법으로 특히 청중의 믿음을 변화시키고, 청중의 행동을 유도하는 것이 목적인 설득 스피치에서 자주 사용된다.

실천 유도 기법은 청중으로 하여금 특정한 행동을 하거나 특정한 신념을 가지도록 독려하려는 데 그 목적이 있기 때문에 연사는 청중에게 바라는 행동이 무엇인지를 구체적이고 명확하게 밝히는 것이 좋다. 그기 위해서는 은근하고 우회적인 화법보다는 직설적이고 단도직입적인 화법을 사용하는 것이 더 효과적이다. 이런 말로 마무리할 때 결의에 찬 눈빛으로 청중을 응시하면서 박력 있는 목소리를 구사하는 것이 중요하다.

세계가 바람직한 모습으로 나아가기 위해선 여러분이 나서야 합니다. 여러분이 우리의 버팀목이니까요. 우리는 여러분 하나하나에 의지하고 있으며 여러분들이 최선을 다해 노력해 주길 기대하고 있습니다. 왜냐하면 세상은 넓고 도전으로 가득 차 있는 곳이니까요. 그러므로 우리는 강하고 현명한, 그리고 당당한 여성이 되어 자리에서 일어나 세계를 이끌어 가야 합니다. 여러분은 할 수 있습니다(미셸 오바마, 교육의 중요성).

여러분들이 시간을 내서 이 이야기를 퍼뜨려 주십시오. 퍼뜨려야만 합니다. 여러분이 이 강연장을 떠나시면 이 강연을 통해서 얻은 독수리에 대한 정보를 여러분의 가족과 아이들 그리고 이웃에게 퍼뜨려 주십시오(뮤니르 비란티, 내가 독수리를 좋아하는 이유).

제5장

개요서와 큐카드 작성

개요서란 주제를 효과적으로 전달하기 위해서 스피치의 전체적인 흐름을 한눈에 파악할 수 있도록 얼개를 짜 놓은 것을 말한다. 그리고 큐카드란 개요서의 내용을 키워드 중심으로 독서카드에 적어 놓은 것을 말한다. 따라서 개요서는 내용을 구상하는 과정에서 말하고자 하는 내용을 문장 형태로 비교적 자세하게 작성하는 데 비해, 큐카드는 스피치를 연습하고 실행하는 과정에 도움이 될 수 있도록 키워드를 중심으로 작성하는 것이 그 핵심이다.

1. 개요서 작성하기

건축가가 집을 짓기 위해서 설계도를 필요로 하듯이 연사가 좋은 스피치를 하기 위해서는 우선 개요서가 필요하다. 즉 개요서는 스피치를 하기 위한 안내서이자 지침서라고 할 수 있다. 개요서를 작성함으로써 연사는 스피치 주제 및 내용에 대한 자신의 생각을 논리적인 순서로 배열하고, 주제와 관련된 내용인지, 적절한 곳에 위치하고 있는지, 핵심 메시지를 드러내기에 충분한 내용으로 구성되어 있는지 등을 가늠해 볼 수 있다.

스피치의 내용을 구상하는 단계에서 필요한 개요서는 아이디어들을 체계적으로 구조화하고 조직하는 데 주요 목적이 있다. 즉 개요서를 통해서 스피치의 전체 구성, 주요 아이디어들간의 관계, 주요 아이디어와 세부 아이디어의 관계뿐 아니라 각각의 아이디어들이 스피치의 주제와 부합이 되는지 그리고 핵심 메시지가 잘 반영되고 있는지도 파악할 수 있다.

전체적인 내용의 골격이 잘 드러나도록 하기 위해서 그리고 내용을 구체화시키기 위해서 개요서는 완전한 문장으로 적는 것을 원칙으로 한다. 비록 줄거리가 잘 짜여졌다 하더라도 그것을 문장 형태로 명확하게 기술해 놓지 않으면 준비 과정에서 스피치의 방향과 내용이 달라질 수 있다. 따라서 자신이 말하고자 하는 내용이 명확하게 드러나는지 확인하고 생각을 더 정교하게 가다듬기 위해 완전한 문장으로 작성해야 한다.

1) 개요서의 중요성

개요서는 완전한 문장으로 작성한다는 점에서 대본과 공통점이 있지만 내용간의 관계를 구조화했느냐와 관련해서는 큰 차이가 있다. 대본이 구성 체계나 내용들간의 관계를 전혀 구조화하지 않는 채 말하고자 하는 내용을 모두 다 적어 놓은 것이라 한다면, 개요서는 말하고자 하는 내용을 주요 아이디어와 세부 아이디어로 나누어 체계적으로 그리고 계층적으로 조직한 구조적 틀이라고 할 수 있다.

개요서 대신 말하고자 하는 모든 말을 다 적는 대본을 작성하는 것이 오히려 더 도움이 될 거라고 생각할 수도 있을 것이다. 그러나 대본을 작성하는 것은 준비 과정뿐 아니라 스피치를 실행하는 과정에서도 연사에게 큰 도움이 되지 않는다.

대본의 가장 큰 문제점은 주요 내용들간의 관계가 한눈에 잘 드러나지 않는다는 것이다. 예를 들면 중요한 내용은 다 다루었는지, 각 주요 아이디어에 대한 논의 시간이 균형 있게 안배되어 있는지, 중복된 내용은 없는지 등을 손쉽게 파악하기가 어렵다는 점이다. 또한 상세하게 모두 다 적어 놓은 대본은 너무 많은 정보를 담고 있어서 필요할 때 실질적인 도움을 받기 어렵다. 특히 대본을 가지고 있으면 읽고 싶은 유혹에 빠지기 쉬운데, 이렇게 대본을 보면서 읽어 내려가듯이 단조로운 톤으로 스피치를 하면 얼마 지나지 않아 대부분의 청중이 졸게 될 것이다.

이런 문제점을 가진 대본에 비해 개요서를 작성하는 것은 다음과 같은 세 가지 점에서 유익하다.

첫째, 주제의 통일성을 유지할 수 있다. 스피치를 할 때 범하기 쉬운 실수 중 하나가 주제에서 벗어나는 일인데, 이렇게 되면 스피치 전체의 통일성이 확보되기 어렵다. 개요서 작성은 준비 단계에서부터 주제에서 벗어나거나 관련 없는 내용들이 끼어들지 않도록 하여 실전에서 올바른 방향으로 갈 수 있도록 안내해 주는 역할을 해 준다.

둘째, 논리적 일관성을 유지하게 한다. 연사가 전달하고자 하는 핵심 메시지가 분명히 드러나게 하기 위해서는 아이디어들이 논리적으로 자연스럽게 연결되어야 한다. 개요서에는 스피치의 실행 순서대로 아이디어들간의 기본 구조가 잘 드러나 있어서 아이디어들 상호간의 관계와 순서를 파악하는 데 많은 도움이 된다.

셋째, 개요서를 작성하는 과정에서 체계적인 조직력과 사고력이 길러진다. 사고와 표현은 동전의 양면처럼 불가분의 관계에 있다. 스피치 내용을 체계적으로 조직하고 표현할 수 있는 능력은 체계적인 사고의 바탕에서만 가능하다.

2) 개요서의 구성 요소

개요서를 구성하는 기본적인 요소와 함께 작성할 때 주의해야 할 사항을 설명하면 다음과 같다.

(1) 주제, 개괄적 목적, 구체적 목적, 핵심 메시지를 개요서 첫머리에 적는다

주제, 개괄적 목적, 구체적 목적, 핵심 메시지를 개요서의 첫머리에 적어 놓으면 스피치가 나아갈 방향이 분명하게 나타나기 때문에 주요 아이디어와 세부 아이디어를 개발하는 데 많은 도움이 된다.

(2) 서론, 본론, 결론으로 구획을 나누고 안내사는 괄호 안에 적는다

스피치가 서론, 본론, 결론의 형식으로 구성되어 있고 이들이 서로 유기적으로 연결되어 있다는 것을 분명하게 드러내기 위해서는 서론, 본론, 결론으로 구획을 나눌 필요가 있다. 서론, 본론, 결론이라는 명칭을 따로 개요서에 명시해 두면 시각적으로 전체 스피치에서 각 주요부가 차지하는 구획이 명확하게 나타나기 때문에 이들간의 흐름이 일목요연하다는 느낌을 준다.

그리고 필요한 경우에는 주요 아이디어나 세부 아이디어에 대한 논의를 시작하거나 마친 후에 사용할 수 있는 안내사를 따로 표시해 둠으로써 아이디어들간의 연결이 잘 드러나게 하는 것이 좋다. 일반적으로 서론, 본론, 결론의 구획 표시는 번호 없이 맨 왼쪽이나 중앙에 적고, 안내사는 괄호 안에 적는다.

(3) 아이디어들간의 관계가 잘 드러나도록 한다

주요 아이디어와 주요 아이디어 사이는 물론이고 주요 아이디어와 세부 아이디어 간의 관계가 논리적으로 자연스럽게 연결되고 있다는 것이 개요서에 시각적으로 분명하게 드러나야 한다. 그러기 위해서는 다음과 같은 원칙을 따르는 것이 좋다.

① 논점의 주종 관계와 등위 관계를 정한다

단순히 논점을 열거하여 단계성을 갖추지 못한 개요서는 개요서로서 아무 의미가 없다. 개요서 작성의 첫 번째 요건은 논점간의 위계질서가 잘 드러날 수 있도록 내용을 계층적으로 구성하는 것이다. 이를 위해서 상위 논점과 하위 논점을 구분하고 분류하는 과정이 필요하다. 즉 등위의 관계인지 주종의 관계인지를 분명히 구분하는 것이 중요하다. 동일한 범주의 것은 동일한 수준에 배열하고, 하위 범주의 것은 그것이 속해 있는 상위 범주 아래에 배열해야 한다. 논점들의 층위가 올바르게 설정되어 있을 때 짜임새 있는 개요서가 된다.

② 일정한 번호를 매긴다

스피치의 전체적인 흐름과 각 아이디어들의 관계가 잘 드러나게 하기 위해서는 무엇보다도 일정한 부호 체계를 사용해서 번호를 매겨야 한다. 여러 가지 부호 체계가 있는데 그중에서 가장 많이 사용하는 체계로는 두 가지 유형의 수문자(숫자와 부문자)식 부호 체계를 들 수 있다.

첫 번째 수문자식 부호체계는 로마자와 알파벳 그리고 아라비아숫자를 사용하는 방법이다. 주요 논점은 I, II, III 등의 로마자 대문자를, 1차 종속 논점은 A, B, C 등의 알파벳 문자를, 2차 종속 논점은 1, 2, 3 등의 아라비아숫자를 쓰고, 3차 종속 논점에는 a, b, c 등의 알파벳 소문자를 쓴다. 그 다음에 나오는 논점에는 숫자와 문자에 괄호를 해서 표시한다.

또 다른 수문자식 체계는 숫자, 괄호, 원문자를 함께 사용하는 방법이다. 주요 논점에는 괄호 없이 아라비아숫자를 사용하고, 1차 종속 논점에는 아라비아숫자에 오른쪽 괄호를 하고, 2차 종속 논점에는 양쪽 괄호 안의 아라비아숫자로 표시한다. 그리고 3차 종속 논점에는 원문자 아라비아숫자를 이용한다.

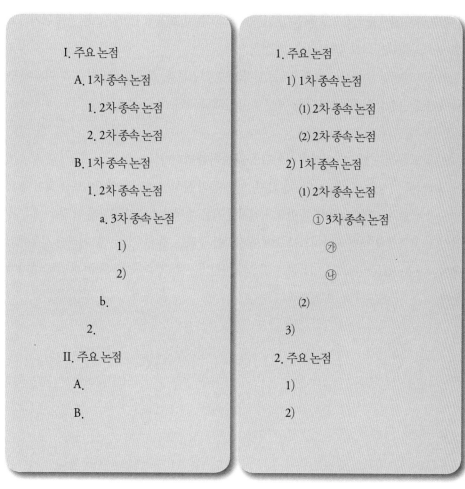

<table>
<tbody>
<tr><td>

I. 주요 논점

  A. 1차 종속 논점

    1. 2차 종속 논점

    2. 2차 종속 논점

  B. 1차 종속 논점

    1. 2차 종속 논점

      a. 3차 종속 논점

        1)

        2)

      b.

    2.

II. 주요 논점

  A.

  B.

</td><td>

1. 주요 논점

  1) 1차 종속 논점

    (1) 2차 종속 논점

    (2) 2차 종속 논점

  2) 1차 종속 논점

    (1) 2차 종속 논점

      ① 3차 종속 논점

        ㉮

        ㉯

    (2)

  3)

2. 주요 논점

  1)

  2)

</td></tr>
<tr><td style="text-align:center">수문자식 체계 1</td><td style="text-align:center">수문자식 체계 2</td></tr>
</tbody>
</table>

③ 일관성 있게 들여쓰기를 한다

    동일한 수준에 있는 논점들에 동일한 번호를 매기듯이 동일한 수준에 있는 논점들은 동일한 왼쪽 열에 맞추어 들여쓰기를 해야 한다. 비록 일관성 있는 번호 매기기를 했다 하더라도 들여쓰기가 들쭉날쭉하게 되어 있다면 논점들간의 관계가 분명하게 드러나지 않는다.

논점들의 충위가 도식적으로 동일한 수준에 매겨지는 번호와 표제어가 같은 열에 위치하고 있어야 그 충위가 도식적으로 잘 드러난다.

위에서 제시한 수문자식 체계에서는 일정한 숫자나 문자, 부호를 사용하는 것 이외에 수준에 따라 일관성 있게 들여쓰기를 하는 것이 관례로 되어 있다.

(4) 참고 문헌과 참고한 인터넷 사이트 등의 출처를 밝힌다

개요서를 작성할 때 참고했던 책, 잡지, 신문 등의 문헌뿐 아니라 웹사이트를 적어 놓으면 나중에 추가로 내용을 확인할 필요가 있거나 같은 주제로 스피치를 하게 될 경우 매우 유용하다. 요즈음 인터넷 웹사이트를 통해서 자료를 구하는 경우가 많은데, 이러한 경우에도 책이나 논문 등 문헌자료를 이용하는 경우와 마찬가지로 그 출처를 정확하게 밝혀 주어야 한다.

주제: 토마토의 성분과 효능

개괄적 목적: 정보제공

구체적 목적: 청중에게 토마토의 성분과 효능, 올바른 섭취 방법을 알리기 위해서

핵심 메시지: 토마토는 좋은 영양소가 풍부하기 때문에 올바르게 섭취하면 건강에 아주
이로운 식품이다.

서론

1. '토마토가 빨갛게 익으면 의사 얼굴이 파랗게 된다.'는 서양 속담을 들어 보셨나요?
   1) 토마토가 익어서 먹을 수 있게 되면 의사를 찾는 환자가 줄어든다는 뜻입니다.
   2) 그만큼 토마토가 아주 좋은 건강식품이라는 말입니다.

2. 우리 사회가 빠른 속도로 고령화되면서 그만큼 식생활을 통해서 건강을 지키려는 사람
   들이 부쩍 늘고 있습니다.

3. 대표적인 건강식품인 토마토의 주요 성분과 그 효능을 소개하고 올바른 섭취법에 대해
   서 말씀드리고자 합니다.

본론

(중간 예고와 논의 전환사: 토마토에 들어 있는 주요 성분으로는 리코펜과 비타민을 들 수 있는데 우
선 리코펜에 대해서 살펴보기로 하겠습니다.)

1. 토마토의 주요 성분과 그 효능
   1) 토마토의 여러 영양소 중에서 가장 중요한 성분은 바로 리코펜입니다.
      (1) 리코펜은 노화의 원인인 활성산소의 발생을 억제하는 작용을 합니다.
         ① 활성산소는 신진대사 과정에서 세포의 DNA를 손상시키는 물질입니다.
         ② 활성산소는 노화를 일으키는 주범입니다.
         ③ 토마토를 많이 먹는 이탈리아 사람들은 세계적인 장수 국가입니다.

④ 유럽에서 가장 건강하게 오래 사는 이탈리아인들은 거의 매 끼니 토마토를 먹습니다.

⑤ 세계적인 노화 방지 전문가들도 노화 방지에 토마토를 추천하고 있습니다.

(2) 리코펜은 암을 예방하는 데 탁월한 효과가 있습니다.

① 몸속에서 암을 유발하는 물질이 형성되기 전에 위험 인자들을 몸 밖으로 배출시키는 역할을 합니다.

② 몇 해 전 이스라엘 연구팀의 실험 결과 리코펜의 항암 효과는 뛰어난 항암제로 알려진 베타카로틴보다 무려 10배나 강한 것으로 나타났습니다.

③ 리코펜 성분은 특히 폐암, 전립선암, 위암, 유방암을 예방하는 데 효과가 있습니다.

㉮ UCLA대학의 데이빗 헤버 박사는 '폐암의 희망은 리코펜'이라고 말하면서 그 효능을 인정한 바 있습니다.

㉯ 이탈리아 여성들의 유방암 발생률은 세계 최저 수준입니다.

(논의 전환사: 지금까지 리코펜 성분의 효능에 대해서 살펴보았는데, 이제 두 번째 주요 성분인 루틴에 대해서 말씀드리겠습니다.)

2) 토마토의 또 다른 중요한 성분은 여러 종류의 비타민입니다.

(1) 비타민 P라고도 불리는 루틴은 혈관을 튼튼하게 하고 혈압을 내려 주는 효능이 있습니다.

① 동물 실험 결과 루틴을 투여하면 단시간에 혈압이 내려가고 간장과 혈청 콜레스테롤 수치가 저하된다는 사실이 밝혀졌습니다.

② 독일과 중국에서는 만성 고혈압 환자들에게 보조요법으로 토마토를 먹게 합니다.

③ 루틴은 또한 삼투압을 조절하고 모세혈관을 강하게 해 주어 코피, 잇몸 등의 출혈 증상을 치료하는 데 도움을 줍니다.

(2) 토마토에는 비타민 C, E, K가 골고루 들어 있습니다.

    ① 하루에 토마토 2개만 먹으면 비타민 1일 권장량을 섭취할 정도로 비타민C가 풍부하게 들어 있어서 피로 회복을 도와줍니다.

    ② 비타민 E는 체내의 호르몬 생성을 촉진시키고 피부를 좋아지게 해 줍니다.

    ③ 비타민 K는 골다공증에 무척 좋습니다.

(중간 요약과 논의 전환사: 이처럼 토마토에 들어 있는 리코펜과 비타민이 노화 방지와 고혈압 예방, 피로 회복에 뛰어난 효능이 있다는 것을 말씀드렸습니다. 그러면 지금부터는 토마토의 효능을 극대화하기 위한 올바른 섭취 방법에 대해서 말씀드리겠습니다.)

2. 토마토의 올바른 섭취법

  1) 빨갛게 잘 익은 토마토를 먹습니다.

    (1) 토마토가 붉은빛을 띠는 것은 토마토의 리코펜이라는 성분 때문입니다.

    (2) 따라서 토마토는 덜 익은 것보다 빨갛게 잘 익은 것을 먹는 것이 좋습니다.

  2) 설탕을 뿌려 먹으면 안 됩니다.

    (1) 토마토에 설탕을 뿌려 먹으면 체내에서 설탕을 신진대사하는 과정 중에 토마토가 가지고 있는 비타민 B_1이 손실됩니다.

    (2) 설탕 대신 소금을 뿌려 먹으면 토마토의 영양분을 파괴시키지도 않으면서 토마토가 가지고 있는 단맛을 증가시키는 효과가 있습니다.

  3) 기름으로 조리해 먹습니다.

    (1) 야채는 날로 먹어야 좋다고 하지만 토마토는 날것보다 기름에 볶아 먹을 때 체내 리코펜의 흡수율이 높아집니다.

    ① 리코펜이 열에 강하고 기름에 용해되기 쉬운 성질을 갖고 있기 때문입니다.

    ② 기름으로 조리한 토마토를 먹으면 곧바로 혈중 리코펜 농도가 2~3배로 뛰어오릅니다.

    (2) 매일 익힌 토마토와 함께 올리브 오일을 먹는 식습관이 굳어진 남부 이탈리아인들은 암 발생률이 현저히 낮습니다.

결론

1. 이제 제 이야기를 마무리할 단계가 된 것 같습니다.

2. 지금까지 말씀드린 제 이야기를 정리해 보면
    1) 토마토에 들어 있는 리코펜과 루틴을 비롯한 비타민 성분이 노화 방지, 암 예방, 고혈압 증상 완화, 피부 관리 등에 매우 좋다는 것을 알아보았습니다.
    2) 토마토의 효능을 극대화하기 위한 올바른 방법으로 빨갛게 잘 익은 토마토를 먹고, 설탕과 함께 먹지 않고, 또한 가능하면 기름으로 조리해서 먹는 것이 좋다는 말씀을 드렸습니다.

3. 이제부터 하루 토마토 2개로 건강 챙기기, 쉬운 방법 아닌가요?

참고 문헌 및 사이트

- 홍규현 외, 『채소 20가지』, 문예마당, 2006.
- 이강권, 『컬러푸드 건강혁명』, 팜파스, 2005.
- http://healthylife100.tistory.com, 2013년 12월 5일.
- http://www.whfoods.com, 2013년 12월 5일.

정보제공 스피치의 개요서 사례(백미숙, 2006a)

주제: 귀 기울여 듣는 방법 5가지

개괄적 목적: 설득

구체적 목적: 청중에게 5가지 귀 기울여 듣는 법을 통해 경청하는 습관을 갖도록 설득하기 위해서

핵심 메시지: 점점 경청하는 태도를 갖기 어려운 오늘날, 귀 기울여 듣는 법을 실천하여 소통 가능한 사회를 만들자.

서론

1. 듣는 법을 잃어가고 있다.
   1) 의사소통의 60%가 듣기인데 듣는 것의 25%밖에 이해하지 못한다.
   2) 이 강연은 예외겠지만 일반적으로 그렇다.

2. 듣기 위해 다양한 추출 기술을 사용한다.
   1) 신호와 잡음을 구별하여 패턴을 인식한다.
      (1) 이런 소음이 많은 장소에서 '영수, 세미 집중해 주세요.'라고 말하면 여러분 중 몇 분이 자세를 고쳐서 앉을 것이다.
      (2) 특히 누군가의 이름을 부를 때 그렇다.
   2) 일시적인 소리와 지속되는 소리를 구분한다.
      (1) '삐'라는 소리를 2분 이상 지속시킨다면 이 소리가 더 이상 들리지 않을 것이다.
   3) 소음으로부터 우리가 들으려는 소리를 걸러 낸다.
      (1) 필터링할 때 문화, 언어, 가치, 믿음, 태도, 기대, 의지가 영향을 미친다.
      (2) 이 필터로 인해서 자신만의 현실을 만들어 낸다.
      (3) 특히 의지가 아주 중요하다.
         ① 결혼할 때 아내에게 매일 귀 기울여 들어 주겠다고 약속했지만 지금은 의지 부족으로 잘 못하고 있다.

3. 소리의 기능
   1) 공간을 인지하게 한다.
      (1) 지금 우리가 눈을 감더라도 이 방의 규모를 느낄 수 있다.
         ① 소리의 반향과 표면에 반사돼서 이리저리 움직이는 소리 때문이다.
      (2) 여기에 몇 명이 있는지도 알 수 있다.
         ① 미세한 소음 때문이다.
   2) 시간의 흐름을 느낄 수 있다.
      (1) 소리는 언제나 어느 순간에만 울리기 때문이다.
      (2) 청각을 통해 과거에서 미래로의 시간의 흐름을 느끼게 된다.

본론

(중간 예고: 듣기를 잊어버린 이유 그리고 그 결과에 이어서 귀 기울여 듣는 방법 5가지에 대해서 설명하겠는데, 이 중 그 이유와 결과에 대해서 먼저 말씀드리겠습니다.)

1. 듣는 법을 잊어버린 이유
   1) 기록하는 기술이 발달했다.
      (1) 처음에는 글로, 그 후에는 녹음기로, 지금은 영상으로 기록한다.
      (2) 영상에서는 재빨리 그리고 정확하게 들을 필요가 없어졌다.
   2) 주변이 너무 시끄럽다.
      (1) 소음이 듣는 것을 어렵게 한다.
      (2) 소음을 피해 헤드폰을 착용한다.
      (3) 점점 주위에 신경 쓰지 않고 자기들만의 소리에 빠진다.
   3) 참을성이 없어졌다.
      (1) 짧고 빨리 들을 수 있는 연설만 원한다.
   4) 대화 방식이 자기PR로 바뀌었다.
      (1) 자기PR에 듣기가 얼마나 포함되어 있을지 회의적이다.
      (2) 자기PR 중심의 대화가 이제 흔한 일이다.

2. 듣는 법을 잊어버린 결과

    1) 주위의 소식에 점점 더 무감각해지고 있다.

        (1) 언론은 우리의 주의를 끌기 위해 자극적인 헤드라인을 내세우면서 소리를 지른다.

        (2) 조용하고 드러나지 않은 것들에 대해서 관심을 갖기가 점점 어려워지고 있다.

    2) 서로를 이해하는 법을 잊게 되었다.

        (1) 소통 불능으로 인해 폭력과 전쟁이 일어난다.

        (2) 아무도 다른 이의 말에 귀 기울여 듣지 않는 무서운 세상이 되었다.

(중간 요약과 논의 전환사: 지금까지 듣기를 잊어버린 이유와 그 결과에 대해서 말씀드렸는데 이제부터는 귀 기울여 듣는 방법 5가지에 대해서 말씀드리겠습니다.)

3. 귀 기울여 듣는 방법 5가지

    1) 하루에 3분씩 침묵한다.

        (1) 귀를 초기화하는 것과 같다.

        (2) 완벽한 정적이 어렵다면 그냥 조용히 있어도 된다.

    2) 주변의 다양한 소리를 최대한 들어 본다.

        (1) 믹서라고 부른다

        (2) 우리가 많은 시간을 보내는 이런 시끄러운 환경에서도 연습할 수 있다.

            ① 카페에서 얼마나 많은 소리를 들을 수 있나?

            ② 카페에서 얼마나 많은 소리를 구분해 낼 수 있나?

        (3) 호수 같은 아름다운 곳에서도 연습할 수 있다.

            ① 몇 마리의 새가 지저귀나?

            ② 그 새들은 어디에 있나?

            ③ 호수의 잔물결 소리가 들리나?

    3) 일상적인 소리를 즐긴다.

        (1) 건조기는 왈츠에 해당한다.

            ① (건조기 사진을 보여 주며) '하나, 둘, 셋', '하나, 둘, 셋', '하나, 둘, 셋'

② 여러분도 해 보길 바란다.

　(2) 커피 분쇄기는 합창단이다.(커피 분쇄기 사진을 보여 주며)

　(3) 일상적인 소리를 즐기면 재미있다.

　4) 듣는 자세도 중요하다.

　(1) 듣는 자세는 앞에서 말했던 듣기 추출 기술과 함께 이루어진다.

　(2) 내용과 상황에 따라 적절한 듣는 자세를 정한다.

　　① 적극적, 소극적, 생산적, 확장적, 비판적, 공감적 듣기가 있다.

　5) 약어 RASA를 이용한다.

　(1) 친구, 선생님, 애인, 부모님, 배우자를 막론하고 누구나 사용할 수 있는 방법이다.

　(2) RASA는 산스크리트어로 '즙', '본질'을 뜻한다.

　(3) 각각의 알파벳은 다음을 의미한다.

　　① 상대방에게 주의를 기울인다(Receive)

　　② 반응을 보인다(Appreciate)

　　　-'어', '그래'와 같이 작은 소리로 반응한다.

　　③ 요약한다(Summarize)

　　　-'그러므로'와 같은 단어를 사용한다.

　　④ 질문한다(Ask)

결론

1. 소리는 나의 열정이자 삶이다.

　1) 소리에 대한 책도 썼다.

　2) 듣기 위해서 살아간다.

2. 많은 이들은 듣는 것을 힘들어한다.

　1) 완전한 삶을 살기 위해서 귀 기울여 들어야 한다.

　2) 귀 기울여 들어야 주위의 시공간을 느끼며, 주위의 세상을 느끼며, 서로를 이해하고 마음속으로 통할 수 있다.

　3) 모든 정신적 움직임은 듣기와 명상을 기반으로 한다.

3. 학교에서부터 듣는 법을 가르쳐야 한다.
   1) 듣기는 기술이다.
   2) 듣는 능력은 무서운 세상이 아니라 서로 소통하는 세상으로 인도할 것이다.

참고 문헌 및 사이트

설득 스피치의 개요서 사례

2. 큐카드 작성하기

개요서와 큐카드는 용도와 작성법에서 차이가 있다. 용도에 있어서 개요서는 아이디어들을 조직하기 위한 것인 데 비해, 큐카드는 이미 조직화된 내용을 토대로 스피치를 연습하고 실행할 때 활용하기 위한 것이다. 또한 작성법에 있어 개요서는 내용을 가능하면 완전한 문장으로 적는 데 비해, 큐카드는 개요서를 토대로 하여 연사가 보고 한눈에 그 내용을 떠올릴 수 있는 중요한 단어(키워드)나 문구를 중심으로 적으면 된다.

1) 큐카드의 중요성

큐카드를 바탕으로 스피치를 연습하고 실행하면 다음과 같은 장점이 있다.

첫째, 유연한 표현력이 길러진다. 처음에는 큐카드에 적어 놓은 주요 단어나 어구만 보면서 내용을 떠올리고 살을 붙이면서 말을 하는 것에 불안감을 느낄 수 있다. 이 불안감은 준비 과정에서 생각해 두었던 단어와 문장을 똑같이 구사해야 한다는 생각에서 기인하는 것이다. 그러나 중요한 것은 자신이 말하고자 하는 메시지를 전달하는 것이며 이 메시지는 얼마든지 다양한 단어와 문장으로 표현할 수 있다. 준비 과정에서 생각해 두었던 똑같은 표현만 고집하지 말고 여러 가지 방법으로 자신의 메시지를 표현하는 연습을 하다보면 좀 더 효과적으로 그리고 유연하게 표현하는 법을 터득하게 된다. 또한 큐카드를 활용해서 말을 할 경우 실전에서 돌발 상황이 발생했을 때 좀 더 순발력 있게 대처할 수 있는 능력도 생긴다.

둘째, 자연스러운 스피치가 가능하다. 필요할 때만 잠깐 큐카드를 쳐다볼 뿐 나머지의 대부분 시간은 청중을 쳐다보면서 말하기 때문에 대화하듯이 아주 자연스러운 스피치를 할 수 있게 된다. 물론 이렇게 하기 위해서는 리허설 단계에서 스피치의 전체적인 내용 흐름을 충분히 숙지해야 한다. 요즘 큐카드를 들고 방송을 진행하는 사회자들을 자주 보게 되는데 이들은 손에 큐카드는 들고 있지만 거의 큐카드를 보지 않는다는 특징이 있다. 이는 시청자들과 원활한 커뮤니케이션을 하기 위해서이다. 연사 역시 청중과 충분한 교감을 나누길 원한다면 사전에 내용을 충분히 숙지해서 내용을 잊어버렸을 경우에만 큐카드를 참고해야 한다. 그러면 청중의 반응에 적절하게 반응하면서 자연스럽게 말을 하기가 훨씬 수월해진다.

셋째, 연사에게 안정감을 준다. 내용을 충분히 숙지하고 있다 하더라도 큐카드를 들고 스피치를 하면 내용이 생각나지 않을 때 기댈 수 있는 안전판이 되어 줄 수 있다는 믿음에 심리적인 안정을 유지할 수 있다. 이로 인해서 연사는 좀 더 자신 있게 스피치에 임할 수 있게 된다. 또한 큐카드를 활용해서 발표하면 청중에게 준비된 연사의 모습으로 보여 신뢰감을 줄 수 있다. 이외에도 발표할 때 큐카드를 한 손에 들고 있음으로써 한 손의 처리가 쉬워질 뿐만 아니라 불필요한 손동작을 하지 않게 해 주어 안정적인 자세를 유지하는 데에도 도움이 된다.

2) 큐카드의 구성 요소

큐카드는 스피치를 실행하는 데 실마리가 될 만한 내용만 담고 있으면 되기 때문에 개요서에 비해서 그 구성이 간단하다. 중요한 단어나 문구 중심으로 작성하는 것 이외에 개요서와 다르거나 작성 시 유의해야 할 점이 몇 가지 있는데 이것을 정리하면 다음과 같다.

(1) 서론, 본론, 결론으로 구획을 나누고 안내사는 괄호 안에 적는다

큐카드는 스피치를 실행할 때의 순서대로 크게 서론, 본론, 결론의 주요부로 구획을 나누어 작성한다. 개요서의 첫머리에 적었던 주제, 개괄적 목적, 구체적 목적, 핵심 메시지와 말미에 적었던 참고 문헌 및 사이트는 큐카드에는 적지 않는다.

다만 안내사는 개요서와 마찬가지로 큐카드에 적어 두는 것이 좋다. 주요 아이디어나 세부 아이디어에 대한 논의를 시작하거나 마친 후 필요에 따라 사용할 수 있는 안내사를 적절한 곳에 표시해 두면 실제로 스피치를 하는 데 많은 도움이 된다.

서론, 본론, 결론, 안내사의 위치와 명기하는 방법은 개요서와 같다. 서론, 본론, 결론은 번호 없이 맨 왼쪽이나 중앙에 적고, 안내사는 괄호 안에 적는다.

(2) 주요 아이디어와 세부 아이디어들 간의 관계가 잘 드러나도록 한다

개요서와 마찬가지로 큐카드도 주요 아이디어와 세부 아이디어들 간의 주종 관계를 분명히 정해서 계층적으로 배열하고, 수문자식 체계를 사용해서 번호를 매기고, 일관성 있게 들여쓰기를 해야 한다. 그러면 스피치 전체의 구조를 더 선명하게 머릿속에 각인시킬 수 있다. 이에 대한 자세한 설명은 이미 개요서를 다루면서 했기 때문에 여기서는 생략하기로 한다.

(3) 동작과 관련된 지시 사항이나 주의 사항을 적는다

스피치를 실행할 때 내용을 강조하기 위해서든 시선을 끌기 위해서든 때에 따라서 목소리나 몸짓에 변화를 주어야 하는 경우가 있다. 예를 들어 중요한 내용을 말할 때에는 청중을 강한 눈빛으로 쳐다보거나 말을 좀 천천히 그리고 또박또박 하거나 제스처를 사용할 수 있다. 또 분위기를 전환하고자 할 때에는 시각자료를 보여 주기도 하고 자세나 동작에 변화를 줄 수 있다. 이와 같이 시선 처리, 속도의 완급, 동작이나 자세의 변화, 제스처 사용, 시각자료 활용 등과 관련해서 지시 사항이나 주의 사항을 큐카드에 적어 두면 스피치를 효과적으로 실행하는 데 큰 도움이 된다. 이런 것을 충분히 감안해서 예행연습을 했다 하더라도 실전에서는 당황하여 잊어버리는 경우가 있다. 따라서 실행할 때 도움이 되는 코멘트를 큐카드에 적어 두는 것은 이를 빠뜨리지 않을 수 있는 좋은 방법이다. 이런 코멘트를 적을 때 한눈에 잘 보이도록 밝은 색으로 적어 두면 비교적 쉽게 눈에 띈다는 장점이 있다.

3) 큐카드 작성 시 유의 사항

(1) 독서카드를 활용한다

여러 가지 면에서 일반 종이나 노트보다는 독서카드를 큐카드로 활용하는 것이 좋다. 특히 A4사이즈로 된 종이는 크기도 클 뿐만 아니라 두께가 얇아서 쉽게 흔들리거나 바스락거리는 소리가 날 수 있어서 큐카드로 적당하지 않다. 이에 비해 독서카드는 청중의 시선이나 주의를 끌지 않으면서 손에 쥐기에 크기가 적당하다는 장점이 있다. 독서카드에는 다양한 사이즈가 있지만 일반적으로 약 $11 \times 13cm$나 $10 \times 16cm$가 활용하기에 가장 무난하다. 이보다 더 작은 독서카드도 있지만 너무 작은 독서카드를 사용할 경우 글씨도 작게 써야 할 뿐만 아니라 카드의 장수도 늘어나서 좋지 않다.

작성된 독서카드는 순서대로 번호를 매기고 고리로 묶어서 사용하는 것이 좋다. 번호를 매기지 않거나 고리로 묶어 두지 않으면 순서를 혼동할 수도 있고 서로 뒤섞일 수도 있다. 독서카드를 묶지 않은 채 낱장을 이리저리 꺼내 드는 모습은 청중의 주의를 산만하게 만들 수 있으니 조심해야 한다.

(2) 키워드 중심으로 작성한다

큐카드는 연사가 해당되는 내용을 연상하는 데 힌트가 될 만한 주요 낱말이나 어구 등 키워드를 중심으로 작성하는 것이 좋다. 물론 때에 따라 인용문이나 통계자료와 같이 정확한 내용 전달이 문제가 되는 경우에는 이것을 큐카드에 적어 놓을 수 있다. 이런 경우를 제외하고 큐카드에 전체 내용을 문장으로 적어 놓거나 너무 많은 내용을 적어 놓으면 정작 필요할 때에 원하는 내용을 찾기가 어렵다. 그렇게 되면 핵심 내용을 빠뜨리고 지나갈 수도 있고 원하는 내용을 찾느라 큐카드에 머무는 시간이 길어짐으로써 청중과의 눈맞춤에 소홀해질 수 있다.

(3) 읽기 쉽게 작성한다

큐카드가 정말로 필요한 대목에서 도움이 되기 위해서는 읽기 쉽고 눈에 잘 띄어야 한다. 따라서 가능하면 글씨는 크고 진하게 쓰고, 행간은 많이 띄우는 것이 좋다. 무엇보다 스피치를 하는 도중에 얼핏 보아도 그 내용을 쉽게 알아볼 수 있도록 작성하는 것이 중요하다.

		NO. __1__
	청중을 쳐다본다.	
	천천히 시작한다.	
서론		
	1. '토마토가 빨갛게 익으면 의사 얼굴이 파랗게 된다?'	
	잠시 짬을 둔다	
	1) 의사를 찾는 환자가 줄어듦	
	2) 토마토는 건강식품	

	2. 고령화 사회 진입에 따라 식생활로 건강 지키기에 관심
	3. 토마토의 성분, 효능, 올바른 섭취법 소개
본론	
	잠시 짬을 둔다
	1. 토마토의 주요 성분과 그 효능
	(주요 성분으로 리코펜과 비타민이 있는데, 먼저 리코펜에 대해서…)

	1) 리코펜
	(1) 노화의 원인인 활성산소 억제
	① 활성산소: DNA 손상시킴
	② 활성산소는 노화의 주범
	③ 토마토가 장수의 비결
	㉮ 이탈리아는 세계 장수 국가
	㉯ 전문가들도 장수 음식으로 토마토를 추천
	(2) 암 예방 효과 탁월
	① 암 위험 인자를 몸 밖으로 배출

② 항암제인 베타카로틴보다 10배 항암 효과

(3) 특히 폐암, 전립선암, 위암, 유방암 예방에 탁월

① UCLA대학 데이빗 헤버: '폐암의 희망은 리코펜'

② 이탈리아 여성 유방암 발생률 세계 최저

(지금까지 리코펜에 대해서… 이제부터 루틴에 대해서…)

2) 비타민

(1) 루틴(비타민 P): 혈관 강화, 혈압 강하 효과

① 동물 실험: 신속한 혈압 강하, 콜레스테롤 수치 저하

② 독일과 중국: 고혈압 환자에게 토마토 처방

③ 코피나 잇몸 출혈에도 효과적

정보제공 스피치의 큐카드 사례(백미숙, 2006)

(…)

3. 귀 기울여 듣는 방법 5가지
　1) 하루에 3분씩 침묵
　　(1) 귀 초기화(귀를 가리키며)
　　(2) If 완벽한 정적 ×, 조용히 있기만 해도 좋음 *눈을 감는다*

　2) 주변 소리를 최대한 듣기
　　(1) 믹서
　　(2) 시끄러운 환경에서도 연습 가능

---

　　① 카페에서 얼마나 많은 소리 들을 수 있나?
　　② 카페에서 얼마나 많은 소리 구분할 수 있나?
　　(3) 호수에서도 연습 가능　　*창밖을 내다본다*
　　　① 몇 마리의 새? 어디에?
　　　② 잔물결 소리도?

　3) 일상적인 소리 즐기기
　　(1) 건조기 = 왈츠　　*사진을 보여 준다*
　　　① '하나 둘 셋' ×3
　　　② 직접 해 보기

(2) 커피분쇄기 = 합창단

(3) 일상적 소리 즐기기 → 재미

4) 듣는 자세도 중요

(1) 듣기 추출 기술과 함께

(2) 내용과 상황에 따라 선택

① 적극적, 소극적, 생산적, 확장적, 비판적, 공감적 듣기

5) 약어 RASA

(1) 누구나 사용 가능한 방법

(2) 산스크리트어 '즙', '본질'

(3) 각각의 의미

① 주의 기울이기(Receive)

② 반응 보이기(Appreciate)

㉮ '어', '그래'

③ 요약하기(Summarize)

㉮ '그러므로'

④ 질문하기(Ask)

(…)

설득 스피치의 큐카드 사례

제6장
언어적 표현

아무리 좋은 생각을 가지고 있다 하더라도 그것을 효과적으로 표현할 수 없다면 좋은 반응을 기대하기 어렵다. 글쓰기란 자신의 생각을 문자 언어를 통해서 객관화하는 행위이고, 말하기란 자신의 생각을 음성 언어를 통해서 객관화하는 행위이다. 글이든 말이든 자신의 생각을 올바르게 표현하는 능력은 후천적인 학습과 노력에 의해서 개발될 수 있다.

좋은 스피치를 하기 위해서 연사는 언어 표현에 신중을 기해야 한다. 특히 말은 글과는 달리 일회성과 즉각성을 특징으로 하기 때문에 자신의 생각을 청중에게 효과적으로 전달하고 다른 사람을 설득하기 위해서는 어휘를 신중하게 선택해야 한다. 글은 내용이 잘 이해가 되지 않을 때 다시 돌아가서 볼 수 있는 텍스트가 있지만 말은 한번 내뱉고 나면 되돌릴 수 없다는 특징이 있다. 따라서 누군가에게 말로 정보를 전달하고 말로써 누군가를 설득하는 것은 단지 말을 할 줄 안다는 것과 큰 차이가 있는 것이다.

다음에서는 좋은 언어 표현이 되기 위해서 갖추어야 할 네 가지 조건인 정확성, 적절성, 명확성, 선명성에 대해서 설명하고자 한다.

1. 정확한 표현

스피치를 할 때 연사는 무엇보다도 청중에게 전달하려는 내용을 정확하게 전달할 수 있어야 한다. 그러기 위해서는 어법과 규범에 맞는 표현을 사용할 필요가 있다. 물론 어법에 맞지 않게 말을 하더라도 비언어적인 요소를 동반하는 스피치의 특성상 의사소통을 하는 데에는 큰 문제가 되지 않을 수도 있다. 또한 말하기는 글쓰기와 달라서 반드시 문법에 맞는 표현만이 좋은 표현이라고 보기도 어렵다. 그러나 다양한 청중을 대상으로 하는 공적인 스피치에서는 어법에 맞지 않는 표현이 뜻밖의 오해나 혼란을 빚을 수 있다는 점을 주의할 필요가 있다. 따라서 정확한 의미 전달을 위해서는 가능하면 어법에 맞도록 말을 하는 것이 좋다.

아래에서는 일상적으로 범하기 쉬운 잘못된 표현들을 중심으로 좋은 표현의 조건 중 하나인 정확성에 대해서 살펴보기로 한다.

1) 어휘의 뜻을 정확히 알고 쓴다

경리원에게 있어서 숫자가 중요한 것만큼 연사에게 있어서 어휘의 뜻을 정확하게 알고 쓰는 것은 매우 중요하다. 우리는 일상적으로 사용하고 있는 우리말 어휘의 뜻을 잘 알고 있다고 생각하지만 실제로는 그렇지가 않다. 다른 사람이 하는 말을 듣고 무식하다거나 교양이 없다고 판단을 하는 것은 그 사람의 그릇된 어휘 선택을 두고 하는 말일 경우가 대부분이다. 과거에 대통령 후보로 출마한 사람 중 한 사람이 특정 지역을 위한 정책을 공약하면서 그 지역의 가장 큰 골칫거리인 병목 현상을 해소하겠다고 표현해야 하는데 병목 현상을 만들어 주겠다고 표현한 적이 있었다. 이와 같은 실언은 특히 발음이나 운율이 비슷한 어휘를 혼동하는 데서 오는 경우가 많다. 예를 들면 '막연하다'와 '막역하다', '일절'과 '일체', '한창'과 '한참', '곤욕'과 '곤혹'을 혼동하는 경우가 많은데, 이 어휘들은 발음은 비슷하지만 그 의미가 전혀 다르기 때문에 정확한 표현을 골라서 써야 한다.

　이 밖에도 '풍지박산', '아연질색', '임기웅변', '개발쇠발' 등과 같이 틀린 어휘들은 올바른 표현으로 바로잡아 사용해야 한다.

유사 어휘의 구별	틀린 어휘의 교정
• 막연하다: 갈피를 잡을 수 없어 아득하다 　막역하다: 허물이 없이 아주 친하다 • 한창: 가장 성하고 활기 있을 때 　한참: 시간이 꽤 지나가는 동안 • 일체: 모두 　일절: 전혀, 도무지 • 곤욕: 심한 모욕 　곤혹: 곤란한 일을 당하여 어찌할 바를 모름	• 풍지박산 → 풍비박산 • 아연질색 → 아연실색 • 목욕재배 → 목욕재계 • 홀홀단신 → 혈혈단신 • 고전분투 → 고군분투 • 임기웅변 → 임기응변 • 개나리봇짐 → 괴나리봇짐 • 개발쇠발 → 괴발개발

주의해야 할 표현의 예

2) 문맥에 어울리는 어휘를 선택한다

　어휘는 지시적 의미와 함축적 의미를 갖는다. 어휘가 가리키는 것 자체로 이해되는 의미가 지시적 의미이고, 어휘가 가리키는 대상에 대한 느낌이나 연상 등의 의미가 함축적 의미이다. 예를 들어 "해당화는 지금 이 가슴 속에서 새빨갛게 피지 않았어요?"에서 '해당화'의

지시적 의미는 '장미과에 속하는 낙엽활엽 관목'이며, 함축적 의미는 '정열, 열정적인 사랑'이다.

특히 지시적인 의미에서는 차이가 없지만 함축적인 의미에서 차이를 보이는 어휘를 사용하는 경우에는 신중해야 한다. 예를 들어, 이빨/이/치아, 먹다/잡수시다/드시다, 죽다/돌아가시다, 마른/빼빼한/삐쩍 마른/날씬한 등의 어휘는 기본적인 의미에 있어서는 동일하지만 함축적인 의미는 다르다. 예를 들면, '마른'은 중립적인 데 비해 '날씬한'은 긍정적인 느낌을 주고 '빼빼한' 또는 '삐쩍 마른'은 부정적인 느낌을 준다.

정보제공 스피치나 설득 스피치에서 사용된 어휘가 갖는 함축적 의미는 청중의 태도에 영향을 미칠 수 있다는 점을 고려해야 한다. 특히 설득 스피치의 경우는 어떤 어휘를 사용하느냐에 따라서 많은 차이가 있을 수 있다. 예를 들면, 환경보호 운동가들이 늪을 메워서 건물을 짓는 것에 반대한다고 할 때, 늪이란 단어는 잡초가 무성한 쓸모없는 땅이라는 이미지를 주는 반면 '습지'라는 표현을 쓰게 되면 희귀한 새와 식물이 살아가는 생태보존 지역임을 연상하도록 만들기도 한다.

3) 높임말을 잘 사용한다

경어와 호칭은 알맞게 사용해야 한다. '내가 부르시면 대답하세요.' 또는 '차가 막히셨죠.'와 같이 자신의 말이나 행동에 또는 인격체가 아닌 사물에 '-시-'를 넣는 것은 문법적으로 맞지 않다. 아울러 흔히 틀리는 표현 중 하나가 '우리나라'에 대한 호칭이다. 청중이 속해 있지 않은 집단을 칭할 때는 자신이 속한 집단을 낮춰서 '저희 학교' 또는 '저희 동네'라고 표현하는 것은 옳다. 하지만 청중이 속해 있는 집단을 칭할 때에는 '우리 학교', '우리 동네'라고 말해야 한다. 그러므로 우리 한국 사람들끼리 말을 할 경우에는 당연히 '저희 나라' 대신 '우리나라'라는 표현을 써야 한다. 더욱이 나라나 민족과 같은 집단은 비록 청중이 속해 있지 않아도 한 구성원이 낮추어 말하기에 너무 큰 집단이기 때문에 어떠한 경우라도 항상 '우리나라'로 써야 하는데도 이를 가볍게 여기는 경우가 많다.

2. 적절한 표현

좋은 표현의 조건에는 정확성, 적절성, 명확성, 선명성이 있지만 이 중에서 가장 먼저 고려해야 할 것은 적절성이다. 아무리 표현이 정확하고, 명확하고, 선명하더라도 그것이 청중의 지식수준이나 스피치 상황에 적절하지 않다면 좋은 표현이라고 할 수 없다.

1) 청중에 적절해야 한다

적절한 언어 표현 방식을 결정할 때 청중에 대한 분석 결과를 활용할 수 있다. 즉 청중의 성별, 연령, 태도, 지식수준 등을 고려해서 표현을 결정하는 것이 중요하다. 연사가 하는 말을 청중이 언제나 잘 알아들을 것이라고 생각하는 것은 잘못이다. 특히 청중의 지식수준을 고려하여 표현 방식이 달라져야 한다.

청중의 지식수준이 비교적 낮다고 판단하는 경우에는 가능하면 전문용어 대신에 쉽고 평이한 어휘를 사용해야 한다. 전문용어를 꼭 사용해야 하는 경우라면 일상적인 말로 알아듣기 쉽게 풀어서 설명을 해 주는 것을 잊지 말아야 한다. 청중의 지식수준을 전혀 고려하지 않은 채 어려운 어휘만을 사용하면 말할 권리를 이용해서 자신의 지식을 뽐내려는 것처럼 비춰질 수 있다. 연사는 항상 스피치를 하는 목적을 명심하고 청중 중심으로 생각하지 않으면 안 된다. 어려운 내용도 잘 이해할 수 있도록 청중을 배려하는 연사가 되어야 할 것이다.

반면 지식수준이 높은 청중을 대상으로 말을 할 때에는 일상적인 단어나 표현보다는 그들에게 익숙한 전문용어나 적절한 수준의 어휘를 사용할 필요가 있다. 그러나 아무리 청중의 지식수준이 높다하더라도 길고 복잡한 문장을 자주 사용하는 것은 좋지 않다. 길고 복잡한 문장이 자주 나오면 의미를 파악하고 받아들이는 데 부담이 되기 때문이다.

2) 상황에 적절해야 한다

상황이란 장소, 시간, 모임의 성격과 같이 스피치가 이루어지는 모든 주변적인 요소를 가리킨다. 이와 같은 상황에 따라 표현이 달라질 수 있다. 예를 들면 스피치를 하게 될 장소가 어디인지, 주어진 시간이 얼마나 되는지 또는 언제 해야 하는지, 어떠한 성격의 모임인지를 고려해서 적절한 표현을 결정하는 것이 좋다.

어떤 모임의 상황에서 적절한 표현이 다른 상황에는 적절하지 않을 수 있다. 예를 들어 강의를 할 때와 기념사를 할 때는 상황이 다르기 때문에 사용되는 어휘도 다르다.

또한 일반적으로 공식적인 자리에서는 격식을 차린 표현을 사용하고 방언이나 은어의 사용은 자제하는 것이 좋다. 하지만 상황에 따라서는 방언이나 은어를 사용하는 것이 더 적절할 수도 있다.

3. 명확한 표현

언어 표현의 일차적인 목적은 스피치를 통해서 연사가 청중에게 전달하려는 내용이 잘 전달되게 하는 데 있다. 아무리 어법 면에서 정확한 표현이라 하더라도 그 내용이 청중에게 온전히 전달되지 않는다면 좋은 표현이라고 볼 수 없다. 따라서 연사는 언어 표현을 선택함에 있어 먼저 자신이 전달하려는 내용을 청중이 명확하게 이해할 수 있을지를 생각해 볼 필요가 있다. 이를 위해서는 친숙하고 구체적인 표현을 사용하는 것이 필요하다.

1) 구체적 언어를 사용한다

추상적이고 포괄적인 어휘는 청중이 쉽게 이해하기 어려운 경우가 많다. 따라서 추상적이고 포괄적인 단어 대신에 구체적인 어휘를 사용할 필요가 있다. 예를 들어 "민수는 매우 끈질긴 사람이다."라고 추상적으로 말하기보다는 "민수는 대학 입시에 세 번이나 떨어지고도 단념하지 않고 네 번째에 합격하였다."라고 말함으로써 민수에 대해서 파악한 것을 구체적으로 설명할 때 그 의미가 좀 더 명료하게 전달된다. 또한 "철수는 스포츠를 좋아한다."라고 포괄적으로 표현하는 것보다 "철수는 축구를 좋아한다."와 같이 특정 운동을 들어서 표현하는 것이 더 구체적이다. 이와 같이 구체적인 어휘를 사용할수록 정확한 의미를 전달하는 것이 가능해질 뿐만 아니라 선명하게 각인시키는 효과가 있고 결국 이것은 청중의 집중력과 기억력을 높이는 결과로 이어진다. 구체적인 표현은 다음에서 다루게 될 효과성과도 밀접하게 관련되어 있다.

2) 쉽게 표현한다

어려운 단어 대신에 쉬운 단어를, 복잡한 문장 대신에 단순한 문장을, 한자어나 외래어 대신에 일상적인 말을 사용할 때 청중은 그 의미를 더 명확하게 이해할 수 있다. 게다가 거창하고 어려운 어휘를 자주 사용하는 연사는 자신의 지적 능력을 과시하고자 하는 것처럼 비춰져서 청중의 반감을 사기 쉽다. 복잡하고 어려운 내용을 설명하기 위해서 반드시 어려운 어휘를 사용해야 하는 것은 아니다. 역사상 훌륭한 연사들은 공통적으로 심오한 내용을 친숙하면서도 누구나 쉽게 이해할 수 있는 언어로 표현하는 능력을 지니고 있었다.

예를 들어 "국민을 위한, 국민에 의한, 국민의 정부는 이 지구상에서 절대로 사라지지 않을 것입니다", "여러분의 조국이 여러분에게 무엇을 할 수 있는지를 묻지 말고, 여러분이 여러분의 조국을 위해 무엇을 할 수 있는지 물으십시오", "다른 사람들은 어떤 길을 택할지 모르지만 나에게는 자유가 아니면 죽음을 주십시오." 에 사용된 단어는 공통적으로 단순하면서도 청중에게 친숙한 어휘들이다.

또한 문어체 표현보다는 구어체 표현을 사용하는 것이 의미 전달의 효과를 높인다. 즉, 길고 복잡한 문장 대신에 짧고 단순한 문장을, 피동형보다는 능동형을 사용하는 것이 의미를 더 명확하게 한다.

4. 선명한 표현

정확성, 적절성, 명확성과 함께 좋은 표현을 위해서 고려해야 할 또 한 가지 조건이 선명성이다. 말을 할 때 아무리 표현이 정확하고, 적절하고, 명확하다 하더라도 청중에게 강한 인상을 심어 주지 못하면 기대한 효과가 나타나지 않을 수도 있다. 아라비아 속담에 "귀를 통해서 들은 것을 눈에 보이도록 만드는 사람이 말을 가장 잘 하는 사람이다."라는 말처럼 전달하고자 하는 내용이 청중의 머릿속에서 생생하게 떠오르도록 해야 한다. 이런 목적으로 사용되는 기법들 중에서 가장 많이 사용되는 기법을 크게 두 가지 부류로 나누어 설명하기로 한다.

1) 시각화하기

같은 내용이라 할지라도 어떻게 표현하느냐에 따라서 그 내용이 청중의 기억 속에 남을 수도 있고 그렇지 않을 수도 있다. 표현의 단조로움을 피하면서 청중의 머릿속에 내용을 각인시킬 수 있는 방법은 청중이 머릿속으로 시각화할 수 있는 표현을 활용하는 것이다. 대표적인 방법으로는 비유법을 들 수 있는데, 이것은 청중의 머릿속에 내용이 그림처럼 떠오르도록 하는 전형적인 기법이다. 비유법은 두 가지 대상간에 존재하는 유사성이나 공통점에 기초해서 사물을 다른 것에 빗대어 표현하는 방법이다. 이 방법은 청중의 이해를 도울 뿐만 아니라 그 의미를 더 선명하게 해 준다. 자주 쓰이는 비유법을 살펴보면 다음과 같다.

(1) 직유법

직유법은 이해하기 쉽고 일상적으로도 많이 쓰이는 것으로 '~같이', '~처럼' 등의 연결어를 사용하여 표현하고자 하는 대상을 다른 대상과 직접 비교하는 수사법이다. 직유법에는 두 대상 간의 관계가 비교적 직선적이며 명백하게 드러나기 때문에 청중은 연사가 두 대상을 통해서 강조하려는 속성이 무엇인지를 쉽게 파악할 수 있다.

마음은 세탁기처럼 빨리 돌아갑니다. 어렵고도 헷갈리는 감정들이 빙빙 돌고 또 도는 거죠. 우린 정말 그걸 어떻게 다루어야 할지 모릅니다.

신체의 신경계를 여러분 집에 설치된 배선과 같은 것으로 생각해 볼 수 있습니다. 여러분 집에는 전구 스위치에서 천장의 접속 배선함까지, 접속 배선함에서 전구까지 벽 안쪽으로 전선이 지나갑니다. 여러분이 스위치를 켜면 전구도 켜집니다. 스위치를 끄면 전구도 꺼지죠(엘리엇 크레인, 『만성통증의 수수께끼』 중에서).

(2) 은유법

은유법은 '~같이'나 '~처럼' 등의 연결어 없이 두 대상을 비교하는 표현 기법이다. 즉, 은유법은 어떤 대상을 다른 대상으로 전환시키는 방법이다. 은유법은 비교되는 두 대상간의 유사성이 겉으로 드러나 있지 않더라도 비교되는 대상이 구체적이어서 연상되는 속성을 파악하는 데 도움을 준다.

독수리는 자연에 있는 쓰레기 청소부입니다. 이 녀석들은 동물 사체를 뼈까지 청소합니다. 그래서 모든 박테리아를 없애는 데 도움이 되고, 탄저균을 없애기도 합니다(뮈니르 비란티, 『내가 독수리를 좋아하는 이유』 중에서).

PC나 전자출판이 존재하기 전인 1960년대 후반이었기 때문에 타자기, 가위, 폴라로이드로 『지구 백과』란 책을 만들었는데 35년 전의 책으로 된 구글이라고나 할까요(스티브 잡스, 스탠포드 대학 졸업식 축사 중에서).

(3) 의인법

의인법은 사물이나 개념에 인격적인 요소를 부여하는 기법이다. 즉, 의인법은 무생물이나 추상적인 개념이 인간 특유의 속성을 가진 듯이 사람과 같이 생각하고, 말하고, 느끼고, 행동하는 것으로 표현하는 방식이다. 의인법은 주로 분위기나 감정 등을 생생하고 생동감 있게 전하기 위해서 사용된다.

우리는 인터넷이 우리의 개인적인 공간이라고 믿지만 사실은 그렇지 않습니다. 마우스를 한 번 클릭할 때마다, 화면을 터치할 때마다 마치 헨젤과 그레텔이 빵부스러기를 흘리고 다니듯이 우리가 돌아다니는 디지털 세계에 우리의 개인정보를 흘리고 다닙니다. 우리의 생일, 주소, 관심사, 기호, 관계, 과거의 재정 상태 등의 정보를 뿌리고 다니는 거죠(개리 코백스, 『웹상에서 개인 정보 추적자들을 따라가기』 중에서).

2) 청각화하기

음악은 음의 장단이나 강약을 반복해서 리듬을 만들어 낸다. 이러한 리듬은 광고에서 매우 유익하게 활용된다. 광고 음악의 리듬은 곧바로 소비자의 눈과 귀를 사로잡기도 한다. '쿠쿠', '락앤락'과 같이 동음을 반복하거나 '폰앤펀', 'OK! Sk', '위즈위드'처럼 비슷한 소리를 비슷한 음절로 일정한 위치에서 반복함으로써 생기는 운율은 청각적 재미를 자아낸다.

　말을 하거나 글을 쓸 경우에도 소리나 단어를 일정한 규칙에 따라 반복하거나 일관되게 연결함으로써 리듬을 만들어 낼 수가 있다. 리듬을 만들어 내는 청각적 수사법으로는 대표적으로 반복법, 점층법, 대조법, 대구법을 들 수 있다.

(1) 반복법

　반복법이란 한 문장이나 단락에서 동일하거나 유사한 표현 또는 유사한 뜻을 가진 표현을 반복함으로써 그 의미를 강조하는 수사법이다. 스피치에서 리듬을 형성하는 데 있어서 가장 중요하게 작용하는 것이 단어, 어구, 문장 등을 반복하는 일이다. 리듬은 청중의 귀를 즐겁게 하는 효과가 있다. 반복되는 표현은 문장의 처음, 중간, 마지막 어디에서든 나올 수 있다. "더 빨리, 더 높이, 더 멀리", "알찬 방송, 좋은 방송, OOO 방송"은 반복법에 해당된다. 숫자를 반복적으로 사용하는 것도 좋은 방법이다.

　잭 웰치의 부인이자 『하버드 비즈니스 리뷰』의 편집장인 수지 웰치가 쓴 『10, 10, 10』이라는 책을 보면 '내게 어떤 일이 생겼을 때 10이라는 숫자로 판단해 보라.'고 한다. 지금 내게 일어난 일, 특히 화가 났을 때 과연 10분 후까지 계속 그 감정을 유지할 일인가, 10일 후에 혹은 10년 후에 어떤 영향을 미칠 것인가를 차분하게 따져 보고 행동하라는 것이다. 그 당시에는 죽을 것처럼 괴롭고 미칠 듯이 화가 나서 폭언을 퍼붓거나 광분을 했던 일이 시간이 흐르고 난 뒤에 보면 '아뿔사, 왜 그랬을까.' '아, 그때 조금만 냉정했더라면.' 하고 후회되기 때문이다.

(2) 점층법

　점층법은 말하고자 하는 내용의 강도나 크기를 차츰 높이거나 넓혀 감으로써 그 뜻을 강조하는 표현 방식이다. 스피치에서 점층법이 많이 쓰이는 이유는 청중의 감정을 단계적으로 상승시켜 가장 강하고도 중요한 어구로 끝냄으로써 마지막에 청중에게 강한 호소력을 자아낼 수 있기 때문이다. 단계를 점차 축소하여 표현하는 것을 점강법이라고 구분하기도 하지만 이 역시 넓은 의미에서 점층법에 속한다. 보통 점층법은 청중의 감정을 고조시켜서 절정에 이르게 하는 반면에, 점강법은 청중의 감정을 점점 가라앉히는 데 사용된다.

생각은 말이 되고, 말은 행동이 되고, 그 행동들은 습관이 되고, 그 습관은 성격이 되고, 성격은 운명이 됩니다.

돈을 잃는 것은 조금 잃는 것이요, 명예를 잃는 것은 많이 잃는 것이며, 건강을 잃는 것은 전부를 잃는 것과 같습니다.

건강을 잃은 것은 모두를 잃은 것이고, 명예를 잃은 것은 많은 것을 잃은 것이지만, 돈을 잃은 것은 조금 잃은 것입니다.

(3) 대조법

대조법은 서로 상반되는 내용을 대조적으로 배치하여 그 차이에 대한 인상을 강하게 심어 주는 표현 기법이다. 대조법을 활용하면 두 대상을 '대소', '빈부', '흑백', '선악', '장단', '원근', '명암', '성패' 등과 같은 이분법으로 대조시킴으로써 그 의미 차이를 선명하게 부각시킬 수 있다. "여자는 약하나 어머니는 강하다", "과학에는 조국이 없지만 과학자에게는 조국이 있다", "앉아서 주고 서서 받는다."는 대조법의 예에 해당된다. 대조법은 대구법과 함께 사용될 경우 긴장감이 훨씬 높아진다.

예술가가 될 수 없는 수백 가지의 이유가 아니라 되어야만 하는 자기만의 단 한 가지 이유가

한 사람을 예술가로 만드는 거예요(김영하, 『예술가가 되자』 중에서).

저는 소아과 의사이자 마취 전문의입니다. 저는 생계를 위해 아이들을 잠에 빠져들게 하죠. 저는 또한 대학교수입니다. 청중들을 공짜로 잠들게 만들죠(엘리엇 크레인, 『만성통증의 수수께끼』 중에서).

(4) 대구법

대구법은 동일하거나 유사한 구조의 두 문장을 나란히 배열함으로써 그 의미를 강조하는 표현 방식이다. 대구법에서 중요한 것은 어휘는 다르게 사용될지라도 동일하거나 유사한 구조의 문장으로 짝을 이뤄야 한다는 점이다. 그러기 위해서는 "치욕스러운 평화보다는 고통스러운 투쟁", "범은 죽어서 가죽을 남기고, 사람은 죽어서 이름을 남긴다."처럼 짝이 되는 두 구절의 글자 수와 품사를 엇비슷하게 맞추어야 한다.

내가 먼저 긍정 에너지를 보내면 주변 사람도 긍정 에너지를 갖게 되고, 반대로 부정 에너지를 보내면 옆 사람도 부정 에너지를 갖게 됩니다.

사람들은 '당신이 무엇을 하는지'에 따라 구매하지 않고 당신이 그 일을 왜 하느냐에 따라 구매합니다. 즉 임무를 구입하는 것이 아니라 신념을 구입합니다.

"어떻게 하면 사람들이 돈을 내고 음악을 구매하도록 만드는가?"라는 질문 대신 "어떻게 하면 사람들이 음악을 위해 돈을 낼 수 있는 환경을 만드는가?"라는 질문을 던져야 하지 않을까요?(아만다 팔머, 『부탁의 예술』 중에서).

제7장

전달과 비언어적 표현

　자신이 말하고자 하는 내용을 효과적으로 전달할 수 있는 능력은 매우 중요하다. 내용을 충분히 잘 준비하고도 전달 능력이 부족해서 스피치에 실패하는 경우가 있는가 하면, 평범한 내용이지만 뛰어난 전달 기술로 성공적인 스피치를 하는 경우도 있다. 특히 어떤 음성을 구사하고 어떤 태도를 취하느냐 하는 문제는 전달 방법에 많은 영향을 미친다.

　청중에게 자신의 생각을 효과적으로 드러내기 위해서는 언어적 표현뿐 아니라 음성과 몸짓 같은 비언어도 적절하게 사용해야 한다. 음성 표현이란 고저, 장단, 강약, 속도, 음량 등과 같은 요소와 관련이 있고, 몸짓 표현이란 표정, 제스처, 눈 맞춤 등과 같은 요소와 관련이 있다.

1. 적절한 음성 표현하기

좋은 목소리란 대체로 안정감이 있고 울림이 있는 목소리로, 좋은 목소리를 가졌다는 것은 연사에게 분명 큰 자산이다. 그러나 훌륭한 연사가 되기 위해서 반드시 좋은 목소리를 가지고 있어야 하는 것은 아니다. 분명한 발음과 고저, 속도, 장단, 강약, 음량, 쉼(포즈) 등의 변화를 통해서 음성을 효과적으로 표현하는 방법을 익히면 좋은 연사가 될 수 있다. 전달하고자 하는 의미를 좀 더 분명하게 드러내기 위해서 고려해야 할 두 가지 요소인 발음과 목소리의 변화에 대해서 살펴보기로 한다.

1) 정확한 발음

우리나라에서 표준말은 "교양 있는 사람들이 두루 쓰는 현대 서울말"로 정의되어 있는데, 지역적으로 살펴보면 서울과 경기 지역, 즉 중부 지역에서 쓰이는 말과 발음을 뜻한다. 이러한 정의에 의하면 표준 발음을 구사하는 것은 효율적인 의사소통에 필수적일 뿐만 아니라 교양인의 요건이라고 볼 수 있다. 왜냐하면 말은 의사소통의 도구를 넘어서 그 사람의 인격과 교양을 드러내기 때문이다. 따라서 품위 있는 연사가 되기 위해서는 표준 발음의 원리를 이해하고 올바르게 발음하려는 노력이 필요하다.

일상적으로 사적인 상황에서는 아는 사람을 상대로 가까운 거리에서 대화를 나누기 때문에 발음이 불분명해도 별 문제가 되지 않는다. 하지만 대중 스피치의 경우 문제가 다르다. 연사는 청중과 일정한 거리를 유지한 채 여러 가지 소음으로 인해서 방해를 받기 쉬운 환경에서 스피치를 한다. 따라서 대중을 상대로 스피치를 할 때에는 대화할 때보다 발음을 분명히 해야 할 필요가 있다.

부정확한 발음으로 인해 내용이 온전히 전달되지 못하거나 오해가 생길 수 있다는 점을 고려하면 연사는 자신의 발음 상태에 대해서 정확하게 파악하고 있어야 한다. 의외로 자신이 발음을 정확하게 하는지 그렇지 않은지 모르고 있는 경우가 많다. 따라서 자신의 발음에 대해서 주변 사람에게 물어보거나 또는 자신이 말하는 것을 녹취하여 스스로 들어 볼 것을 권한다.

발음이란 혀, 이, 입술 등을 이용하여 소리를 내는 일로, 발음할 때 무엇보다도 음가에 맞는 입모양을 제대로 만들어 주려고 노력해야 한다. 예를 들어 모음 '아'는 입을 크게 위아래로 벌리고, '오'나 '우'는 입술을 둥글게 해서 발음을 한다. 자음 중에는 특히 'ㅅ'이나 'ㅈ'을 발음할 때 발음이 새지는 않는지 점검해 본다.

구조상의 문제가 아니라면 반복적인 훈련을 통해서 얼마든지 교정할 수 있다. 연필이나 볼펜을 입에 물고 하루에 5~10분 정도 꾸준히 연습하다 보면 평상시 잘 쓰지 않는 입 주변의 근육이 풀어지면서 발음이 좋아지는 것을 느낄 것이다. 또한 말끝을 흐리는 현상, 입속에서 웅얼거리는 현상, 지나치게 콧소리를 내는 현상 역시 대개 잘못된 발성이나 습관과 관련되어 있는 경우가 많으니 꾸준한 연습을 통해서 고쳐 나가기 바란다. '가나다라' 표를 이용해서 발음을 점검할 수 있다.

가	구	거	고	그	기	게	개	갸	교	겨	규
나	누	너	노	느	니	네	내	냐	뇨	녀	뉴
다	두	더	도	드	디	데	대	댜	됴	뎌	듀
라	루	러	로	르	리	레	래	랴	료	려	류
마	무	머	모	므	미	메	매	먀	묘	며	뮤
바	부	버	보	브	비	베	배	뱌	뵤	벼	뷰
사	수	서	소	스	시	세	새	샤	쇼	셔	슈
아	우	어	오	으	이	에	애	야	요	여	유
자	주	저	조	즈	지	제	재	쟈	죠	져	쥬
차	추	처	초	츠	치	체	채	챠	쵸	쳐	츄
카	쿠	커	코	크	키	케	캐	캬	쿄	켜	큐
타	투	터	토	트	티	테	태	탸	툐	텨	튜
파	푸	퍼	포	프	피	페	패	퍄	표	펴	퓨
하	후	허	호	흐	히	헤	해	햐	효	혀	휴

'가나다라' 표

2) 리듬감 있는 말소리

청중과 원활한 소통을 하기 위해서는 정확한 발음과 함께 리듬감 있는 말소리를 구사해야 한다. 예를 들어 한결같이 단조로운 톤을 구사하거나 또는 작은 소리나 빠른 속도로 말한다면 청중은 끝까지 스피치에 집중하기 어려울 것이다. 상황에 맞게 말소리에 적절한 변화를 줄 때 청중의 집중력이 높아진다. 리듬감에 영향을 미치는 요소들에는 음량, 속도, 억양, 강조, 쉼 등이 있다.

(1) 음량

연사는 적어도 모든 청중이 자연스럽게 들을 수 있는 크기로 말해야 한다. 너무 작거나 너무 큰 말소리는 듣기에 거북하다. 말소리의 크기는 연사와 청중 사이의 거리, 주변의 소음 정도, 강의실의 크기, 청중의 수, 마이크 사용 여부 등을 고려해서 결정해야 한다.

청중이 보내는 비언어적 반응을 살핌으로써 적당한 크기의 말소리를 내고 있는지 파악하는 것이 가능하다. 특히 뒤쪽에 앉아 있는 청중들의 얼굴 표정과 자세에 주목할 필요가 있다. 인상을 쓴 채 상체를 앞으로 숙이면서 듣고 있거나 아예 다른 일을 하는 사람이 많다면 그것은 좀 더 큰 소리로 말하라는 신호로 해석할 수 있다.

또 아무리 자연스럽게 들을 수 있는 크기라도 처음부터 끝까지 한결같은 크기로 말하면 매우 단조롭게 들린다. 따라서 발표장의 분위기나 내용의 성격에 따라서 음량에 적당한 변화를 주어서 청중의 지루함을 달래는 것이 효과적이다.

(2) 속도

스피치를 할 때 가장 적절한 속도를 일괄적으로 규정하기는 어렵지만 너무 느리거나 너무 빠른 속도는 좋지 않다. 속도가 너무 느리면 청중이 지루하게 느끼고, 속도가 너무 빠르면 잘 알아들을 수 없다. 말을 하다 보면 자신도 모르게 말이 빨라지는 경우가 많은데 이런 사람은 의도적으로 적당한 빠르기를 유지할 수 있도록 훈련할 필요가 있다. 특히 공적인 자리에서 대중을 상대로 스피치를 하는 상황에서 말소리가 빠르면 청중은 스피치의 내용을 따라가기도 힘들고 이해하는 데에도 부담을 느끼기 쉽다.

또한 말소리의 크기와 마찬가지로, 적절한 속도를 유지하는 것이 좋다고 하더라도 시종일관 한결같은 빠르기로 말을 한다면 청중은 지루하게 느낄 것이다. 내용의 난이도, 분위기, 감정 상태 등에 따라서 말의 속도에 변화를 주어서 스피치에 생동감이 느껴지도록 하는 것이 중요하다. 예를 들어 복잡하고 어려운 내용이나 슬픔, 불만의 감정을 표현할 때에는 좀 느리게 말하고, 쉽게 이해가 되는 내용이나 기쁨, 놀람의 감정을 표현할 때에는 좀 빠르게 말함으로써 청중도 자연스럽게 그 내용과 분위기에 몰입할 수 있도록 이끌어 가는 것이 좋다.

(3) 억양

소리의 높낮이에 의해서 만들어지는 억양은 특히 연사의 감정 상태를 전달하는 중요한 수단이다. 억양으로 기쁨, 슬픔, 화, 만족, 불만족, 긴장, 당황, 놀라움, 무관심, 지루함, 냉소, 진지함 등의 상태를 나타낼 수 있다. 따라서 스피치를 할 때 내용의 의미를 명확하게 전달하기 위해서는 내용이나 분위기에 맞는 억양을 구사할 필요가 있다. 예를 들어 흥분된 상태를 나타낼 때에는 비교적 높은 톤의 억양으로, 진지한 인상을 주고자 할 때에는 비교적 낮은 톤의 억양으로 말해야 한다. 억양에 변화를 줄 때 대개 특정 단어에 대한 강조가 함께 일어나는 경우가 많다.

보통 대화할 때 자연스럽게 다양한 억양을 구사하다가도 대중 앞에만 서면 갑자기 단조로운 톤으로 변하는 사람들이 있다. 단조로운 톤으로 말하면 청중을 졸리게 만들 뿐만 아니라 자칫하면 성의 없다는 인상을 줄 수 있다. 또한 모든 내용을 한결같은 톤으로 말하면 청중이 내용을 이해하는 데에도 어려움이 따른다.

(4) 강조

한 문장 안에서 중요한 단어나 구절을 더 힘주어 말함으로써 그것의 의미를 강조할 수 있다. 강조를 할 때에는 보통 해당되는 단어나 구절을 약간 큰 소리나 높은 톤으로 말하거나 또는 길게 발음하는 것이 좋다. 강세가 가지고 있는 중요한 기능 중 한 가지는 대비 효과를 이용해서 강조하는 것이다. 예를 들어 "벌써 담장 너머로 개나리꽃이 흐드러지게 피었네."에서 '개나리꽃'에 강세를 넣으면 꽃의 종류가 대비 강조되고, '흐드러지게'에 강세를 넣으면 만개된 꽃의 상태가 대비 강조되는 효과가 있다.

강세를 넣음으로써 의미가 좀 더 명료해지면서 전달 효과도 높아진다. 강세의 변화에 따라 청중의 집중력도 높아질 수 있다.

(5) 쉼

쉼이란 글에서의 구두점과 같이 말을 할 때 의미를 명료하게 하기 위해서 또는 감정 전달의 효과를 높이기 위해서 잠깐 멈추는 시간적 틈새를 가리킨다. 쉼이라는 용어 대신에 '띄어 말하기', '끊어 말하기', '포즈', '사이', '휴지'라는 용어를 사용하기도 한다.

쉼의 적당한 길이에 대한 규정은 없지만 보통 의미 단위나 연사의 의도에 따라 달라진다. 서론에서 본론으로 넘어가거나 본론에서 결론으로 넘어가거나 또는 한 단락이 끝나고 다른 단락으로 넘어갈 때 비교적 긴 쉼을 둔다. 그리고 한 문장이라도 문장이 긴 경우 호흡 조절을 위해 쉼을 둘 수 있는데 이때 비교적 짧은 쉼을 둔다. 필요 이상으로 쉼을 자주 두면 말토막이 많아져서 의미에 대한 이해를 어렵게 할 뿐만 아니라 청중의 집중력을 떨어뜨릴 수 있다. 이와 함께 무게감이 느껴지지 않고 세련되지 못하다는 인상도 줄 수 있기 때문에 잦은 쉼은 경계해야 한다. 다음과 같은 예시를 통해서 적절하게 끊어 말하기 연습을 해 볼 수 있다.

안녕하세요? '책 읽어 주는 밤' MC _____입니다.

오늘 여러분에게 소개해 드릴 책은 『우동 한 그릇』인데요.

12월 31일 밤, 엄마와 두 아들은 우동가게에서 우동 한 그릇을 시킵니다.

가난 때문에 비록 한 그릇을 시켰지만 주인의 따뜻한 마음으로 우동의 양은

언제나 넉넉합니다.

14년이 흐른 후, 세 모자가 우동집을 찾아옵니다.

가게 주인에게 감사의 마음을 전하기 위해서죠.

이처럼 사랑과 정성이 가득 담긴 한 그릇의 우동이 다른 사람에게

세상을 살아갈 수 있는 힘과 용기를 줄 수 있습니다.

여러분도 누군가에게 따뜻한 우동 한 그릇이 되어 주는 건 어떨까요?

리듬감 있게 말하는 연습(백미숙, 2013)

2. 효과적인 몸짓 구사하기

음성 표현 못지않게 전달에서 중요하게 다루어야 할 부분은 스피치에 임하는 몸짓의 문제이다. 몸짓은 얼굴 표정, 손동작, 눈 맞춤 등 보디랭귀지에 관련된 것으로 말을 할 때 언어적 내용을 강조하거나 보완하기 위해서 무의식중에 사용하는 비언어적 요소이다.

말을 할 때 로봇처럼 표정이나 자세의 변화 없이 말하는 사람은 아무도 없다. 모든 말하기에는 몸짓 언어와 같은 비언어적 요소가 수반되게 마련이다. 몸짓 언어에 의해서 나타나는 태도는 의사소통에서 매우 중요한 역할을 한다. 비언어적 커뮤니케이션 연구의 권위자로 꼽히는 버드위스텔(Birdwhistel)과 메라비안(Mehrabian)의 연구에 의하면 의사소통할 때 전달되는 의미 중 65~93%가 비언어적 요소를 통해서 파악된다고 한다. 이 중에서 목소리보

다는 몸짓이 차지하는 비중이 더 높은 것으로 나타났다. 이 연구 결과는 비언어적 요소가 언어적 요소와 일치하지 않을 때 사람들은 대개 비언어적 요소가 주는 메시지를 더 믿는다는 사실에서도 확인할 수 있다.

몸짓 언어는 언어적 요소인 단어와 마찬가지로 일정한 메시지를 전달해 주는 중요한 수단이다. 첫째, 몸짓 언어는 무엇보다도 말하고자 하는 내용을 강조하거나 부연 설명해 주는 역할을 한다. 내용에 적절한 제스처를 쓴다거나 얼굴 표정을 지음으로써 말의 내용이 분명하게 전달되는 효과가 있다. 둘째, 몸짓 언어는 연사의 심리적 상태를 나타낸다. 청중을 제대로 쳐다보지 못하거나 손 처리가 부자연스러운 연사의 모습에서 연사가 자신감이 없거나 당황하고 있다는 것을 감지할 수 있다. 셋째, 몸짓 언어는 시각적 특징이 있기 때문에 청중의 집중력을 높여 준다. 목소리에 변화를 주는 것과 마찬가지로 내용이나 상황에 따라서 몸짓에도 변화를 주는 것은 청중의 주의를 집중시키는 효과가 있다.

몸짓 표현 수단으로서 표정, 시선, 자세, 제스처, 용모에 대해서 살펴보기로 한다.

1) 표정

얼굴 표정은 감정 상태나 심리적 상태를 나타내는 중요한 요소이다. 특히 청중을 대면하는 상황에서 이루어지는 대중 스피치에서 청중은 연사에 대한 일차적인 정보를 연사의 얼굴 표정을 통해서 얻기 때문에 얼굴 표정에 각별한 주의를 기울여야 한다. 얼굴 표정을 지을 때 다음 두 가지 점에 유의해야 한다.

첫째, 연사는 무엇보다도 말하는 내용에 어울리는 표정을 지어야 한다. 무슨 말을 하든지 얼굴 표정에서 연사의 감정을 함께 감지할 수 있어야 생동감이 있는 스피치라고 느끼게 된다. 슬픈 내용에 대해 말할 때에는 슬픈 표정을 짓고, 즐거운 내용에 대해서 말할 때에는 기쁜 표정을 지어야 한다. 이처럼 연사는 얼굴 표정을 통해 자신이 전달하고자 하는 말의 내용을 청중이 해석할 수 있는 단서를 제공할 수 있어야 한다. 내용에 어울리는 표정을 짓되 연사는 자신의 감정을 적절히 통제할 수도 있어야 한다. 연사가 지나치게 흥분하거나 당황하는 표정을 지으면 청중이 오히려 부담스러워할 수 있다. 청중이 편안한 마음으로 들을 수 있도록 자연스러우면서도 절제된 얼굴 표정을 가지는 것이 좋다.

둘째, 연사는 말하는 내용에 대해 스스로 확신이 있다는 것을 표정을 통해서 보여 주어야 한다. 청중은 얼굴 표정을 보고 연사의 심리적 상태를 읽는다. 예를 들어 무표정하거나 찡그린 얼굴을 한 연사는 자신감도 없고 성의가 없는 것처럼 비친다. 반면 미소를 띠면서 담담한 표정을 지으며 말하는 연사는 자신감 있고 확신에 차 보인다. 특히 설득이나 정보제공을 목적으로 하는 스피치에서는 자신이 말하는 내용에 대해서 확신을 가지고 있다는 인상을 줄 필요가 있다. 청중은 말하는 내용에 대해 확신에 찬 표정으로 말하는 연사의 말에 귀를 기울일 뿐만 아니라 설득당할 가능성이 높다.

2) 시선

눈 맞춤은 연사와 청중의 상호작용과 교감을 가능하게 하는 역할을 한다. 모든 의사소통은 상대방에게 시선을 주는 것에서 시작된다고 할 수 있을 정도로 시선은 몸짓 언어에서 기본이 되는 요소이다. 동시에 시선을 통해서 많은 메시지를 전달한다는 점에서 시선은 중요한 의미를 갖는다.

다음과 같은 두 가지 이유에서 연사는 청중에게 시선을 줘야 한다.

첫째, 청중에 대한 예의이다. 연사는 청중의 눈을 쳐다봄으로써 청중과 의사소통할 의지가 있음을 보여 주는 것이다. 연사가 청중에게 눈길을 주지 않으면 청중은 연사가 자신들을 무시한다고 생각할 수 있다.

둘째, 시선을 통해서 청중과의 커뮤니케이션이 활발하게 이루어진다. 청중을 쳐다보아야 청중의 반응을 살피고, 청중의 반응에 적절하게 대응하는 것이 가능해진다. 예를 들어 고개를 갸우뚱하거나 양미간을 찌푸린 채 인상을 쓰면서 듣는 청중이 있다면 연사는 그 내용을 이해하기 쉽게 다시 설명해 줄 필요가 있다.

시선 처리의 중요성을 잘 알면서도 의외로 많은 사람들이 시선 처리에 어려움을 호소한다. 특히 발표 불안증이 심한 사람일수록 청중을 바로 쳐다보지 못하고 벽이나 창문, 천장을 보면서 말하는 경우가 많다. 물론 처음에는 어렵겠지만 계속해서 노력을 하다보면 자연스럽게 시선을 처리하는 데 익숙해질 것이다.

효과적인 시선 처리를 위해 다음과 같은 두 가지 점에 유의하는 것이 좋다.

첫째, 청중을 골고루 쳐다보려고 노력해야 한다. 연사의 시선을 받지 못하는 청중은 소외감을 느껴서 곧 주의가 산만해질 수 있다는 점을 명심해야 한다. 모든 청중을 골고루 쳐다보는 것이 처음부터 쉽지는 않을 것이다. 이런 경우 호의적인 소수의 청중에서부터 시작해서 그 수를 점차로 늘려 가는 식으로 시선을 주는 것이 효과적이다.

둘째, 주로 청중의 눈을 바라보려고 해야 한다. 계속해서 청중의 눈과 마주치는 것이 불편하게 느껴지면 때로는 이마, 뺨, 턱 등과 같은 다른 얼굴 부위를 번갈아 가면서 쳐다보는 것도 한 가지 방법이다. 그러나 시선은 주로 청중의 눈을 향하는 것이 좋다. 왜냐하면 청중의 눈과 마주치는 순간 청중과 교감이 형성되고 상호작용도 활발하게 일어나기 때문이다.

3) 자세

연사의 자세와 동작 하나하나는 청중에게 일정한 의미로 해석된다. 바르고 안정된 자세로 서 있는 연사의 모습은 청중에게 자신감 있는 모습으로 비친다. 자신감과 동시에 침착함이 느껴지는 자세가 좋은데, 이런 자세는 단상에 서서 말을 할 때만이 아니라 단상을 향해서 걸어 나가고 단상에서 내려올 때에도 요구된다.

여기에서는 단상에 서서 스피치를 실행할 때를 중심으로 자세와 동작, 제스처 등에 대해서 살펴보기로 하자.

스피치를 실행할 때 체중을 양발에 균등히 준 상태에서 두 발은 어깨 넓이로 벌리고 가슴은 펴고 고개는 정면을 향하게 한 채 서는 것이 기본자세이다. 삐딱하게 서 있거나 두 손으로 탁자를 잡고 구부정하게 서 있거나 또는 어깨를 들썩이거나 목을 전후좌우로 움직이는 자세는 연사에 대해 좋지 않은 이미지를 줄 수 있기 때문에 하지 않는 것이 좋다.

기본자세를 유지한 상태에서 팔은 가볍게 내려 뻗는 것을 원칙으로 하면서 몸과 손을 필요에 따라 자연스럽게 움직이는 것이 좋다. 스피치를 하는 동안 몸과 팔을 전혀 움직이지 않고 기본자세로 한 곳에만 뻣뻣하게 서 있으면 연사 자신도 힘들 뿐만 아니라 청중 역시 지루하게 느낀다.

손을 제대로 처리하지 못해서 뒷짐을 지거나 깍지나 팔짱을 끼거나 호주머니에 손을 넣는 연사가 있다. 또한 손으로 시계나 반지, 옷을 만지작거리거나 머리나 턱, 코를 계속해서 쓰다듬거나 비벼 대는 행동을 하는 연사도 있다. 이러한 자세나 동작은 보통 긴장하거나 불안을 느낄 때 나온다. 이러한 불필요하거나 경박한 동작으로 인해서 청중의 주의가 산만해질 수 있다. 이런 동작이 오랫동안 지속되면 결국 청중의 주의와 시선은 자연스럽게 스피치의 내용에서 연사의 동작으로 모아지게 된다.

처음부터 끝까지 한 자세를 유지하는 것도 좋지만, 말하는 내용이나 발표장의 분위기를 고려하여 경우에 따라서 의도적으로 몸을 적당히 움직이는 것도 괜찮다. 적당하게 몸을 움직여 줌으로써 연사는 피로감을 줄일 수 있고 청중은 시야의 변화를 통해서 단조로움에서 벗어날 수 있다. 그러나 쓸데없이 몸을 많이 움직이거나 쉼 없이 앞뒤로 왔다 갔다 하는 것은 분위기를 산만하게 할 수 있다. 목적을 가지고 동작에 변화를 주는 것은 좋다. 예를 들어 내용이나 분위기의 흐름이 바뀔 때 왼쪽이나 오른쪽으로 몇 걸음 움직임으로써 전환을 신호할 수도 있고, 청중에게 질문을 던질 때 청중 쪽으로 좀 더 가까이 다가갈 수도 있다.

4) 제스처

제스처는 자세 중에서도 손을 이용해서 하는 몸짓 언어를 지칭하는 말이다. 손은 우리 신체 중에서 가장 자유롭게 움직일 수 있는 부분이기 때문에 제스처의 의미는 아주 다양하고 구체적이다. 예를 들면 거부의 의사를 밝힐 때 양손의 검지를 세워서 X자로 교차시키고, 화가 난 모습을 나타낼 때에는 뿔 모양으로 양쪽 손의 검지를 세워 머리 위에 대고, 수락의 뜻으로는 엄지와 검지를 동그랗게 모아서 원을 만든다.

제스처는 스피치를 할 때 말을 통해 전달되는 내용의 의미를 강조해 줄 뿐만 아니라 청중의 집중력을 높이는 역할을 한다. 숫자로 된 내용 이정표를 말하면서 상응하는 손가락을 펴 보이거나 형태에 대한 기술을 하면서 손가락으로 그림을 그려 보이면 그 내용이 좀 더 명확하게 전달될 것이다. 이와 더불어 시각적인 특징 때문에 청중의 시선을 잡아끄는 효과도 나타나게 된다.

효과적인 제스처 사용을 위해서 다음과 같은 두 가지 점에 유의할 필요가 있다.

첫째, 제스처는 자연스러워야 한다. 제스처를 마치 율동이나 수화를 하듯이 한다면 매우 부자연스러울 것이다. 미리 계획해서 사용하기보다는 일상생활에서 대화를 할 때처럼 무의식적으로 자연스럽게 움직이는 것이 좋다. 자연스러운 제스처가 되기 위해서는 적절한 타이밍에 맞춰 말과 손동작을 해야 하는데, 그러려면 필요할 때 바로 제스처를 사용할 수 있도록 손은 긴장을 푼 상태로 놔두는 것이 좋다. 깍지를 끼거나 뒷짐을 지거나 호주머니에 손을 넣고 있으면 제스처를 적절한 타이밍에 쓰기 어렵다.

둘째, 제스처는 역동적이어야 한다. 어깨나 팔에 힘을 뺀 상태에서 팔 전체를 움직이면서 제스처를 구사하는 것이 좋다. 이때 허리와 머리 사이에서 그리고 양쪽 어깨로부터 옆으로 30cm 이내에서 손이 위로 올라가면 어깨가 약간 들리면서 팔꿈치도 따라 올라가고, 손이 열리면 팔꿈치와 어깨도 바깥으로 같이 움직여야 한다. 청중의 시선이 연사의 얼굴에서 너무 벗어나면 청중의 주의가 산만해질 수 있기 때문에 양 어깨로부터 30cm 이상 벗어나지 않는 범위 내에서 제스처를 구사하는 것이 좋다. 이렇게 역동적으로 제스처를 구사하는 연사에게서 내용에 대한 확신과 열정이 느껴진다.

물론 제스처의 빈도나 크기는 스피치의 종류와 상황에 따라 달라진다. 예를 들어 큰 공간에서 대규모의 청중을 상대로 하는 정치 연설이나 강의에서는 제스처를 비교적 많이 그리고 크게 사용하는 것이 좋다. 반면 축사나 격려사, 기념사와 같이 매우 공적인 스피치를 하는 자리나 소규모의 청중을 대상으로 하는 발표나 토론에서는 제스처를 비교적 적게 그리고 작게 사용하는 것이 일반적이다. 그리고 장례식과 같이 엄숙한 모임에서는 제스처를 거의 사용하지 않는다.

5) 용모

용모는 연사에 대한 첫인상을 결정하는 중요한 요소로서, 보이는 것 이상의 의미가 있다. 용모에는 옷차림뿐 아니라 머리, 수염, 신발, 화장, 액세서리 등 눈에 보이는 모든 것이 속한다. 용모의 기본은 깨끗하면서 단정해야 한다. 너무 화려한 화장이나 액세서리, 지저분한 구두, 손질이 잘 안 된 수염이나 머리 등은 청중에게 좋은 인상을 주지 못한다.

무엇보다도 연사는 모임의 성격이나 상황에 어울리는 옷차림을 해야 한다. 아무리 비싸고 멋있는 옷이라도 행사나 모임의 성격에 맞지 않는다면 연사의 공신력을 크게 실추시킬 수 있다는 점을 명심할 필요가 있다. 일반적으로 공식적이고 격식을 차려야 하는 자리에서 스피치를 하는 경우에는 주로 정장을 한다. 그러나 노숙자나 작업 현장에서 일하고 있는 노동자들을 상대로 스피치를 해야 하는 경우에는 그에 적절한 복장을 하는 것이 좋다. 예를 들어 노동 현장에 정장 차림으로 나타나면 청중은 연사에 대해 거리감이나 이질감을 느낄 수 있다. 반대로 정장을 해야 하는 자리에 캐주얼한 복장으로 나타난다면 무례한 사람으로 생각할 수 있다.

제8장

정보제공 스피치

1. 정보제공의 중요성

정보의 힘은 개인과 조직 나아가 국가의 성패를 좌우할 만큼 막강하다. 현대 사회는 정치·경제·사회·문화의 전 영역에서 정보의 생산과 유통 및 소비가 결정적인 중요성을 갖는 '정보사회(information society)'로 일컬어진다. 정보사회에서 개인과 조직의 경쟁력은 단순히 누가 정보를 많이 획득했느냐가 아니라 누가 획득한 정보를 올바르게 분별하고 판단할 수 있느냐에 달려 있다. 특히 오늘날에는 정보통신기술의 발달로 인해서 정보의 순환이 가속화되고 지식의 생산과 소멸 주기도 빨라지고 있다. 정보를 빠르고 편리하게 주고받는 환경이 조성되면서 매년 정보의 총생산량은 60% 이상씩 늘어나고 있으며, 이로 인해서 정보를 찾아 활용하는 데 소요되는 시간도 10년 전보다 두 배 이상 늘었다고 한다. 심지어 정보 전문가인 EMC사의 마이클 룻거스 회장은 향후 2년 간 발생할 정보의 양은 지금까지 축적된 정보량을 능가할 것이라는 전망을 제시하기도 하였다. 따라서 생성된 많은 정보 중에서 모순되고 불확실한 정보는 버리고 올바르고, 유의미하며, 유용한 정보를 선별해 낼 수 있는 안목과 정확한 판단능력이 요구된다.

정보사회를 살아가는 사회 구성원들에게는 정치·사회·경제적 현실을 파악하는 데 필요한 정보를 알 권리가 있다. 합리적 소비생활을 원하는 소비자들은 제품에 대해서, 책임감 있는 정치인을 선출하려는 유권자들은 후보에 대해서, 인간다운 삶을 영위하려는 국민들은 여러 가지 사회 제도와 정책 그리고 우리가 사는 환경에 대해서 필요한 만큼 지식 및 정보를 제공받을 권리가 있다.

1980년대 중반, 인도의 보팔(Bophal) 대참사는 대중에게 자신이 살아가는 생활세계를 둘러싼 환경에 대한 정보의 중요성을 각인시켜 주는 계기가 됐다. 보팔 대참사 당시 다국적 기업인 유니언 카바이트의 가스 누출 사고로 수천 명의 사상자가 발생했는데, 사고현장 주변의 주민들은 그토록 위험한 공장이 자신의 생활공간 주변에 있는지조차 모르고 있었다. 이 가스 누출 사고는 환경당국과 시민단체의 커다란 반향을 불러일으켰다. 이 사고를 계기로 미국 환경당국인 EPA(Environmental Protection Agency)는 공해 배출 주범인 기업들이 일정 기간 대기나 하천 또는 땅에 배출한 유독성 화학물질 양을 보고하도록 하고 환경당국은 이를 1년에 한 번씩 언론에 발표하기로 하였다. 흥미로운 것은 이러한 조치가 있고 난 다음, 이 기업들이 다른 기업들보다도 오염물질 배출양을 훨씬 더 개선한 것으로 드러났다는 점이다.

인도의 보팔 대참사는 정확한 정보제공이 개인과 조직 그리고 국가에 어떤 영향을 미치며 어떻게 세상을 바꿀 수 있는지를 잘 보여 준다. 이처럼 정보제공은 청중들에게 자신들이 사는 세상에 대해서 이해하도록 도울 뿐만 아니라 제공받은 정보를 토대로 현명하게 의사를 결정하고 행동할 수 있도록 이끈다.

2. 정보제공 스피치의 기능

정보제공 스피치의 목적은 청중에게 특정 주제에 대한 정보를 정확하게 인지하게 하고 이해시키는 것이다. 이런 점에서 연사는 정보제공 스피치를 통해서 청중에게 특정 주제에 대해서 새롭게 또는 다양한 관점으로 생각할 수 있는 방법을 제공하는 주체이며, 청중에게 새로운 정보를 제공하거나 사회적 이슈에 대해 문제의식을 갖도록 하는 데 필요한 배경지식을 제공하는 중요한 기능을 수행한다.

1) 새로운 정보 제공

아리스토텔레스는 모든 인간은 천성적으로 지식을 추구한다고 보았다. 새로운 지식을 습득하려는 욕구를 인간의 본능으로 파악한 것이다. 이 본능을 통하여 우리는 다양한 분야의 정보를 받아들이고 자신을 성장시킨다. 지금까지 인류가 끊임없이 발전할 수 있었던 것도 앎에 대한 욕구와 지적인 호기심이 있었기 때문이다.

특히 〈타임스〉 하루 분에 실리는 정보의 양이 17세기의 한 평범한 시민이 평생 동안 입수한 양보다 많다고 보고될 만큼 정보의 양이 폭발적으로 늘어나고 있는 오늘날, 새로운 정보를 습득하는 것은 개인은 물론, 기업 경영, 국가 경영에 있어서 생존을 위해 매우 중요한 과제가 되었다.

정보제공 스피치는 우선 새로운 정보를 습득하고자 하는 청중의 욕구를 충족시켜 주는 역할을 한다. 새로운 정보란 청중이 이전에 알지 못했던 전혀 새로운 정보만이 아니라 이미 알고 있는 정보에 대한 새로운 관점, 기존 지식을 확장하거나 심화시켜 주는 정보, 잘못 알고 있는 것을 바로잡아 주는 정보, 낡은 정보를 업그레이드한 최신의 정보 등을 모두 포함하는 개념이다.

2) 의제 설정 능력 함양

우리 사회에 산재해 있는 문제를 사회적으로 이슈화하는 능력은 민주 시민에게 필수적으로 요구되는 능력이다. 특정한 시기에 대중에게 중요한 문제를 사회적 의제로 인식하도록 이슈화하는 것을 보통 의제 설정(agenda-setting)이라고 말한다. 예를 들어 방송의 토론 프로그램은 시청자 및 청취자들에게 다양한 분야의 주제에 대한 정보를 제공하는 것을 넘어서서, 그 주제를 공공의 문제로 인식하도록 하는 역할을 한다. 올바른 의제 설정 능력을 가지려면 우선 그 사안을 다양한 관점에서 정확하게 파악하고 있어야 한다. 이런 점에서 정보제공 스피치는 연사의 정확한 정보제공을 통해서 의제를 설정할 수 있는 토대를 마련해 준다(Zarefsky, 2002).

3. 정보의 범위

'아는 것이 힘이다.'라는 말처럼 정확한 정보는 곧 힘이다. 정확한 정보는 나 자신과 내 주변의 세계에 대해 더 잘 이해하게 해 준다. 사생활에서부터 시작해서 국제사회에 이르기까지 다양한 정보가 산재해 있다.

우리는 주변에서 벌어지고 있는 일들 그리고 관심을 가져야 할 사안들에 대한 정보를 알아가는 과정에서 자신이 공동체의 일원이라는 사실을 지속적으로 재확인하게 된다. '공동체'를 뜻하는 community와 '의사소통'을 뜻하는 communication은 모두 라틴어인 com-munis에 뿌리를 두고 있는데, 전치사 com(기본형 cum의 변형된 형태)은 '함께'를 뜻하고, munis는 '공적인 일'을 가리킨다. 이것은 공적인 대화를 통해 공통된 목표와 관심사를 공유한 집단, 즉 공동체가 형성되고 유지될 뿐만 아니라 공적 담론을 통해서 공통된 관심사를 자각하면서 공동체 소속감을 느끼게 된다는 것을 의미한다(백미숙, 2006a). 이런 의미에서 정보제공 스피치는 연사 자신은 물론 청중에게도 영향을 미치는 정보를 서로 공유하고, 나아가 문제 해결 가능성에 대해서도 함께 고민함으로써 연사와 청중 간에 긴밀한 유대감을 형성할 수 있는 좋은 기회가 된다.

물론 대부분의 사람들은 자기 자신의 생활 반경이나 생활 패턴 그리고 관심사와 관련된 정보일수록 더욱더 귀를 기울이게 된다. 이 말은 곧 청중과 개인적으로 연관된 정보에 대해서 말하는 것이 청중의 흥미와 관심을 끌 수 있는 확실한 방법이라는 것을 의미한다. 그러나 자기 자신과 직접적으로 연관된 정보에만 관심을 두는 것은 바람직하지 않다. 얼핏 보기에 지역공동체나 국가 또는 세계의 정세와 관련된 사안은 자신과 거리가 먼 얘기라고 생각할 수 있다. 그러나 지역 공동체, 국가, 국제 사회에서 벌어지고 있는 일들은 한 개인의 삶과 미래에 지대한 영향을 미친다. 따라서 정보제공 스피치에서는 다양한 영역의 정보를 다룸으로써 정보의 소재가 청중의 삶이나 관심사 또는 욕구와도 관련이 있다는 것을 일깨워 줄 필요가 있다.

재피(Jaffe, 1995)는 정보제공 스피치에서 다룰 수 있는 정보 소재의 범위와 이에 대한 청중의 선호도를 역피라미드 모양으로 다음과 같이 설명하고 있다. 이것은 정보제공 스피치의 주제를 선정하는 데 유용하게 활용될 수 있다.

정보 소재의 범위

＊피라미드의 크기는 청중의 주제에 대한 선호도를 의미함

4. 정보의 유형과 조직법

정보의 유형은 크게 대상, 과정, 사건, 쟁점, 개념으로 나눌 수 있다. 이에 따라서 일반적으로 정보제공 스피치를 대상 스피치, 과정 스피치, 사건 스피치, 쟁점 스피치, 개념 스피치 등의 유형으로 나누어 부르기도 한다. 물론 하나의 정보제공 스피치에서 대상, 과정, 사건, 쟁점, 개념 중 한 가지만 다룰 수도 있다. 하지만 경우에 따라서는 몇 가지 유형의 정보를 함께 제공하는 경우도 있기 때문에 스피치의 유형으로 분류하기보다는 제공하는 정보의 유형으로 나누어 그 특성에 대해서 설명하기로 한다.

정보제공 스피치 상황에서도 스피치 내용을 조직할 때에는 앞에서 언급한 시간적 조직법, 공간적 조직법, 인과적 조직법, 문제 해결식 조직법, 소재별 조직법, 찬반 조직법, 비교우위 조직법, 동기 유발 조직법 등을 적절하게 사용할 수 있다. 이러한 방법 외에도 청중의 이해를 돕기 위해서 좀 더 다양한 기법이 사용될 경우가 있는데, 이러한 정보제공 기법은 정보의 유형과 밀접한 관련이 있다. 따라서 다음에서는 정보의 유형에 대해서 각각 살펴보면서 관련된 조직법과 정보제공 기법에 대해서 함께 설명하기로 한다.

1) 대상

여기에서 대상이란 사람, 사물, 장소와 같이 구체적으로 눈에 보이면서 물리적 형태가 있는 객체를 말한다. 대상을 주제로 정해서 정보를 제공할 때에는 무엇보다도 그 주제의 범위를 한정할 필요가 있다. 이것은 일반적 스피치의 경우 시간이 제한되어 있는 것과 관련이 있다. 예를 들어 이순신 장군, 성균관, 스마트폰과 같이 주제를 지나치게 포괄적으로 다루기보다는 각각의 주제와 관련된 특정한 측면에 집중해서 정보를 제공하는 것이 주어진 시간 안에 청중에게 좀 더 구체적이고 유용한 정보를 줄 수 있다.

정보제공 스피치에서는 현존하는 인물 또는 집단은 물론 역사적인 인물과 집단에 대해서도 정보를 제공할 수 있다. 해당 인물 및 집단에 대한 깊이 있고 정확한 정보제공을 위해서는 사전에 관련 서적이나 연구물, 언론기사 등을 충분히 조사해야 한다. 조직법과 관련해서 인물 및 집단의 일대기를 다룰 경우에는 시간적 배열 방식을, 인물의 업적이나 특징을 다룰 경우에는 소재별 배열 방식을 사용한다. 그러나 인물이나 집단이 지역 같은 공간과도 관련이 있으면 공간적 배열도 가능하다. 또한 인물 및 집단의 특징을 부각시킬 경우에는 소재별 조직법도 활용할 수 있다. 예를 들어 이순신 장군의 일대기, 업적, 리더십 특징에 대해 다룬다면 다음과 같이 조직할 수 있다.

1. 이순신 장군의 일대기(시간적 조직법)

   1) 소년 시절 이순신

   2) 청년 장수 시절 이순신

   3) 전라좌수사 시절 이순신

   4) 삼도수군통제사 시절 이순신

2. 이순신 장군의 업적(공간적 조직법)

   1) 옥포해전

   2) 한산대첩

   3) 노량해전

3. 이순신 장군의 리더십(소재별 조직법)

   1) 탁월한 통찰력

   2) 유비무환의 자세

   3) 문무의 겸비

   4) 경청하는 태도

공간적 장소에 대해서 정보를 제공하는 경우라면 정보제공 기법으로 청중이 그 장소를 생생하게 떠올릴 수 있도록 묘사에 신경을 쓰면서 공간적 조직법이나 소재별 조직법을 주로 사용할 수 있다. 예를 들어 조선시대 성균관의 역할과 부속 건물에 대해 행하는 정보제공 스피치라면 다음과 같이 조직할 수 있다.

1. 성균관의 기능(소재별 조직법)

   1) 학문의 전당

   2) 관리 양성소

   3) 유교 성현에 대한 제례 장소

2. 성균관의 부속 건물(공간적 조직법)

   1) 대성전

   2) 명륜당

   3) 비천당

   4) 동재/서재

스마트폰, 컴퓨터, 이동식 저장매체, 자유의 여신상, 에펠탑, 북두칠성, 기타, 바이올린, 과일, 꽃 등은 모두 사물에 속한다. 이러한 사물의 기능이나 구성 요소를 주제로 말할 때는 공간적 또는 소재별 조직법을, 작동 방법에 대해서 말할 때에는 시간적 조직법을 사용할 수 있다. 또한 사물의 특징에 대해서 설명할 때에는 그 특징이 청중의 머릿속에 시각적으로 잘 떠오르도록 묘사를 하고 과정이나 절차에 대해서 알려 주고자 할 때에는 청중이 그것을 잘 이해하고 기억하도록 시연을 해 보일 수도 있다. 예를 들어 안드로이드 스마트폰의 특징과 네비게이션 어플리케이션에 대해서 정보를 제공할 때 다음과 같이 내용을 구성할 수 있다.

1. 운영체계별 스마트폰의 종류(소재별 조직)

   1) 구글의 안드로이드폰

   2) 애플의 아이폰

   3) MS의 윈도우폰

2. 안드로이드폰의 장점(소재별 조직)

   1) 뛰어난 프로그램과의 호환성

   2) 폭넓은 스마트폰의 선택폭

   3) 다양한 구글의 콘텐츠 이용

3. 네비게이션 작동법(시간적 조직)

   1) GPS 실행

   2) 어플리케이션 실행

   3) 목적지 설정

2) 과정

과정은 어떤 결과에 도달하기 위한 일련의 연속된 경로를 의미한다. 제품 사용 설명서는 과정에 대한 정보를 제공하는 대표적인 사례이다. 과정에 대해서 말을 할 때에는 어떤 결과에 도달하기 위한 점진적 변화나 단계적인 절차에 주안점을 두면서 '무엇'이 아니라 '어떻게'에 대한 사항을 강조해야 한다. 즉 과정을 주제로 한 정보제공 스피치에서는 '그 물건을 어떻게 만드나?', '그 물건을 어떻게 사용하나?', '그 일을 어떻게 처리하나?', '그것을 어떻게 작동시키는가?'와 같이 일의 단계 또는 절차적 방법을 중심으로 조직하는 것이 좋다.

정보제공 스피치에서는 연사가 과정에 대한 정보를 제공하는 목적을 청중이 단순히 이해하도록 하는 데 둘 수도 있고 청중이 직접 따라하도록 하는 데 둘 수도 있다. 특히 청중이 직접 따라하도록 하기 위한 목적이라면 필요에 따라서는 그 과정을 직접 청중에게 시범을 보이는 것이 좋다. 또한 복잡한 과정에 대해서 설명할 때에는 시각자료를 적절하게 활용함으로써 청중의 이해력과 기억력을 높이는 데 신경을 쓰는 것도 필요하다.

지진의 발생 과정, 자기소개서 작성법, 전통혼례 절차, 요가 방법, 화장법, 스키 타는 법, 빈대떡 만드는 방법, 전자발찌의 작동 원리, 태블릿PC 사용법 등을 주제로 정보제공을 할 때에는 주요 내용을 절차와 단계를 중심으로 조직하는 것이 좋다. 그리고 이 경우 일어난 과정의 발생 순서에 따라서 진행 상황을 보여 주기 위해서 시간적 조직법을 사용하는 것이 효과적이다. 예를 들어 영화를 제작하는 과정을 다음과 같이 조직할 수 있다.

1. 프리 프로덕션: 영화 촬영 직전까지의 단계(시간적 조직)

  1) 시나리오 완성

  2) 장소 섭외

  3) 배우 캐스팅

2. 프로덕션: 영화 촬영 단계(소재별 조직+시간적 조직)

  1) 연출부

  2) 촬영부

  3) 조명부

3. 포스트 프로덕션: 영화 촬영이 끝난 후의 단계(시간적 조직)

  1) 편집

  2) 배급사 결정과 홍보

  3) 판매

3) 사건

우리는 매일 개인, 대학, 지역 등의 다양한 영역 및 시·공간에 걸쳐서 일어나는 많은 사건들을 접한다. 이것은 그만큼 우리에게 중요한 정보가 많다는 것을 의미한다. 정보제공 스피치에서는 발렌타인데이, 성인식, 취업면접, 대학축제, 카드사의 개인정보유출 사건, 화천 산천어 축제, 동학농민운동, 부산국제영화제, 아카데미 시상식, 일본 후쿠시마 원전사고, 우크라이나의 크림반도 사태 등과 같이 오래전에 일어난 사건부터 최근에 일어난 사건에 이르기까지 주제를 다양하게 선택할 수 있다.

　사건의 기원과 역사, 경위에 대해서 알리고자 하는 목적이라면 시간적 조직법을 사용하고, 사건의 의미와 특징, 영향, 시사점에 초점을 맞추고 싶다면 소재별 조직법을 사용하는 것이 좋다. 예를 들어 후쿠시마 원전사고의 경위와 위험성을 주제로 정보를 제공할 때 경위에 대해서는 일어난 시간 순서에 따라 배열하고, 위험성은 몇 가지 주요 방사능 물질을 중심으로 이들이 인체에 미치는 영향을 소재별로 배열해서 설명할 수 있다. 이때 청중에게 사실에 기반해서 상황을 생생하게 전달하려면 적절한 묘사가 이루어져야 한다. 또한 후쿠시마 원전사고의 사건 경위에 대한 정보제공을 위해 '멜트다운'과 같은 전문용어 활용이 필요하다면 청중의 언어로 쉽게 풀어서 정의해 주고 어려운 과학적 원리는 시각자료를 이용해서 청중의 이해를 돕는 것이 좋다.

　　1. 원자력 사건 경위(시간적 조직법)

　　　1) 지진과 쓰나미로 발전소의 비상전력 공급 장치의 작동 불능

　　　2) 원자로의 냉각시스템 작동 중지

　　　3) 고온으로 인해 냉각수가 분해되면서 수소 발생

　　　4) 수소 폭발로 원자로 파괴

　　　5) 멜트다운으로 방사능 누출

　　2. 방사능 물질이 인체에 미치는 영향(소재별 조직법)

　　　1) 세슘

2) 스트론튬

3) 트리튬

4) 개념

개념은 추상적이기 때문에 청중에게 그 의미를 설명하는 것은 쉬운 일이 아니다. 개념에 대해서 정보를 제공할 때에는 무엇보다도 정의를 하는 방법이 가장 많이 사용된다.

예를 들어 '마녀 사냥'이란 개념을 설명할 때 '중세 때 유럽, 북아메리카, 북아프리카에서 마녀나 마법 행위에 대한 추궁과 재판에서부터 형벌에 이르는 행위를 말하며(어원론적 정의)', '현대에서는 집단이 개인을 상대로 근거 없이 무차별 공격을 하는 일종의 인격 살인에 해당되고(일반적 의미를 통한 정의)', '몇 년 전 야구 스타와 스캔들에 휘말린 후 자살한 아나운서, 학력위조 논란에 시달렸던 가수 타블로, 위암 투병 후 숨진 가수 임윤택, 채선당 폭행 사건 등은 여론몰이에 이용된 마녀 사냥(예시를 통한 정의)'이라고 정의를 내릴 수 있다. 개념 정의 방법에는 사전이나 연구자와 같은 권위에 의존한 정의, 비교 또는 대조를 통한 정의, 부정을 통한 정의 등 다양한 방법이 있다(백미숙, 2014b). 이 중에 어떤 방법을 사용할지는 청중의 이해도와 주제와 상황의 적절성 등을 고려해서 정하면 된다. 개념에 대한 정보제공 스피치는 무엇보다도 청중이 그 의미를 쉽게 이해하면서 지루하지 않게 하는 것이 핵심이다.

앞에서는 비교적 간단하게 개념을 정의하는 방법을 다루었는데 경우에 따라서는 몇 개의 항목으로 나눠서 좀 더 길게 개념을 정의할 수도 있다. 예를 들어 사랑, 정의, 자유, 자기효능감, 낭만주의 음악 등을 정의할 때 이것들을 나타내는 특징을 몇 개의 소재로 나누는 방식을 통해 개념을 정의할 수 있는데, 이런 경우 그 자체만으로도 하나의 독립된 스피치가 되기도 한다. 일례로 재즈는 일반적으로 블루노트, 싱코페이션, 스윙, 임프로비제이션을 특징으로 하는 연주 스타일이라고 정의되는데, 소재별 조직법을 사용해서 이 4가지 특징을 4개의 주요 아이디어로 배열하면서 각각에 대해서 정의를 내릴 수 있다.

1. 재즈의 용어 정의(소재별 조직법)

   1) 야비하고 외설스러운 뜻을 지닌 영국의 고어 jazz에서 비롯됐다는 설

   2) 미국 남부의 흑인들 사이에 성행위를 표현하는 속어 jazz에서 비롯됐다는 설

   3) 드럼 연주자 찰스 Charles의 이름이 chas → Jass → Jazz로 변형되었다는 설

2. 연주 스타일 측면에서의 재즈의 개념 정의(소재별 조직법)

   1) 블루노트

   2) 싱코페이션

   3) 스윙

   4) 임프로비제이션

5) 쟁점

쟁점이란 다툼과 논란의 여지가 있는 내용을 가리킨다. 우리 사회의 안팎에서는 다양한 쟁점들이 지속적으로 발생하고 있다. 하지만 인간의 생활 반경이 확대되고 사회 변화가 빠르게 진행되면서 사회적 이슈와 쟁점에 대해서 정확한 정보를 제공받는 데 어려움이 증가하고 있다. 쟁점에 대해서 정보를 제공하는 것은 청중에게 알 권리를 충족시켜 주는 것을 넘어서서 의사결정과 정책 결정의 토대를 제공한다는 측면에서도 매우 중요한 의미를 지닌다. 주요 이슈와 쟁점을 다룰 때에는 얼마나 정확하게 사실을 규명하고, 얼마나 공정한 관점에서 다루는지가 중요하다. 따라서 연사는 무엇보다도 쟁점과 관련해서 청중들이 정확한 사실을 알 수 있게 하는 데 신경을 써야 한다.

쟁점에 대해 정보제공을 할 때에는 주로 인과 조직법, 문제 해결 조직법, 소재별 조직법 등이 사용된다. 특히 쟁점에 대한 견해가 찬성과 반대의 입장으로 명확히 나뉘고, 쟁점의

성격이 특정한 목적을 달성하기 위한 수단이 아니라 목적 그 자체와 관련된 경우에는 찬반 조직법을 통해서 찬성과 반대의 입장 차이를 명백하게 보여 주는 것이 좋다. 이에 비해 목적을 달성하기 위한 수단이나 방법이 쟁점일 경우에는 소재별 조직법이 적절하다. 청소년들의 인터넷 또는 스마트폰 중독 예방을 위한 정부의 대책이라는 쟁점에 대해서 정보제공 스피치를 할 경우 스피치 내용은 다음과 같이 조직할 수 있다.

1. 중독 예방을 위한 대책들과 관련된 쟁점(소재별 조직)

   1) 중독 예방 교육

   2) 전문 상담 및 치료

   3) 셧다운제

2. 셧다운제와 관련된 찬성과 반대의 쟁점(찬반 조직법)

   1) 셧다운제를 찬성하는 입장

      (1) 정부가 자제력이 부족한 청소년들을 보호할 의무가 있음

      (2) 게임 사이트에 접근이 용이한 우리나라 IT환경의 특수성

      (3) 청소년들의 수면권을 보장하기 위한 조치

   2) 셧다운제에 반대하는 입장

      (1) 청소년의 행복추구권을 침해함

      (2) 부모의 주민번호 도용으로 실효성이 없음

      (3) 게임산업 발전을 저해함

5. 정보제공 기법

정보를 청중에게 잘 제공하려면 잘 설명할 필요가 있다. 설명은 한 마디로 '이것은 무엇인가' 혹은 '이것은 어떤 것인가?' 하는 물음에 대하여 대답할 때 사용되는 기술 방식이다. 따라서 대상을 얼마나 잘 설명할 수 있는가를 기준으로 대상에 가장 적절한 설명 기법 또는 과정을 찾는 것이 중요하다.

설명을 위해서는 정의, 비교와 대조, 묘사, 비유, 시연 등과 같이 다양한 기법을 이용할 수 있다. 설명에 활용되는 기법이나 과정은 설명하고자 하는 대상 및 내용에 따라 달라져야 한다.

1) 정의

정의는 특히 어렵고 낯선 개념일 경우 그것이 무엇을 의미하는지를 설명할 때 주로 사용된다. 추상적인 개념으로 정의하기보다는 명확하고 구체적인 언어를 사용해서 정의하는 것이 더 효과적이다. 정의 중에는 우선 그 의미가 구체적이고 명쾌해서 더 이상 부연 설명이 필요 없는 경우가 있다.

> UN에서 정한 기준에 따르면 고령이란 65세 이상을 말하는 것으로 65세 이상 인구가 총인구에서 차지하는 비율이 7% 이상이면 고령화 사회, 14% 이상이면 고령사회, 20% 이상이면 초고령사회라고 합니다.

이에 비해 다른 개념을 사용해서 어떤 개념을 정의함으로써 그 의미가 막연하고 추상적인 정의도 있다. 예를 들어 요즘 언론에서 자주 접하게 되는 경제민주화란 용어가 있는데, 이 용어에 대해 헌법에서는 다음과 같이 추상적으로 정의하고 있다.

헌법 제119조 2항 "국가는 균형 있는 국민경제의 성장 및 안정과 적정한 소득의 분배를 유지하고, 시장의 지배와 경제력의 남용을 방지하며, 경제주체간의 조화를 통한 경제의 민주화를 위하여 경제에 관한 규제와 조정을 할 수 있다."

이 경우 헌법에 명시된 경제민주화라는 개념은 다분히 추상적이어서 청중이 그 의미를 이해하기 힘들다. 청중의 이해를 돕기 위해서는 추상적인 개념을 다시 관찰이나 측정이 가능한 실체로 풀어서 부연 설명해 줄 필요가 있다. 예를 들어 경제민주화라는 개념이 논의되는 시점의 사회적 배경이나 시대적 상황과 결부지어서 "경제민주화라는 것은 재벌과 국민경제가 함께 잘사는 체제를 만들어 가자는 의미로, 사실 일반 국민들 입장에서는 이제까지 재벌이 국가의 지원을 바탕으로 성장해 왔고 지금도 여러 가지 지원을 받고 있기 때문에 우리 모두가 잘 사는 것에 대한 책임도 져야 한다고 생각합니다. 따라서 경제민주화의 핵심은 재벌 개혁이라고 보고 있습니다."와 같이 말해서 그 의미를 좀 더 명확하게 해 줄 필요가 있는 것이다(백미숙, 2014b).

구체적인 예를 드는 것 역시 정의의 또 다른 방법이다. 예를 들어 경제민주화의 개념을 설명하기 위해서 다음과 같은 구체적인 예시를 들 수 있다.

경제민주화 실천 방안에는 재벌총수 사면 금지, 일감 몰아주기 금지, 순환출자 제한, 금산분리 강화 등이 있습니다.

또한 과학적 용어나 개념을 정의할 때에도 사전적인 정의에서 벗어나서 청중이 쉽게 이해할 수 있도록 정의해야 한다. 따라서 생소하고 어려운 용어를 비전문가인 청중에게 이해시키기 위해서는 많은 수고와 노력이 뒤따르기도 한다.

멜트다운이란 원자로의 중심부이면서 원자로의 핵연료인 연료봉 다발을 가리키는 노심에 있는 핵연료가 과열이나 이상으로 인해서 내부의 열이 급격히 상승하면서 연료봉 다발 또는 노심 구조물이 용해되고 파손되는 현상을 말합니다. 우리말로 노심 용해라고 부릅니다.

2) 비교와 대조

둘 이상의 대상을 견주어서 공통점이나 비슷한 점을 중심으로 비교하거나 또는 차이점을 중심으로 대조하는 방법으로 정보를 설명할 수도 있다. 예를 들어 후쿠시마 원자력발전소의 방사능 물질 유출 사고 이후 '방사선'이나 '방사능'이란 단어를 자주 듣는데, 비교와 대조의 방식을 사용해서 그 의미를 다음과 같이 설명할 수 있다.

방사선이란 원자핵이 붕괴될 때 방출하는 알파선, 베타선, 감마선과 같은 일종의 에너지 선을 말하고 방사능은 원자핵이 단위시간당 붕괴되는 수를 의미하는 것으로 보통 방사선을 방출할 수 있는 능력이나 세기로 이해할 수 있습니다. 이것을 전구와 비유해서 설명하면 전구에서 나오는 빛(광선)은 '방사선'에, 전구의 용량 및 세기는 '방사능'에 해당됩니다. 전구의 용량을 보통 와트(W)로 나타내는 것처럼, 방사능은 베크렐이라는 단위로 표시합니다. 이에 비해 사람이 방사선을 쬐였을 경우의 영향 정도를 나타내는 측정 단위는 시버트라고 합니다.

또한 아래와 같이 유산소운동과 무산소운동을 비교와 대조를 통해서 그 차이를 설명한다면 의미를 이해하는 데 큰 도움이 될 것이다.

운동은 산소의 흡입량을 기준으로 크게 유산소운동과 무산소운동으로 나누어집니다. 유산소운동이란 산소의 흡입이 많이 이루어지는 운동인 데 비해 무산소운동이란 순간적으로 최대한의 힘을 발휘하는 근력 운동이기 때문에 상대적으로 산소 흡입이 덜 이루어집니다. 또한 유산소운동은 실질적으로 체지방을 연소시켜 살을 빠지게 하며, 탄수화물과 지방을 주요 에너지원으로 사용하는 데 비해, 무산소운동은 탄수화물과 단백질이 주요 에너지원이므로 체지방을 제거하지는 않으나 근육량을 늘립니다.

3) 묘사

묘사는 구체적인 대상에 대한 연사의 주관적인 느낌이나 인상을 그림을 그리듯이 설명하는 방식이다. 대상에서 받은 느낌이나 인상을 충실하게 표현해야 하기 때문에 묘사는 구체성과 감각성을 특징으로 한다. 묘사는 연사가 어떤 대상으로부터 받은 인상을 청중도 동일하게 받게 하거나 똑같이 상상 체험하게 할 목적으로 사용된다. 공장식 사육을 거쳐 생산된 고기를 멀리하자는 주제의 스피치에서 가축 사육의 실상을 알리기 위해 다음과 같이 묘사한다면 그 실상이 감각적으로 구체화되어 청중에게 전해질 수 있을 것이다(백미숙, 2014a).

돼지들은 몸을 돌리지도 못하는 좁디좁은 우리에 갇혀 생활하고 있었습니다. 돼지가 코로 땅을 파는 습성이 있지만 바닥은 콘크리트로 되어 있어 땅을 파는 일은 원천적으로 불가능합니다. 열악한 환경에서 스트레스를 받게 되면 돼지는 공격적인 이상 행동을 보이는데, 이에 대비해서 태어나자마자 진통제도 없이 꼬리와 생니가 잘려 나갑니다. 항생제가 범벅이 된 유전자조작 사료를 먹고 이것도 모자라 살을 더 빨리 찌우기 위해 주기적으로 호르몬 주사까지 맞으면서 비정상적으로 빠르게 커 갑니다. 일부 돼지들은 자기 무게를 견디지 못해 뼈가 골절되기도 합니다. 수컷은 고기 품질을 이유로 거세를 당하며, 어미돼지는 평생을 60센티 폭의 철창에서 임신 기계로 살아갑니다.

4) 비유

비유란 두 가지 대상간에 존재하는 유사성이나 공통점에 기초해서 시각적으로 청중의 이해를 돕고 공감의 폭을 넓히기 위한 설명 방법이다. 적절한 비유는 말하고자 하는 의미를 명쾌하면서도 효과적으로 전달한다는 점에서 청중들에게 통쾌함과 짜릿함을 안겨 준다. 명연사는 전달하고자 하는 메시지를 구체적이고도 생생하게 표현하기 위해서 사물을 다른 것에 빗대어 표현하는 방법을 잘 알고 있는 사람들이다.

예를 들어 조슈아 월터스는 TED에서 정신질환의 일종인 조울증이 창조적 기질로 발전할 수 있다는 주제로 프레젠테이션을 하면서 조울증을 '일종의 통제 불능 엔진처럼 브레이크가 없는 페라리 엔진'으로 비유함으로써 청중의 이해를 도왔다. 또한 모 방송의 토론 프로그램에서 한 패널은 현 정부를 고양이에, 좌파를 쥐에 비유했고, 총리실의 민간인 사찰에 관한 토론에서 한 패널은 민간인 사찰이 권력형 비리로 이어질 수 있다고 주장하면서 이것을 봄과 제비의 관계로 비유하여 설명하였다(백미숙, 2014b).

> 고양이는 쥐를 잘 모릅니다. 쥐가 막다른 골목에 몰려서 얼마나 무서운지를… 고양이는 발톱으로 이렇게 이렇게 긁으면서 '별것도 아닌데 왜 그래?'라고 합니다. (상대편 패널을 가리키며) 지금 고양이 편에 계시기 때문에, 등 따습고 배부르기 때문에 (쥐의 상황을) 모르는 것입니다.

> 봄과 제비의 관계입니다. 제비가 한 마리 왔다고 봄은 아닙니다. 그러나 제비가 오면 반드시 봄은 옵니다. 저는 지금 우리가 토론하고 있는 이른바 이 민간인 사찰 문제는 그 뒤에 엄청난 다른 후유증과 후폭풍을 예고하는 것이다. 결코 작은 것이 아니라는 말씀을 드립니다.

5) 시연

설명 기법 중 시연은 어떤 생각이나 아이디어를 실연해 보이면서 그 내용을 설명하는 기법이다. 동작을 실연해 보이는 것만이 아니라 소품, 그림, 파워포인트 등과 같은 시각자료를 활용하는 것도 모두 시연에 속한다. 백문이불여일견이라는 말과 같이 백 번 듣는 것보다 한 번 보는 것이 청중의 이해력에 도움을 주고 흥미를 강하게 유발한다는 점에서 매우 효과적이다. 스티브 잡스는 아이팟이 작다는 것을 설명하기 위해서 실제로 자신이 입고 있는 청바지 호주머니에서, 맥북이 얇다는 것을 설명하기 위해서 준비해 온 서류 봉투에서 꺼내 보임으로써 청중에게 강한 인상을 심어 주었다. 이처럼 스티브 잡스는 시연을 통해서 청중에게 말하고자 하는 대상과 메시지를 실감나게 전달하는 것으로도 유명했다(백미숙, 2013).

6. 시각자료 활용법

여러 연구들에 따르면 어떤 방식으로 정보를 수용하느냐에 따라 청중이 기억하는 비율이 달라지는데 읽은 것 중에서는 10%를, 들은 것 중에서는 20%를, 본 것 중에서는 30%를 기억하는 것으로 나타났다. 이것은 시각자료의 중요성을 잘 보여 주는 것으로, 특히 시각적 매체에 많이 노출되는 요즈음 시각자료의 활용은 중요한 의미를 갖는다.

1) 시각자료의 종류

시각자료를 활용할 때에는 맨 뒤에 앉은 청중도 볼 수 있을 만큼 가능한 충분한 크기로 준비를 하고, 청중의 주의가 분산되지 않도록 필요할 때에만 꺼내 보여 준 후 눈에 보이지 않도록 치우고, 가능하면 단순하게 만들어서 청중이 내용을 한눈에 쉽게 이해하도록 해야 한다.

시각자료에는 실물, 모형, 그림, 사진, 그래프, 차트, 비디오, 파워포인트와 같은 발표 소프트웨어 들이 있다. 대표적인 발표 소프트웨어로 파워포인트, 키노트, 프레지가 있지만 이 중에서 파워포인트가 최초로 상용화되었고 일반적으로 사용되기 때문에 이 장에서는 파워포인트라는 용어를 발표 소프트웨어의 대명사로 사용하기로 한다.

(1) 실물과 모형

스피치의 주제나 소재가 되는 실물이나 모형을 보여 주면 청중에게 그 의미를 명확하게 이해시키는 데 도움이 될 뿐만 아니라 관심과 흥미도 불러일으킬 수 있다는 장점이 있다. 특히 청중이 잘 모르고 있거나 말로만 설명해서는 청중이 이해하기 어려운 내용일 때 직접 실물이나 모형을 보여 주면서 설명한다면 청중은 스피치에 훨씬 더 잘 집중할 것이다.

(2) 사진과 그림

인물, 장소, 경치, 현상, 사고와 범행 현장, 행사 장면 등 실물이나 모형으로 보여 줄 수 없는 경우에는 사진을 준비해서 청중의 이해를 도울 수 있다. 예를 들어 흡연으로 인해 손상된 혐오스러운 장기 사진을 보여 준다면 흡연자들에게 한층 높은 경각심을 심어 줄 수 있다. 사진이나 그림을 시각자료로 사용하기로 했다면 모든 청중이 다 볼 수 있는 크기로 확대해서 보여 줄 수도 있고 파워포인트를 통해서 보여 줄 수도 있다.

(3) 그래프

그래프는 통계자료를 좀 더 쉽게 알아볼 수 있도록 시각화시켜서 보여 주는 방법으로, 표로는 알기 어려운 크고 작은 변화를 한눈에 볼 수 있게 해 준다는 장점이 있다. 그래프에는 선 그래프, 막대 그래프, 원 그래프가 있다.

① 선 그래프

선 그래프는 합계 출산율, 연도별 사망률이나 분기별 자동차 매출액 등과 같이 시간의 흐름에 따른 사태의 추이를 보여 주는 데 매우 효과적이다.

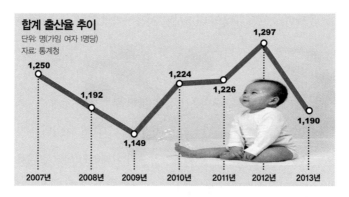

선 그래프의 예 (출처: 통계청)

② 막대 그래프

막대 그래프는 수량의 많고 적음을 한눈에 비교할 때뿐 아니라 국가별 휴일 수 비교, 도회지와 농촌 근로자의 소득 비교 등과 같이 두 개 이상의 대상을 비교할 때에도 아주 효과적이다.

고용률 및 취업자 수 증감 추이

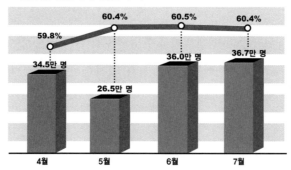

막대 그래프의 예 (출처: 통계청)

③ 원 그래프

원 그래프는 성별 또는 연령별 주요 일간지 구독률, 생활비 지출 내역과 같이 전체에서 각 항목이 차지하는 비율을 나타내므로 분포도를 한눈에 보여 줄 때에 적당하다.

기혼여성 취업중단 사유(단위: %)

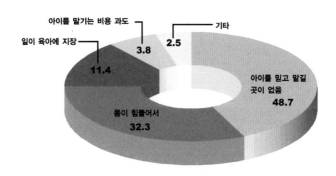

원 그래프의 예 (출처: 기획재정부)

(4) 차트

차트는 특히 많은 정보를 일목요연하게 요약해서 보여 줄 때에 유용하다. 차트에는 크게 조직도, 플로차트, 표가 있다.

① 조직도

조직도는 조직의 구조와 권한 관계 등을 한눈에 볼 수 있도록 도형화한 것을 말한다. 조직도를 활용하면 청중이 그 조직의 특성을 쉽게 알아볼 수 있을 뿐 아니라, 각 부분 조직 단위의 위치와 구조 그리고 각 직위가 조직 안에서 차지하고 있는 위치와 직능을 개괄적으로 파악하는 데 도움이 된다.

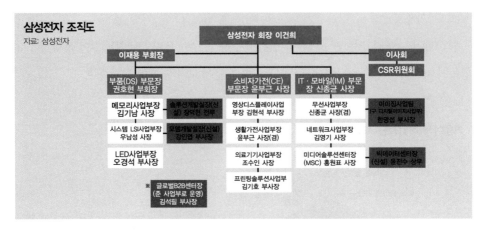

조직도의 예 (출처: 머니투데이)

② 플로차트

플로차트는 과정의 단계 또는 문제 해결에 필요한 절차나 처리 순서를 한눈에 볼 수 있게 해 주는 도식화한 도표를 말한다.

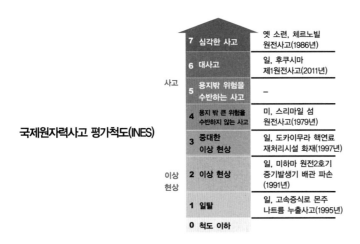

플로차트의 예 1 (출처: 동아일보)

최근에 노래 'Hey Jude'의 가사를 빨리 외우는 방법을 플로차트를 통해서 소개한 것이 화제가 된 적이 있다.

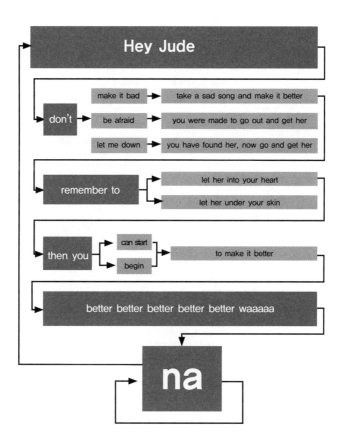

플로차트의 예 2 (출처: 스포츠서울)

③ 표

전후 관계나 상하 관계는 없지만 상호 관련된 사항들을 비교하거나 분류해서 청중에게 보이고자 할 때는 내용을 표로 정리해서 보여 주는 것이 좋다. 표는 일반적으로 행과 열을 맞추기 때문에 청중이 내용을 일목요연하게 이해하는 데 도움이 된다(백미숙, 2006a).

4월 임시국회 여야 주요 법안

새누리당 / 새정치민주연합

새누리당	법안	새정치민주연합
• 기초연금법 등 '복지3법'과 원자력방호방재법, 한미 방위비분담협정 비준동의안, 북한인권법, 단말기유통법, 개인정보보호법	각당 주력처리 법안	• 기초생활보장법, 긴급복지지원법, 사회보장수급권자 발굴 지원법, 기초선거 정당공천 폐지 문제를 비롯해 서울시 간첩사건 증거조작의혹, 방송법 개정안
• 국민연금 가입기간과 연계해 수혜 대상을 65세 이상 노인 중 소득 하위 70%에서 75%까지 확대안 제시	기초연금법	• 국민연금과 기초연금 연계안에 반대 입장 고수
• 조속한 시일 내 처리 주장	방위비분담금	• 재협상 주장
• 원자력방호방재법 처리 무게	원자력방호방재법	• 방송법과 연계 주장

표의 예 (출처: 이투데이)

(5) 비디오

말로만 설명해서는 현장의 감동과 분위기 또는 끔찍함을 생생하게 전달하는 데 한계가 있는 주제가 있을 수 있다. 예를 들어 동물들의 모성애나 생존경쟁 또는 자동차 추돌 시 인체에 미치는 충격에 대해 알리고 느끼게 하기 위해서는 해당 장면을 비디오로 보여 주는 것이 효과적이다. 단, 비디오를 시각자료로 활용할 경우에는 미리 스피치의 내용과 목적에 적합한 부분만 편집해 놓고, 발표에 지장이 없도록 버튼만 누르면 바로 재생될 수 있도록 사전에 철저하게 준비를 해 놓아야 한다(백미숙, 2006a).

(6) 연사의 몸

연사는 자신의 몸을 이용해서 청중의 이해를 도울 수 있다는 점에서 연사 자신도 훌륭한 시각자료에 속한다. 말의 내용에 맞게, 예를 들어 '첫째', '둘째', '셋째' 등과 같은 내용 이정표를 사용할 때 손가락을 펴 보이고, 또한 방향을 지시하거나 정도를 표현하는 제스처를 사용하고, 내용에 맞게 표정을 지어 보여서 청중이 내용에 몰입할 수 있도록 자신의 신체를 사용할 수 있다. 또한 앞에서 스티브 잡스의 예를 들어 정보전달의 기법 중에서 시연에 대해 설명한 바 있는데, 연사가 직접 자신의 몸을 이용하여 어떤 과정이나 동작을 선보인다면 청중은 스피치에 더욱더 집중할 것이다.

2) 파워포인트

최근에는 효과적으로 시각자료를 만들고 발표할 수 있을 뿐만 아니라 시각적 효과를 극대화할 수 있다는 장점 때문에 파워포인트를 시각자료로 사용하는 경우가 많다. 파워포인트는 슬라이드에 텍스트 이외의 그래프, 차트, 그림, 동영상 등 다양한 멀티미디어 자료를 모두 다룸으로써 청중에게 시각적 자극을 준다는 장점이 있는 반면, 자칫 잘못 사용하면 발표 분위기를 산만하게 만들 수 있다는 단점이 있다. 시각자료는 청중이 연사가 말하는 메시지를 잘 이해하고 기억하게 할 목적으로 사용하는 만큼 연사는 청중의 입장에서 슬라이드를 작성하고 이를 활용해서 발표하는 법에 대해서 잘 알고 있어야 한다(백미숙, 2013).

(1) 슬라이드 작성법

슬라이드는 무엇보다도 청중의 이해력을 높이고 기억력을 증진시키는 데 초점을 맞춰서 작성해야 한다. 이를 위해서는 텍스트와 여백의 조화, 내용과 이미지의 조화, 글자체 및 색의 조화에 주의를 기울일 필요가 있다. 또한 슬라이드를 작성할 때에는 강한 인상을 주는 언어 표현을 사용함으로써 적절한 시각적 자극을 줄 필요도 있다. 슬라이드 작성 시에는 특히 다음의 세 가지 점에 주의할 필요가 있다.

① 여백의 미를 살린다

슬라이드 작성 시 흔하게 하는 실수 중 하나가 슬라이드의 공간을 빼곡하게 채우는 것이다. 말을 할 때 쉼 없이 말이 이어지면 청중은 강조점이 드러나지 않아 내용을 이해하는 데 어려움을 겪을 뿐만 아니라 너무 많은 정보가 쏟아져 정보 처리에 부담을 느끼게 된다. 슬라이드 역시 너무 많은 단어와 이미지로 가득 차 있으면 청중에게 큰 부담이 되어 오히려 청중의 집중력을 흐트러트릴 수 있다. 말에 여백이 필요하듯이 슬라이드에도 여백이 필요하다. 말의 여백이 청중에게 청각적 여유를 준다면 슬라이드의 여백은 청중에게 시각적 여유를 준다(백미숙, 2013).

슬라이드를 작성할 때 6×6 원칙을 생각한다면 여백의 미를 살리는 데 도움이 될 것이다. 6×6 원칙이란 한 줄에 6단어가 넘지 않게 그리고 한 슬라이드에 6줄이 넘지 않도록 작성하는 것을 의미한다. 물론 때로는 불가피하게 그 이상 되는 경우가 발생할 수도 있겠지만 6×6 원칙을 떠올리면서 슬라이드를 최대한 단순하게 작성하려고 노력한다.

② 통일감을 주는 어구를 사용한다.

가능하면 완전한 문장 대신 절이나 키워드로 적되 간결하고 통일감을 주는 어구로 표현하면 청중은 슬라이드의 요점을 비교적 잘 기억할 것이다. 같은 항목에 있는 내용은 가능하면 같은 구조와 형식으로 표현하는 것이 청중의 눈에 잘 띄고 기억도 잘 된다. 예를 들어 사형제 폐지 주장을 뒷받침하는 대항목에 해당하는 세 가지 내용의 제목을 '기본권 침해', '범죄를 억제하지 못한다', '오판의 가능성이 있음'이라고 표현하는 것보다는 '기본권의 침해', '범죄 억제력의 한계', '오판의 가능성'이라고 표현한다면 청중의 이해를 더 잘 도울 수 있다(백미숙, 2013).

나아가 동일한 단어를 반복하는 표현을 활용하는 것도 효과적이다. 예를 들어 컴퓨터의 폐해를 '두뇌의 약화', '체력의 약화', '인간성의 약화'로 제목을 제시한다면 잘 기억할 수 있을 것이다. 동일한 단어를 활용하는 방법은 내용에 있어 긴밀감과 통일감을 주는 효과도 있다. 이처럼 동일한 단어 또는 동일한 형식을 반복하면 오래 기억되는 효과를 창출한다.

③ 심플하면서도 일관성 있는 디자인으로 구성한다

사진이나 이미지는 발표하는 내용과 어울리는 것을 사용하되 화려한 이미지보다는 심플한 이미지를 사용하는 것이 좋다. 또한 배경은 어둡게 하고 글씨는 밝은 색으로 하거나, 반대로 배경은 밝게 하고 글씨는 어두운 색으로 해서 명조 대비 효과를 창출하여 가독성을 높이는 것이 좋다. 그리고 레이아웃을 비롯해서 색상과 글자체 등은 일관성을 유지하는 것이 청중의 집중력을 높이는 데 도움이 된다.

특히 디자인에서 중요한 부분을 차지하는 글자체와 색상 역시 단순하다는 인상을 주는 것이 좋다. 글자체나 색상은 2~3가지 내에서 사용하되, 슬라이드 색상은 스피치 주제나 내용, 모임의 성격, 청중의 특성 등을 고려해서 결정하는 것이 좋다. 글자체는 가독성을 고려해서 명조 계열보다는 고딕 계열을 사용하고, 글자 크기는 본문 기준으로 볼 때 적어도 16포인트 이상의 폰트를 사용하는 것이 효과적이다.

(2) 슬라이드를 활용해서 발표할 때 주의사항

마치 시각자료만 잘 만들면 발표가 저절로 잘 될 거라고 착각하는 발표자도 있다. 그러나 발표는 시각자료가 아니라 발표자가 하는 것이다. 따라서 발표의 중심은 연사의 발표력이고 파워포인트는 발표를 보완해 주는 보조 자료 역할을 한다는 사실을 명심해야 한다.

① 청중을 쳐다보며 말한다

파워포인트는 무엇보다도 청중의 이해를 돕고 청중의 기억력을 높이는 데 도움을 주되 청중과의 소통에 방해가 되어서는 안 된다. 그럼에도 파워포인트를 활용하는 취지를 무색하게 만드는 경우를 많이 보게 된다. 가장 큰 문제점은 연사가 지나치게 슬라이드에 의존해서 발표하는 것이다. 슬라이드에 의존해서 발표하는 연사라면 아직 발표할 준비가 안 되어 있는 연사라고 말할 수 있다. 파워포인트를 활용할 경우 연사의 시선은 청중을 향해야 한다. 내용을 숙지하지 못해서 시선을 슬라이드로 향하는 시간이 길어질수록 청중들의 스피치에 대한 만족도는 감소하게 될 것이다.

② 연결 멘트를 자연스럽게 구사한다

이전 슬라이드에서 다음 슬라이드로 넘어갈 때 연결 멘트가 매끄러워야 발표가 자연스러워 보인다. 자연스러운 연결 멘트는 슬라이드의 내용이 매우 유기적으로 연결되어 있다는 인상을 준다. 예를 들면 슬라이드와 슬라이드를 연결할 때 방금 다룬 내용에 대해 짤막하게 요약을 해 주거나 또는 앞으로 다루게 될 내용에 대해 간단한 예고를 하거나, 앞의 내용과의 관련성에 대해서 말해 준다면 청중은 발표의 전체적인 흐름을 좀 더 잘 이해하면서 발표에 집중하게 될 것이다. 또한 차트나 그래프를 보면서 설명할 때에도 정확하게 어느 부분에 대한 설명인지를 청중에게 알려 주는 것이 매우 중요하다. 연사 자신이 잘 알고 있는 내용이라고 생각해서 해당되는 내용을 청중에게 말이나 동작으로 정확하게 제시해 주지 않으면 청중은 내용을 이해하는 데 어려움을 느낄 수 있다.

1. 설득의 중요성

설득은 우리의 삶과 밀접한 관련을 맺고 있다. 어디서 밥을 먹을지, 어떤 영화를 볼지, 여행지는 어디로 정해야 할지, 어느 동아리에 가입해야 할지, 어떤 교수님의 강의를 들어야 할지를 놓고 친구와 논의를 한다. 용돈은 어느 정도가 적당한지, 어떤 회사에 입사할지, 왜 컴퓨터를 새로 사야 하는지 등을 두고 부모님과 설전을 벌인다. 인사담당자들에게 자신이 기업에서 요구하는 인재상이라는 것을 주장하고 임원들에게 봉급의 인상과 복지의 증진을 요구한다. 또한 기업이 소비자로 하여금 제품이나 서비스를 구매하도록 광고를 하고, 정치인이 유권자들에게 지지를 호소하고, 프로젝트 수행을 위해 조직 구성원들의 동의와 협력을 구하고, 불법 다운로드 근절 캠페인을 벌이고, 정부가 국민에게 증세의 필요성을 설명하는 이 모든 과정이 설득의 과정이다.

설득이란 자신이 원하는 것을 얻기 위해서 상대방에게 영향을 끼치려는 커뮤니케이션 행위이다. 상대방에 영향을 끼친다는 것은 사람들의 신념, 감성, 행동과 같은 태도를 변화시키고자 하는 의도와 목적이 분명히 있음을 의미한다. 그렇다고 해서 그 방법이 불합리해서는 안 된다. 강압적인 수단을 사용하거나, 강권하거나, 애원하거나, 속임수를 쓰거나, 윽박지르는 것이 아니라 말로써 상대방의 마음을 움직여서 내가 원하는 것을 달성하는 것이 바로 설득이다. 이것은 상대방의 자발적인 변화로서 설득이 이루어져야 된다는 것을 의미한다. 폭력이나 권위 또는 힘을 사용할 경우 그것이 일시적으로는 통할지 몰라도 상대방의 마음을 오래 잡아 두지는 못한다. 설득은 이해와 동의를 거쳐서 청중 스스로 변화하겠다는 의지에서 비롯되어야 바람직한 결과로 이어진다.

2013년 5월 22일 대낮에 런던 남쪽의 울위치라는 지역에서 군인 한 명이 무참하게 살해당한 사건이 발생했다. 이슬람 근본주의자인 용의자가 계속해서 흥분한 상태로 구호를 외치며 추가 테러에 대한 의지를 드러내는 광경을 버스에서 목격한 잉그리드 케넷이라는 여성은 용의자에게 다가가 그를 진정시키면서 더 이상 다른 사람을 해치지 말라고 설득하기 시작했다. 그녀의 설득은 성공했고 이로 인해 추가 피해를 막을 수 있었다. 이 사건은 설득의 힘이 얼마나 큰지를 잘 보여 준다.

민주주의 사회에서 설득은 상대방 또는 대중을 변화시킬 수 있는 유일한 수단이다. 이것은 설득을 하는 데 있어 청중의 선택을 존중해야 함을 의미한다. 왜냐하면 선택의 자유는 민주주의에 있어 매우 중요한 가치이기 때문이다. 따라서 설득 스피치는 근본적으로 청중을 어떻게든 자기편으로 끌어들이는 데 목적이 있는 것이 아니라 적절한 근거와 올바른 추론을 근거로 자기주장의 합리성을 보여 주면서 청중이 스스로 선택할 수 있도록 도와주는 데 목적이 있다고 할 수 있다. 물론 설득 스피치를 하는 연사는 처음부터 청중이 자기주장을 받아들였으면 좋겠다는 의도와 목적을 분명히 갖고 있어야 하지만 이러한 연사의 설득 목표는 사실상 청중이 동의하고 확신할 때 비로소 이루어질 수 있다.

2. 설득 스피치의 기능

설득 스피치는 여러 가지 기능을 수행할 수 있다. 청중에게 새로운 태도나 믿음을 만들어 주기도 하고, 이를 변화시키거나, 약화시키거나 또는 강화하는 식으로 청중의 생각에 영향을 미칠 수도 있다. 또한 청중에게 특정 행동을 새롭게 시작하도록, 계속하도록 또는 그만두도록 촉구할 수도 있다. 생각에 영향을 끼치거나 행동을 촉구하는 기능을 수행하기도 하지만 때에 따라서는 두 가지 기능을 모두 필요로 하는 경우도 있다. 예를 들어 노약자들에게 독감백신을 접종받도록 촉구하기 위해서는 먼저 독감백신에 대한 믿음과 태도에 대해 변화를 이끌어 내야 한다.

1) 이해와 동의

설득 스피치의 첫 번째 기능은 특정 주제에 대한 연사의 생각과 견해 또는 제안을 청중이 납득하도록 만드는 데 있다. 연사의 생각과 견해 또는 제안이 청중이 이전에 전혀 알지 못했던 내용이라면 그것이 청중의 태도를 만들어 주는 역할을 할 것이다. 이에 비해 청중이 이미 알고 있는 내용일 경우 청중의 기존 태도와 믿음을 더욱 강화해 줄 수도 있고 청중이 혹시 잘못된 믿음을 가지고 있다고 생각하면 반박을 통해서 이를 약화시키거나 변화시켜 줄 수도 있다.

예를 들어 미국 일부 주에서 허용되는 일명 '마약 과자' 판매가 특히 어린이의 건강을 위협할 수 있다는 점, 최근 과잉진료로 인해서 갑상선암이 급증하고 있다는 점, 비타민C가 감기 예방과 치료에 좋다는 것이 잘못된 인식이라는 점, 자살이 개인의 문제가 아니라 사회적 병리 현상이라는 점 등을 청중에게 납득시키기 위한 목적으로 스피치를 한다면 이는 모두 설득 스피치에 속한다. 이들 스피치는 공통적으로 청중의 생각에 영향을 끼쳐서 청중이 궁극적으로 연사의 생각과 견해 또는 제안에 동의하게 만드는 것이다.

2) 행동 촉구

설득 스피치의 또 다른 목적은 연사의 견해에 동의하게 만드는 것에서 한 걸음 더 나아가 청중에게 그 믿음에 따라 행동하라고 촉구하는 것이다. 행동을 시작하도록 권할 수도 있고, 이미 하고 있는 행동의 경우 계속해서 그 행동을 하도록 격려할 수도 있고 더 이상 하지 말라고 호소할 수도 있다.

예를 들어 소치동계올림픽에서 있었던 김연아 선수에 대한 편파판정에 대해 국제올림픽위원회에 재심사를 요구하는 서명운동에 동참할 것을, 건강을 위해 하루에 권장하는 물 8잔 마시는 것을 꾸준히 실천해야 할 것을, 세계 결식아동을 후원하는 기부 팔찌를 구매해 줄 것을, 동성애자들을 너그럽게 대해 줄 것을, 간접흡연에 노출되지 않도록 주변 사람을 배려할 것을 설득하는 것은 모두 특정 행동을 청중에게 촉구하는 데 그 목적이 있다. 사안에 대해서 잘 모르는 청중에게는 우선 정확한 정보를 제공하고 이해와 동의를 구한 후에 연사가 제안하는 행동에 동참해 달라고 촉구해야 할 것이다.

3. 설득의 범위

설득 스피치는 처음부터 연사가 청중을 변화시키고자 하는 의도와 목적을 가지고 있고, 이를 위해 여러 가지 방법으로 청중이 자신의 생각과 주장을 받아들이게 하려고 노력한다는 점에서 청중의 이해를 돕는 정보제공 스피치와 차이가 있다. 정보제공 스피치가 특정 정보에 대해 청중에게 알려 주는 것이라면 설득 스피치는 특정 주장이나 행동을 옹호하는 것이다.

연사가 옹호하는 특정 주장이나 행동을 청중이 받아들이게 하기 위해서는 청중의 태도에 영향을 주어야 한다. 즉 설득을 통해 노리는 상대방의 변화는 바로 상대방의 태도일 것이다. 태도에 대한 정의는 학자에 따라 다양하지만 인지적, 감정적, 행동적 요인으로 구성된다는 것이 대체로 공통된 견해이다. 예를 들어 사람들은 스마트폰을 구매할 때 제품의 사양을 따져보면서 자신이 원하는 기능이 있는지를 생각하고(인지적 속성), 제품의 디자인이나 이미지와 관련해서 호감 또는 비호감을 가질 수 있고(정서적 속성), 이러한 제품에 대한 생각과 감정이 그것을 구매 또는 구매하지 않는 행위로 연결된다(행동적 속성). 따라서 상대방의 태도를 변화시킨다는 것은 사실상 상대방의 신념, 감정, 행동을 변화시킨다는 것을 의미한다. 그러므로 설득의 대상은 바로 상대방의 신념, 감정, 행동이 된다.

1) 신념

신념이란 사람, 사실, 현상, 사건, 가치관, 종교 등에 대해 진리라고 생각하는 확고한 마음의 상태로서 인지적 속성과 관련이 있다. 연사는 청중의 신념을 변화시킴으로써 설득할 수 있다. '채식이 반드시 건강에 이로운 것은 아니다', '많은 스펙을 쌓는 것이 취업에 반드시 유리하다', '자외선은 피부건강에 해롭다', '공인인증서를 쓰면 해킹 위험이 높다', '크림반도의 러시아 영토 편입은 불법이다', '지구온난화의 주범은 인간이다' 등을 주제로 하는 스피치는 모두 청중의 신념을 변화시키는 데 목적이 있다.

예를 들어 한때 미국의 부통령을 지냈고 지금은 환경운동가로 잘 알려진 엘 고어는 '불편한 진실'이라는 제목의 프레젠테이션을 통해서 지구온난화의 심각성과 그 원인을 전 세계인에게 납득시키고 확신시키는 데 성공하였다. '인간을 궁지로 몰아넣은 것은 무지가 아니라 잘못된 확신이다.'라는 마크 트웨인의 말로 시작되는 프레젠테이션에서 고어는 지구온난화에 대한 청중의 인식을 바꾸기 위해서 자신의 생각을 뒷받침할 수 있는 다양하고 충분한 자료를 제시하였다. 이처럼 믿음을 바꾸기 위한 목적으로 설득 스피치를 할 때에는 청중이 충분히 납득할 수 있도록 신뢰할 만한 다양한 정보를 제공해야 한다. 이런 점에서 설득 스피치와 정보제공 스피치의 경계가 불분명해 보일 수 있지만 이 둘의 중요한 차이는 연사가 처음부터 청중을 변화시킬 의도를 갖고 있느냐 없느냐이다.

2) 감정

감정은 특정 대상이나 주장에 대한 생각에 수반되는 감정, 즉 '좋다', '싫다'와 같은 심리적 경향 또는 감성적 성향을 가리키는 것으로 정서적 속성과 관련되어 있다. 광고를 본 후 해당 광고에 대해 생기는 호의적 또는 비호의적인 감정을 갖는 것을 광고 태도라고 부르는 것처럼 여기에서 감정이란 이와 같은 태도를 의미한다. 설득적 커뮤니케이션에서 수용자의 태도를 변화시키면 설득이 가능하다는 것이 많은 연구를 통해서 밝혀졌다. 즉 태도의 변화가 행동의 변화로 이어진다는 것이다.

연사는 청중에게 스피치의 주제에 대해 일정한 감정을 갖게 함으로써 설득에 성공할 수 있다. 행복감, 기쁨, 즐거움, 승리감, 성취감, 섹시함, 슬픔, 고통, 연민, 혐오감, 불쾌감 등의 감정은 결국 해당 주제에 대한 긍정적 또는 부정적 느낌을 갖게 하고 결국 이는 행동의 변화로 이어질 수 있다. 영화배우 엘렌 페이지는 최근 한 연설에서 그동안 자신이 동성애자임을 숨기고 살면서 경험한 고통과 불안, 고민에 대해 털어놓은 바 있다. 동성애자 역시 다른 사람들과 똑같은 인간으로서 평등하게 사랑할 권리가 있다고 주장하면서 동성애자를 편견 없이 바라봐 주길 호소했다. 이 연설은 동성애자들을 바라보는 부정적인 시선을 완화시키는 데 기여한 것으로 평가된다.

3) 행동

행동이란 우리가 수행하는 행위 또는 어떤 행위를 하려는 의도를 의미한다. 이러한 행동적 속성은 동기가 부여될 때 발현되고 구체화된다. 동기란 인간의 행동을 활성화하는 힘을 의미하기 때문에 동기를 유발하는 요인들에 대한 연구는 설득 커뮤니케이션에 있어 늘 중요한 관심사이다. 가장 대표적인 연구가 바로 매슬로우(Maslow)의 5단계 욕구 이론이다. 그는 인간행동의 동기가 되는 욕구 체계를 생리적 욕구, 안전에 대한 욕구, 소속감에 대한 욕구, 자존의 욕구, 자아실현의 욕구로 나누는데, '낮은 차원의 욕구가 기본적으로 채워지지 않은 상태에서는 그것보다 높은 차원의 욕구는 행동의 동기로 되지 않는다.'는 것이 그 이론의 핵심이다.

노숙자들이 발행하는 잡지 『빅이슈』를 사 달라고, 원푸드 다이어트를 멈춰야 한다고, 금연을 하라고, 결식아동을 후원해 달라고, 물을 아껴 써야 한다고 말하는 것은 모두 청중의 행동 변화를 목표로 한다. 한때 미국 대학 농구팀 코치와 해설자로 명성을 날렸던 지미 발바노는 1993년 암에 걸려 스스로 몸을 가누기도 어려운 상태에서 자신이 발족한 비영리단체인 지미 V 암연구 센터를 후원해 달라는 연설을 했다. "암연구 센터가 나를 살리지 못할 수도 있습니다. 그러나 내 자식의 목숨은 구할 수 있을지 모릅니다. 그리고 여러분이 사랑하는 사람의 목숨을 구할 수도 있을 겁니다."라는 말로 자존의 욕구와 자아실현의 욕구를 자극함으로써 청중의 행동 변화를 촉구했다. 물론 행동 변화를 촉구하기에 앞서 먼저 청중의 신념과 감정에 대한 변화를 이끌어 내는 것이 필요할 때도 있다. 왜냐하면 일반적으로 신념과 태도가 변화해야 이에 따라 행동의 변화가 이루어지기 때문이다. 지미 발바노 역시 암환자들의 증가를 통계 수치로 뒷받침하고, 암연구 재단 설립의 필요성을 역설하고, 암연구 센터가 ESPN 라디오 방송의 후원을 받고 있다는 점을 들어 공신력 있는 기관임을 강조하면서 먼저 청중의 신념과 감정에 영향을 끼치려고 했다.

4. 설득의 유형과 조직법

청중을 설득하기 위해서는 연사의 주장이 뚜렷이 드러나야 한다. 주장의 유형에 따라 사실 주장, 가치 주장, 정책 주장 등 세 가지로 나눌 수 있다. 이 세 가지 유형을 때로는 설득 스피치의 유형으로 또는 논제의 유형으로 설명하기도 한다. 설득 스피치의 유형으로 보면 각각 사실 스피치, 가치 스피치, 정책 스피치로 명명할 수 있고, 논제의 유형으로 보면 각각 사실 논제, 가치 논제, 정책 논제라고 부를 수 있다(백미숙, 2014b).

사실 주장은 사실의 진위 여부를 다투고, 가치 주장은 가치관의 차이를 따지고, 정책 주장은 정책의 실행 방안과 관련이 있다. 하나의 스피치에서 사실적 주장, 가치적 주장, 정책적 주장 중 한 가지만 다룰 수도 있지만 여러 가지 유형의 주장이 함께 나오는 경우도 많다. 따라서 연사는 어떤 유형의 주장을 하고 있는지 분명히 알고 이에 적절히 대응해야 한다. 왜냐하면 어떤 유형이냐에 따라서 다뤄야 할 쟁점과 설득의 전략이 달라지기 때문이다. 또한 설득의 유형에 따라 여러 가지 조직법을 사용할 수 있으므로 설득의 유형을 각각 살펴보면서 적합한 조직법에 대해서 함께 설명할 것이다.

1) 사실 주장

사실 주장은 사실의 진위 여부를 논하는 것으로 논쟁의 핵심 쟁점은 참이냐 거짓이냐에 관한 것이다. 예를 들어 '원자력 발전은 친환경 에너지이다', '독도는 우리 땅이다', '전자발찌 제도는 이중처벌에 해당된다', '경제민주화는 시장경제 질서에 위배된다', 'UFO는 존재한다', '범죄재연 방송은 동일한 수법의 범행을 부추긴다', '인터넷 논객 미네르바에 대한 검찰의 수사와 기소는 합법적이다', '식량문제 해결을 위해 유전자조작 식품은 필요하다' 등이 있다. 사실 주장에서 중요한 판단의 기준은 주장을 뒷받침하는 사실적 증거의 진실성 여부이다(백미숙, 2014).

연사가 주장하고자 하는 사실을 청중이 받아들이게 하기 위해서는 사실이라고 인정할 만한 이유를 밝혀야 한다. 사실 주장에서 가장 많이 사용되는 조직법은 소재별 조직법이다. 이 중에서도 소재별 조직법의 변형 형태인 이유제시 조직법(statement-of-reasons pattern)이 자주 사용된다. 이유제시 조직법은 여러 가지 이유를 열거하는 조직법으로 특히 청중이 주제에 대해 특별한 생각을 가지고 있지 않거나, 무관심하거나, 호불호가 명확하지 않은 경우에 효과적이다(Gregory, 2002). 예를 들어 '해외직구(해외의 온라인 상점을 통해 물건을 직접 구입하는 것)는 소비자에게 많은 피해를 줄 수 있다.'고 주장할 경우 다음과 같이 이유제시 조직법을 사용할 수 있다.

1. 정품 또는 가품 여부를 확인할 수 없다.(첫 번째 이유)
2. 분실, 제품 파손, 불량 시 사후 서비스가 어렵다.(두 번째 이유)
3. 교환 및 환불이 어렵다.(세 번째 이유)

2) 가치 주장

가치 주장이란 바람직한지 바람직하지 않은지, 옳은지 그른지, 좋은지 나쁜지 등 가치 판단이 개입되는 주장을 말한다. '국가경쟁력 제고를 위해서 영어 조기교육은 바람직하다', '선의의 거짓말은 필요하다', '군가산점제는 바람직하다', '게임은 아동에게 해롭다', '환경보존이 개발보다 중요하다', '신앙의 자유는 언론의 자유보다 소중하다', '발렌타인데이와 같은 기념일은 청소년들에게 유익하다', '외모가 차별의 조건이 되는 것은 정당하다' 등이 가치 주장에 해당된다. 가치 주장은 가치관과 사고방식의 차이를 논하기 때문에 평가적 주장의 성격을 띠고 있다. 가치 주장에서 대립되는 쟁점은 진위나 사실 여부가 아니라 가치 선택의 문제이다. 가치 판단의 기준을 상대와 공유하면서 어떤 가치가 다른 가치보다 더 수용할 만하다는 점을 입증해야 한다(백미숙, 2014b).

가치 주장을 펼 때에도 사실 주장과 마찬가지로 소재별 조직법이 가장 많이 사용된다. 가치의 중요성에 대해 설명할 때 앞서 설명한 이유제시 조직법으로 이유를 하나하나 열거할 수 있다. 이에 비해 가치간의 우선순위를 논하면서 자신이 주장하는 가치가 다른 가치보다 더 수용할 만하다고 주장할 때에는 비교우위 조직법을 사용하는 것이 더 효과적이다. 안락사나 낙태에 관한 토론에서는 자기 의사 결정권과 생명 존중의 가치가, 성범죄자의 신상공개나 인터넷 실명제에 관한 토론에서는 사생활 보호와 국민의 알 권리가, 대마초 합법화에 관한 토론에서는 개인의 자유와 공동체의 이익이, 경제민주화에 관한 토론에서는 성장과 분배의 가치가 서로 충돌할 때 특정 가치가 다른 가치보다 더 우월한지를 입증해야 한다(백미숙, 2014b).

예를 들어 '배아줄기세포 연구는 바람직하다'는 주장을 할 때 배아줄기세포 연구의 필요성은 이유를 열거하는 것으로, 배아줄기세포의 활용 성과는 성체줄기세포에 비해서 우위에 있는 이점을 제시하는 구조로 구성할 수 있다. 비교를 통해 자신의 주장이 더 가치가 있다는 점을 입증함으로써 청중이 연사가 펴는 주장의 가치에 동의하게 만들 수 있다.

1. 배아줄기세포 연구의 필요성(이유제시 조직법)

　　1) 새로운 분야의 연구는 새로운 법적인 기준으로 판단해야 한다.(첫 번째 이유)

　　2) 과학기술이 결실을 맺으려면 장기적인 계획을 세워야 한다.(두 번째 이유)

2. 배아줄기세포의 활용 성과(비교우위 조직법)

　　1) 높은 복제 성공률을 보인다.(첫 번째 이점)

　　2) 배아줄기세포는 난치병 및 불치병을 치료한다.(두 번째 이점)

　　3) 이식용 장기를 대량생산할 수 있다.(세 번째 이점)

3) 정책 주장

정책 주장은 사실과 가치 판단에 기초하여 행동의 변화를 추구하는 문제를 대상으로 한다. 주로 새로운 정책을 계획하는 단계에서 어떤 것에 대하여 '~을 할 것인가?' 또는 '~을 하지 말 것인가?'를 묻는 형태의 주장이다. '한국영화 시장에서 스크린쿼터제를 폐지해야 한다', '고등학교 의무교육을 실시해야 한다', '길거리 흡연을 금지해야 한다', '동성결혼을 합법화해야 한다', '미혼모 낙태를 허용해야 한다', '대리모 출산을 허용해야 한다', '철도를 민영화해야 한다', '국회의원 국민소환제를 도입해야 한다' 등이 정책적 주장에 해당된다(백미숙, 2014b).

정책 주장을 펼 때에는 사실 주장이나 가치 주장을 함께 다루어야 하는 경우가 많다. 예를 들어 '길거리 흡연을 금지해야 한다'라고 정책과 관련된 주장을 할 때, 청소년들의 건강을 위해 길거리 흡연을 금지하자는 요구가 있다는 점은 사실의 문제로, 길거리 흡연을 금지하는 정책이 다른 어떤 정책보다 더 바람직한 정책이라는 점은 가치의 문제로 함께 다뤄져야 할 것이다.

정책 스피치에서도 앞서 말한 이유제시 조직법과 비교우위 조직법도 많이 사용되지만 이보다 더 자주 사용되는 조직법은 문제 해결식 조직법, 동기 유발 조직법이다. 문제 해결식 조직법은 '문제 – 해결책'뿐 아니라 이를 변형해서 '문제 – 원인 – 해결책'이나 '문제 – 원인 – 가능한 해결책 – 최상의 해결책'으로 구성할 수도 있고 또는 이 네 가지를 모두 포함시켜서 '문제 – 원인 – 가능한 해결책 – 최상의 해결책'으로 구성할 수도 있다. 예를 들어 '정부 주도의 공인인증서 제도를 폐지해야 한다'는 주장을 다음과 같이 '문제 – 원인 – 가능한 해결책 – 최상의 해결책'으로 나누어 조직할 수 있다. 이때 상황에 따라서 앞서 설명한 바와 같이 이 중 일부만을 다룰 수도 있다.

1. 공인인증서 사용은 심각한 문제를 야기한다.(문제)

   1) 해커 공격에 속수무책이다.

   2) 금융사고 시 피해자가 은행에 책임을 묻기가 사실상 불가능하다.

   3) 우리나라 IT 발전을 저해한다.

   4) 외국인들의 인터넷쇼핑을 제한한다.

2. 이 문제에는 크게 네 가지 원인이 있다.(원인)

   1) 해커들의 PC에 대한 해킹 기술이 발달했다.

   2) 정부가 공인인증서 사용을 위해 액티브X 설치를 강제하고 있다.

   3) 액티브X는 보안에 취약하다.

   4) 공인인증서는 마이크로소프트의 브라우저에서만 사용 가능하다.

3. 이를 해결하기 위한 여러 가지 방안이 있다.(가능한 해결책)

   1) 다양한 보안 기술을 자유롭게 선택할 수 있는 경쟁 체제를 도입한다.

   2) 액티브X를 실행하지 않고 공인인증서를 쓸 수 있게 기술을 개발한다.

   3) 인터넷뱅킹 과정에서 발생하는 보안 취약점을 최소화한다.

4. 이중 경쟁 체제 도입이 최상의 방안이다.(최상의 해결책)

   1) 자유로운 결제 시스템 도입으로 금융사들이 소비자를 만족시키려고 할 것이다.

   2) 우리나라의 IT 발전을 가져올 것이다.

문제 해결식 조직법 이외에 설득 스피치에서 많이 사용되는 또 하나의 조직법은 동기 유발 조직법이다(Monroe, 1962). 동기 유발 조직법은 퍼듀 대학교 교수인 먼로가 설득의 심리학을 고려하여 특히 청중에게 행동을 촉구하고자 할 때 효과적으로 동기를 부여하는 순서를 제시한 것이다. 사람들에게 특정 행동을 유발하기 위해서는 우선 동기를 부여해야 한다는 것에 착안하여 만든 것으로, '관심 끌기 – 필요성 인식 – 필요 충족 – 시각화 – 행동 촉구'라는 5단계를 거쳐 점진적으로 동기를 유발하는 방식이다.

서론(관심 끌기)

  1. 2008년 최요삼 권투선수가 장기를 기증하여 6명에게, 2009년 김수환 추기경은 각막을 기증하여 2명에게 새 생명을 찾아 주었다.

  2. 이 사건으로 인해 우리나라에서 장기 기증 서약을 하는 사람들이 많이 늘어났다.

본론

  1. 장기 기증의 필요성(필요성 인식)

    1) 국내에서 장기 기증은 그 수요에 비해 공급이 턱없이 부족한 실정이다.

    2) 장기 기증 비율은 세계 최하위 수준이다.

    3) 불법 장기매매가 기승을 부리고 있다.

  2. 두 가지 형태의 장기 기증이 있다. (필요 충족)

    1) 장기 기증과 각막 기증이 있다.

    2) 뇌사시 장기 기증은 최대 9명의 생명을 살릴 수 있다.

    3) 각막 기증은 사망 후 6시간 이내에 적출해야 한다.

  3. 장기 기증은 많은 사람들의 목숨을 살릴 수 있다. (시각화)

    1) 장기 기증은 꼭 필요한 사람에게 새로운 삶을 선물하는 생명 나눔 운동이다.

    2) 불법 장기매매가 감소할 것이다.

결론(행동 촉구)

  1. 장기 기증 서약 권유

    1) 여러분이 사랑하는 가족이 불의의 사고를 당해 장기 이식이 꼭 필요한 위급한 상황에

처해 있다고 생각하자.

2) 내 몸의 일부가 희망이 되어 수많은 생명을 살릴 수 있다면 이보다 더 소중하고 고귀한 나눔이 있을까?

3) 장기 기증 서약에 동참해 주시길 호소한다.

5. 설득의 기법

오늘날 스피치커뮤니케이션학에서 설명하는 설득의 기법은 여전히 아리스토텔레스가 주장한 것에서 크게 벗어나지 않는다. 아리스토텔레스는 수사학(rhetoric)을 '어떤 상황에서든 가능한 설득의 수단을 연구하는 학문 분야'라고 규정하고 있다. 아리스토텔레스는 설득의 수단으로 로고스(logos), 에토스(ethos), 파토스(pathos)를 꼽았다. 이 설득의 수단은 스피치를 구성하는 세 가지 요소인 메시지, 연사, 청중과 각각 관련되어 있다. 연사는 메시지를 논리적으로 설명하고, 인간적인 신뢰감을 주고, 청중의 감정과 욕구와 관련된 정서를 배려할 수 있어야 한다. 이렇게 로고스, 에토스, 파토스가 서로 조화를 이룰 때 온전한 설득이 이루어질 수 있다(백미숙, 2006a).

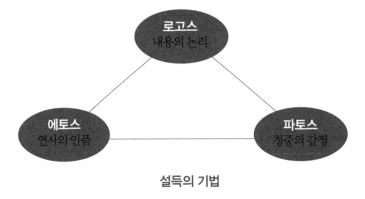

설득의 기법

1) 로고스

로고스란 증거 자료들을 토대로 하여 그리고 타당한 추론 과정을 통해서 자기주장을 논리적으로 증명해 보임으로써 청중을 설득하는 방법을 말한다. 자신의 주장이 정당하다는 것을 입증하려면 기본적으로 주장, 주장을 지지해 주는 근거, 근거를 바탕으로 주장이 가능하게 해 주는 논거, 이 세 가지 요소를 갖추어야 한다.

주장(claim)이란 청중이 받아들였으면 하고 바라는 것을 말로 표현한 것으로 명제 또는 결론이라고 부르기도 한다. 근거(ground)란 청중으로 하여금 자신의 주장을 받아들이게 하기 위해서 객관적인 자료 형태로 제시하는 증거를 가리키는데, 근거 자료, 데이터 또는 원자료(raw data)라고도 부른다. 가장 많이 사용되는 대표적인 증거에는 사례, 통계자료, 증언이 있다. 논거(warrant)란 제시된 근거에서부터 주장, 즉 결론을 도출하기 위해서 이 두 관계를 연결해 주고 설명해 주는 기준을 말한다. 주장, 근거, 논거의 관계를 도표로 나타내면 다음과 같다(백미숙, 2014b).

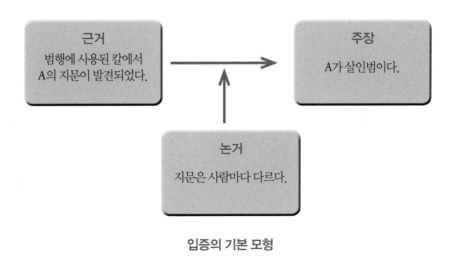

입증의 기본 모형

(1) 증거 제시

주장이 타당하다는 것을 보여 주기 위해서 그 주장을 입증할 수 있는 근거로 객관적이고 경험적인 자료를 제시할 수 있어야 하는데 이것을 보통 증거라고 부른다. 증거는 주장을 뒷받침하는 역할을 하는 것은 물론이고 주장이 의미하는 바를 더 명확하게 해 주고 주장 자체를 더 흥미롭게 만드는 역할도 한다. 가장 많이 활용되는 증거에는 사례, 통계 수치, 전문가의 견해가 있다. 이에 대해서는 이미 3장에서 자세하게 설명한 바 있다.

증거로서 가치를 지니려면 무엇보다도 정확하고 신뢰할 만하고 공정해야 한다. 논제와 관련된 배경지식을 얻고 쟁점을 파악할 때에는 인터넷을 이용해도 무방하지만 인터넷에서 얻는 근거 자료는 정확성과 신뢰성 면에서 증거로서 많은 결함과 문제점이 있다. 따라서 근거 자료는 신문이나 TV의 보도, 책이나 논문, 보고서, 인터뷰 등에서 확보하는 것이 좋다. 특히 언론 보도의 경우 비판적인 안목을 가지고 어느 한쪽에 편향되지는 않는지 잘 따져 보고, 가능하면 원자료에서 인용하기 위해 노력해야 한다.

(2) 타당한 추론

추론이란 어떠한 판단을 근거로 삼아 다른 판단을 이끌어 낸다는 의미로, 근거를 토대로 하여 결론을 도출해 내기 위해서 이 두 관계를 연결짓는 과정이라고 할 수 있다. 즉 증거에 기초해서 결론에 이르는 과정을 말한다. 이 과정에서 여러 가지 추론의 방법이 가능한데, 자주 사용되는 방법으로는 사례에 의한 추론, 원칙에 의한 추론, 인과적 추론, 유비에 의한 추론이 있다. 이에 대해서 설명하면 다음과 같다(백미숙, 2014b).

① 사례에 의한 추론

일련의 사례로부터 일반적인 결론을 내리는 방법을 사례에 의한 추론이라고 한다. 이 추론 방법은 '일정수의 특정 사례에서 참인 것이 같은 부류의 모든 사례에 참이다.'라는 원칙에 바탕을 두고 있다. 예를 들어 최근에 폭언, 폭행 그리고 임금 체불을 일삼는 몇몇 악덕 기업주의 사례를 들어 한국에서 외국인 노동자의 인권이 심각하게 침해당하고 있다는 결론을 내린다면 이것은 구체적인 사례들에서 추론한 것이다. 구체적인 사례를 가지고 추론할 때에는 불충분한 증거에 기초해서 성급하게 일반화하는 오류를 범하지는 않는지 잘 따져 봐야 한다. 증거로 제시한 사례가 대표성을 띠는지, 신뢰할 만한지 확인하는 것도 중요하다.

② 원칙에 의한 추론

원칙에 의한 추론은 사례에 의한 추론과는 반대로 일반적인 원칙이나 지식으로부터 구체적인 결론을 도출해 내는 방식이다. 원칙으로부터 추론할 때 무엇보다도 청중이 일반적으로 동의할 수 있는 원칙을 제시하는 것이 중요하다. 예를 들어 "간접흡연의 피해로부터 청소년들을 보호해야 한다."라는 대전제에서 출발하여 "많은 청소년들이 PC방을 이용한다."라는 소전제를 거쳐 "따라서 PC방에서는 흡연을 전면 금지해야 한다."라는 결론을 도출해 낼 수 있다. 그러나 스피치에서 원칙에 의한 추론은 논리학에서의 연역법과는 달리 전제인 원칙이 100%의 확실성을 보장하지 않는 경우가 많기 때문에 대전제와 소전제에 대한 근거도 충분히 제시해야만 자신의 주장을 인정받을 수가 있다.

③ 인과적 추론

주장과 근거 사이에 인과관계가 있을 때 그 인과관계를 논거로 해서 추론하는 방법이다. 이 추론 방법은 모든 결과에는 원인이 있다고 생각하는 데서 출발한다. 예를 들어 '주택 매매가 증가한 현상'을 두고 '주택담보대출 금리가 인하되었기 때문'이라고 주장하는 것은 인과적 추론이다. 인과적 추론의 커다란 맹점은 원인의 오류를 범할 수 있다는 것이다. 단지 시간적으로 앞에 일어났다고 해서 먼저 일어난 사건이 나중에 일어난 사건의 원인이라고 판단할 수 없기 때문에 철저한 검증이 필요하다.

④ 유비에 의한 추론

유비에 의한 추론은 유사한 두 가지 사례를 비교해서 하나에 대해 참이면 다른 하나에 대해서도 참이라고 생각하여 추론하는 방법이다. 새로운 정책 시행을 주장하면서 다른 나라의 성공 사례를 근거로 제시하거나 또는 그 반대로 새로운 정책 시행에 반대하면서 다른 나라의 실패 사례를 근거로 제시하는 것은 유비에 의한 추론이다. 이때 유념해야 할 것은 비교가 되는 두 가지 사례가 본질적으로 유사해야 주장의 타당성을 인정받을 수 있다는 점이다. 예를 들어 '독일의 통일 사례'를 들어 "우리도 독일 식으로 남북통일을 해야 한다."고 주장한다면 비교 대상인 우리나라와 독일의 상황이 본질적으로 다르다는 점에서 청중의 공감을 얻기 어려울 것이다.

2) 에토스

아리스토텔레스가 말한 에토스의 개념은 현대 스피치커뮤니케이션학에서 연사의 공신력(credibility)이란 용어로 재정의되어 사용된다. 공신력이란 '연사가 청중에게 얼마나 믿을 만한 사람으로 비치는가?'를 의미하는 것으로 일반적으로 공신력을 구성하는 요소로 연사의 전문성, 인품, 열정과 진정성을 꼽는다(백미숙, 2006b). 즉 전문성, 인품, 열정과 진정성 같은 연사의 자질이 바로 연사의 에토스를 형성한다고 보는 것이다. 이것은 똑같은 말이라도 전문성이 있고, 인품이 높고, 열정과 진정성이 있는 사람이 하는 말을 더 신뢰하는 것과 관련이 있다(백미숙, 2013).

공신력은 연사 자신이 부여하는 것이 아니라 청중이 연사에게 부여하는 것이기 때문에 스스로 청중에게 공신력 있는 연사로 비치는지를 항상 생각해야 한다. 연사가 아무리 훌륭한 전문성을 갖추고 있어도 이것을 청중이 알지 못한다면 연사의 공신력을 기대하기 힘들다. 따라서 연사는 청중이 알 수 있도록 공신력을 제고하는 데 힘써야 한다.

(1) 전문성

전문성은 연사가 주제에 대해 얼마나 잘 알고 있는지와 관련이 있다. 연사는 자신에게 전문성이나 지식이 있다는 것을 다음 두 가지 방법으로 보여 줄 수 있다. 먼저 사전에 주제에 대해서 심도 있게 알아보고 준비했다는 것을 보여 주는 것이다. 청중은 연사가 충분히 준비된 상태에서 스피치에 임하는지 그렇지 않은지를 쉽게 식별할 수 있다. 따라서 짜임새 있게 내용을 구성하고, 일목요연하게 논리를 전개하고, 주장을 뒷받침하는 증거를 다양하고도 적절하게 제시한다면 청중은 당연히 연사에게 전문성이 있다고 인정할 것이다. 또 한 가지 방법은 주제가 연사 자신과 직접적으로 관련이 있다는 것을 보여 주는 것이다. 주제와 관련해서 업적이나 경력을 말하거나 개인적인 경험을 강조하거나 개인적인 관심사임을 부각함으로써 공신력을 높일 수 있다.

(2) 인품

인품은 연사의 도덕적 자질과 스피치를 하는 연사의 동기와 관련이 있다. 일반적으로 정직함, 겸손함, 아량, 베풂, 침착함, 원만함, 온유함, 고결함, 용기, 정의감, 공정함, 근면성 등과 같은 도덕적 · 윤리적 특성을 가진 사람은 미더워 보인다(백미숙, 2006b). 따라서 스피치를 통해서 이런 연사의 인간적인 면모를 잘 드러낸다면 청중은 연사의 말에 대해 더욱 신뢰할 것이다. 또한 연사가 어떤 의도에서 스피치를 하는지도 공신력에 영향을 미친다. 청중은 연사가 어떤 의도와 동기에서 스피치를 하는지에 대해서 생각한다. 따라서 연사는 순수한 동기로 스피치를 하고 있다는 것을, 예를 들어 진심으로 청중이 더 나은 삶을 영위하게 하기 위한 마음에서 또는 개인의 이익 추구를 위한 것이 아니라 공익을 위하는 것임을 보여 줄 필요가 있다.

(3) 열정과 진정성

열정과 진정성은 연사가 청중과 얼마나 소통하고자 하는 의지가 있느냐와 관련이 있다 (백미숙, 2013). 청중과 소통하고자 하는 의지는 우선 연사의 옷차림이나 용모 또는 청중을 대하는 태도에서 잘 나타난다. 상황에 적절한 복장을 하고, 청중에게 예의 바르게 행동하고, 청중에게 미소를 띠며, 청중과 눈을 마주치고, 청중이 듣기 편한 어조로 말하는 등의 비언어를 통해서 청중과 소통하려는 의지를 보여 줄 수 있다. 나아가 연사 스스로 내용에 대해 확신을 갖고 열정적으로 발표에 몰입하는 모습을 보여 준다면 청중은 연사와 스피치 내용에 대해 더욱더 신뢰감을 가지게 될 것이다. 이런 열정적인 모습에 청중과 진심으로 소통하고자 하는 진정성을 더한다면 매우 공신력 있는 연사로 평가받을 것이다.

3) 파토스

파토스란 청중의 감정이나 욕구에 호소하는 설득의 방법을 가리킨다. 특정 행동을 불러일으키거나 지속시키려면 감정이나 욕구에 의해서 동기화되지 않으면 안 된다. 소비자의 욕구나 감정에 영향을 미치는 커뮤니케이션을 통한 마케팅 활동을 감성 마케팅이라고 부르는데, 이 역시 파토스를 이용한 설득의 방법이라고 할 수 있다. 광고 제작자들의 주된 관심사는 상품에 대해 좋은 감정을 갖게 만들어서 상품을 구매하도록 소비자의 욕구를 어떻게 자극할 것인가에 있다. 욕구에는 자연스럽게 감정이 수반되기 때문에 욕구와 감정은 파토스를 구성하는 중요한 요인이다. 스피치에서도 감정을 자극하거나 청중의 욕구를 충족시킴으로써 동기를 유발할 수 있다.

(1) 청중의 감정에 호소함

청중의 마음을 움직일 목적으로 사랑, 평화, 희망, 관용, 존중, 자부심, 용기, 충성심 등과 같은 긍정적인 감정에 호소할 수도 있고 죄의식, 모욕감, 불쾌감, 분노심, 두려움, 불안감 등과 같은 부정적인 감정에 호소할 수도 있다. 부정적인 감정의 경우, 예를 들어 음주 운전의 위험을 경계하는 스피치를 하면서 참혹한 사고 목격담에 대해 말함으로써 청중에게 음주 운전에 대한 두려움을 갖게 할 수 있다. 그러나 부정적인 감정에 호소할 때 자기의 사리사욕이나 이익에 눈이 어두워서 위협하거나 지나친 동정심을 유발할 목적으로 사용되지 않도록 경계해야 한다. 이런 경우 청중의 큰 저항에 부딪힐 수 있기 때문이다(백미숙, 2006a).

(2) 청중의 욕구에 호소함

모든 인간은 태어날 때부터 본능적인 욕구를 가지고 있는데, 이와 같은 욕구는 인간행동의 중요한 동기가 된다. '움직이다'라는 뜻의 move가 원래 '촉구하다'의 의미를 지닌 motiv에서 유래한 것처럼, 욕구에 호소해서 동기를 부여함으로써 행동의 변화를 이끌어 낼 수 있다. 따라서 동기를 효과적으로 유발하기 위해서는 청중 분석을 통해 청중의 욕구를 파악하는 것이 중요하다. 그런 다음 이런 요구에 부응해서 설득의 전략을 세울 필요가 있다. 많은 욕구 이론 중에서도 매슬로우의 5단계 욕구 이론은 아직까지 가장 설득력 있는 이론으로 받아들여지고 있다. 매슬로우에 의하면 인간의 욕구는 크게 생리적 욕구(식욕, 성욕, 휴식욕), 안전의 욕구(안전, 안정, 건강에 대한 욕구), 소속의 욕구(사랑, 애정, 소속감에 대한 욕구), 자존의 욕구(인정, 명예, 권력, 지위에 대한 욕구), 자아실현의 욕구(자신의 능력을 계발하고 도전하고자 하는 욕구)로 분류할 수 있다. 이 중에서 하위 단계의 욕구가 충족되어야 그 상위 단계의 욕구를 가질 수 있다는 것이 매슬로우 주장의 핵심이다. 따라서 청중이 연사가 제안하는 내용을 받아들이고 그것을 행동으로 옮기도록 하기 위해서는 연사가 제안하는 내용이 청중의 욕구를 충족시키는 데 부합된다는 점을 강조할 필요가 있다.

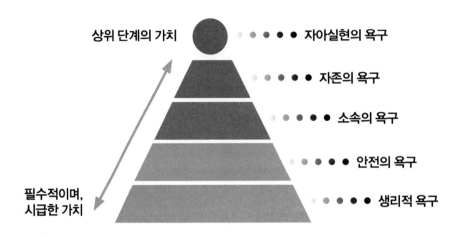

매슬로우의 욕구 이론

6. 청중의 태도에 따른 설득 전략

앞서 언급했듯이 설득 스피치의 목적은 청중의 신념, 감정, 행동을 변화시키는 데 있다. 이 중에서도 청중의 감정은 신념과 행동에 결정적인 영향을 미친다. 감정이란 사람, 사물, 사건에 대해 '좋다' 또는 '싫다'라고 평가하는 기본적인 성향을 가리키는 것으로 일반적으로 좁은 의미에서 태도라고도 불린다. 청중의 태도란 단순히 청중의 감정 상태만을 의미하는 것이 아니라 청중의 신념이나 행동과 밀접한 상호 연관성이 있다. 신념은 태도로 인해서 더 강화되고, 행동은 태도로 인해서 촉발되기 때문이다. 이것은 자신에게 만족스러우면 진실이라고 믿는 경향과 호불호에 따라 행동에 옮길 가능성이 높아지는 것을 보면 잘 알 수 있다. 실제로 많은 연구에서 수용자의 태도를 변화시키면 설득에 성공할 가능성이 높다는 것이 밝혀졌다.

감정, 신념과 행동의 상호작용

청중이 주제 또는 스피치의 목적에 대해서 긍정적인 태도를 갖고 있다면 당연히 설득의 가능성은 높아질 것이다. 따라서 청중의 태도를 좀 더 면밀히 파악해서 분석 결과를 설득의 전략으로 활용할 필요가 있다. 청중의 태도를 다음과 같이 스펙트럼으로 척도화할 수 있다.

적대적			중립적	우호적		
매우 반대함	꽤 반대함	약간 반대함	반대도 찬성도 안함	약간 찬성함	꽤 찬성함	매우 찬성함
1단계	2단계	3단계	4단계	5단계	6단계	7단계

청중의 태도를 나타내는 스펙트럼

청중의 태도는 방향성과 강도 면에서 평가해 볼 수 있다(Verderber, 2000). 우선 방향성 면에서 크게 연사의 주장에 반대하는 입장 또는 연사의 주장에 찬성하는 입장, 또는 반대도 찬성도 아닌 중립적인 입장으로 나뉘며, 반대하는 입장과 찬성하는 입장은 다시 강도에 따라 '심함', '보통', '약간'으로 나눌 수 있다.

설득은 스펙트럼에서 청중의 태도가 왼쪽에서 오른쪽으로 옮겨 가는 것을 의미한다. 그런데 이때 1단계에 있는 청중을 7단계로 끌어올리는 것만을 의미하는 것이 아니라 청중의 처음 위치가 어디인지, 얼마나 이동하는지와 상관없이 청중을 왼쪽에서 오른쪽으로, 즉 연사의 의견 쪽으로 이동시키는 것을 의미한다(Herbert, 2001). 아무리 세심하게 청중 분석을 하고 이를 토대로 스피치를 계획하고 준비했다 하더라도 모든 청중을 설득하기는 매우 어렵다. 청중은 다양한 생각과 가치관과 감정을 가진 사람들로 이루어져 있기 때문이다. 따라서 가능하면 많은 청중에게 영향을 주려고 노력하는 것이 좋지만 그것이 여의치 않을 경우에는 현실적으로 설득이 가능한 표적 청중을 정할 필요가 있다.

스피치의 주제와 목적에 대한 청중의 태도에 따라 크게 적대적 청중, 중립적 청중, 우호적 청중으로 나눌 수 있다. 이 세 가지 경우 모두 설득이라는 개괄적 목적을 갖고 있지만 구체적인 목적으로 보면 적대적인 청중인 경우에는 연사의 입장을 납득시키는 데, 중립적인 청중인 경우에는 관심을 불러일으키는 데, 우호적인 청중의 경우에는 행동을 하게 하는 데 초점을 맞출 수 있다(http://com1100robinson.weebly.com 참조). 청중의 태도에 따른 설득의 전략에 대해서 설명하기로 한다.

1) 적대적 청중

적대적인 청중은 정도에 따라 아주 심함, 보통, 약간 있음으로 나눌 수 있지만 결국은 스피치의 주제와 목적에 대해서 적대적인 태도를 취하는 청중 모두를 일컫는다. 이런 경우 대부분의 청중은 연사에게까지 적대적인 태도를 취하면서 메시지 자체를 거부하려는 경향이 있다. 따라서 연사는 매우 불리한 상황에서 스피치를 할 수밖에 없기 때문에 더욱 신중하게 전략을 세워야 한다.

우선 스피치의 목표를 너무 거창하게 정하지 않는 것이 좋다. 누군가의 태도를 바꾼다는 것은 무척 어려운 일이며, 태도가 바뀐다고 해도 시간이 오래 걸리는 법이다. 따라서 단 한

번의 스피치로 청중을 바꾸겠다는 생각을 버리고 단계적으로 차근차근 바꾸겠다는 생각으로 설득에 임하는 자세가 필요하다. 예를 들어 연사의 견해에 중립적인 입장에서 연사의 견해 쪽으로 기울게 하거나, 연사의 견해에 완강하게 반대하는 입장에서 연사의 견해를 재고해 볼 만한 가치가 있는 것이라고 생각하게 만드는 것을 목표로 세우는 것이다. 일례로 장기 기증에 대한 설득 스피치에서 이 주제에 대해 완강하게 부정적인 태도를 취하는 청중이라면 처음부터 장기 기증 서약서에 서명해 줄 것을 촉구하기보다는 장기 기증의 중요성과 필요성을 들어 청중의 인식을 바꾸는 데 주력하는 것이 좋다. 이에 비해 청중이 이미 장기 기증의 중요성과 필요성에 대해서 충분히 인식하고 있다면 실천 방안을 보여 주면서 행동을 촉구하는 것을 목표로 삼을 수 있다.

두 번째는 적대적인 청중과 공감대를 형성하는 것이다. 적대적인 청중이 스피치의 주제와 목적에 대해서 근본적으로 동의하지 않는 입장을 취하는 이면에는 분명히 나름대로 충분한 근거가 있다. 따라서 먼저 적대적인 청중에게 그들의 견해에 대해서도 충분히 이해하고 이를 존중한다는 점을 보여 주어야 한다. 그러고 나서 청중이 자신들의 견해에 대해서 주요 근거로 삼는 몇 가지를 들어 이런 근거에 연사 역시 동의하고 공감하고 있다는 점을 밝힘으로써 청중과의 공감대를 형성할 필요가 있다. 또한 비록 연사와 청중의 입장은 다르지만 그 주제를 다루는 근본적인 취지에 대해서 공감하는 경우가 많다. 예를 들어 '신입사원 채용 시 스펙 기재 의무화 제도를 폐지해야 한다.'라는 주장에 대해 부정적인 입장을 취하는 청중(예를 들어 기업의 인사담당자와 임원)을 상대로 스피치를 할 경우, 근본적으로 실력과 창의성을 갖춘 인재를 채용하는 것이 기업에 중요한 가치라는 사실에는 모두 동의할 것이다. 따라서 적대적인 청중에게는 공통된 가치와 취지를 강조함으로써 공감대를 형성하는 것도 좋은 전략이다.

마지막으로, 공감대를 형성한 후에 자연스럽게 연사와 청중의 견해가 일치하지 않는 점, 즉 청중이 연사의 견해에 동의하지 않는 근거들에 대해 언급한다. 이때 견해가 일치하지 않는 점에 대해서 모두 말하면 청중의 심한 저항에 부딪힐 수 있다. 따라서 모든 점을 말하기보다는 선별적으로 몇 가지만 골라서 언급한다. 그리고 나서 연사의 입장을 강화시키기 위해서 다양한 증거를 제시한다. 연사의 입장에 대해 의구심을 품고 있는 적대적인 청중에게는 감정적인 호소가 아니라 증거 제시와 합리적인 추론을 통해서 논리적으로 설득하는 방법을 사용해야 한다. 정확한 출처와 함께 객관적이고 정확하고 신뢰할 만한 증거, 즉 사례, 통계, 증언을 제시하고 추론 과정에 대해서도 청중이 쉽게 이해할 수 있도록 명확하게 설명해 줄 필요가 있다.

2) 중립적인 청중

청중이 연사의 견해에 대해 중립적인 태도를 취하는 경우는 스피치의 내용에 대해서 관심이 없거나 알지 못하거나 또는 결정을 내리지 못해서이다(Sprague/Stuart, 2005). 따라서 중립적인 태도를 취하는 청중을 상대로 스피치를 할 때에는 자신의 견해를 강력하게 피력하기에 앞서 먼저 청중에게 주제에 대한 정보를 충분히 제공해서 청중의 이해를 돕거나 관심을 불러일으키는 데 신경을 써야 한다. 그리고 나서 증거와 함께 자신의 견해를 피력해도 늦지 않다.

내용에 대해 잘 알지 못하는 청중이라면 우선 주제에 대한 배경지식을 충분히 제공해 주어야 한다. 앞서 정보를 제공할 때 사용할 수 있는 기법으로 정의, 묘사, 비유, 시연, 비교와 대조 등에 대해서 설명한 바 있는데, 이런 기법들을 적절히 사용하여 청중의 이해를 도울 수 있다. 주제와 관련된 용어나 개념에 대해서 정의나 비유, 비교와 대조를 통해서 그 의미를 설명해 주고, 때에 따라서는 적절한 사례를 들어 주거나 시각자료를 활용한다. 내용을 잘 모르는 상태에서는 자신의 입장을 정하는 것이 불가능하기 때문에 시간이 좀 걸리더라도 정보를 제공하는 것에 공을 들이는 것이 올바른 전략이다.

무관심한 청중의 경우, 내용에 대해서 들어 본 적은 있지만 주제가 자신과 직접적으로 관련이 없다고 생각하기 때문에 관심을 갖지 않는 경우가 대부분이다. 사람은 누구나 스피치를 들을 때 '이 주제가 또는 이 내용이 도대체 나와 무슨 상관이 있지?'라는 질문을 스스로에게 던진다. 주제가 청중과 이해관계가 있고 청중의 삶과 밀접한 관련이 있다는 것을 강조한다면 청중은 스피치에 분명히 관심을 가질 것이다. 따라서 서두에서 스피치의 주제가 청중과 관계가 있다는 점을 강조한다면 청중의 관심과 흥미를 불러일으키는 데 성공할 수 있을 것이다.

결정을 내리지 못하는 청중은 주제에 대해 모르거나 또는 무관심해서 그럴 수도 있고, 주제에 대해서 들어 봤거나 그 주제에 대해 관심도 있지만 특정 결정을 취하기에는 정보가 충분하지 않거나 또는 확신이 서지 않아서일 수도 있다. 따라서 이런 청중에게는 우선 주제가 복잡한 사안이라는 것과 어느 입장이든 나름대로 일리가 있다는 점을 언급해서 입장을 보류한 청중의 입장을 충분히 이해한다는 점을 알릴 필요가 있다. 이와 더불어 연사가 주제에 대해 많이 공부해서 전문성을 갖추고 있고 주제를 균형 잡힌 시각에서 정직하게 다룰 만큼 신뢰할 만한 사람이라는 것을 보여 주어서 청중이 연사에 대한 공신력을 인정할 수 있도록 하는 것이 중요하다. 이처럼 청중을 존중하는 태도를 보이면서 공신력을 확보한 후에 연사 자신의 견해를 피력하는 전략을 편다면 청중이 연사의 말을 받아들일 가능성은 훨씬 높아진다. 자신의 견해를 피력할 때 증거를 제시하는 것은 물론이고, 청중이 양쪽의 입장 사이에서 고민하고 있다는 점을 고려하여 연사의 주장과 반대되는 입장에서 내세우는 주요 근거에 대해서 반박 논리를 명백하게 보여 준다면 청중의 의구심을 깨끗이 씻어 주는 데 도움이 될 것이다. 이처럼 결정을 내리지 못하는 청중에게는 로고스와 에토스를 조화롭게 잘 사용하는 전략을 구사하는 것이 좋다.

3) 우호적인 청중

머리로 이해하는 것과 가슴으로 이해하는 것에는 차이가 있다. 또한 머리로 이해하는 것과 행동에 옮기는 것에도 차이가 있다. 우호적인 청중이라 하면 머리로 이해하는 청중, 가슴으로 이해하는 청중, 행동에 옮기는 청중, 이 모두를 가리키는 말이지만 이들간에는 분명한 차이가 있다. 따라서 연사는 청중의 태도에 있어 정도의 차이를 고려해서 머리로 이해하는 것에서 가슴으로 이해하도록, 가슴으로 이해하는 것에서 행동에 옮길 수 있도록 해야 한다. 이 말은 청중의 태도를 강화하거나 실천에 옮길 수 있도록 하는 것을 의미하는데, 이를 위해서 다음과 같은 전략을 구사하는 것이 효과적이다.

이미 연사의 입장에 지지를 표명함으로써 우호적인 태도를 가진 청중의 경우, 먼저 연사와 청중의 견해를 뒷받침할 수 있는 강력한 근거나 최근 자료를 몇 가지 들어서 청중의 입장이 옳다는 것을 다시 한 번 확인시켜 준 후에 주제와 관련해서 청중의 감정을 자극하여 청중의 입장에 대해서 더욱더 확고한 생각을 가질 수 있게 하는 것이 좋다. 감정에 호소하는 것, 즉 파토스는 특히 청중의 태도를 강화하는 데 매우 효과적인 방법이다. 앞서 말한 바와 같이 감정이나 욕구에 의해서 동기화될 때 비로소 행동의 변화가 일어날 수 있기 때문이다.

또한 연사의 입장을 지지하는 우호적인 청중이라도 실제로 행동에 옮기는 것에는 주저할 수 있다. 이런 경우 막연하게 뭔가를 하라고 말하는 것만으로는 청중에게 행동의 변화를 기대하기 어렵다. 연사는 청중에게 어떻게 하면 실제로 실행에 옮길 수 있는지에 대한 로드맵을 제시해 줄 필요가 있다. 즉 언제, 어디서, 어떻게 할 수 있는지에 대해서 구체적으로 말해 준다면 청중이 행동에 옮길 가능성이 좀 더 높아질 것이다.

청중은 이미 연사의 입장에 대해서 전적으로 동의하고 있기 때문에 이미 알고 있는 배경지식이나 이미 동의하고 있는 근거에 대해서 말하고 설명하기보다는 청중이 왜 주제와 관련해서 연사와 똑같이 생각하고 느끼는지를 가끔 상기시켜 주는 것이 훨씬 중요하다. 왜냐하면 청중의 태도 저변에 깔려 있는 생각과 감정을 상기시키는 것이 입장을 더욱더 견고하게 만들고 지속 가능하게 만들기 때문이다.

	적대적 청중	중립적 청중	우호적 청중
개괄적 목적	설득		
구체적 목적	납득시키기	관심을 불러일으키기	행동하게 하기
세부적인 설득 전략	• 실행 가능한 스피치 목표를 세운다. • 공감대를 형성한다. • 논리적 설득 전략을 강화한다.	• 주제에 대해 잘 모르면 먼저 정보를 제공하여 청중의 이해를 돕는다. • 주제에 대해 무관심하면 주제가 청중의 삶과 관련이 있다는 점을 들어 관심을 불러일으킨다. • 두 입장 사이에서 고민하면 반대 측의 주요 근거를 예상해서 이를 반론함으로써 자신의 주장을 강화한다.	• 감정에 호소해서 연사에 대한 지지 입장을 강화한다. • 실천하기 위한 로드맵을 제시한다. • 지속적으로 연사의 입장을 지지하게 하기 위해서 지지하는 이유에 대해 상기시켜 준다.

청중 태도에 따른 설득 전략

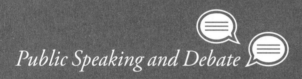

Public Speaking and Debate

제2부

토론

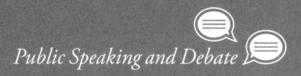

Public Speaking and Debate

제1장

토론에 대한 이해

　민주주의의 확산과 매체의 발달이 가속화되면서 토론의 기능과 역할도 급격히 확대되고 있다. 사람들은 자신의 주변을 둘러싸고 있는 정치·사회·경제적 현상들에 대한 의견 및 태도를 갖게 된다. 공공 사안에 대한 의견 및 태도는 개인의 주장으로 발전하고, 공동체 구성원간의 서로 다른 의견 및 태도는 현안과 쟁점으로 부상하게 되며 사회 구성원들은 이를 공공 영역에서의 토론을 통해 조정한다. 고대로부터 인류는 토론이 공동체 유지와 조정에 중요한 역할을 한다는 것을 인식하고 사회적 소통의 중요한 수단으로 활용하였다. 그리스와 로마 문명은 토론의 정치·사회적 기능과 역할을 인식하고 심도 있는 연구를 통해 토론을 학문으로 규정하였으며 시민교육의 기초로 활용하였다.

　그리스 문명은 공동체에서 서로 다른 의견 및 태도와 이에 기초한 주장이 정치·사회적 쟁점으로 발전하는 공공의 영역을 크게 세 가지로 분류하고 각 영역에서 일어나는 토론의 내용과 형식을 발전시켰다. 첫째, 법정에서는 사실 토론을 통해 진실을 밝혀 정의를 실현하는 것이 공동체 유지에 중요한 기능을 한다는 것을 인식하였다. 둘째, 의회에서는 공동체의 유용한 정책을 선택하기 위한 토론이 이루어진다는 것을 주지하고 정책 토론의 형식과 내용에 대한 연구를 하였다. 셋째, 공동체의 올바른 가치관을 정립하기 위해 가치 토론에 대한 형식과 내용을 발전시켰다. 이와 같이 그리스 문명은 법정에서의 정의(正義), 유용한 정책 선택을 통한 공동체의 행복, 공동체의 올바른 가치관을 정립하기 위한 세 종류의 토론을 정리하고 연구하였으며, 이를 레토릭(rhetoric)이라는 학문의 한 분야로 다루었다. 그리스 문명이 개발하고 연구한 토론의 방법은 로마 시대로 전승되었고 현대 서구 토론 문화의 기초로서 맥을 이어가게 된다.

반면 근대 서구 문명에 있어 시민 구성원에 대한 토론 교육은 현대화와 민주화의 기초가 되었으며 사회 구성원들의 합리적 의사결정에 중요한 기능을 해 왔다. 이처럼 토론에 대한 이해는 민주 공동체 유지와 조정을 원만히 하며 구성원들간의 갈등 해소에 도움을 주고 있다. 이런 점에서 토론 교육은 민주화를 추구하는 한국에서 중요한 기본 교양교육이 되어야 할 것이다.

1. 토론의 정의

우리의 언어생활에서 사용되는 토론에 대한 어휘와 영·미권의 언어생활에서 사용하는 토론의 어휘를 비교하면 토론에 대한 이해를 넓힐 수 있다. 영어에서 명사 '토론'은 debate, forensic, argumentation으로 널리 쓰이며 discussion, disputation, argument, quarrel 등도 문맥상 토론으로 번역될 수 있다. 이들 명사의 동사형도 '토론하다'로 번역되는 경우가 많다. 영·미권에서 의사소통 교육의 방법으로 토론이라 하면 일반적으로 'debate'라는 용어를 많이 사용한다. 특히 대학 교육에서 토론은 일반적으로 debate 혹은 forensic이라고 한다.

이 교재에서 토론은 '디베이트(debate)'를 의미한다. '디베이트'는 논제를 정하고 찬성과 반대 입장을 취한 후 주어진 형식에 따라 발언의 기회를 균등히 가지며 자신의 주장을 강화하고 상대의 주장을 반박하는 의사소통 교육의 한 방법이다. 우리말 토론(討論)의 의미 또한 어원적으로는 '디베이트'와 유사한 면을 찾을 수 있다. 토론은 토(討)와 론(論)으로, 토(討)는 다시 언(言)과 촌(寸)으로 구분할 수 있으며 론(論)은 언(言)과 륜(侖: 돌릴 륜)으로 나눌 수 있다. 즉, 토(討)는 말을 나누거나 분석한다는 의미를 내포하고 있으며 론(論)은 말을 돌려가며 진행한다는 뜻을 함축하고 있다(강태완 외, 2001). 영어의 '디베이트'는 '논쟁(論爭)'으로 번역할 수도 있다. 논쟁은 '말이나 글로 다툰다(爭)'는 뜻으로 '디베이트'란 말의 의미를 잘 표현하고 있다. 그러나 논쟁은 다툴 쟁의 어감이 강하여 이 교재에서는 '디베이트'를 토론으로 정의한다.

1) 아카데미 식 토론과 공공 토론

영·미권 대학 교육에서는 의사소통 능력 함양의 일환으로 활용하는 토론을 '아카데미 식 디베이트'로 한정하기도 한다. 아카데미 식 디베이트는 공공 토론과 다르다. 공공 토론은 공동체의 주어진 정치·사회적 쟁점과 현안을 현실적으로 조정하고 해결하기 위해 토론을 활용한다. 반면 아카데미 식 토론은 대학에서 의사소통 교육의 일환으로 토론을 활용하는 것을 의미한다.

공공 토론에서 토론자는 주어진 논제에 대한 찬성 입장과 반대 입장을 자신의 신념이나 가치관에 근거하여 전개하고 청중을 설득하려고 한다. 반면 아카데미 식 토론에서 토론자는 논제에 대한 자신의 신념이나 가치관과 상관없이 찬성 측이나 반대 측 입장을 번갈아가며 토론함으로써 의사소통 능력을 배양하게 된다. 정리하자면 아카데미 식 토론에서 토론자는 논제에 대한 자신의 입장과 관계없이 찬성 측과 반대 측 모두의 입장에서 주장할 수 있는 내용을 준비해야 한다.

2) 토론과 토의

토론을 토의와 비교·대조하면 토론에 대한 이해에 도움이 된다. 토론은 찬반 양측이 명확한 입장을 가지고 상대의 논리적 허점을 드러나게 하는 것이며 자신의 주장에 대한 논거를 합리적으로 제시하는 것이다. 그러나 토의는 자신의 입장보다 주어진 현안에 대한 해결책에 대해 논의하는 것이다. 토론은 일정한 형식과 절차를 통해 이루지만 토의는 형식의 제약을 상대적으로 덜 받으며 자유로운 의사 개진을 통해 이루어진다. 토론에서는 의견 대립을 인정하고 주어진 논제에 대한 찬반 입장을 분명히 한 후 상대와 청중을 설득하는 것을 목적으로 한다. 반면 토의는 일종의 집단적 사고이며 협의와 협동을 통해 주어진 현안에 대한 최선의 방안을 구성원들이 함께 강구하는 것이다. 토론에서는 상대 주장의 모순을 증명하고 자신의 관점을 관철하는 것이 목적이라면, 토의에서는 자신의 의견을 개진하여 최상의 해답을 함께 찾는 것이 목적이다. 이런 관점에서 토론은 비판적 사고력 향상을 위해 효과적인 교육 수단이라고 볼 수 있다. 토론은 상대 주장의 불합리한 추론과 오류를 찾아내는 능력을 기르며 자신의 주장에서 불합리한 추론과 오류를 수정하는 데 도움이 된다.

토론과 토의의 차이

구분	토론	토의
방법	특정한 형식과 절차	특정한 형식 없음
입장	논제에 대한 입장 찬·반 존재	자유로운 입장/ 해결책 찾음
전제	의견 대립 존재 인정	의견 대립 지양
과정	주장, 논박, 증명, 검증	협의, 논의/ 집단 사고
목적	청중 설득	문제 해결
결정	청중이 판단	구성원들이 판단

우리나라에서는 말하기에 대한 체계적인 교육이 부족하여 토의 식 수업을 하면 토의 참여자들 중 발언을 양보하거나 회피하는 경향이 많이 나타난다. 이런 사회·문화적 현상을 보완하기 위해 대학에서 실시하는 토론 식 수업은 학생들의 사고력 향상은 물론 의사표현의 기회를 균등히 제공하는 효율적인 교육 수단이며 방법이 된다. 토론에서는 발언자들에게 동등한 발언 기회가 주어지기 때문에 자기주장이나 표현에 다소 소극적인 학습자들도 토론자가 되면 적극적으로 자신의 입장을 표명하여야 한다. 또한 토론 식 수업을 통해 민주시민으로 양성할 수 있는 교육적 효과도 동시에 얻을 수 있다.

정리하자면, 우리말 토론은 광의적으로 다양한 의사소통의 형식을 내포하고 있으나 이책에서 의미하는 토론은 영어의 '디베이트'를 지칭하며, 협의적으로는 영어권 '아카데미 식토론'을 의미하는 것으로 규정된다. 또한 토론은 주어진 논제에 대해 일정한 형식과 절차에 따라 찬성과 반대 의견을 정한 후 각자 자신의 입장에서 의견을 합리적으로 주장하여 상대방 주장과 논거를 반박하며 청중을 설득하는 의사소통 행위로 정의된다.

2. 서구의 토론 문화와 한국의 토론 문화

토론이란 인간이 공동체를 구성할 때부터 이루어진 인간의 보편적 의사소통 행위이다. 고대로부터 서구 문명은 토론을 학문의 한 분야로 규정하고, 이를 정리하고 연구하여 근대 서구 문명 발전에 중요한 역할을 수행하도록 하였다. 중세에는 중세 나름대로 그리고 입헌 군주정에서는 그 정치체제에 적합한 토론이 이루어져 왔다. 근대에 들어와 민주주의가 확산되면서 공동체 의사결정 과정에 시민들의 참여가 증대됨에 따라 토론은 더욱 활발히 이루어졌다.

학문적으로 크게 발전하지는 못하였지만 토론은 동아시아 문명에서도 중요하게 다루어져 왔다. 우리나라에서도 최근에 들어와 민주화와 함께 토론의 중요성이 부각되고 토론 교육의 필요성이 강조되고 있다. 이 단원에서는 토론의 역사와 토론 교육의 현황을 살펴보며 토론의 사회적 기능과 토론 교육의 효과에 대해 논의해 보기로 한다.

1) 그리스 문명과 토론 문화

현대 토론 교육의 형식과 내용은 그리스 문명이 개발한 형식과 내용에 바탕을 두고 있다. 토론은 인류가 공동체를 구성할 때부터 자연적으로 등장하는 의사소통의 보편적 행위이다. 그러나 토론을 학문의 한 분야로 인식하고 공동체의 쟁점에 대한 조정과 제도적인 조정과 해결의 수단으로 이용한 것은 그리스 문명이다. 고대 그리스 도시국가들은 정치 민회에서 정책의 효율성에 관해, 법정에서는 범죄 사실 유무에 관해, 그리고 공동체의 관습이나 가치의 옳고 그름을 판단하기 위해 토론을 많이 활용하였다.

그리스 공동체 중 아테네는 민주주의를 채택하였는데 정치·경제·사회·법적 주요 사안들을 토론으로 결정하였다. 시민들로 구성된 민회에서는 공동체의 주요 사안들인 국방, 외교, 납세, 경제 등에 관한 정책의 효율성을 토론에 부쳤다. 법정에서는 범죄에 대한 사실 유무와 그에 대한 형벌을 따져 공동체의 정의를 실현하기 위한 법정 토론이 발전하였다. 그리고 축제나 제례 의식(祭禮 儀式)을 할 때에도 공동체의 관습이나 가치의 옳고 그름을 판단하기 위한 가치 토론이 활성화되었다.

(1) 그리스 문명과 토론의 전개

먼저 법정 토론을 보면 아테네 시민들이면 누구나 소송을 제기할 수 있었는데, 당시는 종이와 같은 기록 매체가 발전되지 않은 상황이라 토지 관련 소송이 많았다. 소송 당사자들은 법정에서 토론을 하게 되었으며 시간을 지키기 위해 물시계가 사용되고 소송의 규모에 따라 변론 시간도 달리 설정되었다. 5천 드라크마(화폐단위)가 넘는 송사인 경우 기소는 10콘기우스(물 양동이), 변호는 3콘기우스만큼의 시간이 주어졌다. 1천에서 5천 드라크마 사이의 송사는 기소에 7콘기우스와 변호에는 3콘기우스의 시간이 할당되었고, 1천 드라크마 이하는 기소에 5, 변호에 2콘기우스의 시간이 주어졌다. 그리스 초기부터 법정 토론 기술의 발전과 연구가 체계적으로 진행되었다. 초기에 법정 토론을 벌인 곳은 '아레스 신의 언덕'이라는 의미의 아레오파고스(Areo Pagos)인데 이곳은 아크로폴리스에서 파르테논 신전으로 올라가는 산등성이에 있는 장소이다. 극장도 없는 초기 그리스에서 비탈진 산등성이인 이곳은 수십, 수백 명이 높은 곳에 모여 앉아 낮은 곳에서 발언하는 소송 당사자들의 소리를 쉽게 들을 수 있는 적합한 장소였다. 이후 아레오파고스라는 장소명은 아레오파지티카(Areopagitica)라는 사회제도를 나타내는 명사로 발전하게 된다. 그리스 초기 아레오파지티카에서 아테네의 10개 부족 대표들이 참여하여 토론을 하였으나 민주정이 채택된 후에는 수백 명의 시민들이 참여하는 토론으로 발전되었다.

아레오파지티카에서는 현대의 의회가 하는 역할인 정책 결정을 위한 토론도 이루어졌다. 이 정책 토론에서는 아테네 공동체의 미래를 선택하기 위해 새로운 정책을 발의하는 측과 변화를 반대하는 측이 공방을 벌였다. 정책과 관련한 토론에서 발의자는 현 상태의 문제점을 지적하고 변화해야 하는 당위성을 강조한 반면, 반대 측은 현 상태 유지의 필요성과 당위성을 논증하고 다른 대안으로 서로의 주장을 검증하고 반박하며 효율적 정책을 채택하였다. 이러한 그리스 토론의 방법은 현대 정책 토론 교육의 기초가 되었다.

폴리스의 중심부에 있는 광장인 아고라(Agora)에서는 아테네 시민이면 누구나 자신의 의사표현을 자유롭게 할 수 있었다. 아고라에서 발표의 방법이나 절차는 자유로웠으나 아레오파지티카에서는 발언의 순서나 시간이 정해져 있었다. 아테네의 민주정이 발전함에 따라 민회(Ecclesia)가 형성되었고, 이곳에서도 정책 토론이 많이 이루어졌다. 이와 같이 그리스 아테네의 토론은 아레오파지티카, 아고라, 민회 등에서 활성화되었다.

아테네 시민들은 이러한 장소에 모였을 때 공동체의 기념일 행사나 신에 대한 축제를 함께 열었는데, 이때 공동체의 관습과 가치관에 대한 가치 토론이 많이 이루어졌다. 예를 들어 파리스 왕자의 유혹에 넘어가 트로이와 그리스 간의 전쟁을 유발한 '스파르타의 왕비 헬렌은 마녀인가 아니면 여전히 존경받아야 할 미녀인가.'라는 가치관에 대한 토론이 대표적 사례라 할 수 있다. 이러한 가치 토론에서는 미화법과 과장법 혹은 비난법과 축소법 등 청중의 감정에 호소하는 수사학적 기법이 많이 사용되었으며, 이러한 전통들은 현대 토론 교육에서 가치 토론의 기초가 되었다.

(2) 토론의 종류

그리스인들은 토론을 체계적으로 연구하고 구분하고 각 토론에서 나타나는 특성들에 대해 정리하였다. 그리스인들이 정리한 법정에서 일어나는 과거 행위에 관한 사실 토론, 공동체 미래 방향에 대한 정책 토론, 공동체의 올바른 관습이나 이념을 추구하는 가치 토론의 구성 내용을 표로 정리하면 다음과 같다. 현대 토론 교육에서도 다음에 나오는 토론의 주제를 바탕으로 토론의 종류를 세 가지로 구분하고 있다.

토론의 종류

구분	사실 토론	정책 토론	가치 토론
시 간	과거	미래	현재
주제	사실	정책	가치
목 적	사회 정의	정책의 유용성	공동체의 선 · 미
언어 기법	논법	사례, 유추	과장, 미화/비평, 축소
청중의 역할	재판관, 배심원	정책 결정자	구경꾼

첫째, 사실 토론은 주로 법정에서 이루어지는 토론을 말한다. 과거에 대한 사실을 주제로 논리적인 근거를 통한 주장이 많이 검토되며 청중들은 양측의 의견을 듣고 사회정의 실현을 위해 피고 측의 범죄 유무를 판단하여야 한다. 둘째, 정책 토론은 의회에서 행해지는 토론으로 미래에 대한 정책을 주제로 정책 방향의 최선책을 찾기 위한 토론이다. 주장에 대한 근거로 사례나 유추 기법이 자주 등장하며 청중들은 양측의 의견을 들은 후 공동체를 위한 최선의 정책을 선택하게 된다. 셋째, 가치 토론은 기념식이나 축제 같은 의례에서 현재 공동체의 올바른 가치가 무엇인가를 검토하는 토론을 말한다. 자신들이 옹호하는 가치에 대해서는 미화하거나 과장된 어휘를 선택하고 상대 가치에 대해서는 축소하거나 비판적인 기법을 활용한다. 그리스 문명이 체계화하고 로마 문명이 발전시킨 위 세 가지 종류의 토론에 대한 내용 구성 방법은 토론 내용 구성 원리의 장에서 상세히 살펴보기로 하겠다.

2) 로마 시대와 중세 토론

(1) 로마 공화정과 토론

로마는 그리스 문명을 계승하여 토론의 중요성을 인식하였고 특히 토론의 실용성을 강조하며 학문으로 심화시켰다. 공화정을 택한 초기 로마에서 토론은 의회와 포럼(forum)이란 공간에서 주로 이루어졌으며 특히 로마 의회인 원로원과 민회는 치열한 토론장이었다. 로마 의회에서 이루어진 토론의 내용이 기록으로 많이 전해져 오고 있으며 로마 원로원의 토론 내용은 현대 서구 정치 토론의 전형이 되기도 한다. 예를 들어 기원전 1세기 반란을 일으킨 카틸리나에 대한 마르쿠스 키케로(Marcus Cicero)의 탄핵 연설은 현대 대통령 탄핵 토론의 전범으로 활용된다.

키케로는 로마 의회에서 벌어진 토론 내용은 물론 로마 법정에서 벌어진 토론 내용을 기록으로 많이 남겼으며 그리스 토론학을 학문적으로 로마의 공화정에 맞게 재구성하였다. 그의 로마 토론 기록은 서구 근·현대 문학가들에 의해 연극의 대본으로 재생산되고 있기도 하다. 카이사르를 살해한 브루투스와 안토니우스의 토론이 좋은 사례이다. 브루투스가 '독재를 막고 공화정을 지키기 위해 카이사르를 제거하였다.'고 항변하자 안토니우스가 '브루투스를 아들처럼 키워 준 아버지 같은 카이사르를 살해한 배신자'라며 반론을 제기하기도 하였다. 공화정 시대의 키케로가 토론의 방법을 발전시킨 이후, 로마 제국시대에도 토론은 시민교육의 기본 과목으로 자리 잡으며 로마 제국 유지에 중요한 역할을 하게 된다.

(2) 로마 제국과 토론

아우구스투스 황제의 등극에 따라 공화정은 막을 내렸지만 기원후 1세기 퀸틸리아누스는 토론을 체계적으로 공교육에 편입시켰다. 공화정 이후 로마에서 토론 교육은 로마 시민교육의 중요한 부분이었으며 로마 제국의 유지에 크게 기여하였다. 퀸틸리아누스 토론 교육에는 좋은 대본 따라 읽기와 외우기는 물론 상대를 속일 줄 아는 기법 등도 포함되었다. 상대를 속일 줄 알아야 자신이 속임을 당하지 않는다는 전제하에 토론의 다양한 기법을 시민들에게 교육하였던 것이다. 퀸틸리아누스는 '덕망을 갖춘 훌륭한 화자'를 길러 내는 것을 로마 교육의 목표로 삼았다. 퀸틸리아누스가 확립한 교양교육의 기본 3과목인 문법, 논리학, 수사학은 이후 현대 서구 교양교육의 기초로 발전하게 된다. 그리고 이런 토론 교육을 받은 로마 시민들은 방대한 로마 제국 유지에 중요한 역할을 하게 된다. 당시 광대한 제국의 지배를 가능하게 했던 로마 법정 토론의 단초는 성경에도 나타나 있다. 예수가 활동할 당시 로마는 각 지배지에서 총독이 주관하는 법정 토론 없이 사형에 대한 판결을 할 수 없도록 법으로 정하고 있었다. 바리새인들이 고소한 예수의 사형 결정은 법정 토론에서 이루어지며 이때 주관한 사람은 로마의 본디오 빌라도 총독으로 이 과정에 대해서는 성경에도 잘 드러나 있다. 이처럼 로마와 수천 킬로 떨어진 지배지에서도 피의자의 생사에 관한 결정은 로마 법정 토론의 절차를 거치게 하였던 것이다.

(3) 중세와 토론

그러나 중세에 들어와 토론은 종교의 영역에서 주로 이루어졌으며 일반 시민들은 토론 교육을 받을 기회를 얻지 못하였다. 중세에는 종교의 원리에 대한 토론이 기록으로 남아 있는데, '삼위일체', '성모 마리아', '연옥 교리'에 대한 토론이 그 대표적 사례이다. 중세 종교 토론이 남긴 제도 중 현대에도 널리 활용되는 것을 들자면 토론에서 '악의 대변인(devil's advocate)' 역할을 하는 제도이다. 교황청에서는 성인 예비후보자나 추기경을 검증하는 과정을 철저히 하기 위해 '신의 대변인(God's advocate)' 사무부서와 '악의 대변인' 사무부서를 설립하였다. '신의 대변인' 부서는 성인 후보자의 장점만 찾는 반면, '악의 대변인' 부서는 해당 성인 후보자의 과거 모든 전력을 조사하고 성인이 되지 않아야 할 이유만을 찾는 역할을 담당하였다. '악의 대변인' 부서는 '신의 대변인' 부서가 주장하는 후보자의 장점을 반대하는 입장만 담당하였다. 이런 과정을 통해 성인 후보자가 진정으로 성인의 반열에 오를 자격이 있는가를 철저히 검증하였다. 교황청은 '악의 대변인' 부서 제도를 계속 운영해 오다가 20세기 초반에 폐쇄하였다.

그러나 교황청의 이런 전통은 서구 토론 문화에 영향을 미쳤다. 현재도 서구에서는 팀미팅을 하면 리더가 회의 구성원 중 한 명을 '악의 대변인' 역할을 담당하라고 지정하는 경우가 자주 있다. '악의 대변인'으로 선정된 사람은 다른 발언자들의 주장과 논리를 무조건 비판적으로 점검하는 역할을 한다. 다시 말해 토론이나 토의에서 각 발언자의 주장을 무조건 비판적으로 점검하는 토론 내용의 '논리 점검자'라고 할 수 있다.

이처럼 그리스 문화를 계승한 로마는 공화정과 제국을 위한 토론의 정치·사회적 실용성을 강조하였으나, 중세에 들어와 토론은 종교 토론으로 축소되었다. 그러나 중세에도 공중들의 의사소통은 도시의 중심에 위치한 플라자(plaza)에서 지속되었다. 이후 그리스와 로마의 토론 전통은 르네상스를 거치며 근대에 들어와 재발견되고 재구성되어 서구 사회의 발전과 교육의 중요한 부분으로 다시 부상하게 된다.

3) 영국과 미국 민주주의와 토론

(1) 영국 민주주의와 토론의 발전

18세기에 들어와 민주주의의 확산으로 인해 영국 의회에서는 토론이 활발히 이루어지게 된다. 그리고 영국 의회 토론 전통은 타 근대 국가들의 의회 토론에 큰 영향을 미쳤으며 현대 토론 교육의 규범이 되었다. 현대 토론 교육인 의회 식 토론은 영국 의회 토론의 전통을 계승하고 있다. 의회 식 토론에서 수상이 첫 발언자로 나선 다음 질문자가 일어날 때 머리에 손을 올리는 행위를 한다. 이는 근대 영국 의원들이 가발을 썼으며 질문을 하기 위해 갑자기 일어날 때 가발이 벗겨지지 않게 하기 위해 가발을 잡던 행위를 계승하기 위해 상징적으로 머리에 손을 올리는 것에서 유래하였다. 대학간 토론회를 최초로 개최한 곳도 영국이다. 14세기 영국 옥스퍼드와 캠브리지 학생들은 최초로 대학간 토론회를 개최한 것으로 전해진다. 당시 영국의 일반 시민들은 카페(cafe)에서 토론을 자주 하였으며, 근대 프랑스 시민들은 살롱(saloon)에서 열띤 토론을 펼치며 민주주의 문화를 만들어 갔다.

(2) 미국 식 민주주의: 토론의 확산과 토론 교육

영국의 토론 전통은 식민지인 미국으로 건너가 미국 식 대중 민주주의와 함께 발전하게 된다. 18세기부터 시민들이 자유롭게 참여하는 '타운홀 미팅(townhall meeting)' 토론이 그 대표적인 사례이며, 지금도 미국에서는 공동체의 현안이 있을 때마다 '타운홀 미팅' 토론을 자주 하고 있다. 19세기에는 시민 토론 교육의 일환으로 '리시움' 토론 운동이 발전하게 된다.

미국 식 민주주의의 정치 토론 분야에서는 링컨과 더글러스 간에 벌어진 토론회가 유명하다. 총 7차례 치러진 이 토론은 현대 대통령 선거 토론의 원조가 된다. 무명의 변호사 에이브라함 링컨이 1858년 미국 일리노이주 상원의원이었던 스테픈 더글러스와 벌인 이 선거토론은 노예제에 대한 찬반이 주요 쟁점이었으며 두 후보의 격렬한 논쟁은 일리노이주 유권자는 물론 전 미국 시민들의 관심을 불러일으켰다. 이 선거에서 링컨은 낙선하였지만 전국적인 지명도를 높이는 계기가 마련되었고, 이를 바탕으로 2년 후인 1860년에 대통령에 당선하게 된다. 이를 기념하기 위해 개발된 교육 토론 방식이 링컨─더글러스 방식이다. 이는 일대일 토론을 원형으로 하고 있으며 대체로 가치 주제를 논제로 채택하는 전통을 유지한다.

20세기 들어와 라디오와 텔레비전의 발달로 인해 다양한 토론이 매스 미디어를 통해 방송되었으며, 1960년 미국 대통령 선거에서는 닉슨과 케네디가 최초로 선거 방송 토론을 벌였다. 이후 대선 토론은 미국 대통령 선거 캠페인의 중요한 정치 과정과 제도로서 자리 잡게 되었으며 1997년 15대 한국 대통령 선거에서도 방송 토론이 처음으로 개최되었다.

미국에서는 1920년대에 처음 대학간 토론 토너먼트가 열렸으며, 1947년 미국 육군사관학교에서 전국 대학생 토너먼트가 처음 열린 후 토론 문화는 대학에 급속히 확산되었다. 이후 각 대학은 인접한 대학과 토론 시합을 상시로 벌인다. 현재 미국에서는 수천 개의 대학 토론 클럽이 있으며, 대학 토론 클럽들은 우리나라 대학의 동아리 정도의 위상이 아닌 정식 학교 기구로 인정받고 있고, 감독과 코치를 고용할 수 있는 재정 지원도 이루어지고 있다. 미국 대학은 학교간 토론대회를 상시로 개최하는 것은 물론 해당 지역 고교생과 시민 토론 교육을 위한 프로그램도 담당하고 있다. 이러한 미국의 정치 토론, 시민 토론 교육, 대학 토론 교육은 현대 미국 식 민주주의의 기초가 되고 있다.

4) 한국과 동아시아의 토론 문화

(1) 한국의 토론 문화

우리나라에서도 고대로부터 정치·사회·문화적 현안들을 해결하기 위해 자연스럽게 토론이 이루어져 왔다. 정책 결정이나 범죄의 유무에 대한 판단 혹은 가치에 대한 판단을 위해 토론한 내용들이 역사 기록으로도 존재하고 있다. 삼국시대 신라의 화백회의가 대표적 토론 제도였으며 고려시대와 조선시대에도 토론은 거의 모든 사회 영역에서 이루어졌다. 고려 왕조 실록이나 조선 왕조 실록들은 토론의 내용들을 풍부하게 담고 있다. 고려시대와 조선시대의 왕조실록들에는 조정에서 왕과 신하들이 국사를 논제로 하여 서로의 의견을 개진한 토론 내용들이 포함되어 있다. 원나라나 청나라의 침공에 대해 척화를 할 것이냐 강화를 할 것이냐의 정책 토론은 물론 부모상을 3년을 치를 것이냐 1년을 치를 것이냐에 대한 가치 토론 등 우리나라에서도 역사적으로 정치·사회적 현안들에 대한 토론들이 많이 이루어져 왔으며, 이때 조정은 거의 매일 토론이 벌어지는 장소였다.

고려시대와 조선시대의 의금부에서는 죄인의 범죄 유무에 관한 토론을 펼쳤으며, 사간원에서는 국가의 정책이나 인물들에 대한 토론을 열었으며, 왕과 의견이 다를 때는 왕과 직접 토론을 벌이기도 하였다. 또한 사헌부에서는 사회의 관습이나 풍속을 관장하는 가치 토론이 이루어졌다. 조정의 토론을 기록한 왕조실록, 범죄 사실을 다룬 의금부의 기록, 정책을 토론한 사간원의 기록, 가치를 토론한 사헌부의 기록들은 우리나라뿐 아니라 동아시아 토론 문명의 훌륭한 역사적 자산들이다.

조선시대 성균관 과거 시험의 최종 시험은 글로 이루어진 토론이며 이를 책문이라 하였다. 이들 책문에도 정책 토론과 가치 토론들이 많이 등장한다. 예를 들어, 중종이 제시한 '술의 폐해는 무엇인가?'라는 논제에 김구라는 신하는 '마음이 아니라 법으로만 금지하기에'라며 반론을 제기하였고, 광해군의 '지금 가장 시급한 나랏일이 무엇인가?'라는 질문에 대해 임숙영은 '나라의 병은 왕 바로 당신에게 있습니다.'라는 의견을 개진하였다.

현재 규장각 도서관이 소장하고 있는 지방 현감들의 죄인 문책 기록들 또한 법정 토론의 훌륭한 사료들이다. 전국 각 지역에서 일어난 살인이나 강도와 같은 강력 사건에 대한 문초와 심문의 기록들이 언문으로 잘 기록되어 있다.

조선시대 법정 토론의 내용과 방법들은 소설 『춘향전』에서도 나타난다. 『춘향전』에서는 어사 이몽룡이 변학도를 심문하는 과정에서 법정 토론의 내용이 잘 묘사되어 있다. 정책이나 법정 토론 외에 종교에 관한 가치 토론의 기록도 풍부한데, 불교의 돈오돈수와 돈오점수 토론이 좋은 사례이다. 그리고 조선시대의 이기일원론과 이기이원론 같은 논쟁은 지식 토론의 정수라고 할 수 있다.

근대에 들어와 조선 말기와 대한제국 개화기에 서재필, 이상재, 이승만, 윤치호 등은 독립협회를 설립하고 토론회를 통해 국민계몽운동을 하였으며, 도산 안창호는 흥사단을 결성하고 활발한 토론 운동을 전개하였다. 이후 대한제국은 일제 강점기를 맞으며 의사표현의 자유를 강탈당하고 토론은 억압당한다.

이후 1980년대 후반 민주화가 진척됨에 따라 토론 문화는 더욱 급속히 확산되었다.

1990년대에 들어와 대중 매체에 찬반 토론이 등장하기 시작하였으며 지금은 각 방송사들마다 고정 토론 프로그램을 편성하고 있다. 1997년 15대 대통령 선거 토론을 시작으로 2002, 2007, 2012년 대통령 선거에서의 후보자 토론은 물론 각종 자치단체장과 의원 선거에서도 후보자간 토론은 중요한 제도로 정착되었다. 공공의 영역에서 토론의 정치·사회적 확산과 함께 각급 교육 단위에서 토론 교육의 필요성이 급증하였으며 대학 교육에서도 토론 교육을 편성하기 시작하였다. 각 대학들은 2000년 초부터 토론 교육을 교과과정에 편성하기 시작하였으며 2000년부터는 매년 다양한 전국 대학생 토론대회가 열리고 있다. 2010년 성균관대, 연세대, 한양대, 경희대가 모여 국내 최초로 대학생 토론 동아리 연합을 결성하였으며, 2011년에는 성균관대, 서울대, 연세대, 한양대, 서울여대, 숙명여대, 이화여대, 한동대 등이 주축이 되어 전국 대학생 토론 동아리 연합을 만들었다. 이들 토론 동아리들은 각종 토론 대회에 출전하거나 대학간 토론 대회를 통해 의사소통 능력을 함양하고 있다.

(2) 중국과 일본의 토론 교육

이웃 나라 중국과 일본도 토론 교육을 강조하고 있다. 한국과 마찬가지로 중국과 일본에서도 토론이 중요한 사회적 기능을 하였지만 하나의 학문 분야로 정착하지는 못하였다. 그러나 최근 중국에서는 중국, 대만, 홍콩 학자들을 중심으로 고대 중국에서 토론의 개념이 어떻게 형성되었으며 사회적 기능은 무엇이었는가에 대한 연구가 활발히 이루어지고 있다. 특히 춘추전국시대 제자백가들의 토론에 대한 연구가 서구에 많이 소개되고 있으며 공자, 노자, 장자의 토론에 대한 기법과 방법들을 서구의 개념으로 재해석하는 작업 역시 활발히 이루어지고 있다. 2002년에는 중국 중앙방송국(CCTV)이 전국 대학생 토론대회 결승전을 생중계하기도 하였다. 또한 2012년 국제토론교육협회(IDEA: International Debate Education Association)의 북경 사무소가 설립되어 토론 교육에 더욱더 박차를 가하고 있다.

일본의 경우, 일본 게이오 대학의 설립자이며 근대 일본의 정신적 지주인 후쿠자와 유기치(1835~1901)는 일본인들의 의사표현 능력 함양을 근대 교육의 주요 목표로 삼았다. 이러한 영향으로 게이오 대학 토론팀은 아시아 토론대회는 물론 세계 토론대회에도 참여하여 우수한 성적을 올리며 세계적으로 명성을 높이고 있다. 일본의 1만 엔 지폐에 등장하기도 하는 후쿠자와 유기치는 김옥균과 박영효 등 조선 말 개화파의 스승이기도 하였으나 갑오개혁이 실패로 끝나자 이후 일본 극우 보수파인 정한파의 정신적 지주가 되어 일제 강점기를 옹호한 인물이기도 하다. 20세기 초반부터 2차 세계대전 패망까지 일본에서는 군국주의로 인해 토론 교육이 사라진다. 그러나 패망 후 1950년대부터 일본의 토론 교육은 다시 활성화되었다. 1960년대부터 일본 대학생 토론 대회 수상자들은 미국과 유럽 대학생들과 매년 영어 토론 투어를 하고 있다.

3. 토론과 의사소통 교육

철학자 칼 포퍼(Karl Popper)는 '우리가 믿고 있는 것들은 틀릴 수 있다. 그러므로 질의와 응답을 통해 주장을 검증해야 한다.'고 말하였다. 주장을 진리라고 믿는 것은 위험하다. 강한 반론을 통하여 검증된 주장은 설득력을 가지게 된다. 그러나 반론을 허용하지 않고 진실이라고 믿는 것은 맹신에 가까운 것이다. 자신의 주장에 대한 반대나 비판에 개방적이며 적극적으로 대처하고 반대 의견에 대한 오류를 지적할 때 자신의 주장은 더 강해지는 것이다. 토론의 교육적 효과를 정리하면 다음과 같다.

1) 토론은 비판적 사고력을 함양한다

현명한 의사결정은 비판적 사고력으로부터 나온다. 그러므로 비판적 사고능력의 배양은 지식을 습득하고 교육을 받는 중요한 목표 중 하나이다. 비판적 사고란 주어진 주장에 관해 합리적 결정을 내리는 과정이다. 즉, 애매모호한 믿음이나 지식에 대해 분석하고 비평하며 추론으로부터 확실한 결론에 이르는 이성의 과정이 비판적 사고의 과정인 것이다. 비판적 사고를 통해 의견과 사실이 구분되고 믿음과 지식이 구별되며 불명확한 오류들이 제거될 수 있다. 비판적 사고는 의사결정에 영향을 미친다. 의사결정은 정확한 증거나 합리적이고 타당한 추론에 근거한 판단이어야 한다. 토론은 논제에 대해 합리적 판단을 내리기 위해 질의와 응답을 하는 검증 형식으로 진행되는데 이 질의와 응답의 검증 과정에서 비판적 사고는 필수적이다. 이런 점에서 토론은 비판적 사고를 기초로 하고 있으며 토론과 비판적 사고는 상호 보완적이다. 또한 토론은 비판적 듣기 능력도 향상시킨다. 토론자들은 비판적으로 상대의 주장을 듣고 메모를 통해 상대 주장의 약점을 파악하고 공략하는 것에 집중해야 한다. 이러한 차원에서 토론 실습은 비판적 듣기 능력을 배양한다.

2) 토론은 의사소통 능력을 길러 준다

토론자는 토론 자료를 준비하면서 주장에 대한 근거를 탐구하고 내용을 배열하며 이를 표현하는 훈련을 통해서 내용 구성 능력과 표현 능력 함양을 경험하게 된다. 방대하게 조사한 자료를 주어진 시간에 맞추어 명료하게 구성하고 증명해야 하며 질의—응답 과정에서 즉흥적인 반박을 제시해야 하기 때문에 자료를 체계적으로 정리하는 능력 배양에 도움이 된다. 또한 토론은 대립되는 상대와 의사소통을 하는 과정이기 때문에 즉흥적인 내용 구성과 전달 능력을 강화하는 훈련의 수단이 된다. 자기의 주장을 전개하는 과정에서 목소리, 눈맞춤, 자세와 동작은 물론 얼굴 표정까지 청중이나 심사자들이 어떻게 받아들일 것인가를 점검함으로써 자신의 의사소통 능력을 함양할 수 있다. 이런 과정을 통해 토론자들은 성찰적 사고를 하게 되며 인지적 성장은 물론 능동적 자아를 계발하게 된다. 청중이나 심사자들의 반응을 통해 자신의 의사소통 방식을 교정하고 향상시켜 나감으로써 의사소통 능력을 배양할 수 있다.

3) 토론은 지식을 통합하는 방법을 함양한다

토론자들은 논제에 대한 개인적 믿음이나 가치관과 상관없이 주어진 논제에 대해 찬성혹은 반대의 입장을 밝히고 자기의 주장과 논거를 전개하는 훈련을 함으로써 지식의 통합을 경험하게 된다. 또한 토론자들은 논제에 대한 찬성과 반대 측 주장, 논거, 근거, 자료들을 준비하는 과정에서 주어진 사안에 대한 지식의 폭과 깊이가 넓어지게 된다. 토론자들은 토론을 준비하는 과정에서 ① 도서관이나 인터넷에서 자료를 수집하는 방법, ② 내용을 구성하고 분석하는 능력, ③ 자료와 정보를 자신의 입장에 맞게 평가하는 방법, ④ 자료를 통합하는 능력 등이 배양된다.

4) 토론은 민주적 의사결정 과정과 절차를 존중하는 소양을 기른다

토론 교육은 합리적인 절차와 정해진 형식에 따라 진행되고 발언의 기회를 균등하게 가짐으로써 민주적 의사 표현의 원리를 체득하게 한다. 또한 자신의 주장에 대한 검증과 반박을 수용하는 자세를 갖게 함으로써 성숙한 민주 시민의 자질을 길러 준다. 토론은 반대 의견을 받아들이라는 것이 아니라 반대 의견이 존재하며 이를 반박과 검증의 대상으로 수용하라는 것이다. 토론은 자신과 같은 의견을 전개하는 사람들의 주장이 어떤 장단점이 있는지, 반대하는 주장은 어떤 장단점이 있는지를 알게 해 준다. 그리고 토론 교육은 정책을 제안하는 입안자들과 그들에 반대하는 집단들의 주장들을 비판적으로 듣고 판단할 수 있는 능력을 길러 주기 때문에 민주주의를 원활하게 한다. 나아가 토론 교육은 숙의(심의) 민주주의와 참여 민주주의의 확산을 가져온다.

5) 토론은 공동체에 대한 이해와 관심을 넓히게 된다

논제들은 공동체의 현안으로 이루어져 있고 주어진 공동체의 논제에 관해 집중적으로 탐구하며 관련된 정보를 폭넓게 탐색하는 기회를 가짐으로써 토론자들은 공동체에 대한 이해를 넓히게 된다. 토론 참여 기회는 정치, 사회, 문화, 경영, 경제는 물론 과학, 종교, 가족, 스포츠 등 다양한 부문의 현안에 대해 이해의 폭을 넓힐 수 있게 한다. 그리고 토론 교육에서 택하는 다양한 분야의 논제들은 전공 과정의 지식 외에도 공동체의 시사적 현안에 관한 지식의 폭을 넓혀 준다.

4. 토론 윤리

토론에서는 무엇보다 윤리가 중요하다. 토론은 사고, 읽기, 듣기, 표현, 쓰기 등으로 구성된 의사소통 5종 경기라고 할 수 있다. 토론은 현장에서 상대와 청중을 두고 펼치는 경쟁적 의사소통 행위이다. 경쟁적 의사소통을 하므로 토론은 자연히 대립적이게 된다. 그러나 토론이 의견의 대립을 넘어 감정적 대결로 이어지면 곤란하다. 토론자들은 토론에 임하기 전 윤리적 사안을 숙지해야 하며 윤리적 허용 범위 안에서 경쟁해야 한다. 토론은 말로써 하는 즉각적 상호작용 행위이므로 효율적인 언어와 비언어를 활용하는 것이 중요하다. 말로써 직접 얼굴을 맞대고 하는 행위라 감정이 개입되기 쉽다. 토론은 감성에 의한 설득보다 논리적 설득을 훈련하는 교육적 행위이며 논리적 구성만큼이나 예절과 상대에 대한 존중도 중요하다. 토론의 윤리적 관점을 정리하면 다음과 같다.

1) 의사 표현의 자유란 관점에서 개방적이고 관용적이어야 한다

토론자는 토론에서 제시되는 내용에 대해 개방적이어야 하며 관용적이어야 한다. 토론자는 사고와 가치에 대해 개방적이어야 하고, 토론 현장은 쟁점 해결을 위해서 가능한 모든 생각과 사고를 표현할 수 있는 공간이어야 한다. 토론자는 상대의 생각이나 사고를 관용적으로 청취해야 한다. 이는 상대의 생각과 사고를 수용하라는 것은 아니다. 상대의 사고와 생각의 오류와 허점은 비판 대상이지만 상대의 생각과 사고를 합리적 근거 없이 비판하는 행위는 삼가야 할 것이다. 토론은 절대적 진리가 선험적으로 먼저 존재하지 않는 것을 전제로 하며 찬성과 반대의 의견이 맞붙어 논쟁을 통해 진실을 찾아가는 과정이라는 것을 명심해야 한다. 토론은 생각과 사고의 자유시장인 것이다.

2) 토론 구성원들을 존중해야 한다

의사 표현의 자유에 따른 책임으로 상대에 대한 존중은 물론 팀원에 대한 존중 그리고 청중에 대한 존중은 필수적이다. 상대의 주장은 반격 대상이나 상대방 토론자 자체의 인격은 반격의 대상이 아니다. 예를 들어 '상대의 주장은 억지입니다', '말도 안 됩니다', '유아적 발상입니다', '외눈박이 식 사고입니다' 등과 같은 인신공격성의 발언은 삼가야 한다. 또한 특정 계층이나 집단에 편견을 갖고 폄훼하거나 상대의 감정을 자극하는 것을 목적으로 하는 비속어 사용도 자제되어야 한다. 그리고 팀원간의 협동심을 발휘해야 토론은 승리할 수 있다. 따라서 같은 팀 구성원에 대한 예의도 갖추어야 할 것이다. 팀원이 상대의 공격에 적절히 대처하지 못한다고 해서 얼굴을 붉히거나 실망스런 표정을 하지 않아야 한다. 상대의 주장을 들을 때도 마찬가지이다. 상대방의 주장에 무시, 격분, 가소로움, 어처구니없음을 나타내는 표정이나 행위를 삼가야 한다. 상대가 허약한 근거를 제시하였다고 해서 지나치게 자신 있는 표정이나 행위를 보이는 것도 청중이나 심사자들에게 감점 요인으로 작용할 수 있다. 청중들이나 심사자들은 항상 현장에 있기 때문에 상대방을 존중하지 않고 무시하는 비언어적 행위를 놓치지 않는다.

3) 정직해야 한다

근거, 증거, 자료 등은 토론에 중요한 역할을 한다. 근거 자료 제시 및 활용은 정직하게 해야 하며 상대의 증거 요청에는 솔직하게 임해야 한다. 쟁점에 대한 합리적 판단을 내리기 위해 청중은 정보에 대해 알 권리를 가진다. 사례, 통계자료, 인용, 전문가 의견 등을 논거로 제시할 때는 정확하고 구체적으로 출처를 밝히는 것이 원칙이다. 상대 측으로부터 자료 출처에 대한 요청이 있었는데도 자기편의 승리만을 위해 숨기거나 모르는 척하지 말아야 한다. 또한 근거, 증거, 자료 등의 출처를 속이거나 조작 혹은 왜곡하는 행위는 절대로 해서는 안 될 것이다.

4) 토론은 공정하게 진행되어야 한다

토론이 갖고 있는 경쟁의 원리는 토론자들의 교육 동기를 자극한다. 토론 실습의 목적은 경쟁에서 이기는 것이 아니라 토론을 학습하는 것이지만 공정성이 보장될 때 최대의 교육 효과를 얻을 수 있다. 토론에서 심사자들도 공정성을 잃지 않아야 한다. 면식이 있는 토론자라고 해서 혹은 토론자의 주장이 심사자 자신의 가치와 이념과 동일하다고 해서 더 좋은 평가를 내리는 일은 없어야 한다.

제2장

토론의 형식

　앞 장에서 토론의 종류를 주제의 속성에 따라 정책 토론, 가치 토론, 사실 토론으로 분류하였다. 이 장에서는 토론의 다양한 형식을 소개한다. 토론의 형식은 토론의 기본 구성요소인 입론, 질문, 반론을 어떻게 편성하느냐에 따라 차이를 보인다. 토론에서 발언의 종류는 크게 세 가지로 구분할 수 있다. 첫째, 자신의 주장을 세우는 입론(constructive)이다. 입론은 '주장하기', '주장 펼치기' 혹은 '모두 발언'이라고 할 수 있다. 둘째는 질문(examination)이다. 여기서 질문은 단순한 질문인 'question'을 넘어 질의를 통해 상대 주장에 대한 내용을 검증하고 조사하는 행위를 말한다. 참고로 심문하는 형태의 질문은 'interrogation'이라 한다. 셋째는 반론으로 반박이라고도 한다. 반론(rebuttal)은 단순하게 반박하는 발언이 아니라 토론을 통한 주장과 쟁점을 요약하며 자신의 입장을 강화하는 발언 행위이다. 넓은 의미에서 상대 주장의 허약점이나 논거, 근거, 자료 등에 대해 반대되는 논거, 근거, 자료를 제시하며 반대 입장을 제기하는 모든 행위를 말한다. 좁은 의미로는 교육 토론에서 모든 토론자가 입론과 교차조사가 끝난 후 상대 주장의 허점을 제시하고 자신의 주장을 강화하며 토론을 마무리하는 발언이라 할 수 있다.

토론은 위에 논의한 입론, 질문, 반론을 어떻게 배치하느냐, 몇 명이 할 것인가에 따라 다양한 형식으로 구분된다. 이 장에서는 토론 교육에 큰 변화를 가져온 2 대 2의 교차조사 토론 형식, 민주주의 정치 토론의 기초를 닦은 2 대 2의 의회 식 토론 형식, 정치 선거 캠페인 토론과 가치 토론의 새로운 장을 연 1 대 1의 링컨−더글라스 토론 형식, 초보 토론자를 위한 3 대 3의 칼 포퍼 토론 형식, 한 팀이 2명의 토론자와 3명의 증인으로 구성된 5 대 5 토론으로 법정 토론의 전범인 모의 배심원 재판 토론 형식 등 다섯 가지의 기본 토론 형식을 소개한다.

1. 교차조사 토론 형식

교차조사 토론 형식은 토론 교육에 가장 보편적으로 활용되고 있으며 약칭으로 CEDA (Cross Examination Debate Association) 형식이라고도 한다. 각 팀은 2명으로 구성되며 각 토론자는 입론−질문−반론의 발언 기회를 한 번씩 갖게 된다. 따라서 각 토론자는 모두 총 3번의 발언 기회를 가지며 4명의 토론자 모두의 발언 기회의 합은 총 12회이다. 교차조사 방식 토론에서는 입론을 찬성 측이 먼저 입론을 하고 반대 측 두 번째 토론자가 질의하는 것이 특징이다. 또한 반론은 반대 측 토론자가 먼저 시작하고 찬성 측 토론자가 마지막으로 반론을 하는 것이 특징이다.

교차조사 토론 형식에서 각 토론자의 입론과 질문은 다음과 같다.

찬성 측 ① 이 입론을 하면 이에 대해 반대 측 ② 가 질문하고,

반대 측 ① 이 입론을 하면 이에 대해 찬성 측 ① 이 질문하고,

찬성 측 ② 가 입론을 하면 이에 대해 반대 측 ① 이 질문한다.

(1) 찬성 측 ① 입론	(2) 〈=== 반대 측 ② 질문
(3) 반대 측 ① 입론	(4) 〈=== 찬성 측 ① 질문
(5) 찬성 측 ② 입론	(6) 〈=== 반대 측 ① 질문
(7) 반대 측 ② 입론	(8) 〈=== 찬성 측 ② 질문

위와 같이 각 토론자가 입론과 질문을 한 회씩 진행한 후에 다시 반론을 돌아가면서 하는데 반론은 반대 측이 먼저 하고 찬성 측이 다음에 한다. 찬성 측이 마지막 발언 기회를 가짐으로써 찬성 측에 다소 유리한 편성일 수 있다. 그러나 이는 변화를 주장하는 편이 불리할 수 있다는 전제 때문에 찬성 측이 마지막으로 발언하게 한 것이다.

(9) 반대 측 ① 반론
(10) 찬성 측 ① 반론
(11) 반대 측 ② 반론
(12) 찬성 측 ② 반론

교차조사 방식은 1971년 당시 미국 대학생 토론 연맹의 토론 형식이 주장과 반박으로만 이루어져 있어 토론자들이 자신의 주장만 하고 다른 토론자의 주장을 귀담아듣지 않는다는 단점을 보완하기 위해 만들어졌다. 이러한 이유로 교차조사 토론협회가 결성되었고 상대방 주장에 대해 상호 질의하는 시간을 새롭게 편성하여 교차조사 방식이라는 이름을 붙였

다. 다른 토론 형식보다 다소 복잡한 면이 있지만 상대 측 주장을 귀담아듣고 즉석에서 질문을 구성하거나 반박해야 하기 때문에 자기주장만 늘어놓는 종래의 토론 형식보다 더 발전적인 토론 방식으로 평가되고 있다. 상대의 주장이 무엇이건 자신의 주장을 미리 만들어 구성하는 것이 종래의 방식이었다면 교차조사 형식에서는 질의와 응답 과정에서 상대 주장의 허약한 부분이나 오류를 찾고, 이 과정에서 토론의 쟁점들이 더 명확해진다는 장점을 갖고 있다.

어느 쟁점을 질문하고 어느 쟁점을 반박할 것인가에 대한 결정이 중요하다. 그리고 토론 과정 중에 질문이나 반박의 쟁점이 선정되기 때문에 시간 배분도 중요하다. 상대의 발언이 끝난 후 어떤 쟁점에 대해 질문할 것인가를 선택하기 위해 숙의 시간을 적절히 잘 활용하는 것이 중요하다. 숙의 시간은 주로 상대 입론 후 자기편이 질문을 하기 전에 이용하는 것이 효율적이며 반론 내용을 준비하기 전에 이용하는 것도 전략적 측면에서 중요하다. 숙의 시간은 양 팀에게 동등하게 주어지며 토론자들은 숙의 시간을 효과적으로 활용하여 자기 팀의 대응전략을 강구할 수 있다.

일반적인 교차조사 토론의 시간 배분은 입론 9분, 질문 3분, 반론 6분으로 9-3-6분의 형태로 편성할 수 있으며 주어진 전체 토론 시간에 따라서는 축약하여 7분-3분-4분의 형태, 6분-3분-4분의 형태, 4분-2분-3분의 형태 등으로 축약하여 활용할 수 있다. 교차조사 방식은 주로 정책 토론의 논제를 많이 선정하지만 가치 토론의 논제로 토론을 하는 경우도 있다.

교차조사 토론 형식 진행 순서

순서	토론 절차	발언 시간		
		A안	B안	C안
(1)	찬성 측 ① 토론자 입론	9분	6분	4분
(2)	반대 측 ② 토론자 교차조사	3분	3분	2분
(3)	반대 측 ① 토론자 입론	9분	6분	4분
(4)	찬성 측 ① 토론자 교차조차	3분	3분	2분
(5)	찬성 측 ② 토론자 입론	9분	6분	4분
(6)	반대 측 ① 토론자 교차조사	3분	3분	2분
(7)	반대 측 ② 토론자 입론	9분	6분	4분
(8)	찬성 측 ② 토론자 교차조사	3분	3분	2분
(9)	반대 측 ① 토론자 반론	6분	4분	3분
(10)	찬성 측 ① 토론자 반론	6분	4분	3분
(11)	반대 측 ② 토론자 반론	6분	4분	3분
(12)	찬성 측 ② 토론자 반론	6분	4분	3분
숙의 시간	찬성 측, 반대 측 팀당 4분	(+8분)	(+8분)	(+8분)
		총 80분	총 60분	총 44분

2. 의회 토론 형식

의회 토론 형식(Parliamentary debate format)은 영국 의회 토론의 전통을 반영한 것으로 1820년대부터 시작된 옥스퍼드와 캠브리지 대학생들의 토론 방식에 그 기초를 두고 있다. 각 팀은 2인으로 구성하는 것을 원칙으로 하며 그중 찬성 측 첫 번째 입론자인 제① 토론자를 수상이라 지칭하고 찬성 측 두 번째 입론자인 제② 토론자는 여당 의원이라 지칭한다. 반대 측의 첫 번째 입론자인 제① 토론자는 야당 대표라 하며 반대 측 두 번째 입론자인 제② 토론자는 야당 의원이라 한다. 상황에 따라 한 팀을 세 명의 토론자로도 구성할 수 있으며 이때 세 번째 토론자의 입론을 두 번째 토론자 다음에 편성하면 된다.

토론 논제는 교차조사 방식처럼 미리 선정하여 사전에 준비하도록 하는 경우와 논제를 토론장에서 시작 전에 공개하는 방법이 있다. 미국 의회토론협회의 경우 후자를 택하고 있으며 논제는 토론 시작 최소 15분 전에 주어지는 방식을 취한다.

의회 식 토론에서는 토론 중간에 따로 질문 시간을 배정하지 않으며, 대신 상대 토론자의 입론이나 반론 중간에 질문을 할 수 있도록 하는 것이 특징이다. 이 토론 형식의 경우 반드시 국회의장의 역할을 하는 심사위원장을 진행자로 두며, 의장은 토론자에 대한 개입과 장내에 대한 질서를 바로잡을 권한을 갖고 있다. 토론의 진행 순서는 다음과 같다.

의회 토론 형식 진행 순서

순서	토론 절차	발언 시간
(1)	찬성 측① 입론[수상]	7분
(2)	반대 측① 입론[야당 대표]	8분
(3)	찬성 측② 입론[여당 의원]	8분
(4)	반대 측② 입론[야당 의원]	8분
(5)	반대 측① 반론[야당 대표]	4분
(6)	찬성 측① 반론[수상]	5분
		총 40분

　총 발언 횟수는 6회로 각 팀은 3번의 발언 기회를 가지며 수상과 야당 대표만 2회 발언한다. 토론 중 질문 시간이 별도로 정해져 있지 않으나 상대방이 입론을 하는 동안 '정보 요청 질의', '신상 발언', '의사진행 발언' 등을 할 수 있다. 보충 질의는 상대방의 양해를 얻어야 하며 의사진행 발언이나 신상 발언은 의장의 허락을 받아야 한다.

　정보요청 질의는 상대의 주장에 대한 간단한 답변을 요구하거나 상대 주장에 대한 짧은 반론을 질문의 형태로 하는 것을 말한다. 정보요청 질의는 상대 입론 시작 후 1분이 지난 다음부터 입론이 끝나기 1분 전까지 할 수 있으며 질문 시간은 15초를 넘기지 않는 것이 예의이다. 의장에 요청하는 것이 아니라 상대 팀에 요구하며, 짧은 주장, 간단한 질문, 설명 요구 등을 위해 사용된다. 진행자인 의장은 각 토론자의 입론 시작 후 1분이 지나면 초인종을 치는 것이 관례이나 초인종이 없으면 탁자를 두드림으로써 질의 허용 시간과 제한 시간을 토론자와 청중에게 알린다.

　정보요청 질의는 '질문 있습니다'라는 말과 함께 자신의 자리에서 일어나면 된다. 이때 영국 의회의 전통을 살리기 위해 질문자는 한 손을 머리에 올리고 다른 한 손은 손바닥을 위로 향하게 펼친다. 이는 현대 이전 영국 의원들이 가발을 쓰고 갑자기 질문하려고 일어서다 가발이 벗겨지는 것을 방지하기 위해 손을 머리에 올리던 전통을 계승한 비언어 행위이다. 상대가 보충 질의 요청을 하면 발언을 하는 토론자는 그 요청을 받아들여 잠시 질문을 하도록 허용하거나 요청을 무시하고 발언을 계속할 수 있다. 요청을 거부할 때는 '다음에 질문해 주십시오' 혹은 '조금만 더 기다려 주십시오'라며 정중히 거절해야 하며, 요청이 받아들여지지 않는 경우 질문자는 자리에 앉아야 한다. 요청을 자주 거부하면 일방적이라는 인상을 주게 되고, 요청을 너무 자주 받아들이면 발언의 주도권을 잃게 될 위험이 있다. 보충 질의는 입론 중 대개 2~4회 정도 일어나며 2회 이상은 거의 의무적이다. 보충 질의는 반론 시간 동안은 허용되지 않는다. 보충 질의 시간은 입론자의 시간에 포함된다.

'신상 발언'은 상대 팀이 인신공격성 발언을 하거나 자신들의 주장이나 논거를 왜곡하여 발언할 때 요청할 수 있다. '신상발언'은 상대방에게 직접 항의하는 것이 아니라 의장에게 요청을 하며 의장은 그 요청에 대해 '인정합니다' 또는 '인정하지 않습니다'라며 판결을 내려야 한다. 의장이 판단을 하기 힘들 때는 2인의 심사위원들과 함께 심의를 거치게 되며 심의 시간은 발언 시간에서 제외한다. 의장으로부터 '인정합니다'라는 판결을 받으면 심사의 감점으로 이어질 수 있다.

'의사진행 발언'은 상대 팀이 토론의 규칙을 위반하였을 경우, 의장에게 요구하는 질의 형태로 정보요청 질의나 신상 발언 요청만큼 자주 일어나지는 않는다. '의사진행 발언' 상대방이 반론 시간 중에 이미 언급되지 않았던 새로운 주장을 제기하는 경우나 또는 지나치게 시간을 초과하여 발언하는 경우에 요청한다. 이때 상대방에게 직접 요청하지 않고 의장에게 요청한다. 상대편은 아무런 해명도 할 수 없으며 의장의 판결만을 기다려야 한다. 의장은 '인정합니다' 또는 '인정하지 않습니다'라고 판결하는데 '인정합니다' 판결은 심사의 감점으로 이어질 수 있다. 신상 발언과 마찬가지로 요청에 대한 심의 시간은 발언 시간에서 제외한다. 마지막으로 의회 토론 형식에서는 양 팀의 대표만이 반론을 하는 것이 특징이다.

의회 토론에서는 토론자가 명확한 논리로 상대 측 주장의 허점을 공략하거나, 뛰어난 수사적 기법의 표현으로 주장이나 쟁점을 표현하였을 때, 혹은 유머와 재치가 있는 대응을 하였을 경우에 청중들이 책상을 두드리거나 박수를 치며 응원하는 것을 허용하고 있다.

의회 토론은 정치적 수사 기법, 풍자, 유머, 재치가 있는 표현을 허용하고 있기 때문에 미국 대학에서 가장 인기 있는 토론 방식이라고 할 수 있다. 의회 토론은 토론의 논제가 토론 시작 전에 주어짐에 따라 확실한 근거가 뒷받침된 주장보다는 추론력, 일반 지식, 그리고 전달 기법이 승패의 관건이 된다.

의회 토론은 즉석 토론의 형태를 많이 취하기 때문에 사전 준비가 어렵다. 논제를 미리 주지 않지만 여러 개의 주제를 주거나 논제의 광범위한 영역만 주는 경우가 많기 때문에 토론자들은 모든 논제에 대한 내용을 사전에 모두 준비하기가 거의 불가능하다. 또한 찬성 측과 반대 측 어느 편을 택할지 모르기 때문에 사전 준비가 어려울 수밖에 없다. 그렇다고 사전 준비가 필요 없다는 것이 아니다. 특정한 영역이 먼저 주어지는 경우도 있으므로 그 경우에는 사전 준비가 철저해야 한다. 예를 들어 한국 사회의 복지가 영역으로 결정되면 복지 영역에 대한 찬반 토론 논제들을 집중적으로 준비해야 한다. 복지 영역에 대해 논제의 대상을 10개 선정한다면 10개의 논제에 대한 찬성과 반대 입장을 함께 준비해야 할 것이다.

의회 토론 형식은 논제 영역에 대한 폭넓은 조사와 이해가 승패의 중요한 요인이 되므로 지식의 깊이나 양보다는 알고 있거나 준비한 지식을 주어진 시간 내에 논리적으로 구성하는 능력을 배양하기에 좋은 토론 형식이다. 의회 토론 형식에서는 정책이나 가치적 논제를 선택할 수 있으나 가치적 논제라 할지라도 의회라는 특수성을 감안하여 정책의 방향을 제시하는 것이 바람직하다. 의회 토론 형식은 전달에 있어 설득의 기법을 많이 강조하기 때문에 교차조사 토론 형식과 함께 가장 선호하는 토론 방식이다.

3. 링컨–더글러스 토론 형식

링컨–더글러스 토론 형식은 1 대 1 토론 방식이며 주로 가치 논제를 다루는 데 활용된다. 이 토론 형식은 1858년 일리노이주 상원의원 선거 캠페인 중 아브라함 링컨과 스테픈 더글러스 사이에 있었던 노예제도에 관한 토론에서 유래한다. 당시 더글러스는 민주당 상원의원이었으며 경제 문제 때문에 노예제를 일정 기간 유지해야 한다는 입장이었다. 반면 노예제를 폐지해야 한다는 입장이었던 정치 초년생 링컨은 이미 중견 정치인으로 대통령 후보의 물망에 오르기도 한 더글러스를 상대로 선거 토론을 먼저 제안하였으며 더글러스가 이를 받아들임으로써 토론이 벌어지게 되었다. 이렇게 시작된 토론은 1858년 8월 21일부터 10월 15일까지 총 7차례 진행되었으며, 이후 이 토론을 기념하기 위해 링컨–더글러스(Lincoln–Douglas) 형식이라는 토론 방식이 만들어졌다. 이 토론은 교차조사 방식, 의회 토론 방식과 함께 토론 교육에 많이 활용되는 토론 방식이다.

교차조사 토론과 의회 토론이 2명의 팀원간 토론이라면 링컨–더글러스 토론은 1 대 1 토론의 형태를 취하고 있어서 주장과 반론 부담이 한 사람에게 집중된다. 총 발언 횟수는 7회로 찬성 측이 4회, 반대 측은 3회의 기회를 갖되 총 발언 시간은 동등하다. 시간 배분에 있어이 토론 방식의 특징은 반대 측이 입론에서 1분을 찬성 측보다 더 많이 배정받고 찬성 측은 반론에서 1분을 더 배정받는다는 것이다. 반대 측은 질문을 한 후 바로 입론에 들어가야 하며 찬성 측은 질문을 한 후 바로 반론에 들어가야 한다. 원칙적으로 숙의 시간이 없지만 필요에 따라 숙의 시간을 2분 혹은 4분을 주기도 한다. 다른 토론과 같이 찬성 측이 먼저 입론을 하고 찬성 측이 마지막 발언 기회를 가진다. 그러나 찬성 측의 반론은 2회로 나누어져 있으며 반대 측은 1회뿐이다. 토론의 진행 순서는 다음과 같다.

링컨-더글러스 형식 토론 진행 순서

순서	토론 절차	발언 시간
(1)	찬성 측 입론	6분
(2)	반대 측 질문	3분
(3)	반대 측 입론	7분
(4)	찬성 측 질문	3분
(5)	찬성 측 반론	4분
(6)	반대 측 반론	6분
(7)	찬성 측 반론	3분
		총 32분

　이 토론 방식은 정책 토론보다는 가치 토론을 할 때 선호되는 편이다. 그러므로 링컨-더글러스 토론 형식에서는 찬성 측이 가치 토론의 필수 쟁점인 개념 규정의 쟁점, 가치 우선순위의 쟁점, 가치 평가 기준의 쟁점, 가치 판단에 대한 결과의 쟁점 등에 대한 입증을 부담해야 한다. 반면, 반대 측은 위의 쟁점들을 부인하면서 반론의 부담을 갖게 된다. 이 토론 형식은 가치 논제를 다룰 때 주로 이용되기 때문에 구체적이고 복잡한 주제보다는 일반적이고 보편적인 주제가 많으며 토론 내용 또한 청중들이 쉽게 이해할 수 있는 일반적인 논거가 많이 제시된다.

4. 칼 포퍼 토론 형식

헝가리계 미국인이며 금융계의 거물인 조지 소로스는 동구권 공산주의 국가들의 빠른 민주화는 토론 교육을 통한 토론 문화의 확산으로 이루어져야 한다는 것을 인식하고 1999년 열린사회연구소(Open Society Institute)를 통해 국제토론교육학회(International Debate Education Association)에 10억 달러를 기증하였다. 기증을 받은 이 학회는 조지 소로스의 영국 런던경제대학 스승이며 철학자인 칼 포퍼를 기념하기 위해 토론 형식을 개발하고 칼 포퍼 토론 형식이라 명명하였다. 칼 포퍼는 '지식이란 예측과 반증을 통해 진보한다.'고 주장하였으며 인간의 이성은 오류를 내포할 확률이 많다고 보았다. 인간은 오류에 대해 개방적이며 반증을 통해 오류를 깨우치고자 하는 자세를 가져야 한다는 것이다. 따라서 포퍼는 우리가 알고 있는 것에 대해 합리적으로 비판하는 것이 중요하다고 강조하였다. 즉 그는 비판적 반증과 토론에 의해 인간은 이성을 더 공고히 검증할 수 있으며 올바른 판단에 접근할 수 있다고 본 것이다.

이 방식은 3인의 토론자가 한 팀이 된다. 총 발언 횟수는 10번으로 각 팀은 5회의 발언 기회를 가진다. 각 팀의 토론자 중 2명은 2회의 발언 기회를 가지나 1명은 1회만 발언한다. 각 팀은 1회의 입론과 2회의 반론을 하고 2회의 교차조사도 하게 된다. 다른 2 대 2 형식의 토론에서는 대부분 2회의 입론으로 이루어지지만 이 형식에서는 각 팀당 입론은 1회이고 반론이 2회 이루어지며 반론에 대한 교차조사가 있는 것이 특징이다. 칼 포퍼 토론 형식은 입론에 대한 교차조사도 하지만 각 팀 첫 번째 입론자인 제① 토론자의 반론에 대해서도 교차조사를 한다. 그러나 마지막 반론에 대해서는 질문을 하지 않는다.

이 토론에서는 각 팀 제② 토론자가 한 번만 발언하게 된다. 다른 형식과 달리 칼 포퍼 방식의 특징은 찬성 측이 마지막 발언 기회를 갖는 것이 아니고 반대 측이 마지막 반론의 기회를 가진다는 점이다. 이는 찬성 측이 입증의 책임을 지며 토론의 부담을 많이 가진다는 다른 토론 형식의 일반적 전제와 반대되는 전제를 가지고 있기 때문이다. 이 토론 방식에서는 찬성 측이 반드시 입증의 책임을 져야 한다는 전제 그 자체가 불공평하다고 본다. 칼 포퍼 방식에서는 찬성 측이 '변화의 입증 책임'을 가진 만큼 반대 측의 '현상 유지 증명의 책임'이 존재한다고 전제하고 반대 측에게 마지막 발언 기회를 준다. 다른 토론의 형식에서 반대 측은 찬성 측의 쟁점을 반대하면 승리할 수 있다. 다시 말해 반대 측은 '찬성 측이 틀렸다', '찬성 측 방안으로는 문제가 해결되지 않는다'는 것을 입증만 하면 점수를 얻을 수 있지만 칼 포퍼 토론 방식에서는 반대 측이 '상대방의 주장은 틀렸으며 우리가 맞다'는 증명의 책임을 지게 된다.

칼 포퍼 방식은 3인이 토론하기 때문에 무엇보다 토론자들간의 협동이 중요하다. 각 팀의 제② 토론자는 한 번만 반론하기 때문에 토론 중 많은 시간 동안 상대의 발언을 듣게 된다. 그러므로 제② 토론자는 상대의 발언을 검증 · 분석하며 다른 팀원을 잘 도와주어야 한다. 칼 포퍼 토론 방식에서는 제② 토론자가 이런 역할을 잘하느냐 못하느냐에 따라 토론의 승패가 좌우된다. 따라서 제② 토론자는 한 번 발언을 하지만 팀의 조정자 역할을 하는 중요한 구성원이다. 각 팀의 제③ 토론자는 처음 교차조사를 하고 25분 후에 마지막 반론을 하기 때문에 충분한 시간을 가지며 제② 토론자와 협의하는 시간을 가질 수 있다. 이 형식에서는 반박을 하는 시간이 다른 형식보다 길고 첫 번째 반박에도 질문을 하는 것이 특징이다. 칼 포퍼 토론 형식의 진행 순서는 다음과 같다.

칼 포퍼 토론 형식 진행 순서

순서	토론 절차	발언 시간
(1)	찬성 측 ① 토론자의 입론	6분
(2)	반대 측 ③ 토론자의 질문	3분
(3)	반대 측 ① 토론자의 입론	6분
(4)	찬성 측 ③ 토론자의 질문	3분
(5)	찬성 측 ② 토론자의 반론	5분
(6)	반대 측 ① 토론자의 질문	3분
(7)	반대 측 ② 토론자의 반론	5분
(8)	찬성 측 ① 토론자의 질문	3분
(9)	찬성 측 ③ 토론자의 반론	5분
(10)	반대 측 ③ 토론자의 반론	5분
	숙의 시간	각 팀당 8분
		총 52분

5. 모의 배심원 재판 토론 형식

모의재판 토론은 크게 법 논리에 대한 토론의 방식인 모의재판 토론(moot court debate)과 모의 배심원 재판 토론(mock trial debate)으로 나눌 수 있다. 전자는 법학과 전공 학생들이 많이 하는 법정 토론으로 우리나라 대학에서도 법학과에서 지난 수십 년 간 진행되어 오던 방식이며 배심원 없이 판사 역할의 1인 혹은 3인의 심사위원을 두고 원고 측과 피고 측이 법

원리나 이론에 대해 토론을 하는 방식이다. 이 방식은 우리나라의 헌법재판소가 위헌에 관한 법리 토론을 하는 것과 유사하다. 반면 모의 배심원 재판 토론은 7~12명의 배심원을 심사위원으로 하고 형사사건이나 민사사건의 법정 시나리오를 바탕으로 검찰 측(원고 측)과 변호인 측(피고인 측)이 각각 자기 측 증인들을 대동하여 상호 토론을 하는 방식이다. 이 방식에서는 검찰 측(원고 측)과 변호인 측(피고인 측)에 각각 3인의 증인이 배정된다. 그러므로 각 팀의 주토론자는 2인이며 각 팀당 자기 측 주장을 보조해 주는 3인의 증인이 추가되므로 각 팀은 5인으로 구성된다. 논제는 잘 개발된 시나리오로 논증 기술과 증인의 신문 기법이 중요한 부분을 차지한다.

각 팀의 입론은 모두 발언이라 하고 마무리 발언을 최종 변론이라 하며 각 팀이 자기 측 주장을 강화해 주는 증인을 신문하는 것을 주신문이라고 하고 상대 측 증인을 신문하는 것을 반대신문이라고 한다. 이 토론에서는 검찰 측(원고 측)이 모두 발언을 먼저 시작하며 변호인 측(피고인 측)의 모두 발언 이후 검찰 측(원고 측)이 먼저 자신들의 증인 3인에 대해 주신문을 통해 자신들의 주장을 강화한다. 이어서 변호인 측(피고인 측)은 검찰 측(원고 측) 증인들에 대한 반대신문을 한다. 검찰 측(원고 측) 증인에 대한 주신문·반대신문이 끝나면, 변호인 측(피고인 측) 증인 3인을 소환하여 변호인 측(피고인 측)이 자신들의 증인 3인에게 주신문을 하고 검찰 측(원고 측)이 그 증인들에 대한 반대신문을 하면서 모든 신문 과정을 마치게 된다. 마지막으로 변호인 측(피고인 측)의 최종 변론과 검찰 측(원고 측) 최종 변론 순서로 이루어진다. 이어 판사가 배심원들에게 재판 진행 절차와 판결 투표를 설명하면 배심원들의 투표로 토론이 끝난다.

모의 배심원 재판 토론 형식을 활용한 교육은 의사소통 능력 함양의 측면에서도 중요하지만 법 교육의 측면에서도 중요한 토론 교육 방식이다. 하지만 우리나라에서는 그 활용이 아직까지 미흡한 실정이다. 그러나 2008년부터 우리나라도 사법부가 배심원 재판을 도입함으로써 모의 배심원 재판 토론 교육의 활성화에 대한 관심이 높아지고 있다. 성균관대학교는 2012년부터 국내 최초로 모의 배심원 재판 토론 교육을 교양 교육과정에 편성하고 있다.

필요시 수행하는 재주신문은 자기 측의 증인이 반대신문에서 답변을 소홀히 한 것을 보완하는 신문이므로 짧게 해야 한다. 각 발언의 배정 시간은 상황에 따라 변경할 수 있다. 예를 들어 검찰 측(원고 측)과 변호인 측(피고 측)은 자신들의 증인 3인에 대한 주신문·재주신문의 총합을 각 팀당 25분으로 배정할 수도 있고 반대신문도 각 팀당 25분으로 배정할 수 있다. 시간을 늘린다면 30분씩 배정할 수도 있다. 만약 시간을 줄이고 싶다면 반대신문을 각 팀당 15~20분씩으로 줄이는 것이 효율적이다.

이 장에서는 다섯 가지의 토론 형식에 대해서 살펴보았다. 그러나 이 장에서 언급한 형식 외에도 토론 교육에 활용되는 토론 방식으로 타운홀 미팅 형식(Town hall meeting format), 옥스퍼드 방식(Oxford format), 캠브리지 방식(Cambridge format), 그리고 최근 만들어진 테드 터너 형식(Ted Turner format) 등이 있다. 타운 홀 형식은 집단 회의 형식을 취하고 테드 터너 형식은 미국 텔레비전 방송사 CNN 설립자인 테드 터너를 기념하기 위해 만든 형식으로 2인 1팀을 기본으로 하며 질문 시간이 자유 상호질문(cross-fire)을 하는 형태를 취하고 있다. 이와 같이 토론의 형식이란 토론을 하는 사람들이 얼마든지 상황과 목적에 따라 창의적으로 구성하여 만들 수 있고 그 명칭을 부여할 수 있다. 이 장에서는 상호질의 토론 방식의 원형인 교차조사 형식, 민주주의 토론의 원류인 의회 토론 형식, 정치 선거토론의 기원인 링컨–더글라스 형식, 3 대 3 토론의 표본인 칼 포퍼 형식, 법정 토론의 기초인 모의 배심원 재판 토론 형식을 살펴보았다.

모의 배심원 재판 토론 형식 진행 순서

순서	토론 절차	발언 시간
(1)	판사 개정 및 재판 절차 설명 (1) 검사와 변호인 측 토론자 소개 (2) 검사 측 증인 소개와 증인 선서 (3) 변호인 측 증인 소개와 증인 선서	3~5분
(2)	검사 측 모두 발언	5~8분
(3)	변호인 측 모두 발언	5~8분
(4)	검사 측→검사 측 증인 ① 주신문	____분
(5)	변호인 측→검사 측 증인 ① 반대신문	____분
	검사 측 재주신문(필요시)	
(6)	검사 측→검사 측 증인 ② 주신문	____분
(7)	변호인 측→검사 측 증인 ② 반대신문	____분
	검사 측 재주신문(필요시)	
(8)	검사 측→검사 측 증인 ③ 주신문	____분
(9)	변호인 측→검사 측 증인 ③ 반대신문	____분
	검사 측 재주신문(필요시)	
(10)	변호인 측→변호인 측 증인 ① 주신문	____분
(11)	검사 측→변호인 측 증인 ① 반대신문	____분
	변호인 측 재주신문(필요시)	
(12)	변호인 측→변호인 측 증인 ② 주신문	____분
(13)	검사 측→변호인 측 증인 ② 반대신문	____분

	변호인 측 재주신문(필요시)	
(14)	변호인 측→변호인 측 증인 ③ 주신문	____분
(15)	검사 측→변호인 측 증인 ③ 반대신문	____분
	변호인 측 재주신문(필요시)	
(16)	변호인 측 최종 변론	8~10분
(17)	검사 측 최종 변론	8~10분
(18)	검사 측 최종 재반론(시간이 남을 경우)	
(19)	판사 배심원들에게 판결 투표 절차에 대한 설명	
(20)	배심원 평의 및 투표	
		총 분

제3장

토론 성립의 전제 조건과
토론 논제

1. 토론 성립의 전제 조건

토론이 성립하기 위해서는 몇 가지 전제 조건이 있다. 이 전제들은 토론이 토론답게 이루어지게 하는 조건들이며 토론 논제를 설정하는 원칙을 제공한다. 또한 토론 당사자인 찬성측과 반대 측 토론 내용의 책임과 의무를 규정한다. 토론의 조건으로는 추정의 원칙, 입증의 책임, 반증의 책임, 논제 관련성 등이 있다.

1) 추정의 원칙

추정의 원칙(presumption)이란 일반적으로 사람들은 주변 환경의 변화 없이 현재 상태(status quo)에 머무르고자 하는 습성을 갖고 있다고 추정하는 것이다. 인간의 소통 행위인 토론은 현재 상태에 대한 정치·사회적 변화를 추구하며 시작된다. 이러한 현재 상태에 대한 문제를 제기하는 주장은 유지하자는 사람들의 의견과 부딪히며 공방이 펼쳐진다. 다시 말해 현재 상태에 문제를 제기하는 측이 정치·사회 환경을 변화시키자는 입장이 되고 그가 주장하는 것이 토론의 논제로 생성되는 것이다. 변화를 추구하는 측이 논제에 대해 찬성 측이 되고 반대 측은 변화해도 현재 상태보다 나을 것이 없다는 입장이 되어 찬반 토론이 이루어지게 된다. '추정의 원칙'이란 전제가 있기에 사회 변화를 추구하는 찬성 측 주장이 생성되어 반대 측 의견과 대립함으로써 찬반 토론이 성립하게 된다.

찬반 토론의 하부 영역인 법정 토론에서 무죄 추정 원칙의 사례를 보면 토론 성립과 토론 논제 구성을 위한 추정의 원칙에 대한 이해를 넓히게 된다. 검찰이 '김철수 씨가 절도를 하였다'고 기소를 하면 법정 토론에서 입증이 되기 전까지는 김철수 씨는 무죄 추정의 원칙 (presumption of innocent)을 적용받는 것이다. 이때 김철수 씨가 절도를 하지 않았다는 무죄가 현 상태인 것이며 '김철수 씨가 절도를 하였다'라는 것은 현재 상태를 변화시키는 것이다. 현재 상태를 변화시킬 수 있는 증거와 증언이 나오기 전까지 김철수 씨는 현재 상태인 무죄에 머무는 것이다. 법정 토론에서는 검사가 기소를 통해 피고의 범법 사실에 대한 증거를 충분히 제시하지 않으면 무죄 추정의 원칙에 따라 기각하는 것을 원칙으로 하고 있다. 기각이 되면 법정 토론마저 이루어지지 않게 된다. 그러나 합리적으로 충분히 의심할 만한 증거와 증언이 있다면 '김철수 씨가 절도를 하였다'에 대한 법정 공방이 시작될 수 있으며 이때 법정 토론의 논제는 '김철수 씨가 절도를 하였다'이다.

추정의 원칙이란 전제하에 찬반 토론의 논제는 현 상태를 변화시킬 수 있는 진술문으로 구성되어야 한다. 토론의 논제는 현 상태와 반대되게 진술되어야 한다. 예를 들어 '모병제'를 시행하지 않고 있는 것이 현실이라면 '모병제를 도입해야 한다'로, 사형제가 유지되고 있으면 '사형제를 폐지해야 한다'로 서술해야 한다. 만일 '모병제를 시행할 필요 없다'로 토론을 하면 '김철수 씨는 절도하지 않았다'와 같이 현재 상태 유지가 토론의 논제가 되며 찬성 측은 '모병제가 필요하지 않다'는 것을 먼저 증명해야 하기 때문에 토론이 진행되기 힘들어진다. 그러나 '모병제를 도입해야 한다', '사형제를 폐지해야 한다'를 토론 논제로 하면 현재상태를 변화시키는 것으로 찬성 측은 논제가 갖는 진술에 대한 주장과 논거를 제시할 필요가 발생하는 것이다.

추정의 원칙이란 전제가 있기 때문에 변화를 추구하는 토론의 논제가 발생하며 찬성 측은 토론 논제에 대한 주장과 논거를 제시할 의무를 갖게 된다. 추정의 원칙이란 전제로 인해 현재 상태에 대한 변화를 추구하는 진술이 토론의 논제로 생성되며 찬성 측은 변화를 추구해야 하는 주장과 논거를 제시해야 하는 입증의 책임으로 이어지게 된다.

2) 입증의 책임

추정의 원칙에 따라 찬성 측은 토론의 논제가 제시하고 있는 사실의 유무나 가치의 우위나 정책의 변화를 입증해야 할 책임(the burden of proof)을 갖게 된다. 사실 토론인 법정에서 검사가 피고의 유죄를 입증하기 위해 충분한 증거를 제시하는 책임을 갖고 있는 것과 같다. 정책 토론이나 가치 토론에서도 찬성 측은 논제를 채택해야 하는 충분한 이유와 근거를 제시해야 할 책임을 갖는 것이다. 입증의 책임은 토론을 시작하게 하며 토론을 토론다워지게 하는 원칙이다. 입증의 책임이란 기존 현상에 대한 믿음, 사람에 대한 평판, 공동체의 정책에 대한 변화를 요구하는 측이 그 필요성과 변화의 방향을 분명히 제시해야 한다는 뜻이다. 토론에서 입증의 책임은 찬성 측이 갖게 되므로 찬성 측이 먼저 발언을 하게 된다.

사실 토론인 법정 토론에서는 무죄 추정의 원칙에 따라 검사가 기소를 통해 피고의 범법 사실에 대한 합리적 주장이나 증거를 제시하지 않으면 기각하는 것을 원칙으로 하고 있다. 기각이 되면 법정 토론마저 이루어지지 않게 된다. 만약 토론에서 찬성 측과 반대 측 둘 다 아무 발언도 하지 않고 토론이 끝난다면 반대 측이 승리하는 것을 원칙으로 하고 있다. 또한 토론에서 찬성 측과 반대 측이 비슷한 논증으로 서로 내용을 전개하여 동률이 나온다면 원칙적으로는 반대 측이 승리하였다고 볼 수 있다. 왜냐하면 찬성 측이 현 상태가 변화해야 하는 충분한 논증을 펼치지 못하였다고 판정하는 것이다.

토론에서 찬성 측에 부여된 입증의 책임(the burden of proof)은 일상적인 증명의 부담(a burden of proof)과 다르다. 입증의 책임은 토론에서 찬성 측이 논제에 대한 변화의 필요성을 증명하는 책임이며 증명의 부담은 찬성이나 반대 측 어느 누구라도 어떤 주장을 하면 그에 따른 증거를 제시해야 할 의무를 말한다. 반대 측이 현재 '문제가 있지만 그렇게 심각하지 않다'라는 주장으로 찬성 측에 공격을 할 경우, 반대 측은 심각하지 않다는 주장에 대한 근거를 제시해야 한다. 이것이 증명의 부담이다. 다시 말해 입증의 책임은 정책 토론에서는 논제에 대한 변화의 필요성과 해결 방안을 제시해야 하는 찬성 측의 책임인 반면, 증명의 부담은 찬성 측이나 반대 측 구분 없이 어떤 주장을 하였다면 주장에 대한 근거나 논거를 제시해야 하는 부담을 의미한다.

토론의 전제 조건으로서 입증의 책임은 찬성 측에 있으며 반대 측은 증명을 할 필요가 없다는 것이다. 반대 측은 논제로 제시된 문제는 현실적으로 있지만 찬성 측의 방안으로는 해결이 되지 않는다는 것만 강조해도 된다는 것이다. 예를 들어 '대체휴일제를 시행해야 한다', '군가산점제를 시행해야 한다'라는 논제를 토론한다면 이때 반대 측은 '대체휴일제를 시행하면 안 된다', '군가산점제를 시행하면 안 된다'라는 것을 입증해야 할 책임을 지지 않는다. 찬성 측이 먼저 이익이 된다는 것을 입증하고 방안을 제시해야 하며, 반대 측은 찬성 측이 제시하는 방안이 실효성이 없다는 것만 반박하거나 찬성 측이 예측하는 만큼의 이익이 없다는 것만 증명해도 토론은 반대 측이 승리하는 것이다. 입증의 책임은 토론 논제에 대한 찬성 측의 책임을 분명히 하는 토론의 전제 조건이다.

그러나 만약 반대 측이 논제에 대해 대체 방안이나 부분 개선을 주장한다면 입증의 책임은 반대 측의 부담으로 돌아간다. 반대 측이 대체 방안 제시나 부분 개선으로 충분하다는 입장을 취한다면 반대 측은 이를 반드시 입론에서 제시해야 하며, 청중은 찬성 측 방안과 반대 측 방안의 우위에 따라 토론의 승패를 결정하게 된다.

3) 반증의 책임

대체로 찬성 측이 입증의 책임에 따라 문제의 필요성을 충분히 제기했다면 반대 측은 반증의 책임(burden of refutation)을 지게 된다. 찬성 측이 입증의 책임을 충분히 제시하였다면 반대 측은 찬성 측이 제기하거나 기소한 문제에 대한 반증의 책임을 가지게 된다는 조건이다. 법정 토론에서는 피고가 원고 혹은 검사가 제시한 증언이나 증거에 반론을 제기하지 않으면 피고가 패소하는 것을 원칙으로 하고 있다. 반대 측 반증의 책임은 토론마다 필수 쟁점을 중심으로 다르게 나타난다. 찬성 측이 입증에서 제시한 사안들을 점검하며 필수 쟁점 중 한 가지 이상을 효과적으로 반증하면 반대 측이 승리하는 것을 원칙으로 하고 있다. 예를 들어 법정 토론에서 검사가 피고를 중형으로 기소하였는데 벌금형으로 판결이 났다면 변호사가 변호를 잘했다고 인정하는 원리와 마찬가지이다. 즉 일부 승소 판결도 피고나 변호사의 승리로 간주할 수 있다.

예를 들어 정책 토론에서 찬성 측이 논제와 관련하여 현재 상태에 대한 중요성, 심각성, 시의성 등을 제기한 후 방안을 제시하였다면 반대 측은 논제가 제시한 문제의 중요성과 심각성을 인정하지만 방안의 실행 가능성이 없다는 것만 증명해도 이기는 것이다. 즉, '모병제 도입'을 하면 좋지만 국가 재정이 부족하다는 것을 증명하거나 찬성 측이 주장하는 방안의 이익보다 부작용이 더 심하다는 것만 증명해도 반대 측이 승리하는 것으로 간주하는 원리이다.

4) 논제 관련성

논제 관련성(topicality)이란 논제가 명시하는 범위 안에서 토론을 진행해야 한다는 원칙이다. 논제 관련성은 토론에서 제시하는 사례, 용어, 개념, 주장과 논거들이 논제의 틀 안에서 이루어지도록 하는 원칙이다. 논제와 무관한 근거를 제시한다면 상대 측은 논제와 관련이 없다는 것을 지적해야 한다. 예를 들어 '건강보험료를 인상해야 한다'를 논의하면서 '담 뱃값을 인상하여 건강보험 재정에 투입하자'는 논지를 펼친다면 이는 논제와 관련되지 않는 주장을 하고 있는 것이다. '성범죄자에게 전자발찌 착용을 시행해야 한다'라는 논제의 토론에서 '성범죄자 처벌법을 강력히 개정하자,' '성범죄자에게 화학적 거세를 하자'라는 주장을 계속한다면 논제를 벗어난 것이다. 이를 비논제성(nontopicality)이라 일컫는다.

논제 관련성이란 전제에 따라 찬성 측은 논제의 주요 용어의 정의나 개념에 대한 규정을 분명히 해야 한다. 그러나 반대 측은 논제성과 관련하여 찬성 측의 일방적 정의를 따를 필요가 없는 경우가 많다. 예를 들어 '행정수도를 이전해야 한다'라는 논제를 두고 토론을 한다면, 찬성 측은 '행정수도 이전'과 '수도 이전'의 차이점을 분명히 하며 행정수도 이전의 방법을 분명히 제시해야 할 것이다. 반면 반대 측은 '행정수도 이전'이 실질적 '수도 이전'과 다른 것이 무엇이냐는 반론을 제기할 수 있을 것이다. 이와 같이 논제 관련성은 토론 내용에 나타나는 용어, 개념, 주장에 대한 근거와 사례들이 논제와 연관이 있어야 한다는 것을 명확히 한다.

2. 토론의 논제

토론을 하기 위해서는 논제를 정해야 한다. 토론의 논제는 찬반이 대립할 수 있도록 논쟁적이어야 하며 공정해야 하는데 이를 논쟁성이라 한다. 아카데미 식 토론의 논제는 찬성과 반대를 분명히 구분할 수 있는 진술문 형식을 취해야 한다. 단순히 '사형제', '양심적 병역거부', '대리모' 등과 같이 부분만 나타낸다거나 '사형제, 어떻게 할 것인가?' '양심적 병역거부, 인정해야 하나?' 등과 같이 의문형으로 서술하지 말아야 한다. 이럴 경우 토의로 진행

될 가능성이 있기 때문이다. 일반적으로 토론의 논제는 영어로 'proposition'이라고 한다. 'proposition'은 '찬성'이라는 의미의 'pro'와 '입장'이라는 의미의 'position'의 합성어로, 토론의 논제가 '찬성의 입장'으로 기술되어야 함을 알게 해 준다.

1) 토론 논제 선정 기준

프릴리(Freely, 2013)는 토론의 논제를 선정할 때 고려해야 할 사항을 다음과 같이 제시하고 있다. 첫째, 논제는 하나의 중심적인 논점을 명시해야 한다. 둘째, 논제의 찬반 어느 한 편에 유리하게 작용하는 정서적 표현이 담긴 용어는 배제해야 한다. 셋째, 논제는 찬성 측이 바라는 방향이 분명히 제시되어야 한다. 넷째, 정치·사회적 상황을 고려하여 중요한 현안으로 초점을 맞추는 것이 바람직하다.

토론 논제 선정 시 고려해야 할 ① 변화성, ② 공정성, ③ 균형성, ④ 명확성, ⑤ 구체성, ⑥ 시사성 등에 대해 살펴보자.

① 변화성은 현 상태와 반대되게 진술문을 만드는 것을 원칙으로 한다는 것이다. 변화성에 관해서는 앞의 '추정의 원칙'이란 전제 조건에서 이미 상세히 논의한 바 있다.

② 공정성은 찬성과 반대 측이 어느 한 편에 유리하게 작용하는 용어, 가치적 판단의 용어, 목적을 지향하는 구절은 피해야 한다는 것이다. 예를 들어 '거리의 안전을 위해 폐쇄회로 카메라(CCTV) 설치를 허용해야 한다'라는 논제에서 '거리 안전'이란 목적은 찬성 측에 유리하게 작용하게 된다. '전력 위기를 극복하기 위해 원자력발전소를 증설해야 한다'의 경우처럼 목적을 포함하게 되면 이 토론은 공정성을 잃게 된다. 또는 '착한 사마리아인법을 제정해야 한다'라는 논제에서 '착한 사마리아인법'은 '응급구조 불이행법'으로 하는 것이 공정하다. '낙태를 합법적으로 허용해야 한다'의 경우에도 '낙태'보다 '임신중절'이 중립적인 용어이다. 낙태가 반대적 의미를 함의하지 않는다는 입장이라도 '낙태(임신중절)를 합법적으로 허용해야 한다'처럼 '임신중절'을 괄호에 포함하는 것이 바람직하다. 이와 같이 토론의

논제는 가능한 가치중립적이어야 한다.

③ 균형성은 찬반이 공히 균형 있게 토론을 진행할 수 있는 논제로 해야 한다는 것이다. 토론의 논제가 전부 허용이냐 일부 허용이냐를 분명히 하여 양측의 토론 쟁점을 분명히 해야 한다. '고교 평준화를 시행해야 한다'라는 논제는 자율형 사립고와 특수 목적고가 존재하고 있는 현실에서 찬반이 균형적이지 않을 수 있다. 이를 균형적으로 '고교 평준화를 전면적으로 실시해야 한다'로 서술하거나 '자율형 사립고를 폐지해야 한다'를 논제로 정하는 것이 찬반의 논의가 균형적일 것이다.

④ 명확성은 논제가 토론의 방향을 명확히 해야 한다는 것이다. 명제는 하나의 중심적 아이디어로 구성하는 것을 원칙으로 해야 하며 통상적이지 않은 어휘는 포함하지 말아야 한다. '남교사 할당제를 도입해야 한다'라는 논제는 '초등교육에서 남교사 할당제를 도입해야 한다'로 명확히 해야 하며 '대학의 기업화를 중단해야 한다'는 '대기업의 대학 경영 참여는 제한해야 한다'로 하든가 '대학에 대기업의 사업 진출을 제한해야 한다'로 분명히 해야 한다. '국가청렴위원회는 공무원 윤리강령을 강화하고 기소권을 가져야 한다'에서처럼 공무원 윤리강령 강화와 기소권을 동시에 논제에 포함시키면 안 된다. 또한 의미가 모호한 외국어도 점검해야 한다. 예를 들어 '정부는 SSM 규제를 해야 한다'에서 SSM은 '대형 슈퍼마켓' 혹은 '기업형 슈퍼마켓'으로 수정하는 것이 바람직하다.

⑤ 구체성은 특정 토론의 논제에서 구체적 용어를 선택하여 행위 주체를 분명히 하거나 물리적·시간적 기한을 정함으로써 논의의 방향을 구체적으로 명시하는 것이다. 행위 주체와 정책 대상을 분명하게 하여 모호성을 피해야 한다. 예를 들어 '해외 원정출산을 자제해야 한다'는 '정부는 해외 원정출산 제약에 관한 법률을 제정해야 한다'로, '조기유학을 허용해야 한다'는 '교육과학기술부는 조기유학에 대한 지원책을 마련해야 한다'로 행위의 구체적 주체를 밝혀야 한다. 혹은 '대한민국 국회는 2013년 회기에서 60세 정년 연장법을 제정해야 한다'로 기간을 명시해야 하는 경우도 있다. 토론 내용에 있어 찬성 측과 반대 측에 각

기 어떤 영향을 끼칠 것인가를 심층적으로 검토한 이후, 논제의 주체와 어휘를 구체적으로 선정해야 하는 경우이다.

⑥ 시사성은 정책 토론의 논제는 가급적 공용의 현안이나 시사적인 논제를 선택해야 한다는 것이다. 또한 정치·사회적인 상황에 따라 토론의 논제를 정하고 준비하는 동안 논제의 문제가 해결되어 버리는 경우도 고려해야 한다. 예를 들어 '대한민국 정부는 개성공단 관련 남북대화를 재개해야 한다'를 논제로 정한 경우 토론을 준비하는 동안 대화가 재개되어 반대가 불리하게 되는 경우가 발생하기도 한다.

2) 토론 논제 구성법

(1) 사실 토론 논제 구성법

사실에 관한 토론은 과거, 현재, 미래에 관한 사실을 논제로 설정한다. 예를 들어 '양심적 병역 거부는 위헌이 아니다', '문화재보호법은 사유재산을 침해하고 있다', '정부의 시장 간섭은 위헌이다' 등 현재의 사실에 관한 주장을 논제로 선정하는 경우이다. 흔하지는 않지만 '북한과 미국의 수교는 남북관계에 도움이 될 수 있다'에서처럼 미래의 사실에 관한 토론을 할 수도 있다. 그런데 사실에 관한 토론은 과거의 사실에 대한 논제를 많이 선택한다. 특히 법정 토론에서는 과거에 관한 사실이 토론의 주된 논제이다.

(2) 가치 토론 논제 구성법

가치에 관한 토론은 현상에 대한 평가적 주장으로 이루어진다. 가치 토론의 논제는 태도, 믿음, 이념, 생각, 조건 그리고 행위의 가치에 찬성과 반대를 표현한 서술문의 형태로 나타난다. 가치 논제의 종류는 크게 세 가지 형태로 표현할 수 있다. 첫째, 가치 평가를 찬성문 형태로 서술할 수 있다. 예를 들어 '종교적 병역 거부는 윤리적이다'에서처럼 '윤리적이라는 긍정형으로 표현하는 것이다. 또한 '바람직하다', '정당하다', '가치가 있다', '중요하다' 등의 표현을 사용하게 된다. 둘째, 비교문으로 나타낼 수 있다. 예를 들어 '성장보다 분배가 더 중요하다', '북한의 인권 문제가 북한의 경제적 지원보다 더 중요하다'에서처럼 특정 가치와 다른 가치를 비교하는 서술문으로 나타낼 수 있다. 셋째, 부정문 형태로 서술할 수 있다. '악성 댓글은 인터넷 민주화에 해롭다'에서처럼 부정형 문장으로 서술하는 형태이다.

그런데 이러한 가치 부분이 포함된 정책 토론이 있는데, 이를 준정책(quasi-policy) 토론이라고 한다. 가치와 정책 토론의 구분이 모호한 토론이다. 대표적인 경우가 사형제, 임신중절 수술, 인간 배아 복제, 소극적 안락사, 흉악범 신상 공개 등 가치 판단이 정책의 중요한 판단 요인이 되는 경우이다. 예를 들어 '사형제'에 대한 논제는 정책 토론으로 할 수도 있고 가치 토론의 형태로도 할 수 있다. 정책 토론의 경우 '사형제는 폐지해야 한다'로 진술해야 하고 가치 토론의 경우 '사형제는 비윤리적이다'라고 해야 할 것이다. 가치 토론의 경우 가치에 대한 근본적 기준과 주장의 정당성, 가치의 체계, 도덕성 그리고 토론자의 설득적 논리 전개에 초점이 맞추어진다. 그러나 정책 토론의 경우 찬성 측은 사형제 폐지로 인한 변화의 방안을 제시해야 하며 범죄 정책의 효율성도 함께 쟁점으로 다루어야 하는 것을 원칙으로 하고 있다. 위와 같이 동일한 논제를 가치 토론으로 하게 되면 인간의 가치관에 역점을 두는 내용이 쟁점이며, 정책 토론을 하면 정책의 효율성도 쟁점으로 다루는 토론으로 진행된다. 준정책 토론으로서의 가치 토론은 정책 방안을 명시해야 할 의무는 없지만 정책과 관련지어 토론을 하는 경우가 많다.

(3) 정책 토론 논제 구성법

정책 토론의 논제는 '~해야 한다(should, ought to)'의 의무적 서술문 혹은 행위적 서술문으로 하는 것을 원칙으로 한다. '~시행해야 한다', '~실시해야 한다', '~합법화해야 한다', '~허용해야 한다', '~금지해야 한다', '~규제해야 한다' 등으로 표현해야 한다. '~해도 된다' 혹은 '~해야 하는가?' 등의 허락형 혹은 의문형으로 논제를 구성하면 대립적 토론이 어려워지며 이는 토론보다 토의로 해결할 사안이 된다. 또한 행위 주체를 분명히 함으로써 행위의 실천 가능성을 보장해야 한다. '정부는 신용불량자 구제 제도를 시행해야 한다'처럼 행위 주체자인 정부를 명시해야 한다. 정책 토론의 논제는 논쟁의 핵심 쟁점을 명료하게 서술하는 문장이어야 하며 현 상태의 수정, 개정 또는 변화를 나타내는 진술문으로 표현해야 한다. 찬성 측은 현 상태의 변화를 주장하는 입장이며 반대 측은 현 상태를 유지하는 입장이어야 한다. 그런데 현 상태에서 사형제를 실시하고 있다면 '사형제는 폐지되어야 한다'가 논제로 되어야 한다. 현 상태의 판단이 잘 구분되지 않는 경우도 있다. 예를 들어 '임신중절을 허용해야 한다'의 경우 낙태가 이미 불법적으로 성행하고 있으나 현행법을 적용하지 않고 있다. 이 경우 '임신중절을 합법적으로 허용해야 한다'고 함으로써 현 상태의 변화를 명시해야 한다. 이와 같이 법적으로는 불법이나 사회 관행상 허용되고 있는 경우를 논제로 정할 때 주의할 필요가 있다.

아래의 분야들을 토론의 논제로 만들어 보자

영역	논제 부문
정치	대통령 중임제, 대통령 사면권, 의회와 정당정치 관련, 지자체 통합, 투표권, 주민 소환제, 재외국민 선거권, 검경 수사권, 북한의 헌법개정, 행정도시, 수서철도 민영화, 인천공항 민영화, 시민단체 정치활동 관련, 공무원 노조, 공직자 정치중립 문제, 방송인/연예인 정치 참여 등
경제	한중 FTA, 한호 FTA, 디노미네이션, 한중일 화폐통합, 비정규직 관련법, 노사 관련, 부자세, 대기업 소유와 경영 관련, 담뱃값 인상, 소주값 인상, 대형 슈퍼(SSM), 이자 제한, 복지정책, 국제 금융공기업 민영화, 60세 정년 연장, 여성근로할당제, 샐러리캡 등
사회/문화	사형제, 대리모, 모병제, 공창제, 저출산, 간통죄, 동성결혼 합법화, 무상 급식, 야간 촛불집회, 군가산점, 엄마 가산점, 약사법, 착한 사마리아인법, 양심적 병역거부, 다문화가정, 서울광장집회 허용, 대체휴일제 도입, 대마초 합법화, 종교인 과세, 제주해군기지, 간접광고(PPL) 허용, 장애인 차별 금지, 시위 허용 음량, 시위진압용 확성기, 범죄자 신상 공개, 성범죄자 전자발찌, 존엄사/안락사, 제주도 카지노 설립허가, 영리병원, 인터넷 실명제, 미디어 관련 부문, 방송 관련 부문 등
교육	특목고/외고/자사고 폐지, 남교사할당제, 학부제, 입학사정관제, 기여입학, 고교 평준화, 사교육, 교육부의 3불 정책, 교원단체 정치활동, 대안학교, 반값등록금, 국립대 법인화, 체벌 금지 등

과학/기술	유전자 조작 식품, 동물 실험, 저작권, 우주개발 토지 소유권, 원자력발전, 인간 배아 복제, 원격 진료 등
국제/북한	한일 관계, 한중 관계, 한미 관계, 독도, 중일 영토 분쟁, 한미일 군사동맹, 일본정치 관련, 한중일 경제권 통합, 한류, 대만/중국관계, 무슬림/이슬람, 아프가니스탄/알카에다, 싱가포르 태형 북한 핵, 북한 인권, 남북통일(대북관계) 등
과거사	동북공정, 친일재산환수, 발해, 국가상징물, 인혁당, 남북 정상회담 등

제4장

토론의 필수 쟁점

필수 쟁점(stock issues)이란 토론이 진행되는 동안 찬성 측과 반대 측의 주장이 필수적으로 대립되어 전개되는 쟁점 사안들이다. 고대 그리스인들은 의회에서 미래의 정책을 토론하거나 법정에서 범죄의 유무를 가리는 과거의 사실을 토론할 때, 그리고 공동체의 관습 혹은 이념에 대한 현재의 가치관에 대해 토론할 때, 각각의 상황에 따라 토론 내용에 필수적으로 나타나는 쟁점을 파악하고 그 특성을 정리하였다. 그리스인들이 정리한 사실 토론, 정책 토론, 가치 토론 등의 세 가지 토론 종류에 따른 필수 쟁점은 현대에도 응용되고 있다. 사실 토론에서는 범죄 행위 유무, 범죄 행위의 명칭, 범법 행위의 정도, 재판의 절차에 대한 쟁점을 중심으로 찬성 측과 반대 측이 공방을 펼쳤다. 가치 토론에서는 가치에 관한 개념 규정, 가치의 우선순위, 가치 판단 기준, 가치 추구 결과 등이 쟁점이다. 정책 토론에서는 논제에 대한 개념 규정의 쟁점, 역사적 배경, 이론적 근거, 중요성, 심각성, 지속성, 정책 실행방안,

문제의 해결성, 이익과 부작용 등이 필수 쟁점이다. 이 장에서는 주제에 따른 세 가지 토론인 사실·가치·정책 토론의 필수 쟁점들을 논의하기로 한다.

사실 토론을 통해서는 공동체의 정의를 구현하는 것이 목적이라면, 가치 토론은 공동체의 올바른 윤리와 도덕을 강구하는 것이 목적이며 정책 토론을 통해서는 정책 방안의 유익성을 추구하는 것이 목적이다.

1. 사실 토론의 필수 쟁점

사실 토론에서 필수 쟁점의 핵심은 상태 이론(the stasis theory)이다. 라틴어, 'stasis'는 상태·현상 등을 의미하며 영어의 'state'에 해당한다. 찬성 측과 반대 측이 과거에 일어난 사실에 대한 상태를 어떻게 규정하고 해석하느냐 하는 것이 사실 토론의 필수 쟁점이다. 상태 이론에 따르면 과거의 사실에서 범죄 행위 유무에 대한 상태, 만약 범죄 행위가 일어났다면 그 상태에 대한 명칭과 용어 정의에 대한 공방, 범죄 행위의 정도를 다투는 상태, 법정 과정과 절차의 공정성에 대한 상태 등 네 가지 상태를 중심으로 찬반 쟁점이 이루어진다.

사실 토론의 핵심인 상태 이론은 기원전 4세기 그리스의 아리스토텔레스에 의해 제기되고 기원전 150년경 로마의 헤르마고라스가 재정리하여 로마 법정 토론가들의 변론의 입문으로 활용되었다. 이런 상태 이론에 기초를 둔 사실 토론의 필수 쟁점은 현대에도 유용하게 활용되고 있다. 법정에서는 물론 각종 선거에서 후보자의 도덕성에 대한 공방을 벌이거나 공직자들을 임명할 때, 과거 행적에 대한 검토를 하는 공청회의 경우에도 사실 토론의 필수 쟁점이 유용하게 쓰인다. 사실 토론은 추측의 상태, 정의의 상태, 정도의 상태, 절차의 상태 등의 네 가지 필수 쟁점을 중심으로 찬반의 공방이 대립한다.

1) 추측의 상태

추측의 상태(conjecture stasis)에 관한 쟁점에서는 사실에 대한 행위 유무가 관건이다. 누군가 범죄 행위를 했다면 먼저 '그 행위를 하였느냐' 혹은 '하지 않았느냐'에 대한 추측의 상태에 대해 공방이 이루어진다. 모 공직자가 로비스트와 돈거래가 있었다면 실제로 돈거래가 있었는가에 대한 사실을 판단해야 할 것이다. 사실 판단을 위해 증거, 증언, 근거 등을 수집하는 것이 중요하다.

추측의 상태에서 찬성과 반대는 ① 행위 유무, ② 행위자의 충분한 동기, ③ 행위자의 범죄 능력 등의 사안을 점검한다. 행위 유무는 '행위를 하였는가 하지 않았는가'에 대한 쟁점의 검토를 의미한다. 행위자의 충분한 동기란 행위자 혹은 피고의 동기를 검토하는 것이다. 예를 들어 대기업 소유주의 자녀가 백화점에서 중저가 상품 절도로 기소를 당했다면 담당 변호사는 피고는 충분한 부를 소유하고 있으므로 중저가 상품의 절도 행위 동기가 희박하다고 변호할 것이다. 또는 행위 자체를 인정한다고 해도 단지 계산상 누락이라고 항변할 수 있을 것이다. 행위자의 범죄 능력이란 예를 들어 휠체어를 타는 장애우가 정상인과의 폭력 시비로 기소되었을 경우에 장애우는 폭력을 먼저 행사할 능력이 없다고 변론을 펼치는 사례가 이에 해당한다. 이와 같이 추측의 상태에 따라 사실 토론의 쟁점들은 행위 유무, 행위자의 충분한 동기, 행위자의 범죄 능력 등이 쟁점이 될 수 있다.

2) 정의의 상태

정의의 상태(definition stasis)에 관한 쟁점에서는 용어와 개념에 대한 정의를 공방함으로써 과거의 행위, 사실 혹은 현상에 관한 상태나 상황을 규정하는 것이다. 예를 들어 정치인이 지인과 돈을 수수한 행위에 대해 검찰 측은 '불법 정치 자금' 혹은 '뇌물'이라고 규정할 것이지만 변호인은 '단순 임차 행위' 혹은 '대가성 없는 수수 행위'라고 변호할 것이다. 정의의 상태는 과거에 일어난 행위에 대해 언어를 재정의하며 상태를 규정하는 것이다. 대표적인 사례로 '남이 하면 불륜, 내가 하면 로맨스', '남이 하면 불법 투기, 내가 하면 투자 혹은 재테크'라는 발언으로 벌어진 행위에 대한 상태를 재규정하는 것이다. 과거에 일어난 행위를 두고 찬성과 반대 측은 자신들에게 유리한 상태의 용어와 개념으로 규정하려 하고 이에 대한 공방이 벌어진다.

용어나 개념에 대한 정의를 통해 과거의 사실, 행위, 현상 등에 관한 상태를 규정하는 일은 모든 토론에서 중요하다. 과거에 대한 정의는 역사 토론에서도 중요한 쟁점이다. 1980년 '광주 민주화 운동'은 권위주의 정권에 의해 한때 의도적으로 '광주 사태'로 폄훼되기도 하였다. 과거 사실에 대한 상태의 규정에 따라 행위자의 책임 소재와 처벌이 달라진다. 일본 정부는 '종군 위안부'라는 용어로 미화하는데, 이는 '정부주도 성노예행위'로 규정해야 하며 동아시아 평화를 깨뜨린 일본 제국주의의 '침략'을 일본 우익 정치인과 언론인들이 '진출'이라고 오도하고 있는 것도 이에 해당한다. 과거의 현상이나 행위에 대한 용어 정의의 쟁점은 사실 토론에서는 물론 가치 토론과 정책 토론에서도 중요한 필수 쟁점이다.

3) 정도의 상태

정도의 상태(quality stasis)에 관한 쟁점에서는 사실을 인정하면서도 찬성과 반대 측은 행위 정도에 대해 설명을 하거나 해석을 함으로써 상태나 상황을 재규정하고 공방을 펼치게 된다. 정도의 상태 쟁점에서는 크게 정당화, 변명, 관용에 호소 등으로 나누어진다.

(1) 정당화

피고의 논란이 되는 것을 인정하지만 그 행위 자체는 정당하였다고 항변하는 것이다. 예를 들면 『죄와 벌』의 주인공인 라스콜리니코프가 전당포 주인을 살해하고 나서 자신의 행위는 정의 구현이 '목적'이었다고 항변하는 것이 그것이다. 또한 상대가 그런 행위를 당할 원인을 제공했다고 항변할 수도 있다. 상대가 평상시 언어폭력을 상습적으로 행사하였기 때문에 참을 수 없어 폭행하였다고 항변하는 사례가 이에 해당한다. 상습적 가정폭력 남편으로부터 방어하다가 남편에게 상해를 입혔다면, 그 아내의 행위에 대해 정당하다고 판결하는 것도 이에 해당한다. 정당화는 행위를 인정하지만 행위에 대한 정당한 원인이나 목적에 대한 논거를 제시하는 것이다. 한편 원고나 검찰 측은 반대 측의 원인을 부인하거나 인정하더라도 그런 행위는 하지 말았어야 한다고 주장할 것이다. 또한 원고나 검찰 측은 아무리 목적이 정당하더라도 그 과정과 수단이 잘못되었다면 책임을 면할 수 없다는 주장을 전개하게 될 것이다.

(2) 변명

① 우발적 행위, ② 제도적·사회적 상황, ③ 행위 결과에 대한 해석, ④ 상대에 대한 역공, ⑤ 일시적 정신 착란 등이 있다.

① 우발적 행위: 혐의자가 행위 자체의 과실을 인정하지만 사전에 계획된 행위가 아니고 충동적이며 우발적인 행위였다고 항변하는 것이다. 피고가 행위를 계획한 것이 아니라 일시적으로 흥분하여 충동적으로 폭력을 행사하였으므로 선처를 호소하는 경우이다. 정치인이 실언을 한 후 사회적 여론이 악화되면 진화를 위해 '기자 간담회 때 신중하지 못해서 일어난 우발적 발언이었다.'라며 사과를 하는 경우도 이에 해당한다. 법정에서는 범죄 행위에 대한 의도성 여부의 공방이 자주 일어나며 의도성에 따라 그 형량이 크게 차이가 난다.

② 제도적·사회적 상황에 대한 변명: 혐의자가 자신의 행위를 인정하지만 행위의 원인이 제도 혹은 사회적 상황에 기인한다고 변명하는 것이다. 장발장이 빵을 훔친 행위는 사회제도의 불합리성에 기인한 것이라고 변명할 수 있다. 또한 대도 조세형의 경우, 자신이 저지른 절도 행위 자체는 인정하지만 원인은 사회의 무관심과 분배의 정의가 제대로 이루어지지 않았기 때문이라고 변명하였다. 그는 허기와 가난 그리고 사회적 무관심으로 인해 어

린 나이에 제과점의 빵을 훔쳤으며 이후 교도소에서 교화보다 절도 기술을 더 많이 터득하게 되었다고 항변하였다. 이같이 행위의 근원을 사회적 제도 혹은 사회적 상황으로 돌리며 항변하는 것이다. '유전무죄 무전유죄'라고 항변하는 행위도 이에 해당한다.

③ 행위 결과에 대한 해석: 혐의자가 행위 자체를 인정하지만 그 행위의 결과가 긍정적으로 나타났다고 항변하는 것이다. 카이사르를 살해한 브루투스는 카이사르의 독재를 막고 로마의 공화정을 지키기 위해 '독재자를 제거'하였다고 역설하며 결과적으로 로마는 공화정을 유지하게 되었다고 항변하였다. 박정희 전 대통령을 살해한 김재규 전 중앙정보부장이 법정에서 '유신의 심장을 향해 쏘았노라.'라며 자신의 행위를 정당화하고 결과적으로 우리나라의 민주화를 앞당길 것이라며 항변한 경우도 이에 해당한다.

④ 상대에 대한 역공: 상대도 같은 행위로부터 자유로울 수 없다고 역공하는 것이다. 소수당인 야당 대표가 불법 정치 선거자금을 수수하였다고 공격을 받았을 때, 그는 다수당인 여당은 더 많은 정치 헌금을 받고 있다고 역공하는 것이다. 예를 들어 노무현 전 대통령이 2002년 대통령 선거가 끝난 후 민주당의 선거자금이 정치 쟁점이 되자 '상대 당인 한나라당이 불법으로 받은 정치자금의 1/10 이상이면 대통령으로 기꺼이 검찰의 조사를 받겠다.'고 항변하며 정치적 공세를 피해 간 경우가 이에 해당한다.

⑤ 정신착란: 일시적 정신착란으로 인해 일어난 행위라고 변명하는 것이다. 행위가 일어났을 때 '심신이 허약'하였다고 변호하는 경우가 이에 해당한다.

(3) 관용에 호소

관용에 호소하며 선처를 바라는 방법인데 위의 여러 가지 변명이 통하지 않을 경우 자주 나오는 기법이다. 행위로 인한 과실을 솔직히 인정하며 청중의 관용에 호소하는 것이다. '잘못된 행위를 인정하고 뉘우치고 있으며 다시는 이런 행위를 하지 않을 것이며 어떠한 처벌도 달게 받겠다.'라며 사과 혹은 사죄 행위를 통해 청중의 관용에 호소하는 방법이다.

4) 절차의 상태

절차의 상태(procedure stasis)란 사실 토론 혹은 법정 토론의 진행 과정과 절차에 대한 쟁점을 통해 상황을 규정하는 것이다. 예를 들어 민사소송에 해당하는 행위인데 형사소송으로 입건되었다면 무죄 판결의 개연성이 높아진다. 흔히 정치사회적 담론의 공방에서 '여론 재판에 의해 판정하지 말아 달라, 법정에서 진실이 밝혀질 것'이라고 항변하는 경우가 여론 재판이라는 절차의 상태에 대해 이의를 제기하는 좋은 사례이다. 만약 국회의원의 잘못된 발언이나 행위가 문제 되었을 때 국회윤리위원회를 통한 논의가 합리적이지만 사법 절차를 통해 해결하려고 한다면 이는 절차가 잘못된 것이다. 미국과의 전쟁에서 체포되어 사형을 선고받은 사담 후세인 전 이라크 대통령이 국제사법재판소를 통한 재판이 정당한 절차이고 '현 법정은 자신에 대한 재판의 권한이 없다'라며 절차에 대한 항변을 한 사례도 이에 해당한다.

사실 토론에서는 대체로 위의 4가지 쟁점을 중심으로 찬성 측과 반대 측 또는 피고와 원고 측이 대립적인 논쟁을 펼친다. 상태 이론은 고대 그리스에서 태동하여 로마의 법정에서 많이 활용되었으며, 현대 사회의 법정 토론은 물론 정치 담론에서도 상대 측을 공략하고 자기 측을 방어하는 데 널리 활용되고 있다. 법정에서뿐만 아니라 정치 담론에서도 상대 인물을 공격하거나 자신이 공격을 받았을 때 방어를 위해 이 쟁점들을 활용한다. 특히 각종 선거에서 상대 후보에 대한 인물 공격을 할 때나 자신의 행위에 대한 방어를 할 때 자주 활용되고 있다.

사실 토론의 필수 쟁점

1. 추측의 상태
   1) 행위 유무: [찬성 측] 했음 ⇔ [반대 측] 안 했음
   2) 행위자 동기: [찬성 측] 그럴 사람임 ⇔ [반대 측] 그럴 사람 아님
   3) 행위자 능력: [찬성 측] 능력 있음 ⇔ [반대 측] 그런 행위 능력이 없음

2. 정의의 상태: [찬성 측] 용어 정의 '국가주도 성노예행위'
                           [반대 측] 용어 정의 '종군 위안부'

3. 정도의 상태
   1) 정당화: [찬성 측] 그렇더라도 그런 행위를 해선 안 됨
                    [반대 측] 행위가 정당함

   2) 변명
     (1) 우발적 행위: [찬성 측] 계획적임 ⇔ [반대 측] 우발적임
     (2) 제도적 · 사회적 상황:
                     [찬성 측] 문제는 피고 본인임
                     [반대 측] 사회 환경이나 제도가 원인임
     (3) 행위 결과에 대한 해석적 변명:
                     [찬성 측] 결과는 우연이며 행위는 위법임
                     [반대 측] 결과적으로 긍정적인 현상이 벌어짐
     (4) 상대 인물에 대한 역공:
                     [찬성 측] 타인의 행위는 현 논제와 무관함
                     [반대 측] 나만 했나 너도 했음
     (5) 정신착란: [찬성 측] 그 정도는 아님 ⇔ [반대 측] 정신이 이상했음

   3) 관용에 호소: [찬성 측] 진정성 없음
                     [반대 측] 잘못했음. 선처 호소함

2. 가치 토론의 필수 쟁점

가치 토론은 목적–수단, 권리–의무, 평등–차이, 개인–공동체, 창조–진화, 성장–분배, 세계화–국익, 평화–안보 등 주로 가치 혹은 이념을 논제로 이루어지는 대립적 토론이다.

사실 토론에서는 토론을 통해 공동체의 정의를 구현하는 것이 목적이며, 정책 토론은 정책 방안의 결과인 유용성이 목적이 되며, 가치 토론에서는 공동체의 올바른 윤리와 도덕을 강구하는 것이 토론의 목적이라 할 수 있다. 사실 토론에서는 증거, 증언, 자료 등의 논리적 근거들이 토론 내용으로 많이 등장하며, 정책 토론에서는 방안의 실효성을 판단하는 유사한 사례나 비유들이 많이 등장하고, 가치 토론에서는 가치에 대한 과장법, 미화법과 같은 감정에 호소하는 수사적 기법들이 많이 등장한다.

가치 토론에서도 논제가 내포하고 있는 주요 용어의 정의나 개념의 규정이 첫 번째 필수 쟁점이다. 두 번째는 가치의 우선순위 선정이며, 세 번째는 가치 판단 기준이 필수 쟁점이고, 네 번째는 가치 추구 결과에 대한 것이다.

1) 개념 규정의 쟁점

개념이나 용어 정의에 관한 쟁점은 앞서 논의한 사실 토론과 정책 토론의 필수 쟁점에서 언급한 바와 같이 모든 토론에서 중요하다. 그러나 가치 토론에서 개념에 관한 규정과 용어에 대한 정의가 차지하는 비중은 다른 토론보다 높다고 할 수 있다.

먼저 논제가 내포하고 있는 개념과 용어들에 대한 정의를 제대로 제시해야 한다. 예를 들어, 원정출산의 비윤리성에 대한 토론을 한다면 '원정출산'에 대한 정의가 중요할 것이다. '원정'이란 용어를 찬성 측이 '한국 국적을 가진 여성이 출생할 신생아의 이중국적 취득을 목적으로 외국에 체류하며 출산하는 비윤리적 행위'라고 정의를 내린다면, 반대 측은 '출생아 개인의 선택의 자유를 위해 외국에서 체류하며 출산하는 행위'라고 정의를 내릴 것이다. 가치 토론의 용어나 개념 정의 기법은 다양하며 용어나 개념 정의를 하는 과정에서 특히 사례, 용례, 유추, 비유 등과 같은 수사적 기법이 많이 등장한다. 인간 배아 복제와 관련한 토론에서 찬성 측이 '과학에 대한 믿음'을 갖자고 주장하면 반대 측은 '과학과 기술에 대한 믿음은 있지만 이를 활용하는 인간에 대한 불신'이 우려된다는 식으로 대구법과 대조법을 활용하여 토론의 쟁점을 규정할 수 있는데, 이런 식으로 수사적 기법을 활용할 수 있다.

가치 토론에서는 논제와 관련한 윤리적·철학적 관점과 개념에 대한 조사도 철저히 해야 한다. 예를 들어, '저개발국가에서 비환경적인 중공업 육성'에 관한 토론을 한다면 윤리학에서 다루는 목적론의 개념을 조사해야 할 것이다. 경제성장이란 '목적'을 위해 환경 소홀이라는 비윤리적 '수단'을 사용하는 목적론의 개념과 환경보호라는 올바른 수단이 우선시되어야 하는 윤리학의 관점들을 철저히 검토해야 할 것이다. 나아가 윤리학의 의무론이나 '최대 다수의 최대 행복'이란 공리주의 개념도 철저히 조사해야 할 것이다.

이와 같이 개념 규정에 관한 쟁점은 가치 토론에서도 토론의 방향을 결정하는 중요한 역할을 한다. 이에 관한 다양한 사례는 앞서 논의한 사실 토론과 정책 토론의 필수 쟁점을 참조하기 바란다.

2) 가치 판단의 우선순위 쟁점

가치 토론에서는 대립되는 가치의 우선순위를 제시하며 찬성 측과 반대 측의 공방이 이루어진다. 찬성 측은 다양한 사례를 들며 자신들이 주장하는 가치가 대립되는 가치보다 공동체 유지를 위해 우선시되어야 한다는 것을 주장한다. 찬성 측은 자신들이 주장하는 우선순위가 청중으로부터 타당성을 인정받도록 하기 위하여 다양한 설득 기법을 활용할 것이다. 반면 반대 측은 대립되는 가치를 내세우며 자신들의 가치가 공동체를 위한 우선순위라고 반론을 전개할 것이다. 예를 들어 경제성장이란 '목적'을 위해 환경을 희생하는 '수단'이 우선이라고 주장하는 찬성 측은 인간의 일차적 욕구인 '가난의 극복'이란 가치를 제시할 것이다. 반면 반대 측은 환경보호와 함께 점진적인 경제성장이 우선되어야 한다고 반론을 제기할 것이다. 찬성 측이 자신들의 가치가 공동체에 우선적으로 중요하다고 주장할 것이며, 반대 측은 찬성 측의 가치가 현 공동체에 우선적으로 중요하지 않다는 논리를 전개할 것이다.

3) 가치 판단의 기준 쟁점

찬성 측은 가치의 판단 기준을 제시해야 하며 반대 측은 찬성 측이 제시한 판단 기준을 반박할 것이다. 찬성 측이 제시할 판단 기준은 (1) 판단 기준의 속성, (2) 판단 기준의 타당성, (3) 판단 기준과 대상 가치의 적합성, (4) 판단 기준의 안정성 등으로 나누어진다.

(1) 판단 기준의 속성

판단 기준의 속성은 가치의 속성들을 제시하는 것을 말한다. 찬성 측은 경제성장이 환경보호보다 우선시되어야 한다고 주장한다면 일인당 국민소득, 국민총생산, 무역 등이 판단 기준의 속성이 되며, 국가보안법 폐지와 관련한 토론에서는 의사표현의 자유와 거주이전의 자유가 그 속성이 될 것이다.

(2) 판단 기준의 타당성

판단 기준의 타당성은 찬성 측이 제시한 판단 기준을 청중들이 합리적으로 받아들일 것인가에 대한 문제이다. 분배보다 경제성장을 추구하는 찬성 측은 아직 우리나라의 경제가 유럽 선진국보다 뒤떨어지므로 성장 후에 분배를 실시하자며 청중들을 설득하려고 할 것이다. 반면 반대 측은 우리나라는 보편적 복지를 하기에 충분한 경제력을 갖추었다고 반박할 것이다. 또한 '임신중절은 비윤리적이다'라는 토론에서 찬성 측은 눈으로는 확인할 수 없는 3주 이전 태아의 팔과 다리가 잘려 나가는 장면을 마치 그림처럼 묘사하며 판단 기준을 살인이라고 제시할 것이다. 반면 반대 측은 판단 기준을 태아에 두는 것이 아니라 산모의 건강이나 미혼모를 바라보는 사회적 고정관념이나 편견이란 가치에 초점을 맞추어 논지를 전개할 것이다.

(3) 판단 기준과 대상 가치의 적합성

판단 기준과 대상 가치의 적합성은 찬성 측 혹은 반대 측이 주장하고 있는 사례, 비유, 대조, 유추 등이 논제가 지향하는 가치와 적합한 내용으로 이루어져 있는가를 따지는 쟁점이다. 예를 들어 국가보안법 폐지에 찬성하는 측은 국가보안법 남용의 사례를 제시하며 인권이라는 가치가 우선시되어야 한다고 논의를 전개한다면, 반대 측은 남북으로 분단된 현 국가 공동체의 존립을 위해 북한이 적화통일의 기조를 버리지 않는 한 국가안보가 더 적합한 가치라고 주장할 것이다.

(4) 판단 기준의 안정성

판단 기준의 안정성이란 찬성 측이 제시한 가치의 우선순위가 보편적 가치이며 일정 기간 동안 고정적이라는 것을 주장하는 것이다. 반면 반대 측은 찬성 측의 가치 우선순위가 임시방편적이며 상황에 따라 바뀔 수 있는 것이라고 쟁점화할 수 있을 것이다. 국가보안법 폐지와 관련한 가치 토론에서 찬성 측은 인권이란 가치는 인류 보편적이며 고정적 가치라고 주장하는 반면, 반대 측은 인권이란 가치도 정치·사회적 상황에 따라 다르게 평가되어 왔다고 주장할 것이다.

4) 가치 추구의 결과 쟁점

찬성 측은 가치를 측정할 수 있는 판단 방법을 제시할 것이고 반대 측은 이를 부인하며 쟁점이 발생한다. 가치를 측정할 수 있는 판단 방법으로는 (1) 내재성, (2) 중대성, (3) 효과 등이 있다.

(1) 내재성

내재성이란 현재의 문제가 대상 가치로부터 나온다는 인과관계를 나타내는 것이다. 현재의 가치가 문제점을 제공했다는 인과관계를 찬성 측은 주장할 것이며, 반면 반대 측은 직접적인 인과관계가 없으며 오히려 자신들의 대립되는 가치를 우선시하면 더 나은 결과를 가져온다고 반박할 것이다.

(2) 중대성

중대성은 일정 가치를 훼손하는 심각성을 지적하는 것이다. 예를 들어 안락사의 비윤리성을 논하는 가치 토론에서 찬성 측은 안락사라는 이름으로 생명에 대한 인륜을 저버리는 중대성을 강조할 것이다. 반면 반대 측은 고통으로부터 벗어나고자 하는 개인의 자유와 가족들의 애환을 심각성으로 제시할 것이다.

(3) 효과

효과는 가치 판단으로 인한 사회적 결과를 설명하는 것이다. 예를 들어 환경보호보다 경제성장을 우선시하는 찬성 측은 뒤떨어진 경제로 인해 절대 빈곤층의 아픔을 이야기하며 환경을 희생하더라도 절대 빈곤을 벗어나는 것이 효과적인 삶이라고 주장할 것이다. 반면 반대 측은 무분별한 공장 난립으로 인해 '악취가 나는 강', '질병을 유발하는 도시 공해', '삼림 자원 훼손' 등과 같은 부정적 효과를 강조할 수 있다.

가치 토론의 필수 쟁점

1. 개념 규정의 쟁점:
    1) **주요 용어:** [찬성 측] 정의 ⇔ [반대 측] 대체 정의
    2) **주요 개념:** [찬성 측] 정의 ⇔ [반대 측] 대체 정의
    3) **이론적 · 철학적 근거:** [찬성 측] 근거 ⇔ [반대 측] 근거
        사례) 공리주의 ⇔ 의무론
2. 가치 우선순위 쟁점: [찬성 측] 인권 ⇔ [반대 측] 안보 (국가보안법의 사례)
3. 가치 판단 기준의 쟁점
    1) **판단 기준의 속성:** [찬성 측] 인권의 속성 ⇔ [반대 측] 안보의 속성
    2) **판단 기준의 타당성:**
        [찬성 측] 현 가치관 – 공동체 구성원들의 비윤리성, 심각한 우려
        [반대 측] 현 가치관 – 문제없음
    3) **판단 기준과 대상 가치의 적합성:**
        [찬성 측] 적합한 사례 제시 ⇔ [반대 측] 사례의 부적합성 지적
    4) **판단 기준의 안정성:**
        [찬성 측] 가치의 안정성
        [반대 측] 제시한 가치는 자의적 해석, 임시방편적임
4. 가치 추구 결과의 쟁점
    1) **가치로 인한 문제 원인 제공:**
        [찬성 측] 가치와 현 문제의 인과관계 ⇔ [반대 측] 인과관계 없음
    2) **가치로 인한 중대성:**
        [찬성 측] 중대한 현재 문제 해결 ⇔ [반대 측] 문제 발생
    3) **가치로 인한 사회적 효과:**
        [찬성 측] 도덕성 회복 ⇔ [반대 측] 현 가치가 더 도덕적임

3. 정책 토론의 필수 쟁점

정책 토론의 필수 쟁점들은 개념 규정의 쟁점, 합리화/정당화의 쟁점, 실행 방안의 쟁점, 실행 결과의 쟁점으로 이루어진다.

1) 개념 규정의 쟁점

개념 규정의 쟁점은 논제가 함의하고 있는 (1) 주요 개념과 용어 정의, (2) 이론적·철학적 근거와 개념, (3) 사회·문화·역사적 배경, (4) 법적 근거 등으로 이루어진다.

(1) 주요 개념과 용어 정의

논제에 대한 개념을 정리할 때 가장 먼저 주요 용어에 대한 검토를 해야 한다. '동성애자 결혼 합법화' 정책 토론에서는 '동성애자', '결혼', '합법화'에 대한 검토를 해야 할 것이며 토론에서 등장할 수 있는, 네덜란드가 시행하고 있는 '결합'에 대한 정의도 검토해야 한다. 정책 토론에서 주요 용어에 대한 검토는 일반적으로 통용되는 용어라도 재검토할 필요가 있다. 예를 들어 대리모 합법화 관련 정책 토론에서 '대리모'의 사전적 배경과 어원적 배경인 'surrogate mother(대리엄마)'에 대한 검토는 물론 '대리임신', '대리출산', '임신 대행', '출산 대행' 등과 같이 찬성 측이나 반대 측이 제시할 다양한 용어도 검토해야 할 것이다. 거리에 CCTV 설치에 관한 토론을 한다면 CCTV의 어원적 의미인 Closed Circuit Television에 대한 용어를 검토해야 하며 찬성 측은 '범죄 보안용 카메라', '범죄 예방용 카메라'로 재정의를 내릴 것인 반면, 반대 측은 '감시용 카메라', '사생활 침해 텔레비전'이 된다고 주장할 것이다. 안락사 허용과 관련된 토론에서는 '적극적 안락사', '소극적 안락사', '자의적 안락사', '존엄사'에 대한 용어를 검토해야 할 것이다. 실제 '안락사' 관련 미국 토론에서 안락사 찬성론자들은 커보키안 박사를 법정에서 '죽음의 천사'로 미화하며 정의를 내렸으나 반대 측은

'연쇄 살인범'으로 정의를 내리며 반박하였다.

용어에 대한 정의의 기법은 ㉮ 사전적 정의, ㉯ 사례에 의한 정의, ㉰ 권위나 인용을 통한 정의, ㉱ 반대나 배제를 통한 정의, ㉲ 비유·유추·대조를 통한 정의, ㉳ 조작적 정의 등과 같이 다양하다. 대부분 정책 토론에서는 주요 용어와 대체 용어에 대해 다양한 검토를 해야 할 필요성이 있지만, '한국과 중국 자유무역협정 체결' 토론의 경우와 같이 논제에 관한 용어 검토를 상세히 할 필요가 없는 것도 있다. '착한 사마리아인법 제정' 토론에서는 '긴급구조 불이행'이란 법률적 용어도 검토해야 할 것이다.

(2) 이론적·철학적 개념과 근거를 검토

대리모에 대한 이론적·철학적 개념으로 '불임', '인공수정', '인간의 도구화', '출산의 본질', '생명과 의학기술'에 대한 논의를 검토해야 한다. 착한 사마리아인법의 경우, '긴급구조 불이행', '도덕과 법의 속성', '형법과 처벌', '면책 행위', '긴급 상황', '생명·신체에 관한 위험'에 대한 개념을 명확히 검토해야 할 것이다. 모병제 도입과 관련된 토론에서는 '징병제', '개병제', '국가 공동체와 시민의 권리', '국방의 의무' 등에 대한 이론적 배경들을 검토해야 할 것이다. 가치가 많이 내포된 정책 토론에서는 용어와 개념에 관한 정의가 실행 방안이나 정책 실효성 공방보다 더 중요할 수 있다. 정책 토론에서 논제에 나타난 용어와 주요 개념에 대한 정의가 쟁점으로 부상하며 찬성 측은 논제에 대한 주요 용어와 개념에 대한 정의를 입론 과정에서 밝혀야 한다

(3) 사회·문화·역사적 배경

착한 사마리아인법의 토론에서는 착한 사마리아인이 인용되는 성경의 누가복음 10장 30절부터 37절에 해당하는 이야기를 검토해야 하며, 대리모 토론의 경우 불임 부부의 다양한 사례들을 조사해야 할 것이다. 모병제 토론의 경우 대한민국을 둘러싼 군사·외교적인 배경

을 조사해야 하며, 대리모 토론의 경우 '난자 매매'의 현실적 상황은 물론 '씨받이'라는 비도덕적인 역사적 배경도 조사할 필요가 있다. 논제와 관련된 외국 사례도 조사해야 한다. 대리모의 경우, 허용하는 영국과 미국의 입법 사례와 판결 사례를 점검해야 하며, 허용하지 않는 독일과 프랑스의 판례도 검토해야 할 것이다. 동성애자 결혼 합법화의 경우, 우리나라에서 처음으로 일어난 김조광수 동성 커플의 혼인 신고 배경은 물론 한국의 유교적 전통에 대한 배경을 조사해야 하며 나아가 프랑스, 네덜란드, 미국, 대만, 일본의 입법 사례 등도 점검해야 할 것이다.

(4) 법적 근거

논제와 관련된 법 조항들을 검토하는 것이다. 예를 들어 동성애자 결혼 합법화의 경우 헌법 제10조 행복 추구권은 물론 헌법 제37조 1항과 2항을 점검해야 할 것이며, 대리모의 경우 저출산·고령화 사회 기본법을, 대형 슈퍼마켓과 관련해서는 상법을, 비정규직 관련 토론에서는 노동법과 근로기준법을, 고교평준화와 관련해서는 헌법 제31조 교육의 권리와 교육기본법 등을 조사해야 할 것이다. 예를 들어 착한 사마리아인법의 경우 정확하게 법률로 정해지는 것이 아니라 법률 속에 하나의 조항으로 도입되는 것으로 발의할 예정이기 때문에 엄밀히 표현하면 '착한 사마리아인법'이 아니라 '착한 사마리아인 조항'이 된다고 주장할 수 있다.

2) 합리화/정당화에 관한 쟁점

찬성 측에는 주어진 논제에서 표현한 문제점에 관해 입증을 통해 합리화 혹은 정당화를 해야 할 책임이 따른다. 합리화 혹은 정당화의 쟁점이란, 찬성 측은 주어진 논제의 문제를 논의해야 한다는 필요성에 대해 주장을 하는 반면, 반대 측은 그 필요성을 부인하는 것이다. 주로 정책 토론의 논제는 '~해야 한다'로 서술되는데, 찬성 측은 현 상황에 대한 변화의 필요성과 이를 합리화해야 할 의무를 갖게 된다. 다시 말해 찬성 측이 제기한 문제를 정당화해야 한다. 찬성 측은 정당화의 세부 사안으로 논제가 내포하고 있는 문제의 (1) 중요성, (2) 심각성, (3) 시의성, (4) 지속성 등을 제기할 수 있다.

(1) 중요성

찬성 측의 논제가 현 공동체에 중요하다는 것을 쟁점화하는 것이다. 반면 반대 측은 중요하지 않다고 쟁점화할 수 있다. 예를 들어 찬성 측은 동성애자 결혼 합법화의 경우 민주주의에서 소수의 인권과 권리 보호의 중요성을 역설해야 하며, 대리모의 경우 출산의 축복과 자신의 유전자를 가진 자녀 양육에 대한 행복의 중요성을 강조해야 한다. 또한 모병제의 경우 대한민국이 처한 군사·외교적 상황을 근거로 병역제도 개편의 중요성을 합리화해야 하며, 착한 사마리아인법의 경우에는 생명의 중요성을 강조하여 논제에 대한 정당성을 부여해야 할 것이다.

(2) 심각성

문제가 심각하며 현저하게 존재하거나 현저히 존재하지 않더라도 심각한 상황에 이를 수 있다는 것을 말하며, 찬성 측이 이를 합리화해야 한다. 대리모의 경우, 불법 난자 매매의 심각성과 우리나라 불임 부부들에 대한 사회적 관심과 지원이 거의 없는 실정을 심각성으로 제시할 수 있다. 시험관 아기 시술 비용은 평균 300만 원이나 성공 비율은 30%에 불과하고, 또 최소 3회 이상은 시행해야 하기 때문에 1천만 원 이상 비용이 들어가 환자들의 고통 또한 심각하다고 호소할 수 있다. 건강보험심사평가원에 따르면, 불임 부부 진료 숫자가 2006년 약 15만 명에서 2010년 20만 명으로 증가하고 있으며, 2015년에는 40만 명으로 증가할 추세라며 심각성을 강조할 수 있다. 동성애자 결혼 합법화의 경우에 찬성 측은 소수자 인권 침해에 관한 심각한 현실적 사례를 제시하며 심각성을 논의하고, 착한 사마리아인법의 경우에는 긴급 구조를 받지 못해 생명을 잃은 사례나 사망자들의 수를 제시하며 심각성을 강조할 수 있다.

(3) 시의성

문제가 심각하며 빠른 시일 내에 조치를 취하지 않으면 악화될 것이라는 긴급성을 쟁점화하는 것이다. '아프가니스탄 전투병 참가'에 관한 토론을 한다면 찬성 측은 지금 당장 파견해야 주한 미군의 전력 이동을 막고 한국과 미국의 군사동맹을 강화할 수 있다고 합리화한다. 반면 반대 측은 문제가 심각할 수 있으나 지금 조치를 취하는 것은 상황을 더 악화시킬 수 있으므로 시간을 두고 사태의 추이를 올바로 파악한 후 조치를 취하는 것이 낫다고 주장할 수 있다. 한국과 중국의 자유무역협정 체결의 토론에서 찬성 측은 국회가 빨리 승인해야 문제가 더 심각해지지 않는다고 주장할 수 있는 반면, 반대 측은 자유무역협정 승인은 쌀 시장 보호와 농업 부문의 대책을 충분히 마련한 후 승인해도 늦지 않다고 시의성에 반대할 수 있다.

(4) 지속성

문제가 본질적으로 내재되어 있어 조치를 취하지 않으면 해결되지 않을 것이라는 쟁점을 말한다. 다른 쟁점들과 마찬가지로 찬성 측이 합리화, 정당화해야 한다. 하지만 지속성은 반대 측에 유리하게 작용할 수 있다. 반대 측은 중요성, 심각성, 시의성을 인정하면서 문제가 저절로 해결될 수도 있다는 개연성을 반론의 근거로 제시할 수 있기 때문이다. 반대 측은 문제가 지속적이지 않으며 문제는 해결될 수 있다는 것을 쟁점화할 수 있기 때문에 찬성 측은 이에 대한 합리화를 해야 할 의무가 있다. 반대 측은 문제가 제도나 사람들의 태도에 지속적으로 내재되어 있지 않고 다른 제도가 개선되면 자동적으로 해결될 수 있다고 반론을 제기할 수 있을 것이다.

이상과 같이 정책 토론에서 찬성 측이 논제의 주요 쟁점에 대해 합리화와 정당화를 해야 하는 입증의 책임이 있다. 그러나 중요성, 심각성, 시의성, 지속성은 찬성 측 합리화와 정당화의 필요충분조건은 아니며 필요조건에 해당한다. 다시 말해 찬성 측은 위의 사항들을 근거로 문제를 논의할 필요성만 제기하면 되는 것이다. 반면 반대 측은 토론의 논제에 따라 찬성 측이 제기한 중요성을 인정할 수도 있고 부인할 수도 있으며, 심각성을 인정할 수도 있고 부인할 수도 있으며, 즉시성을 인정할 수도 있고 부인할 수도 있으며, 문제의 지속성을 인정하거나 부인할 수도 있다. 반대 측은 중요성은 인정하지만 심각성, 시의성, 지속성을 부인할 수 있으며, 중요성과 심각성은 인정하지만 시의성과 지속성을 부인할 수 있다. 또한 중요성, 심각성, 시의성은 인정하지만 지속성을 부인할 수도 있다. 마지막으로 찬성 측이 제기한 합리화의 중요성, 심각성, 시의성, 지속성 모두를 인정하지만 찬성 측이 제시한 실행 방안의 실천 가능성이 없다는 것을 증명하거나 혹은 실행 방안이 이행된 결과의 이익보다 부작용이 더 많다는 것을 증명해도 된다.

3) 실행 방안의 쟁점

정책 토론에서는 가치 토론과 다르게 구체적 방안을 제시해야 한다. 정책 토론에서 방안을 제시할 때 실행 가능성과 해결 가능성이 쟁점이 된다. 실행 가능성에서는 찬성 측이 제시한 정책 방안을 실천할 수 있는 (1) 인적 자원, (2) 재원, (3) 물적 자원, (4) 사회제도, (5) 사회적 인식과 가치, (6) 실행 주체의 의지와 태도 등이 논의될 수 있다. 토론의 논제에 따라 찬성 측은 위의 사안들 중 방안을 실행할 수 있는 중요한 조건을 고려하면서 방안을 제시해야 한다. 반면 반대 측은 찬성 측이 제시한 방안 중 위의 조건들이 충족되지 않기 때문에 실천 가능성이 없으며 문제도 해결되지 않는다고 반론을 제기할 수 있다.

(1) 인적 자원

찬성 측이 제시한 실행 방안을 실천할 수 있는 인적 자원에 대한 찬반 쟁점들이다. 대표적인 사례로 영어 공용화 토론에서 찬성 측은 인적 자원을 해결하는 구체적 방안을 제시해야 한다. 초등학교 남교사 할당제의 경우 남학생들의 교육대학 지원 방안을 더 확대해야만 남교사 인적 자원이 확보되는 것이다.

(2) 재원

찬성 측이 제시한 실행 방안을 실천할 수 있는 재정이나 금전에 관한 쟁점들이다. 예를 들어 모병제 토론의 경우 천문학적으로 늘어나는 병사들의 급여와 첨단 무기 구입의 군사비 재정이 쟁점화될 것이며, 복지 관련 토론의 경우 국가 재정 여건이 실천 방안의 중요한 쟁점이 될 것이다.

(3) 물적 자원

찬성 측이 제시한 실행 방안을 실천할 수 있는 물리적 자원, 자연 자원, 과학 기술 등이 공방의 쟁점이 되는 것이다. 환경 관련 주제의 토론에서 자주 쟁점화가 된다. 예를 들어 4대강 사업 관련 토론에서 찬성 측은 자연 자원을 관리할 수 있는 기술과 토목공사에 들어가는 자원이 충분하다고 주장하는 반면, 반대 측은 현 4대강 사업은 기술도 부족하며 무엇보다 댐을 건설할 기자재도 부족하여 환경을 오히려 악화시키게 될 것이라고 주장할 수 있다. 한국과 중국 사이 해저터널 건설 관련 토론의 경우에도 과학 기술이 실천 방안의 쟁점이 될 것이다.

(4) 사회제도

찬성 측이 제시한 실행 방안을 실천할 수 있도록 사회제도의 관련 변화에 대한 찬반 쟁점들이다. 입학사정관제 폐지 관련 토론을 한다면 대학입시 관련 제도에 대한 문제를 보완하는 방안을 제시해야 할 것이며, 대통령 중임제 관련 토론을 한다면 국회의원 선거 시기와 제도, 지방자치단체장 선거제도에 대해서도 함께 논의해야 할 것이다. 담뱃값 인상 여부를 놓고 토론한다면 건강, 의료, 보험 제도도 찬반의 쟁점으로 부상할 것이다.

(5) 사회적 인식과 가치

찬성 측이 제시한 실행 방안이 이루어질 수 있도록 하기 위한 사람들의 인식과 가치에 대한 쟁점들이다. 도로명 새주소 사용 관련 토론의 경우에는 사용하는 주민들의 인식과 태도가 쟁점이 될 것이며, 일하는 엄마 가산점 제도 관련 토론에서는 남성들의 인식과 가치에 대한 변화가, 군가산점제 관련 토론에서는 여성들의 인식과 가치에 대한 호소 방안에 대한 것들이 쟁점으로 부상한다. 동성애자 결혼 합법화 토론에서 소수자에 대한 인권을 강조하며 사회적 인식과 가치의 변화에 대한 호소와 설득 방안을 함께 제시하는 경우도 이에 해당한다.

(6) 실행 주체의 의지와 태도

찬성 측이 제시하는 실행 방안을 실천할 수 있도록 허가하거나 승인할 수 있는 권력을 가진 사람들의 의지나 태도에 대한 쟁점들이다. 예를 들어 낚시 면허제 도입 관련 토론에서 낚시꾼들이 비용을 지불하여 면허를 받고 교육을 받을 의지가 있느냐 없느냐가 쟁점화될 것이다. 또는 국회의원 특권 축소 방안에 대한 토론을 한다면 의원들을 설득하는 방안이 쟁점으로 등장하게 될 것이다.

찬성 측은 토론의 논제에 따라 ① 인적 자원, ② 재원, ③ 물적 자원, ④ 사회제도, ⑤ 사회적 인식과 가치, ⑥ 실행 주체의 의지와 태도와 같은 쟁점들을 고려하여 구체적 실행 방안을 제시해야 하며 이를 통해 논제가 제시하고 있는 문제가 해결될 가능성을 강조하는 반면, 반대 측은 찬성 측의 방안으로는 문제가 해결되지 않는다고 반론을 제기할 수 있다.

4) 실행 결과(이익과 부작용)의 쟁점

네 번째 정책 토론의 필수 쟁점은 실행 결과에 관한 쟁점이다. 실행 결과에 대한 쟁점은 이익과 부작용으로 나누어진다. 찬성 측은 다소 부작용이 있을지라도 결과적으로 이익이 더 크다는 입장을 주장할 것이며, 반대 측은 찬성 측 방안이 이익을 가져올 수도 있지만 그에 따른 부작용은 더 크다고 강조하며 찬반 공방을 벌일 것이다. 예를 들어 공무원 정치활동 허용 관련 토론의 경우 찬성 측은 허용 시 결과의 이익을 주장하는 반면, 반대 측은 그에 따른 부작용을 쟁점화할 것이다. 임신중절 합법화에 대한 토론에서 찬성 측은 합법화에 따른 이익을 주장하는 반면, 반대 측은 부작용을 강조할 것이다. 실행 결과의 쟁점에서 반대 측은 찬성 측의 방안이 실천되어도 현재 상태보다 나아지는 것이 없을 것이라는 증명만 해도 된다.

5) 부분 개선의 쟁점(필요시)

반대 측은 논제가 제시하고 있는 변화를 인정할 수밖에 없는 경우에는 부분 개선을 제시하며 쟁점화할 수 있다. 부분 개선은 반대 측 입론에서 반드시 제시해야만 한다. 일반적으로 반대 측이 부분 개선을 쟁점화한다면 이는 논제 관련성을 위배할 위험을 안고 시작하는 것이며 토론은 찬성 측에게 유리하게 전개될 수도 있음을 각오해야만 한다. 그러나 논제에 따라 부분 개선이 허용되는 특수한 경우가 있다. 반대 측은 이때 현 상황의 일부 문제 부분을 제시하며 그 부분만 개선하자고 할 수 있다. 반대 측의 부분 개선은 논제가 제시하는 방향과 일치하지 않고 현 상태의 문제를 해결하는 차선의 방안이라는 것을 반드시 입증해야 한다.

'정부는 교육시장을 개방해야 한다'라는 논제를 두고 토론을 할 때는 학교의 소유권, 경영권 문제, 교사를 포함하여 초·중·고는 물론 대학까지 개방하자는 찬성 측 방안에 대해 반대 측은 소유권은 제외하고 경영 부문만 그것도 대학 부문만 우선 개방하자는 논지를 펼칠 수 있을 것이다. 그러나 이는 여전히 '교육 개방은 공교육 붕괴로 이어질 수 있다'는 반대 측의 중요한 이념적 배경을 일부 포기하는 것으로 볼 수 있다. 그러나 논제에 따라 현실적으로 문제된 부분이 청중들에게 널리 인식되어 있다면 부분 개선을 반대 측이 제시할 수도 있다. 예를 들어 '정부는 한국과 호주의 무역자유협정을 체결해야 한다'에서 농수산업 부문만 빼고 체결하자고 반대 측이 쟁점화할 수 있다. 이때 반대 측 주장의 타당성은 전적으로 평가자인 청중들의 판단에 달려 있다. 이와 같이 사회적·시대적 상황에 따라 개선의 합리성과 타당성은 심사자들의 상식과 이성적 판단에 맡겨지게 된다.

6) 대체 방안의 쟁점(필요시)

반대 측은 현 상황의 문제가 심각하며 현 상태에 대한 조치를 마련해야 할 필요성을 인정하지만, 찬성 측의 방안으로는 문제가 해결되지 않는다고 주장하며 대체 방안을 제시할 수 있다. 반대 측이 대체 방안을 제시한다면 반드시 반대 측 제① 토론자 입론에서 제시해야 한다. 그러나 반대 측이 대체 방안을 제시하려고 한다면 이는 논제가 내포하고 있는 찬성 측의 정당화를 인정하는 것으로 대립 토론의 원칙을 위배하고 찬반 쟁점을 흐리게 하는 위험을 안고 있다. 다시 말해 찬성 측이 제시한 정당화의 주장을 인정하는 것으로 토론이 시작되며 이는 찬반 토론의 성립을 모호하게 한다. 예를 들어 성범죄자 전자발찌 시행의 토론에서 반대 측이 '성범죄자 관련 형법 개정하자', '성범죄자 화학적 거세하자'라고 주장한다면 이는 논제 관련성을 위반하는 것이다. 이런 경우는 성범죄자 관련 형법 개정 혹은 성범죄자 화학적 거세의 논제로 토론을 다시 해야 할 것이다. 이런 경우 반대 측은 찬성 측과 입장이 바뀌게 되며 반대 측이 대체 방안에 대한 입증의 책임을 갖게 된다. 반대 측의 대체 방안 제시는 논제 관련성 위배라는 위험을 안고 시작하는 토론이 되게 한다.

그러나 숙달된 토론자들은 대체 방안 전략을 자신들의 주장의 하나로 가끔 활용하여 찬성 측의 주장을 약화시키는 전술의 일환으로 이용한다. 이때 만약 찬성 측이 논제 관련성의 위반을 청중들에게 지적하지 않으면 반대 측 전술은 효과를 얻은 것으로 간주한다.

　반대 측의 대체 방안은 상호 배타성과 순이익성이 있어야 한다. 상호 배타성이란 반대 측의 방안은 찬성 측 방안과 완전히 다른 것이 되어야 하며 찬성 측 방안을 완전히 대체하는 것이어야 한다는 특성을 갖고 있다. 찬성 측 방안과 상관없이 단독으로 실행할 수 있어야 하며 찬성 측 방안과 동시에 영역별로 병행할 수는 없다. 반대 측 대체 방안이 찬성 측 방안보다 나은 것이며 대체 방안은 찬성 측 방안과 함께 채택하는 것보다 완전히 대체하는 것이 낫다는 것을 입증해야 한다. 이때 찬성 측은 반대 측의 대체 방안이 찬성 측 방안과 동시에 병행할 수 있다고 반박할 가능성이 높다.

　순이익이란 대체 방안을 시행하는 것이 찬성 측 방안보다 나은 이익을 가져온다는 것을 입증해야 한다는 개념이다. 찬성 측은 반대 측의 대체 방안이 실행 가능성이나 문제 해결성의 측면에서 자기 측 방안보다 효율적이지 않다고 반박할 것이다. 또한 찬성 측 방안이 반대 측 방안보다 우수하다는 비교 전략을 구사할 수 있을 것이다. 반대 측이 대체 방안을 제시하면 찬성 측은 대체 방안이 순이익을 가져올 수 없으며 문제를 해결하지 못한다고 주장할 수 있다. 찬성 측은 반대 측의 대체 방안이 불이익을 가져올 수 있다고 주장할 수 있을 것이다.

　이상의 논의에서 정책 토론은 논제에 따라 어떤 토론에서는 개념 정의에 관한 쟁점은 약하게 공방이 이루어지고 실행 방안의 쟁점이나 실행 결과의 쟁점에 대해 치열한 공방이 이루어지는 반면, 어떤 논제에서는 개념 정의에 관한 쟁점과 합리화/정당화의 쟁점이 실행 방안의 쟁점보다 더 치열하게 공방을 벌일 가능성이 있다. 정책 토론의 필수 쟁점을 요약하자면 다음의 표와 같다.

　이 장에서 사실, 가치, 정책 토론의 필수 쟁점들을 구분하여 논의하였지만 가치 토론에서 정책 토론의 필수 쟁점을 응용하는 것도 가능하며 정책 토론에서 사실 토론이나 가치 토론의 필수 쟁점들을 응용하는 것도 가능하다. 사실 토론과 정책 토론의 필수 쟁점들은 뚜렷하

정책 토론의 필수 쟁점

1. 개념 규정의 쟁점
   1) **주요 용어 정의:**　　　　　　　[찬성 측] 용어 ⇔ [반대 측] 용어
   2) **이론적 · 철학적 근거와 개념:** [찬성 측] 근거/개념 ⇔ [반대 측] 근거/개념
   3) **사회 · 문화 · 역사적 배경:**　 [찬성 측] 배경 ⇔ [반대 측] 배경
   4) **법적 근거:**　　　　　　　　　[찬성 측] 관련법 ⇔ [반대 측] 관련법

2. 합리화/정당화의 쟁점
   1) **중요성:** [찬성 측] 중요함 ⇔ [반대 측] 문제가 중요하지 않음
   2) **심각성:** [찬성 측] 심각함 ⇔ [반대 측] 문제가 그렇게 심각하지 않음
   3) **시의성:** [찬성 측] 빠른 시일 내에 조치해야 함 ⇔
   　　　　　　　[반대 측] 지금 조치를 취할 필요 없음
   4) **지속성:** [찬성 측] 문제가 지속적으로 내재되어 있음 ⇔
   　　　　　　　[반대 측] 그렇지 않을 수도 있음

3. 실행 방안의 쟁점
   1) **실행 가능성:**
   　　　　(1) 인적 자원, (2) 재원 (3) 물적 자원 (4) 사회제도
   　　　　(5) 사회적 인식과 가치 (6) 실행 주체의 의지와 태도
   　　　　　[찬성 측] 실행 가능함 ⇔ [반대 측] 실행 가능성 부족함
   2) **해결 가능성:** [찬성 측] 문제 해결됨 ⇔ [반대 측] 해결 보장 확실하지 않음

4. 실행 결과의 쟁점
   1) **이익:**　　[찬성 측] 부작용 있을 수 있으나 이익이 더 많음
   2) **부작용:** [반대 측] 부작용이 더 많음, (혹은) 현재 상태보다 낫지 않음

게 다르지만 가치 토론의 필수 쟁점은 사실 토론의 필수 쟁점과 정책 토론의 필수 쟁점들은 많은 부분 공유하고 있다. 사실 토론은 정의를 추구하는 것이 목적이라면 가치 토론은 정책 토론과 다르게 가치 판단이 주요 목적이며, 정책 토론은 정책 방안의 실행 가능성과 유용성이 토론의 목적이다. 그러나 사실, 가치, 정책 토론의 구분은 자의적이며 상호 배타적인 항목이 아니라는 주장도 있으며 실제 토론에서 사실, 가치, 정책 등의 구분이 뚜렷하지 않은 경우도 있다.

제3장의 논제 구성 방법에서 논의하였듯이 사형제 폐지, 인간 배아 복제 허용, 대리모 허용, 안락사 허용 등과 같이 가치를 많이 포함하고 있는 논제들에 대한 정책 토론은 쟁점들이 많이 등장해서 정책의 유용성과 이익과 부작용에 대해 다루게 된다. 반면 모병제 시행, 한중일 화폐 통합, 원자력발전소 증설 등과 같이 정책의 실행방안은 결과의 이익과 부작용에 대한 효용성을 목적으로 하는 정책 토론에서는 가치에 관한 쟁점은 약하게 나타난다. 바태넌과 프랭크(Bartanen and Frank, 1994)는 정책 토론을 가치 토론과 사실 토론의 상위 개념으로 정리하고 있다. 바태넌과 프랭크의 관점을 따르면 정책 토론에서 가치와 사실에 관한 근거들이 많이 등장함으로써 토론 교육에서는 정책 토론을 선호하는 경향이 있다고 한다. 이 장에서 논의한 각 토론의 필수 쟁점들은 토론 준비 과정에서는 물론 토론 진행과 토론 평가에 있어서 안내 역할을 하는 지표와 같다.

제5장

정책 토론 준비 방법과 실제

이 장에서는 앞에서 제시한 정책 토론의 필수 쟁점을 중심으로 토론의 준비 절차 및 내용 작성의 방법과 사례를 다루기로 한다. 정책 토론을 준비하는 절차는 (1) 필수 쟁점에 따른 브레인스토밍, (2) 입론 내용 개요서 작성, (3) 우리 측 질문 사항 정리, (4) 상대 측 질문 사항 예상 정리, (5) 우리 측 반론 예상, (6) 토론 내용 흐름 전략표의 순서로 한다.

토론에서 이길 수 있는 방법은 자신의 주장을 잘 전개하고 설득하며 자신의 주장이 상대 보다 낫다는 것을 확신시키는 것이다. 상대 주장보다 우위에 서기 위해서는 상대 주장의 장점과 단점을 잘 파악하는 것이 중요하다. 그런 후 자신의 주장이 상대의 주장보다 높게 평가 받아야 하는 이유를 설명해야 한다. 토론자들은 준비 과정에서 자료와 증거를 연구하면서 찬성 측과 반대 측의 주요 주장에 대한 내용을 추정하여 정리하고 토론 전반에 대한 전략까지 마련할 필요가 있다. 여기에서는 실행 방안과 효율성 쟁점에 초점을 맞춘 '모병제 도입'

에 관한 정책 토론, 법과 도덕의 가치 쟁점에 중점을 두는 '착한 사마리아인법 제정'에 관한 정책 토론, 의료복지라는 가치 쟁점과 함께 정책의 효율성 쟁점을 동시에 다루는 '영리병원 도입'에 관한 정책 토론 등 세 가지 다른 논제를 사례로 하여 정책 토론 내용 준비 방법의 실제를 제시한다.

준비 과정에서 토론 필수 쟁점에 따른 브레인스토밍 단계에서부터 내용 흐름 전략표 작성단계까지 자기 측의 주장과 근거와 자료를 정리하는 것은 물론, 역지사지의 입장에서 상대의 주장과 근거 및 자료를 함께 조사하고 준비해야 한다. 이렇게 토론 내용 준비가 끝나면 토론의 구성 요소인 입론, 질문, 반론의 내용을 작성한다. 토론 내용 준비의 절차와 방법을 정리하자면 아래와 같다.

정책 토론 준비 절차와 방법

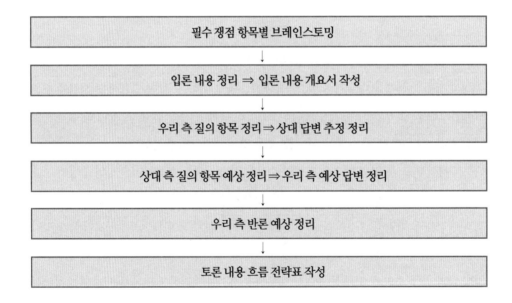

1. 정책 토론 내용 작성 준비 방법

1) 정책 토론 필수 쟁점 브레인스토밍

정책 토론을 준비하기 위한 첫 단계는 준비한 기초 자료를 바탕으로 토론 내용의 아이디어를 연상법으로 도출해 내는 브레인스토밍을 하는 것이다. 이때 브레인스토밍은 앞선 제1부 제2장에서 논의한 개방형 브레인스토밍, 항목별 브레인스토밍, 고리식 브레인스토밍 등을 활용하면 된다. 여기에서는 항목별 브레인스토밍 방법을 써서 정책 토론의 필수 쟁점들을 항목별로 정리하는 사례를 제시할 것이다.

정책 토론의 필수 쟁점인 개념 규정의 쟁점, 합리화/정당화의 쟁점, 실행 방안의 쟁점, 실행 결과의 쟁점 등으로 항목별 브레인스토밍을 한다. (1) 개념 규정의 쟁점에서는 ① 주요 용어 정의, ② 이론적·철학적 근거와 개념, ③ 사회·문화·역사적 배경, ④ 법적 근거의 하부 항목을 내용으로 준비한다. (2) 합리화/정당화의 쟁점에서는 ① 중요성, ② 심각성, ③ 시의성, ④ 지속성 등을 고려하며, (3) 실행 방안의 쟁점에서는 ① 인적 자원, ② 재원, ③ 물적 자원, ④ 사회제도, ⑤ 사회적 인식과 가치, ⑥ 실행 주체의 의지와 태도를 하부항목으로 준비하며, (4) 실행 결과의 쟁점에서는 ① 이익, ② 부작용의 하부 항목을 검토한다. 토론의 논제에 따라 필요하다면 (5) 부분 개선의 쟁점과 (6) 대체 방안의 쟁점도 함께 준비한다.

찬성 측과 반대 측은 주요 용어와 개념에 대해 합리적으로 받아들일 수 있는 대체 정의를 찾는 것으로부터 출발할 수 있다. 예를 들어 '기여입학'은 '기부금 입학'으로 '유전자 변형 식품'은 '유전자 조작 식품'으로 '사후피임약'은 '응급피임약'으로 다시 정의하는 것이 반대 측에 유리할 수 있다. 이와 같이 논제에 내포된 용어를 점검해야 한다. 반대 측은 찬성 측이 문제의 심각성이나 중대성에 대한 근거를 충분히 제시하지 않았다는 공략을 할 수 있으며, 문제가 있지만 찬성 측이 주장한 문제는 지속적이지 않으며 상황에 따라 조만간 완화될 것 이란 주장을 준비할 수도 있다. 그리고 문제가 어느 정도 있지만 지금 당장 조치를 취할 필요가 없는 것이라고 주장할 수 있다. 실행 가능성을 점검하며 자원의 한계나 법적·제도적 미비 혹은 사람들의 인식이나 가치관 때문에 실행 가능성이 없다는 것을 공략하거나 찬성 측 실행 방안으로 이익은 있을 수 있지만 부작용이 더 많다는 점을 검토하며 준비할 수 있다. 반대 측은 위의 필수 쟁점 중 하나만 효과적으로 공략하여도 승리할 확률이 높아진다는 점을 염두에 두고 준비하면 된다.

이때 모병제와 같은 '순수' 정책 논제는 합리화/정당화 쟁점과 실행 방안의 쟁점에 중점을 두어 준비를 할 필요가 있는 반면, 착한 사마리아인법과 같이 가치를 많이 내포하고 있는 정책 토론 준비는 개념 규정의 쟁점과 실행 결과에 관한 쟁점을 중점으로 준비할 필요가 있다. 한편 영리병원의 경우에는 의료복지의 가치와 실행 방안 그리고 결과를 함께 준비해야 할 것이다. 주어진 특정 논제에 따라 각 정책 토론의 네 가지 쟁점에 대한 비중을 다르게 준비할 수 있다. 다음은 정책 토론의 필수 쟁점을 중심으로 한 항목별 브레인스토밍 사례이다.

정책 토론 내용 구성 준비표 (찬성 측)

1. 주요 용어와 개념/ 배경/ (역사적/이념적/철학적/법적) 근거
        주장 1)_____
        주장 2)_____
        주장 3)_____

   근거/자료
           1)_____
           2)_____
           3)_____
   참조   _____

2. 합리화/정당화 (중요성/심각성/시의성/지속성)
        주장 1)_____
        주장 2)_____
        주장 3)_____

   근거/자료
           1)_____
           2)_____
           3)_____
   참조   _____

3. 실행 방안
        주장 1)_____
        주장 2)_____
        주장 3)_____

   근거/자료
           1)_____
           2)_____
           3)_____
   참조   _____

4. 실행 결과: 이익과 부작용
        주장 1)_____
        주장 2)_____
        주장 3)_____

   근거/자료
           1)_____
           2)_____
           3)_____
   참조   _____

정책 토론 내용 구성 준비표 (반대 측)

1. 주요 용어와 개념/ 배경/ (역사적/이념적/철학적/법적) 근거
    주장 1)_____
    주장 2)_____
    주장 3)_____

    근거/자료
        1)_____
        2)_____
        3)_____
    참조   _____

2. 합리화/정당화 (중요성/심각성/시의성/지속성)
    주장 1)_____
    주장 2)_____
    주장 3)_____

    근거/자료
        1)_____
        2)_____
        3)_____
    참조   _____

3. 실행 방안
    주장 1)_____
    주장 2)_____
    주장 3)_____

    근거/자료
        1)_____
        2)_____
        3)_____
    참조   _____

4. 실행 결과: 이익과 부작용
    주장 1)_____
    주장 2)_____
    주장 3)_____

    근거/자료
        1)_____
        2)_____
        3)_____
    참조   _____

정책 토론의 필수 쟁점 브레인스토밍 사례 (1) [모병제]

1. 개념 규정의 쟁점 [용어, 개념, 근거, 배경]
   1) 주요 용어 정의:
      - 병역 제도: 모병제, 징병제, 개병제, 민병제, 직업군인제, 용병제, 의무병제, 지원병제
   2) 이론적 · 철학적 근거와 개념:
      - 국방의 의무, 권리, 각 병역제도의 장단점, 현대/미래전, 첨단 무기, 전투력
      - 병역의 형평성, 가칭 병역형평조세, 사회 계층, 인적 자원, 사회적 비용
   3) 사회 · 문화 · 역사적 배경:
      - 국방비와 국가예산, 휴전 상태, 유일한 분단국가, 군대 문화, 병역 기간, 북한의 군사력
      - 로마군 용병제도의 장단점, 유럽 국가의 병역제도, 프랑스 용병제, 미국의 모병제,
      - 중국 · 일본 · 대만의 병역제도, 군사력, 국방비, 주한 미군 역할
      - 이라크전, 아프가니스탄전, 영국—아르헨티나 포클랜드전, 월남전, 6.25전쟁
      - 한국군 군사 체제, 육군 · 해군 · 공군의 사병 인원과 장교 인원,
      - 2013년 34조 3천억, GDP 대비 국방 2.5%, 정부 재정 대비 14%
      - 북한 도발: 백령도 포격, 천안함 폭침, 서해 교전, 핵 개발, 미사일 발사, KAL 폭파 등
   4) 법적 근거:
      - 헌법 제8조 2항, 병역법, 병역법 시행령과 시행 규칙, 기타 관련법

2. 합리화/정당화의 쟁점 [① 중요성 ② 심각성 ③ 시의성 ④ 지속성]
   1) **중요성**: 한국군의 전투력, 군인의 전문성, 군인 자살률, 북한의 군사력, 주한 미군 역할
   2) **심각성**: 인적 자원과 사회적 비용, 전투력 향상, 안보 환경의 변화, 동아시아 환경 변화, 신생아 수 감소, 학교와 직업교육 중단,
   3) **시의성**: 준비와 논의의 시급성, 국방개혁 2020.
   4) **지속성**: 주권과 인권 국가 완성

3. 실행 방안의 쟁점

[① 인적자원 ② 재원 ③ 물적자원 ④ 사회제도 ⑤ 인식/가치 ⑥ 실행 주체의 태도]

1) **인적 자원**: 적정 한국군 25만~30만 명. 현재 각 군의 사병과 장교수

2) **재원**:
   - 육군·해군·공군의 사병 월급, 각 군 장교 급여 총액, 한국 국방비 32조 원
   - 모병제 전환 시 사병 월급과 장교 급여, 모병제 전환 시 각 군의 군사 장비 구입비
   - 미국 국방비 7천억 달러 30%, 130만 명 인건비, 일본 500억 달러 24만 명 24조 원
   - 가칭 '병역 형평 조세'

3) **물적 자원**: 필요한 군사장비, 첨단 무기, 구입비

4) **사회제도**: 지원자들의 동기, 사회 계층, 각 군 병역 기간, 모집 방법

5) **인식 및 가치**: 지원병들의 인식 및 가치

6) **실행 주체의 태도**: 국민들의 인식과 태도 조사, 홍보 방안, 각 정당의 입장

4. 실행 결과의 쟁점 [① 이익 ② 부작용]

1) **이익**: 전투력 향상, 국방비 절약, 사회적 비용 감소

2) **부작용**: • 전투력 약화, 국방비, 세금 증대, 저소득계층 지원, 지원자 부족, 외국인 지원
   - 전시상황에서의 병역보충 문제—현행 예비군제

5. 부분 개선 [필요시]: 현행 하사관제 확충, 각 군별 혹은 병과별 단계적 모병제, 군대 문화 개선 교육과 홍보

6. 대체 방안 [필요시]

■ 자료조사 정리: [필요시 별지 작성]

정책 토론의 필수 쟁점 브레인스토밍 사례 (2) [착한 사마리아인법]

1. 개념 규정의 쟁점 [용어, 개념, 근거, 배경]
    1) 주요 용어 정의:
        • 착한 사마리아인법, 선한 사마리아인법, 긴급구조 불이행에 관한 법률, 형용사 '착한'
        • 구호자 보호법, 제정, 시행, 법
    2) 이론적 · 철학적 근거와 개념:
        • 법, 도덕, 윤리, 인간의 존엄성, 인간의 자유의지, 양심, 생명
        • 범죄구성 조건, 형법의 목적, 교화론과 응보론
        • 구조 이행 시 면책조항과 불구조 행위 처벌 조항
    3) 사회 · 문화 · 역사적 배경:
        • 신약성경 누가복음 10장 32~37절, 제노비스 사건, 수원 토막살인 사건
        • 최근 지하철 행인 구조 사건, 지하철 폭행남, '막말녀' 등과 같은 다양한 사례 조사
        • 야구선수 고 임수혁 사건, 축구선수 몰리나와 신영록 사건 등 기타 구조 사례 조사
        • 구조하다 피해 본 사례, 구조 중단 사례, 범죄 피해자 구조 사례, 피부과 의사 사례 조사
        • 면책조항 해외 사례 조사: 미국 캘리포니아, 일리노이, 앨라배마, 미네소타, 오클라호마 사례 조사
        • 처벌 조항 해외 사례 조사: 일본, 독일, 프랑스, 오스트리아, 이탈리아, 스페인, 네덜란드 등 대부분 서유럽 국가
        • '법은 최소한의 도덕': "법은 도덕의 최소한이다."라는 독일의 법학자 옐리네크
        • "자유는 법률의 보호를 받아 처음으로 성립, 이 세상에 법 외에 자유가 있을 수 없다."라는 아우구스티누스 등 다양한 인용 조사
    4) 법적 근거:
        • 2010년 국회의원 임동규 발의안: 형법 제28장 '유기와 학대죄'에서 「제275조 2항 '긴급한 사정으로 생명 · 신체에 대한 위험을 당하여 구조가 필요한 자를 구조하지 않은 자는 1년 이하의 징역 또는 3백만 원 이하의 벌금」

※ 엄밀히 말해 법이 아니고 조항

- 응급의료법 제5조의 2항: 「응급의료 또는 응급처치를 제공하여 발생한 재산상 손해와 사상에 대해 고의 또는 중과실이 없으면, 해당 행위자는 민사책임과 상해에 대한 형사책임을 지지 않으며 사망에 대한 형사책임을 감면한다」

- 관련법: 형법 제271조 '유기죄', 형법 제103조 '반사회질서의 법', '자살방조죄', '재물손괴죄' 등

2. 합리화/정당화의 쟁점 [① 중요성 ② 심각성 ③ 시의성 ④ 지속성]

   1) **중요성**: 생명의 존엄성, 이웃의 위험, 방관자 효과

   2) **심각성**: 사회 연대의 이완, 공동체의 최소한 윤리, 비도덕성, 비윤리성 선진국 심정지 환자 생존율 20~40% ⇔ 대한민국 생존율 2~5%

   3) **시의성**: 빠르면 빠를수록 이익

   4) **지속성**: 현대인의 비도덕성

3. 실행 방안의 쟁점

   1) **사회 제도**:

      - 생활 응급처치 교육, 심폐소생술, 지혈 방법 시민교육,

      - 자동제세동기 설치, 면책조항 강화,

      - 사회보장제도 보완, 구조자 보상, 구조발생 비용 처리 보장, 상해 비용의 처리 제도

   2) **인식 및 가치**:

      - 객관적이고 타당한 구조 대상과 범위 제시, '위험 상황에 대한 인식'

      - 구조 중 구조행위의 중단 상황, 피구조자가 구조를 원하지 않은 경우

   3) **실행 주체의 태도**: 대국민홍보와 여론, 국회의원 대상 공청회

4. 실행 결과의 쟁점 [① 이익 ② 부작용]

   1) **이익**: 생명의 구조, 도덕성 · 윤리성 회복

   2) **부작용**: 형벌권의 남용, 사생활 침해, 전과자 양성, 사실 입증의 어려움, 재판비용 증가

5. 부분 개선 [필요시]: 도덕과 윤리 교육 강화, 현행 응급의료법 보완

6. 대체 방안 [필요시]

◼ 자료조사 정리: [필요시 별지 작성]

2) 입론 개요서 작성

두 번째 단계는 브레인스토밍한 내용과 조사한 자료를 바탕으로 우리 측 입장에서 입론의 개요를 작성하는 것이다. 정책 토론의 입론은 서론, 본론, 결론으로 나누고 서론은 ① 도입 부분, ② 논제의 배경, ③ 개념 규정(주요 개념과 용어 정의), ④ 본론 예고로 나눌 수 있다. 본론은 2~4가지 주장과 각 주장에 대한 2~3가지의 근거로 구성한다. 결론은 ① 내용 요약혹은 정리, ② 결언으로 나눌 수 있다. 물론 이러한 작성 방식은 하나의 범례일 뿐이며 토론자 개인 취향이나 설득의 기법에 따라 다양한 방법으로 구성할 수 있다. 입론 내용 개요 작성 방법은 제1부 제3장의 '스피치의 본론 개발'에서 논의한 구성의 방법, 제4장 '스피치의 서론과 결론 개발', 제5장의 '개요서 작성 방법'을 활용하면 도움이 될 것이다. 다음은 입론 개요서 작성의 한 예이다.

찬성 측 제① 토론자 입론 개요 [모병제 도입]

1. 서론
   1) [도입] 인사말. 모병제 찬성 측 입론 시작을 알림
   2) [논제의 배경] 군대 가는 대학 선배 언급 → 2년 간 이별 → 이라크전 언급 → 첨단무기전
   3) [개념 규정]
      (1) 개병제: 국민 개병제의 줄임말. 각각의 국민 모두에게 병역의 의무를 부과한다는 의미
      (2) 징병제: **강제로** 병역 대상자 전원을 징집하여 일정 기간 국방에 임하게 함. 현역에서 제대한 병역 자원 예비군 확보 → 유사시 소집, 충원하는 제도
      (3) 모병제: 지원병제 → 자유의사에 의해 국가와 계약하여 병사로 근무하는 제도 → **하고 싶은 사람**만 하는 제도
   4) [본론 예고]
      (1) 징병제의 문제점
      (2) 모병제의 장점
      (3) 모병제 실행 방안

2. 본론
   1) 징병제의 문제점
   [**주장** ①] 현행 징집제의 비효율성
      [근거 ①] 사병의 훈련 기간 짧음
      [근거 ②] 사병의 전문성과 숙련도 부족
   [**주장** ②] 사회적 손실
      [근거 ①] 학업과 직업의 중단 → 자기 발전의 기회 상실 → 군 입대 기피 현상
      [근거 ②] 사회적 비용, 수십조 원
   [**주장** ③] 병영 문화의 전근대성
      [근거 ①] 인권 문제, 사고, 사건, 구타, 폭행, 군인 자살률
      [근거 ②] 상명하달 군대 문화 → 개인의 개성 말살

2) 모병제의 장점

[**주장** ①] 전투력 향상

[**근거** ①] 전문성으로 결판, 현대전은 국지전/첨단무기전, 정보전

[**근거** ②] 병사들의 사기와 자부심 → 가고 싶은 사람들의 모임

[**주장** ②] 인권 강화

[**근거** ①] 병영 문화 개선

[**근거** ②] 병역의 형평성 문제 해결

3) 모병제 실행 방안

[**주장** ①] 단계적 모병제 전환

[**근거** ①] 경성징집제 → 징집제 위주의 징모혼합제

[**근거** ②] 단계적 징집 비율 줄임 → 지원병과 부사관 지원 확대 → 2020년까지 병역의 80% 모병제 전환

[**근거** ③] 완전한 모병제로 전환

[**주장** ②] 모병제 비용

[**근거** ①] 모병제 전환 시 30만 명, 인건비 16~24조 원 소요 예상(국방개혁 자료)

[**근거** ②] '병역형평조세'(가칭) 도입

3. 결론

1) [**정리**] 징병제의 문제점 → 모병제의 장점(전투력 향상, 인권 강화) → 모병제 실행 방안 (단계적 모병제 전환, 모병제 비용) 요약 재강조

2) [**결언**] 인적 자원의 혁명, 전투력 강화, 인권 강화

3) [**예고**] 두 번째 토론자 → 각 국가별 모병제 현황과 전투력의 관계, 모병제 시행 시 비용에 대한 구체적 실행 방안 제시

▣ 자료조사 정리: [필요시 별지 작성]

반대 측 제① 토론자 입론 개요 [착한 사마리아인법]

1. 서론

1) [도입] 인사말. 착한 사마리아인법 반대 측 알림

2) [논제의 배경] 고 임수혁 야구선수 → 2010년 임동규 의원 발의 언급 → 사회적 논의

3) [찬성 측 입론/교차조사 주장에 대한 반박]

　(1) 찬성 측 현행 문제점 부분 동의하지만 반대

　(2) 찬성 측 입론과 교차조사에서 주장 정리, 반박 간략 제기

4) [개념 규정]

　(1) 착한 사마리아인의 성경 유래. '착한' 형용사의 미화

　(2) 대체 용어 '구조 불이행죄'

　(3) 미국 면책조항 범죄가 아님. 독일, 프랑스, 포르투갈 등 유럽 국가 엄밀히 말해
　　'구조 거부죄'로 처벌

5) [본론 예고]

　(1) 법과 도덕의 구별

　(2) 범죄 구성 조건과 '긴급', '위험' 상황의 모호성

　(3) 부작용

2. 본론

1) 법과 도덕의 구별

　(1) [주장 ①] '법은 최소한의 도덕' – 독일의 법학자 옐리네크

　　　[근거 ①] 구조행위 유무는 도덕의 영역

　　　[근거 ②] 도덕의 영역을 형법으로 처리

　(2) [주장 ②] 개인의 자유

　　　[근거 ①] 개인의 자유는 헌법의 기본권

　　　[근거 ②] 개인의 권리 침해와 사생활 침해

2) 범죄 구성 조건과 '긴급', '위험' 상황의 모호성

　(1) [주장 ①] 형법의 범죄 구성 요건 결여

[근거 ①] 형법의 범죄 구성 요건

[근거 ②] 불이행은 행위를 하지 않음. 유기죄, 학대죄와 다름

(2) [주장 ②] '긴급', '위험' 상황의 모호성

[근거 ①] '긴급', '위험' 상황의 객관적 기준 마련 어려움

[근거 ②] 구조자의 피해 위험 내재

3) 부작용

(1) [주장 ①] 형벌권의 남용

[근거 ①] 법률 만능주의

[근거 ②] 법안의 악용 소지

[근거 ③] 순수한 의지의 구조자 도덕성에 악영향

(2) [주장 ②] 재판 시 입증의 어려움

[근거 ①] 범죄 피해자의 경우, 가해자/피해자 구분 어려움

[근거 ②] 구조자가 위험에 처할 수 있는 경우

[근거 ③] 피구조가가 도움을 회피한 경우

4) 피해 보상 제도의 미비

(1) [주장 ①] 면책조항의 미비

[근거 ①] 미국 사례의 단점, 문화적 차이 극복 방안

[근거 ②] 찬성 측 안 현행 면책조항 미비

[근거 ③] 순수한 의지의 구조자 도덕성에 악영향

(2) [주장 ②] 발생비용 대책 미비

[근거 ①] 구조자 보상

[근거 ②] 구조 시 발생 비용, 구조자 손해 비용

[근거 ③] 피해자 상해 비용

3. 결론

1) [정리] 법과 도덕의 구분 → 범죄 구성 요건의 어려움 → 시행의 부작용→ 피해 보상제
미비

2) [결언] 찬성 측 주장 위험상황 구조 필요 부분적 동의하지만 반대

3) [예고] 두 번째 토론자 내용 예고

   (1) 도덕 영역에서의 교육 방안 강화

   (2) 현행 응급의료법 보완

◉ 자료조사 정리: [필요시 별지 작성]

3) 우리 측 질문 항목 정리

정책 토론 준비의 세 번째 단계는 우리 측이 상대에게 질의할 사항들을 정리하는 것이다. 질문을 준비할 때 기초적인 질문 사항 정리는 물론 상대 측 입론 내용을 염두에 두고 창의적인 방법으로 다양한 질문 사항을 준비한다. 이때 역지사지의 입장에서 상대의 답변을 추정하고 정리하는 것도 중요하다. 다음은 영리병원 도입 토론에서 우리 측 질문 항목 정리 사례이다.

찬성 측 질문 사항 정리 [영리병원 도입]

1. 질문: '영리병원'인가, '영리법인병원'인가?
   1) '영리병원'이라는 용어는 병원이 수익창출을 목표로 하기에 사용하신다고 발언함. 맞는지?
   2) 현재 우리나라에는 이미 영리병원이라는 것이 존재한다는 사실도 아는지?
   3) 현재 우리나라 병원의 90%는 개인에 의해 설립된 영리병원임.
   4) 지금 논의하는 사안은 영리법인의 투자로 운영되는 병원임. '영리병원'이라는 말은 정확하지 않음. 앞으로의 발언에서는 '영리법인병원'으로 정정 사용해 주시기 바람.

2. 질문: 의료 양극화가 일어날 것이라는 주장?
   1) 발언 중에 의료 양극화가 발생할 것이라고 하신 게 사실?
   2) 말씀하신 의료 양극화를 해소하기 위해서 영리법인병원 제도는 더욱 필요함.
   3) 의료 양극화라는 말은 어떤 때 이 말을 쓰느냐에 따라 논란이 있을 수 있음.
   4) 의료 양극화의 핵심은 대형병원과 중소 규모 병원 간의 격차가 있다는 것?
      대형병원들은 그동안 병상수 확대와 같은 규모 경쟁에 빠져 있다는 것?
      대규모 자본의 투자가 진행되고 있음.
      대형병원으로 환자쏠림 현상이 일어나 중소 규모 병원들은 어려운 상황에 처해 있는 것?
      대형병원과 중소 규모 병원, 다시 말해 동네 병원들을 양극화한다는 것?
   5) 동네 병원이 사라지게 됨으로써 피해를 보는 것은 결국 국민들임. 여기에 민간 자본을 투자해 경영을 개선하고, 서비스의 질을 높이고, 환자가 되돌아오게 하는 것이야말로 의료의 양극화를 해결하는 방안임.

3. 질문: 의료비가 상승할 것이라는 주장?
   1) 의료비가 폭등할 것이라고 발언? 맞는지?
   2) 우리나라의 병원진료비는 현재 '수가계약제'로 운영되고 있는 사실?
   3) 수가계약제하에서 이미 정해진 가격으로 진료가 이루어지고 있음.
   4) 영리법인병원이 된다 하더라도 건강보험의 틀을 벗어날 수 없음.

5) 그 틀에서 정해진 수가에 따라 진료가 이루어지니까 더 높은 양질의 의료 서비스 혜택을 받게 된다는 것입니다. 이는 오히려 국민들에게 이익이 간다는 것에 동의하시는지?

4. 질문: 건강보험 당연지정제가 폐지될 것이라는 주장?

1) 국민건강보험, 그중에서도 '당연지정제'가 폐지될 것이라고 발언하심. 맞는지?

2) 이는 영리법인병원 도입에서 비롯된다는 것이라고 이해해도 됨?

3) 국민건강보험은 하나의 사회보험으로, 온 국민 의무가입이라는 사실?

4) 현재 저소득층은 자기가 낸 보험료의 5배를 보장받고, 고소득층이라고 불리는 상위 20%의 사람들도 자신이 낸 보험료의 120%를 보장받고 있음. 민영보험이 등장한다고 해서 국민들이 자신들에게 이익이 되는 국민건강보험을 탈퇴 안 함?

5) 앞서 말씀드렸듯이, 우리나라는 사회보험으로 국민건강보험에 의무가입. 현재 우리나라는 저소득층에서부터 고소득층까지 모두 80%가 민간보험에 가입되어 있음. 여기에는 어떠한 문제도 발생 안 함. 그런데도 민간보험으로 인해 기존 국가보험의 근간을 흔든다는 것은 억측임?

5. 질문: 외국 환자 유치가 잘 이뤄지지 않을 것이라는 주장?

1) 영리법인병원을 반대하시는 이유로 메디텔을 드셨는데, 메디텔은 본래 목적이 외국인을 치료하는 것이라는 점에 동의하심?

2) 외국인을 치료하는 병원에서 내국인을 치료한다고 문제 삼으심. 반대 측 주장 근거로 삼으신 당연지정제와 모순되는 것임.

3) 내국인이 메디텔 이용 시 불이익이 많을 것이라고 말씀하셨는데 불이익이라는 것이 구체적으로 어떤 것?

4) 지금 비영리법인 병원을 영리법인병원으로 전부 전환하자는 것이 아님. 비영리법인 병원이 존재함에도 내국인이 메디텔을 찾을 거라고 주장하신 이유는? 더 상세히 말씀해 주시기 바람.

(5) 싱가포르는 우리나라의 10배가 되는 진료비를 수입으로 얻고 있음. 의료 관광을 위한

인프라를 제대로 설립할 것을 반대하면서, 의료 관광객의 숫자가 적다고 영리법인병원을 도입하지 말아야 한다는 것은 논리에 맞지 않음. 그것은 영리법인병원의 문제가 아니라 규제로 인한 문제임.

6. 질문: 영리법인병원을 막고, 건강보험을 개선해야 한다는 주장?

1) 반대 측에서는 영리법인병원의 도입을 막고, 국민건강보험을 개선하는 방향으로 나아간다고 하심. 맞는지?

2) 이는 곧 건강보험료율을 올리는 문제와 직결됨. 그러나 건강보험 재정을 올리는 문제는 결코 간단치 않음. 건강보험 재정을 늘리려고 하면 보험료, 즉 국민들이 내는 보험료 부담이 높아짐.

3) 현재 우리나라의 건강보험료율은?

4) 지금 5.89%의 보험료율을 보여 주고 있음. 그걸 올려 나가는 것, 즉 보장성의 문제인데, 보장성을 10% 올리기 위해서는 보험료율을 두 배 이상 올려야 함. 그것을 국민들이 받아들이는 데 어려움?

5) 온 국민들이 보험료를 더 내서 그것으로 건강보험 재정을 키워서, 의료비로 전부 병원들에다 지출함. 병원의 서비스를 향상시킨다는 게 과연 효과적인가? 반대 측이 주장하신 바에 따른다면 새로운 비효율성의 문제를 낳음?

7. 질문: 상대 측 자료 신뢰성과 타당성

1) 출처는? 조사기관의 신뢰성은?

2) 조사의 시기는? 모집단은? 표준오차는?

■ 자료조사 정리: [필요시 별지 작성]

(학생의 발표문에서 재구성)

반대 측 질문 사항 정리 [영리병원 도입 반대 측]

1. 질문: 영리병원 전국적 도입 가능?

   1) 영리병원과 관련된 우리나라의 법 어떻게 마련하고 있는지?

   2) 경제자유구역 내에서의 도입?

   3) 영리병원이 아무런 문제가 없다면 왜 전국적으로 도입하지 않음?

   4) 영리병원을 전국적으로 도입하는 것은 무리가 있다고 보는 것임?

   5) 영리병원이 가진 위험성, 부작용 때문에 전국적 도입이 아닌 경제자유구역 내에서의 제한적인 도입을 주장함. 따라서 찬성 측에서 말씀하시는 영리병원 도입, 매우 위험한 주장이라는 전제를 가지고 있음. 이는 자기모순임.

2. 질문: 영리병원과 건강보험 병행 가능?

   1) 영리병원 도입과 건강보험은 별개라고 보는지?

   2) 오바마 대통령의 공약 중에서 전국민 건강보험제도 보장이 있었다는 것임? 지난 6년 동안 노력했음. 제정되었는가?

   3) 안 됐습니다. 미국뿐 아니라 전 세계적으로 살펴보겠음. 영리병원과 건강보험 둘 다 이루어지고 있는 나라 있는가?

   4) 답하지 않으심. 없기 때문임. 이처럼 해외의 사례로 미루어 보았을 때, 영리병원과 건강보험은 병행될 수 없다는 것이 밝혀짐.

3. 질문: 의료 인력이 안 빠져나간다는 주장?

   1) 의료 인력이 빠져나갈 것이라는 사실은 우리가 이미 자료로 제시함.

   2) 영리병원의 도입으로 의료 서비스의 질이 고급화되고 선진화된다고 하셨는데, 우수 인력의 유출 없이 이러한 고급화와 선진화가 어떻게 일어나는가?

   3) '우수' 인력이 빠져나가지 않을 것이라고 주장하는 것이라면, 찬성 측의 주장은 자기모순 아닌가?

   4) 새로운 의료기술이 도입된다고 하더라도 그 기술을 쓸 수 있는 우수 인력이 있어야 하

는 것이고, 새로운 의료기구가 도입되더라도 그 기구를 쓸 수 있는 우수한 인력이 있어야 하는 것 아님?

　5) 따라서 우수 인력의 유출 없이 의료 서비스의 선진화·고급화를 주장하시는 찬성 측의 주장은 모순임?

4. 질문: 국고지원, 우리 세금에서 나오는 것인데, 어차피 국민이 부담을 지는 것 아닌가?

　1) 저희가 말씀드린 정부육성산업으로 지정해서 국고지원을 받도록 하겠다는 것은 이미 '의료관광 제도개선을 위한 7대 중점과제'라는 명목으로 시행되고 있는 제도인 사실은 아는가?

　2) 그리고 그에 대한 성과로 우리나라로 들어오는 해외 환자가 매년 두 배 가량 증가하고 있는 것 아는가?

　3) 추가적인 세금 징수 없이 이미 모인 금액을 좀 더 효율적으로 사용하고, 세금 불용액을 끌어다 쓰는 방안을 통해 국민의 부담 없이 발전할 수 있는가?

　4) 〈자료〉 불용액 : 작년 서울시 1조 원, 남북협력기금 매년 1조 원 등등

5. 질문: 의료 서비스의 질이 높아진다는 주장?

　1) 우수한 의료 서비스를 제공하려면 우수한 인력이 필요하다는 사실?

　2) 그리고 그러한 우수한 인력들은 기존의 비영리병원에서 충당됨.

　3) 비영리병원에서 치료를 받는 대부분의 서민들은 우수 인력이 유출되고 남은 의사들에게 치료를 받게 되지 않는가?

　4) 영리병원을 도입하게 되면 연간 1천여 명의 전문의가 즉시 유출될 것이라는 한국보건진흥회의 연구자료 아는가?

　5) 이처럼 영리병원은 소수의 고소득층을 위한 의료 서비스의 질은 높일 수 있을지 모르겠지만 대다수의 서민들은 더 열악한 의료환경에 처하게 됨. 이렇게 의료 양극화가 일어날 것이고 의료의 공공성이 떨어지게 될 것임. 이것이 어떻게 대한민국 의료 서비스의 질을 높인다고 할 수 있는가?

　6) 한국보건사회연구원의 자료에 따르면, 의료 서비스의 질적인 향상의 측면에서도 영리병원의 경영효율화가 질적 향상으로 이어졌다는 가설이 검증된 바 없다는 비판이

있음. 특히 프랑스나 독일과 같은 사례에서는 오히려 영리추구로 인한 효율성의 강조가 의료비 상승과 더불어 의료의 질적 수준을 낮춘다는 결과가 보고됨. 이런 연구를 아는가?

7) 매년 미국의 베스트 20 병원을 선정하는 〈US News and Report〉에서 영리병원이 선정되었던 적은 지금껏 단 한 번도 없는데 어떻게 생각하는가?

6. 질문: 의료비의 상승이 크지 않을 것이라는 주장?

1) 보건복지부의 2009년 자료를 가지고 주장하심?

2) 같은 기관의 2013년 자료를 가지고 반박해 보겠음. 영리병원 5년 간 6조 원의 의료비 상승하고 당연지정제를 폐지하면 국민의료비 23조 7천억 원 증가된다고 보고됨. 이를 아는가?

3) 그에 대한 논거로 시장기능이 원활하게 작동한다는 전제하에 영리법인 도입으로 자본 투자와 서비스 공급이 증가할 경우 수요의 가격탄력성이 낮은 필수의료 부문에서는 진료비가 감소할 것으로 추측함.

4) 그러나 이것은 시장기능이 원활하게 작동한다는 것을 전제로 했다는 점에서 근본적인 문제점이 있음?

5) 애초에 정부가 영리병원을 규제한 이유가 무엇인가? 정보의 비대칭성은 근본적으로 해결할 수 없는 문제임. 따라서 시장기능이 제대로 작동할 수가 없는 것 아닌가?

7. 질문: 일자리가 늘어난다는 주장?

1) 의료비에서 인건비가 차지하는 비중이 얼마? 40~50%임.

2) 의료비의 대부분을 인건비가 차지한다고 봐도 무방함?

3) 영리병원이 영리를 위해서 지출을 줄일 때 가장 먼저 손을 대는 부분이 인건비?

4) 실제로 의료산업 선진화 보고서에 따르면 미국의 영리병원은 100병상마다 352명을 고용, 반면에 비영리병원은 100병상당 522명이 평균임. 이에 대한 견해는?

8. 질문: 해외 환자 유치할 수 있다는 주장?

1) 해외 환자들이 왜 태국이나 싱가포르에서 진료받나요?

   (답변: 의료 서비스의 질이 좋아서)

2) 우리나라의 의료 서비스 질이 싱가포르나 태국보다 떨어지나요?

   (답변 : 해외 환자를 위한 서비스가 부족) ← 보충 질문: OECD국가 중 우리 1, 2등

3) 2012년 의료관광마케팅 시장조사를 실시한 결과 외국인들의 한국 의료 서비스 만족도는 5점 만점에 4.42점으로 다른 선진국들보다도 매우 뛰어난 점수를 받고 있음. 정말 해외 환자를 위한 서비스가 부족한 것인가?

4) 지금 찬성 측에서는 해외 환자 유치해야 한다고 주장하시지만 그 원인도 제대로 못 잡고 있음. 저희가 추후 입론 때 그 정확한 원인과 왜 영리병원 도입으로는 해외 환자 유치에 성공하지 못하는지 말씀드리겠음.

9. 질문: 고소득층에게 의무를 강조함으로써 유지될 수 있다는 주장?

1) 수혜자 비용부담 원칙에 위반됨. 수혜자 비용 부담 원칙이란 제도를 제정할 때, 그 제도로 인해 혜택을 보는 집단이 그 제도의 비용을 부담해야 된다는 원칙인 걸 아는가?

2) 고소득층은 건강보험으로 인한 혜택을 거의 보지 못함. 그럼에도 단지 의무에만 의존하여 건강보험료를 내라는 것은 수혜자 비용부담 원칙에 위반되므로 큰 반발이 있을 가능성?

3) 고소득층은 이미 누진세로 인해 건강보험료에 더 많은 비용을 부담함?

4) 자신들이 쓰지도 않을 건강보험을 계속해서 내라는 것은 큰 반발을 일으킬 것임. 이에 따라 초래되는 사회적 비용은 얼마나 되는가?

10. 질문: 정보의 비대칭성을 인터넷으로 관리한다는 주장?

1) 어떻게 인터넷으로 관리하겠다는 건지 정확히 잘 모르겠음. 구체적인 방법은?

2) 정보의 비대칭성이란 의사와 일반 시민의 지식의 격차라는 근본적인 이유 때문에 발생하는 것 아닌가?

3) 인터넷에서 기본적인 의료비는 얼마? 완치율은 어느 정도? 소비자 만족도는 이렇다

라고 나와 있어도 진료받을 때 의사가 우리는 특별한 경우이기 때문에 이러저러한 진찰을 더 받고 약을 더 받아야 한다고 하면, 환자는 그럴 수밖에 없지 않은가?

4) 정보의 비대칭성을 근본적으로 해결하지는 못한다는 것임. 따라서 시장논리가 적용 안 된다는 것임. 동의하는가?

11. 질문: 상대 측 자료 신뢰성과 타당성

  1) 출처는? 조사기관의 신뢰성은?

  2) 조사의 시기는? 모집단은? 표준오차는?

▣ 자료조사 정리: [필요시 별지 작성]

(학생의 발표문에서 재구성)

4) 상대 측 예상 질문 정리

네 번째 단계는 상대 측이 우리 측에게 할 질문을 추정하여 정리하는 것이다. 이 부분이 정책 토론 준비에 가장 힘든 부분일 수 있다. 상대의 질문을 추정하여 잘 정리할 수 있다면 토론에서 상대를 제압할 개연성이 높아진다. 이때 우리 측 답변의 방향을 함께 정리한다.

반대 측 예상 질문 ⇔ 우리 측 답변 방향 [착한 사마리아인법]

1. 질문: 법은 최소한의 도덕?
→ 답변 방향:
    1) 인정함.
    2) 법과 도덕의 개념을 떠나 생명이 중요함.
    3) 도움을 받지 못하였을 경우와 도움을 받았을 때의 경우를 보여 주는 사건 준비함.
        전 프로야구 선수 임수혁이 경기 중에 쓰러짐 응급조치 없어 식물인간이 됨.
        서울의 몰리나 축구선수, 제주의 신영록 축구선수 응급처치로 목숨을 구한 사건임.

2. 질문: 법률 만능주의?
→ 답변 방향:
    1) 부분 인정: 법이 모든 것을 해결할 수 있다는 법률 만능주의 사고방식은 바람직하지
        못함.
    2) 법이 사회문제를 외면해도 좋다는 것은 용납될 수 없음.
    3) 착한 사마리아인법은 생명위급 시에만 적용 확대해석함.

3. 질문: 개인의 자유의지, 자율성 훼손?
→ 답변 방향:
    1) 인간의 자유는 일단 생명권이 보장되어야 성립되는 것임.
    2) 생명권이 자유보다 본질적인 가치임, 자신의 생명이 아니더라도 인간 본연의 도덕과
        의무이기 때문에 이를 지켜야 함.
    3) 현재 자유의지를 법안으로 막는 조항들이 분명 존재함.
    4) 도덕적인 행동을 강요하는 법안 많음.

4. 질문: 개인의 사생활 침해?
→ 답변 방향:

1) 착한 사마리아인법의 기본전제가 심각한 위난에 처해 있을 경우 시각적으로 인지 가능함.

2) 사생활 침해인지 아닌지는 구조자가 판단 가능함.

3) 일이 더 커질 수 있는 것을 미연에 방지함. 소규모 사생활 침해가 대규모 심각한 위난 상황보다 나음.

4) 무엇이 호의적인가에 대한 판단은 의향 있는 피구조자가 판단함.

5) 구조자의 도움이 환영받을 것이라는 판단은 상식에 달려 있음.

5. 질문: 전과자 (무한) 양성?
→ 답변 방향:

1) 착한 사마리아인법은 사회의 무관심을 고치기 위해 시행함.

2) 사회의 무관심이 우리의 도덕심만으로 해결 가능하지 않음.

3) 제3자에 의해 구조되면 면책사유가 됨.

4) 착한 사마리아인법으로 전과자가 많이 생긴다는 전제는 사람들이 도덕을 지키지 않는다고 스스로 인정하는 것임.

　　→ 반대 측은 도덕심으로만 해결 가능하다고 말했는데, 전과자 대량양산은 도덕심이 부족한 상황에서 나오는 것이므로 반대 측은 자기모순의 오류를 범함.

6. 질문: 상황의 모호성?
→ 답변 방향:

1) 법은 모든 상황을 명시하지 않음. 객관적 상황의 법 존재하지 않음.

2) 세세한 상황과 그에 맞는 처벌은 법관이 판단할 문제임.

3) 대다수의 법안에는 논란의 여지, 상황적 고려가 필요함.

4) 판사의 재량권에 의해 판단됨.

5) 형법의 기능에 대한 단순하고 기계적 이해임.

6) '자신에게 피해'가 없을 시에 손실이 발생한 다른 사람들 돕지 않으면 처벌한다는 내용이다. 돕는 사람은 피해가 없고, 도움을 받는 사람은 피해를 입고 있는 상황에서 적용되는 것임.

7. 질문: 구조자가 죽거나 중대한 피해를 보는 경우의 보상?

→ 답변 방향:

   1) 안타깝다. 법의 취지는 죽을 위험까지 무릅쓰고 도우라는 것 아님.

   2) 적합한 보상책 필요함, 관련법/규정 함께 개정할 필요 있음.

   3) 일본 지하철의 이수현 씨 사례 등이 있음.

8. 질문: 도와주다가 더 큰 손실 발생 시?

→ 답변 방향:

   1) 현재 응급의료에 관한 법률이 일으킬 수 있는 문제점을 지적하는 것임.

   2) 다른 사람을 돕는 과정에서 발생한 손실에 대한 책임을 묻지 않을 입법 함께 할 필요
     있음.

   3) 2004년 피부과 의사 구조 중 법정 사례 등이 있음.

9. 질문: 자료의 신뢰성과 타당성?

→ 답변 방향:

   1) 출처는? 조사기관의 신뢰성은?

   2) 조사의 시기는? 모집단은? 표준오차는?

▣ 자료조사 문헌 정리: [필요시 별지 작성]

(학생의 발표문에서 재구성)

5) 반론의 개요 준비

다섯 번째 단계는 우리 측 반론의 방향과 개요를 추정하여 준비하는 것이다. 반론을 준비할 수 없는 것으로 인식해서는 안 된다. 토론의 준비 과정에서 상대 측의 주장을 미리 예측하고, 교차조사를 준비하는 과정에서 이에 대한 반론을 준비할 수 있어야 한다. 이 단계에서는 상대의 주장과 논거에 대한 약점과 함께 우리 측 주장과 논거의 강점들을 재정리한다. 상대 주장과 논거의 신뢰성과 타당성 공략을 정리하고 우리 측 주장의 신뢰성과 타당성을 대조하며 강조하는 방안을 준비한다. 동시에 청중들에게 마지막으로 강한 인상을 남길 수 있는 설득의 기법을 고안하여 준비한다. 다음은 반론 개요 준비의 사례이다. 반론은 반대 측이 먼저 하므로 반대 측 사례를 먼저 제시하고 찬성 측 사례를 제시한다.

반대 측 반론 개요 정리 [모병제]

1. 찬성 측 주장   ⇔   우리 측 반론 예상

   1) 현대전 첨단무기전   ⇔   1) 남북한 대치. 우리나라 보병전의 가능성. 언급 없음.

   2) 전문성 향상   ⇔   2) 부분 인정. 대안 하사관 등 전문성 강화 제시함.

   3) 국방의 형평성, 남성 자유권   ⇔   3) 국방의 의무. 신성함. 인식의 전환 필요 강조함.

   4) 국방비 절약   ⇔   4) 확실한 자료 제시하지 않음. 추정일 따름 지적함.

   5) 청년 실업 예방   ⇔   5) 모병제 시 실업률 더 증가한다고 제시함.

   6) 사회적 비용, 학업 단절, 인력낭비 ⇔ 6) 부분 인정. 군사력 유지는 전쟁을 위한 것 강조함.

   7) 강압. 권위의 군대 문화   ⇔   7) 인정. 대안 품위가 있는 군대 문화 우리 측 제시함.

   8) 모병 방안   ⇔   8) 외국 사례 제시. 우리나라 문화 다름.

   9) 가칭 '병역 조세 형평성'   ⇔   9) 구체적 방안 없음. 세금 증가함.

   10) 찬성 측 제시 자료   ⇔   10) 신뢰성과 타당성 지적하였음.

2. [실제 토론에서] 상대의 새로운 주장 대비

   1) _____

   2) _____

   3) _____

   4) _____

3. 우리 측 주장

   1) 한반도의 특수 상황: 남북한 휴전 상태, 한반도를 둘러싼 국제정세 변화 강조하였음.

   2) 전시상황 병역 보충의 위험. 예비군의 전쟁 억지력. 모병제 병역 충당 어려움.

   3) 북한 침략은 보병전, 속전속결, 70만 명 휴전선 집결, 12만 보병 공수부대, 서울 침입 제기했음.

   4) 강대국 갈등. 국토와 해양의 방어 위한 첨단전 대비 제시하였음.

   5) 해군력. 공군력 강화 – 기존 하사관제 확충 제시하였음.

6) 군대 문화 개선 제시하였음.

7) 비용의 문제. 세금 증가라고 주장하였음.

8) 모병의 구체적 방안 부족. 병력 수준 하락. 빈익빈 부익부 가능성 제시하였음.

4. 결언 전략:

1) [정리]: 필요시 강조 부분 재정리

2) [강한 인상]: 수사적 기법, 인용, 격언, 반복법, 대구법, 대조법, 긴장감 조성, 마지막 호소 등.

3) [마무리 인사]: '이상 반대 측 반론을 마치겠습니다.'

찬성 측 반론 개요 정리 [영리병원 도입]

1. 반대 측 주장   ⇔   우리 측 마무리 반박 예상

    1) 영리병원   ⇔ 1) 영리법인병원 구분함.

    2) 영리병원 건강보험 공존 불가   ⇔ 2) 병원 건강보험 공존 가능성 제시함.

    3) 의료비 양극화   ⇔ 3) 의료 양극화 없다는 것을 제시함. '수가계약제'

    4) 건강보험 당연지정제 폐지 주장 ⇔ 4) 이미 국민 80% 민간보험 가입. 폐지 없음.

    5) 의료 인력 빠져나감.   ⇔ 5) 빠져나가지 않음. 오히려 동네 병원 활성화 제
                                     시함.

    6) 외국인 환자 유치 안 됨.   ⇔ 6) 연간 수백만 명 외국인 환자 유치 자료 제시함.

    7) 고용 확대 안 됨.   ⇔ 7) 10억 원당 고용창출 효과 타사와 비교 제시함.

    8) 과잉투자   ⇔ 8) 병상 수 많지만 서비스 질 낮음. 투자 필요함.

    9) 찬성 측 제시 자료   ⇔ 9) 신뢰성과 타당성 지적함.

2. [실제 토론에서] 상대의 새로운 주장 대비

    1) _____

    2) _____

    3) _____

    4) _____

3. 우리 측 주장

    1) 의료 서비스 질 향상

    2) 의료수지 적자 해소

    3) 고용창출 효과

    4) 건강보험제 유지

    5) 외국인 환자 유치

4. 결언 전략:
   1) [정리]: 필요시 강조 부분 재정리
   2) [강한 인상]: 수사적 기법, 인용, 격언, 반복법, 대구법, 대조법, 긴장감 조성, 마지막
      호소 등
   3) [마무리 인사]: '이상 찬성 측 반론을 마치겠습니다.'

6) 토론 내용 흐름 전략표

여섯 번째 단계에서는 토론 내용의 전체 흐름을 일목요연하게 내용 흐름 전략표에 정리하여 준비한다. 토론 내용 흐름 전략표를 준비하는 작업은 쉽지 않지만 만약 준비한 토론 내용 흐름 전략표대로 실제 토론이 전개된다면 상대를 이길 확률이 높다. 다음은 찬성 측 입장에서 토론 내용 흐름 전략표의 사례를 제시한 것이다. 이 내용을 자신에게 맞게 일목요연한 표로 작성하면 토론 준비가 완료된 것이다. 제시된 사례는 토론의 입론과 교차조사, 반론 등의 내용을 추정하여 준비하고 각 발언에서 전략의 차원을 정리한 것이다.

토론 내용 흐름 전략표

	1. 입론 →	2. 상대 예상 질문 →	3. 답변 →
내용	① 피구조자의 생명권을 보장함 ② 세계 여러 나라 시행함 ③ 선의를 베푼 구조자에 대한 법적 보호의 근거가 됨 ④ 방관자 효과를 감소. 공동체의식 함양. 국민의 인식 개선에 도움	① 일부 국가에서만 시행되고 있음? ② 구조자에 대한 법률은 이미 존재? 굳이 새로운 제정? ③ 고의로 책임회피 위해 신고전화만? ④ 수많은 목격자가 사건을 동시에 방관? 처벌 방법은?	① 독일과 프랑스에서 시행하고 있고, '착사법' 시행 국가, 수십 년 간 법 집행 실효성이 있음 ② 의사상자 보호법과 응급 의료에 관한 법률은 일정 자격을 지닌 구조자에 국한됨. ③ '착사법'은 '자신의 능력에 한해 구조행위를 할 수 있는 범위 내'로 한정함 ④ 현저하게 목격했을 경우, 우선 처벌함
보완			

	4. 상대방 입론 →	5. 질문 →	6. 상대 예상 답변 →	7. 보충 질문 →
내용	① 착사법을 시행하지 않더라도 도덕 교육 강화. 캠페인 같은 대안 ② 규정의 애매모호함. 명확한 규정이 없음 ③ 불구조죄 처벌법 시행 시 문제점이 많음 ④ 유기죄, 의사상자 보호법 등 이미 구조자와 피구조자에 대한 법률이 제정되어 있음	① 어떤 캠페인을 시행? 실효성이 있는가? ② 법률 103조 반사회질서의 법률 행위와 336조 재물 손괴죄 등의 법률도 애매모호함. 법은 일반적인 것임? ③ 개인주의 만연해지고 방관주의 효과가 많이 발생? ④ 응급의료에 관한 처벌법, 의사상자 보호법, 일정 자격을 지닌 구조자에 국한됨?	① 법률을 정하지 않더라도 국민의 인식을 개선시키는 차원, 캠페인을 시행함 ② 다른 법률들이 애매모호하다고 해서 또 애매모호한 '착사법'을 시행하는 것은 옳지 않음 ③ 우리나라는 선량한 시민들이 많고 정이 있는 나라임 ④ 구조자에 대한 자격 범위를 늘리면 됨	① 착한 사마리아인 법의 실효성에 의문이 든다고 주장, 그렇다면 그것의 대안으로 말씀하신 캠페인의 실효성은 보장? 둘 다 아직 시행하지 않은 것 아님? ② 유기죄 같은 법률은 법률상에 나열되어 있는 것만 보호받는 대상이 됨?
보완				

	8. 찬성 측 반박 예상 요약 →	9. 반대 측 반박 예상 요약
주장	① '착사법'이 애매모호해서 제정하면 안 된 다고 주장함. 대부분의 법들이 일반적 서 술, 애매모호하지만 잘 시행되고 있음 ② 대안으로 캠페인을 제시함. 그 실효성 또한 보장되지 않음, 구체적인 방법이 없음 ③ 불구조한 사람들을 처벌할 때 심증에 의해서 처벌하므로 문제점이 많다고 함. 처벌에 목적을 두는 것이 아님. 국민들의 인식 개선에 중점을 둠 ④ 인간의 가장 중요한 권리인 생명권 보장함 ⑤ 선의를 베푼 구조자에 대해 법적으로 보호해 줌 ⑥ 법이 발달한 나라인 독일과 프랑스에서도 시행하고 있음. '착사법'을 시행하고 있는 다른 나라들도 수십 년 간 시행하고 있음 ⑦ 처벌보다는 국민의 인식을 개선시켜서 공동체의식을 함양하는 등 우리 사회에 긍정적인 효과를 가져옴	① 도덕의 영역을 법으로 다스림 ② 법을 집행할 때 주관적이고 애매모호해서 처벌이 어려움 ③ 우리나라는 아직도 정이 많음. 의로운 시민에 관한 사례도 많음. 따라서 '착사법'에 대한 시의성이 부적절함 ④ '착사법'을 시행하고 있는 나라는 전세계 16개국밖에 되지 않음 ⑤ 이미 우리나라에는 불구조죄 처벌법이 있음
보완		

제6장

정책 토론의 내용 작성과 전략

1. 입론 내용 작성과 전략

    정책 토론의 내용은 입론, 교차조사, 반론의 순서로 작성한다. 앞 장에서 논의하였듯이 정책 토론의 입론은 서론, 본론, 결론으로 나누는 것이 좋은데 먼저 서론은 다시 ① 도입 부분, ② 논제의 배경, ③ 개념 규정(주요 개념과 용어 정의), ④ 본론 예고로 나눌 수 있다. 본론은 2~4가지 주장과 각 주장에 대한 근거로 구성된다. 마지막으로 결론은 ① 내용 요약, ② 결언으로 나눌 수 있다. 그러나 이와 같은 입론 내용에 대한 개요 작성 방법은 하나의 범례일 뿐이며 입론 구성을 엄격한 형식에 따라 구성할 필요는 없다. 주어진 논제가 무엇이냐에 따라서 그에 적합한 입론을 구성할 수 있다.

    효과적인 입론 구성 방법을 좀 더 자세히 제시하면 다음과 같다. 먼저 입론의 서론 도입

부분은 논제에 대한 명확한 입장을 밝히는 것으로 시작하는 것이 좋다. 제① 토론자는 논제가 나타내는 정치적·사회적·역사적 배경을 서론에 배치할 수 있다. 이를 통해 이 논제가 왜 제기되었으며, 현재 어느 수준까지 논의가 이루어지고 있는가를 알릴 수 있다. 다음은 서론에서 논제의 중요한 용어나 개념을 정리한다. 토론은 입론에서의 주요 용어 및 개념의 정리로부터 시작된다. 자기 측에 유리하게 용어를 정의하면 앞으로 전개되는 토론의 내용과 방향을 유리하게 이끌어 갈 수 있다. 서론의 마지막 부분에서는 본론 주장의 핵심을 예고할 수 있다. 제② 토론자의 입론 서두에서는 앞선 토론에서 제시된 자기 측 주장의 약점을 보완하여 언급하는 것도 좋은 전략이다.

본론의 주장은 2~4가지 정도로 구성하며 각 주장에 대한 근거를 각각 2~3가지 배치한다. 이때 주장은 간결하게 한 문장으로 구성하여 청중들의 토론에 대한 이해를 돕도록 한다. 근거를 구성할 때는 인용, 자료, 통계, 증거 등과 같은 세부사항들이 주장과 잘 어울리도록 배치한다.

마지막으로 결론 부분의 첫 부분에서는 본론의 내용을 요약하고 반복하여 강조하는 것이 좋다. 그리고 다음 부분에서는 자신의 주장을 견고하게 뒷받침하는 확신이나 감동을 줄 수 있는 마무리발언으로 구성한다. 이때 비유법, 대구법, 대조법, 속담, 격언, 인용 등과 같은 다양한 수사적 기법을 활용하는 것이 효과적이다. 이 밖에 2인 토론의 경우 제① 토론자 입론의 결론에서 제② 토론자의 입론 내용을 예고하면 청중들의 이해를 돕는 데 효과적일 수 있다.

다음은 찬성 측 제① 토론자의 입론과 반대 측 제② 토론자의 입론 사례들이다. 참고로 다음의 사례들은 단지 하나의 사례일 뿐이며 서론에서 청중의 관심을 끌거나 감성에 호소하는 다양한 방법으로 자신만의 개성을 담아 특색이 있는 입론 내용을 구성할 수 있다.

찬성 측 제① 토론자 입론 [착한 사마리아인법]

1. 서론

1) [도입] 안녕하십니까? 경영학과 나찬성입니다. 지금부터 '착한 사마리아인법을 제정하여야 한다'는 논제에 대한 찬성 측 첫 번째 토론자의 입론을 시작하겠습니다.

2) [용어 정의] 첫 번째 입론을 맡은 저는 착한 사마리아인법에 대한 정의를 먼저 언급하고 본격적인 입론에 들어가도록 하겠습니다. 저희는 착한 사마리아인법을 크게 이원화하여 구조불이행자 처벌에 관한 법률과 인명구호자의 보호에 관한 법률, 이 두 가지로 정의를 내리겠습니다.

3) [논제의 배경] 2012년 4월 1일 수원에서 20대 여성이 토막 살해당한 사건이 있었습니다. 이 사건은 피해 여성이 밤 10시 반경에 위험에 처해 있던 것을 본 목격자가 여러 명 있었던 것으로 밝혀져 더욱 충격을 주었습니다. 이 사건은 목격자도 있었으며 비명 소리를 들은 사람도 많았지만 누구 하나 나서서 신고하는 사람이 없어서 한 사람의 생명을 지키지 못했던 안타까운 사건이었습니다.

4) [필요성] 여러분, 이 사건은 착한 사마리아인법이 우리 사회에 왜 필요한지를 분명하게 보여 준 사건입니다. '착사법'이 제정된다면, 위험에 처한 피구조자를 보면 법적인 관계가 없는 사람들도 그를 도와줄 잠재적 구조자가 될 요인을 마련해 줍니다. 이는 사람의 생명을 위험으로부터 구해 내거나 사람의 생명을 지키는 데 이바지할 수 있습니다. 이처럼 착사법은 앞서 말씀드렸던 사건 등에서 사람들로 하여금 경각심과 심각성을 일깨움으로써 위험을 묵인하지 않는 사회로 가기 위한 길잡이가 될 수 있다는 것입니다.

5) [개념 규정] 이 논제의 핵심은 법과 윤리 간의 관계에 있습니다. 법은 윤리를 포함하는 개념이 아닙니다. 법과 윤리는 상위와 하위 범주로 나누어질 수 있는 것이 아니라 상호 보완적인 관계에 있습니다. 그렇기 때문에 법과 윤리는 서로 간섭하는 데 문제될 것이 없다는 점을 먼저 밝힙니다. 현재 우리 사회는 착한 사마리아인법의 도입이 시급합니다. 이 법을 통해서 법이 윤리적 사회를 위한 길잡이자 등불의 역할을 할 수 있다고 저희는 주장합니다.

6) [예고] 첫 번째 토론자인 저는 윤리적 근거와 법적 근거 그리고 해외 사례를 들어 착한 사마리아인법이 제정되어야 하는 이유에 대한 정당성을 설명할 것이고, 두 번째 토론자는 착사법의 구체적 조항들을 제시하고 법 제정이 사회에 가져올 긍정적 효과에 대해서 밝힐 것입니다.

2. 본론

1) [주장 ①] 첫째, 착사법은 피구조자의 생명권을 보장합니다.

   (1) [근거 ①] 착한 사마리아인법은 개인이 가진 존엄과 가치의 중요성을 명시한 헌법 제10조를 근거로 하고 있습니다. 이 법이 제정되면 피구조자의 존엄과 가치를 지킬 수 있습니다.

   (2) [근거 ②] 우리 사회가 보장하고 있는 법적 권리들과 가치는 많습니다. 하지만 인간의 생명권이 보장되지 않는다면 그것은 모두 무의미할 것입니다.

2) [주장 ②] 둘째, 착사법의 제정은 선의를 베푼 구조자에 대한 법적 보호의 근거가 됩니다. 요즘 우리 사회의 풍토가 어떻습니까? '나만 아니면 된다.'라는 개인주의가 만연하고 무관심을 가장한 방관과 방조의 문화가 우리 사회에 뿌리 깊게 자리 잡고 있습니다.

   (1) [근거 ①] 지하철에서 백발의 할아버지가 새파랗게 젊은 청년에게 욕설을 듣고 심지어는 구타를 당하는 장면을 목격해도 이 상황을 말리거나 경찰에 신고하지 않고 그저 동영상을 촬영하여 인터넷에 올리고 있습니다. 단순히 용기의 문제일까요? 사람들은 말합니다. '괜히 나서서 남을 도와주지 마라. 정의감만으로 살 수 있는 세상이 아니다. 괜히 용기 있게 나섰다가는 부담만 떠안아야 하는 세상이다.'라고요.

   (2) [근거 ②] 한 사례를 말씀드리겠습니다. 2004년 8월, 피부과 의사 B씨는 한 남자가 길거리에 쓰러져 있는 것을 목격했습니다. 그는 심폐소생술 등 자신이 할 수 있는 한 응급처치를 수행했지만, 그 남자는 1시간 만에 숨졌습니다. 그러나 B씨는 포상을 받기는커녕 유가족들에게 고발을 당했고 손해배상을 해야 했습니다.

(3) [근거 ③] 이렇게 위험에 처한 누군가를 선의로 도와줬는데도 오히려 구조자가 피해를 고스란히 떠안아야 하는 역설적인 상황이 우리 대한민국에서 빈번하게 발생하고 있습니다. 이는 구조자들을 보호해 주는 법적·제도적 장치가 없기 때문입니다. 그래서 착사법을 제정한다면 '구호를 한 사람'에 대해서는 포상과 동시에 부득이하게 발생한 민형사상 책임을 면책해 줌으로써 이들을 법적으로 보호할 수 있습니다.

3) [주장 ③] 셋째, 착사법은 세계 여러 나라에서 제정되어 시행되고 있다는 것입니다.

　(1) [근거 ①] 유럽에서 가장 강력한 처벌법을 가진 프랑스를 비롯하여 독일, 벨기에, 네덜란드 등 14개 나라에서 시행되고 있으며, 개인주의에 기초한 영미법계 국가인 미국에서도 50개의 주 중 30여 개 주에서 착사법을 시행하고 있습니다. 이것이 무엇을 방증하고 있습니까?

　(2) [근거 ②] 착한 사마리아인법은 1870년 제정된 스위스의 형법을 비롯하여 중국, 일본에도 있는 법으로 그 존재성을 인정받고 있는 법입니다.

　(3) [근거 ③] 또한 1965년 미국 시카고 법과대학에서 열린 '착한 사마리아인법 심포지엄'에서 학자들은 현대 사회에서 이 법이 필요하다는 데 의견을 모은 바 있습니다. 여기에서 보듯이 착한 사마리아인법은 법학자들 사이에서도 긍정적인 의견을 모은 법이라는 것을 다시 한 번 강조해서 말씀드립니다.

4) [주장 ④] 넷째, 착한 사마리아인법 제정은 사회적 차원에서 방관자 효과를 감소시키고 나아가 우리 사회에 긍정적인 결과를 가져옵니다. 이는 공동체의식을 함양하고 더불어 국민의 의식을 개선할 수 있습니다.

　(1) [근거 ①] 앞서 언급한 시카고 대학 심포지엄에서 이 대학 법사회학 교수인 한스 자이젤 교수는 의미 있는 국제적 실험 결과를 발표하였습니다. '구조 기피자에게 법은 어떻게 해야 하는가?'라는 질문에 형법적 처벌을 부과해야 한다는 비율이, 이미 착사법을 강하게 시행하고 있는 독일에서 44%, 일부만 시행하고 있는 미국과 아예 시행하지 않고 있는 오스트리아에서는 33%로 나타났습니다. 이 실험이 시사하고 있는 바가 무엇입니까?

　(2) [근거 ②] 착사법을 시행함으로써 사회 전체적으로 사람들의 잠재의식 속에 위

험에 처한 사람들을 구해야 한다는 인식이 자리 잡게 된다는 것을 알 수 있습니다.

3. 결론

1) [정리] 저희 찬성 측은 착한 사마리아인법이 가진 인간 존엄성의 실현과 구조자의 인권 보호, 법학자들의 견해를 중심으로 이 법이 제정되어야 한다는 점을 말씀드렸습니다.

2) [수사적 호소] 롯데 야구선수 임수혁 씨는 경기 도중 쓰러졌으나 도움을 받지 못해 이 세상을 떠났습니다. 반면 제주도 축구선수 신영록과 서울 축구선수 몰리나는 기절했다가 심폐소생술을 배운 동료 선수들의 도움으로 일어날 수 있었습니다. 사람의 생명을 살리는 착한 사마리아인법을 제정해야 합니다.

3) [마무리 인사] 네, 이것으로 찬성 측 첫 번째 토론자의 입론을 마치도록 하겠습니다. 감사합니다.

반대 측 제② 토론자 입론 [모병제 도입]

1. 서론

1) [도입] 안녕하십니까? 물리학과 오반대입니다. 지금부터 모병제 도입에 대한 반대 측 두 번째 토론자의 입론을 시작하겠습니다.

2) [찬성 측 주장 재반론] 먼저, 찬성 측 입론 잘 들었습니다. 찬성 측은 모병제 도입의 근거로 '현대전은 최첨단무기전, 국지전'이라고 주장하며 '세계적 추세'라고 하였습니다. 그리고 모병제는 '전투력 향상'을 가져온다고 하였습니다. 그러나 모병제의 전투력 향상에 대한 구체적 근거는 제시하지 않았습니다. 현대전은 최첨단무기전이라는 주장에는 동의합니다. 그러나 남북한 전쟁이 일어날 때 국지전보다 보병이 나서는 전면전이 될 가능성에 대해서는 언급하지 않았습니다.

3) [우리 측 토론자 주장 재정리] 우리 측 첫 번째 토론자는 한국이 세계 유일의 분단국가로서 의무병제인 징병제 유지가 필요하다는 것을 말씀드렸습니다.

4) [예고] 저는 첫째, 남북한의 전쟁은 국지전이 아니라 보병이 전투하는 재래전이 될 가능성이 많다는 것을 밝힐 것입니다. 둘째, 모병제 실시는 현재 우리나라 국가예산으로 부족하다는 것을 입증할 것입니다. 셋째, 모병 방법과 과정에서 나타날 사회적 문제점을 지적하며 넷째, 전투력이 오히려 하락할 가능성을 제시하겠습니다.

2. 본론

1) [주장 ①] 첫째, 남북한 전쟁은 보병이 전투하는 재래전 가능성이 높습니다.

   (1) [근거 ①] 북한 병력 120만 명 중 155마일 휴전선에 공격 준비가 갖추어진 7개 사단 70만 명이 있습니다. 그중 7개 사단 10만여 명의 경보병사단, 즉 특공대가 있습니다. 이들은 보병들입니다. 이들이 무섭습니다.

   (2) [근거 ②] 서울은 북한으로부터 50km밖에 떨어져 있지 않습니다. 한 시간도 걸리지 않습니다. 서울 북부 지역에 250만 명이 거주하고 있습니다.

③ [근거 ③] 전쟁이 시작되면 초기 하루 이틀 동안 북한 보병의 침투로부터 서울을 지키기 위해 남한 병력의 2/3인 40만 명이 155마일 휴전선 방어를 위해 배치되어 있습니다. 모병제를 하면 30만 명 다 휴전선 지켜야 됩니다.

2) [주장 ②] 둘째, 모병제를 도입하기 위해서는 현재 우리나라 국방예산이 턱없이 부족합니다.

(1) [근거 ①] 미국의 국방비 예산 7천억 달러, 즉 770조 원 중 인건비는 30%인 230조 원입니다. 병력 130만 명 유지하고 있습니다.

(2) [근거 ②] 일본 자위대 500억 달러입니다. 병력 24만 명, 인건비 45%인 24조 원입니다.
[사례] 미국은 1만 명당 2조 원, 일본은 1만 명당 1조 원입니다.

(3) [근거 ③] 2013년 우리나라 국방예산 34조 중 14조를 55만 명 병력의 인건비 지출에 쓰고 있습니다.

(4) [근거 ④] 모병제 전환 시 30만 명 순수 월급 연봉 3천만 원에서 5천만 원, 평균 4천만 원 더하기 식비, 군복 같은 복지와 부대비용을 합하면 1인당 7천만 원입니다. 모든 비용을 합하면 21조 원입니다. 34조 원 중 21조 원을 인건비에 배당해야 합니다. 나머지 13조 원으로 첨단무기 사야 됩니다.

(5) [근거 ⑤] 결국 국가 재정 부담으로 이어지게 됩니다. 우리나라 GDP 대비나 국가 재정으로 모병제 하려면 병력 20만 명 이하로 줄여야 합니다. 그렇지 않으면 국민들 세금 더 내야 합니다. 복지 언제 합니까?

(6) [근거 ⑥] 국방 개혁 2020안 노무현 정부 시절에 기안했습니다. 당시 우리나라 경제성장률은 매년 8%로 상정하고 계획을 세웠습니다. 그러나 현재 우리나라 경제성장 3~4% 대입니다.

3) [주장 ③] 셋째, 미국과 일본을 우리나라와 단순 비교하는 것은 위험합니다. 국가들마다 상황이 다릅니다.

(1) [근거 ①] 미국은 많은 전쟁을 치렀습니다. 그러나 미군 전사자들은 상대국에 비해 적습니다.

(2) [사례] 이라크전에 17만 명을 투입했는데 전사자가 4천416명이었습니다. 아프

가니스탄전 전사자는 2천219명입니다. 이라크군 사상자에 비해 상대적으로 적습니다. 그런데도 병사 지원자가 부족하여 대대적으로 홍보합니다.

③ [근거 ②] 일본, 전쟁 위험 아주 낮습니다. 그런데도 모집에 어려움을 겪고 있습니다. 우리나라, 전쟁 위험 높습니다. 모병제로 전환하면 병력 모집에 어려움을 겪을 것입니다.

④ [근거 ③] 그리고 병력 지원자의 학력수준이 낮아질 것입니다. 미국의 경우도 같은 어려움을 겪고 있습니다. 그래서 영주권 가진 사람들에게 군복무 후에 시민권을 주는 인센티브로 모집합니다. 대한민국 시민권, 그 정도로 인센티브 없습니다.

4) [주장 ④] 모병제는 결과적으로 빈익빈 부익부로 사회계층간 위화감을 가져올 수 있습니다.

① [근거 ①] '무전 입대', '유전 기피'가 될 수 있습니다. 즉, 돈 없으면 군에 입대하고 돈 있으면 입대하지 않을 것입니다.

② [근거 ②] 그러면 병사들 사기 떨어지고 당연히 전투력 향상 안 됩니다.

3. 결론

1) [앞선 토론자의 내용 정리] 앞서 우리 측 토론자가 말했듯이 우리나라는 북한과 '휴전'으로 대치하고 있는 특수한 상황에 놓여 있습니다. 북한과의 대치가 아니더라도 최근 한반도 주변의 군사적 상황은 급변하고 있습니다. 세계 경제 강대국 2위와 3위, 군사 강대국 3위와 4위인 나라들 사이에 있습니다. 통일 후에도 상황은 녹록치 않을 것입니다.

2) [정리] 이제 마무리하겠습니다. 저는 한반도 전쟁 발발 시 국지전이 아니라 보병전이 될 가능성과 예산 부족, 그리고 구체적인 모병 방법이 현실적으로 어렵다는 점을 강조하였습니다.

3) [수사적 호소] 모병제는 '작은 군대, 강한 군대'를 지향한다고 하지만 잘못하면 '작은 군대, 힘없는 군대'가 될 수 있습니다. 다시는 '나라 잃는 서러움'을 겪지 않아야 합

니다. 징병제, 유지해야 합니다.

4) [마무리 인사] 이상, 반대 측 두 번째 입론 마치겠습니다. 감사합니다.

2. 교차조사의 내용 구성과 전략

교차조사는 상대의 약점을 청중들에게 드러내어 보여 주는 과정이다. 교차조사는 입론을 마친 토론자에게 상대 측 질문자가 입론에서 제시된 주장, 논거, 근거, 자료 등에 대해 직접 질문하고 해당 입론자가 응답하는 과정이다. 법정에서 심문이 중요한 절차인 것과 마찬가지로 토론에서도 상호 질문은 중요한 발언 과정이다. 이처럼 교차조사는 상대방의 논리적 허약성과 오류를 지적하면서 자신의 입장을 강화하는 확인 질문 과정이다. 상대의 입론이 설득력 있고 탄탄해 보여도 입론에서 나타난 주장을 면밀히 살펴보면 취약한 부분이 드러날 수 있다. 따라서 법정에서 검사와 변호사가 증인의 진술에 대해 철저히 사전조사를 하는 것처럼 교차조사에 대한 준비가 사전에 철저히 이루어진다면 실제 질의—응답 과정에서 많은 도움이 된다.

1) 교차조사의 기능

(1) **토론 쟁점의 방향을 제시하고 설정하는 기능을 가진다.** 교차조사는 토론에서 대립하는 쟁점들이 명확하게 드러나도록 하는 기능을 갖고 있다. 교차조사 과정에서 논거, 근거, 증거가 대립되는 쟁점들이 등장하게 되며 이에 대한 신뢰도와 논리적 타당성이 청중 혹은 심사자에게 드러나 보이게 된다.

(2) **교차조사는 상대 측 주장에서 제시한 용어와 개념에 대한 정의를 자신에게 유리하도록 재정의할 수 있는 기회를 부여한다.** 교차조사에서는 상대가 주장한 용어나 개념정의의 부적합성을 공략하고 이를 재정의함으로써 자신의 입장을 강화할 수 있다. 이처럼 교차조사는 용어나 개념 정의, 사례나 유추의 논리적 허점을 점검함으로써 자신의 용어나 개념 정의가 더 타당하고 합리적임을 강조하는 기능을 가진다.

(3) 교차조사는 직접적인 질의와 응답으로 이루어지므로 토론자들로 하여금 근거와 자료

를 더 철저히 준비하도록 하고 증거에 대한 분석적 사고력도 갖게 한다. 또한 토론의 준비 과정에서 주장에 대한 논거, 근거, 증거, 자료 등에 대한 장단점을 파악하게 함으로써 비판적 사고력을 길러 준다.

⑷ 교차조사는 상대방 입론을 주의 깊게 들어야 하므로 비판적 듣기 훈련이란 교육적 효과를 부수적으로 얻게 된다. 토론자는 교차조사를 위해 상대방 입론을 주의 깊게 들으면서 자신의 주장과 상치하는 부분 혹은 논리적 오류, 근거나 자료가 부실한 부분을 파악하게 되므로 비판적 듣기가 중요한 요소로 작용하게 된다.

⑸ 쌍방의 토론자가 상대방의 논리에 대한 공격과 자신의 주장에 대한 방어를 직접 문답식으로 교환함으로써 교차조사는 토론에 대립적 역동성을 더한다. 따라서 교차조사는 토론자는 물론 청중들로 하여금 관심과 흥미를 갖게 한다.

2) 교차조사의 기법

⑴ 상대의 주요 주장이나 전제를 먼저 공략 목표로 삼는다. 자료나 통계에 대한 공략에 치우쳐 주요 주장이나 전제를 공략하지 못하는 경우가 있다. 교차조사의 근본 목적은 상대의 자료나 통계를 단순하게 공격하는 것에 있지 않다. 교차조사에서는 상대의 핵심 전제에 대한 허점을 공략해야 한다. 따라서 질문은 상대의 허약한 핵심 전제를 우선적으로 공략하는 것이어야 하며 상대의 강한 부분을 공격함으로써 오히려 상대의 입장을 공고히 해 주는 질문은 삼가는 것이 좋다.

⑵ 전체 질문의 흐름을 전략적으로 구성한다. 교차조사도 논리적 구조에 기초하여 구성하는 것이 좋다. 교차조사는 상대 입론에서 제시한 논거의 순서대로 구성하는 것이 효율적이다. 논리적 교차조사를 위해 토론자는 질문의 논리와 순서를 체계적으로 준비하는 것이 필요하다. 토론에서 3분 동안 질문을 하는 경우, 노련한 토론자라면 10여 개의 질문을 할 수 있으며 초심자들은 4~6개 정도의 질문을 구사한다. 이 경우 질문의

내용이 논리적·체계적이지 않으면 효율성을 기대할 수 없다.

(3) 교차조사에서의 질문의 목적은 입론에서 나타난 상대방 주장의 허약성이나 취약점을 들추어내는 것에 있지만 심사자들과 청중의 판단에도 도움이 되도록 해야 한다는 사실을 잊어서는 안 된다. 질문자들이 내용에 심취하여 설득적 전달을 간과하는 경우가 종종 있다. 청중의 설득이 토론의 중요한 부분이라는 것을 토론자는 항상 명심해야 한다.

(4) 주요 주장이나 전제를 공략하기 전에 단답형 유도 질문을 1~2개 먼저 활용한다. 예를 들어 공창제 도입을 논제로 한 토론에서 찬성 측이 '매춘'이란 용어를 사용했을 경우, 반대 측 교차조사에서 먼저 '지금 입론에서 매춘이라고 하셨습니까?'라고 질문을 한 다음 '예.'라고 답하면 '매춘이라고 할 때 매는 사는 것을 의미합니까 파는 것을 의미합니까?'라고 질문을 한 후 '파는 것입니다.'라고 답하면 '그렇습니다. 문제는 파는 사람만 처벌한다는 것입니다. 사는 사람이 문제의 원인입니다. 이번 토론에서는 매매춘이라고 말씀해 주십시오.'라며 찬성 측의 신뢰성을 공략할 수 있다.

(5) 질문자는 상대의 대답을 추정할 수 있는 질문으로 구성해야 한다. 상대의 답변을 추정하지 못하면서 질문을 하게 되면 오히려 질문자가 답변자에게 역공을 당하게 된다. 그렇다고 모든 질문에 대한 답을 다 추정하라는 것은 아니다. 상대가 할 답변에 대한 확실한 추정이 없는 질문은 위험이 따른다는 뜻이다. 또한 상대가 모호하게 대답할 가능성이 있는 질문도 피하는 것이 좋다.

(6) 질문은 짧고 단순한 어구나 문장으로 구성해야 한다. 길고 어려운 용어나 복합적 질문은 청중과 심사자들의 혼란만 가중시킬 수 있다. 복잡한 질문에 대해 노련한 응답자는 '지금 질문을 잘 이해하지 못하겠습니다. 다시 한 번 명확하게 질문해 주시기 바랍니다.'라며 역공을 펼 것이다. 또한 질문할 때 비유법이나 지나치게 추상적인 어휘는 피하는 것이 좋다.

(7) 상대 측이 결정적으로 짧게 대답할 수 있는 경우를 제외하고는 '어떻게 생각하십니

까?'라는 개방형 질문은 되도록 삼가는 것이 좋다. 개방형 질문은 자기 질문 시간을 상대 답변으로 허비할 위험을 안고 있다. 그렇다고 일방적으로 '예/아니오'라는 대답만 강요하는 질문으로만 구성하는 것도 적절하지 않다. 자료나 사실 확인 등은 '예/아니오'라는 단답형의 질문이 좋지만 설명이 필요한 경우인데도 '예/아니오로 대답해 주십시오.'라고 강권하는 것은 좋은 질문의 형태가 아니다. 그러므로 상대가 짧게 답할 수 있도록 질문을 미리 개발하는 것이 좋다.

3) 교차조사의 매너와 전략

(1) **토론의 윤리를 지킨다.** 무엇보다 먼저 매너를 지켜야 할 것이며 절대 흥분하지 말아야 할 것이다. 토론 실행 시 질의와 응답 과정에서 흥분하는 경우가 빈번하다. 이때 흥분하거나 매너를 잃으면 논리와 주장이 아무리 좋아도 심사자들로부터 감점을 당할 것이다. 감정 조절은 질문에 있어 무엇보다 중요한 부분이다.

(2) **공격을 하되 질의는 예의를 갖추어야 한다.** 토론은 신사와 숙녀의 게임이다. 따라서 비아냥거리는 어구나 발언은 삼가야 한다. 예를 들어 '상대의 주장은 유아적 발상이다.'라는 발언을 하는 경우 '유아적 발상'이라는 어구 선택은 질의자의 인격을 드러내는 것으로 감점 요인으로 작용할 것이다. '상대의 근거는 상관관계는 있어도 인과관계는 없습니다.'라며 좀 더 객관적이고 매너 있는 표현을 사용하는 훈련을 하는 것이 좋다. 그렇다고 자신이 좋은 성품을 가졌다는 것을 드러내기 위해 과잉으로 여유나 친절을 나타내는 것도 삼가는 것이 좋다. 청중이나 심사자들은 토론자의 과잉 여유를 바로 알 수 있기 때문에 자연스럽고 점잖게 공략하는 것이 중요하다.

(3) **인신 공격성 발언을 해서는 안 된다.** 소극적 안락사 논제를 두고 토론할 때 '당신의 어머니가 몇 년째 의식불명으로 고통스럽게 누워 있다면 당신은 찬성할 것입니까 반대할 것입니까?'라고 묻는 경우도 이에 해당한다. 이런 질문에 노련한 응답자는 '지금 우

리는 공적으로 중요한 토론을 하고 있습니다. 인신 공격성 발언을 삼가 주시기 바랍니다. 이에 대한 대답은 토론 끝나고 차 한 잔 마시면서 가르쳐 드리겠습니다.'라고 역공을 펼 수도 있다. 교차조사는 토론 내용의 논리에 대한 질의를 하는 시간이며 인신공격성 질문은 손해만 가져올 뿐이다.

(4) **질문자는 교차조사 시간을 주도하고 있어야 한다.** 답변자가 발언을 많이 하며 그 시간을 독점하도록 해서는 안 된다. 만일 상대가 말을 많이 하며 독점한다면 질문자는 '지금은 제 질의 시간입니다. 가능한 짧게 대답해 주십시오.'라며 차단을 할 수 있다. 그렇다고 상대에게 대답할 시간을 너무 가로막는 행위는 역효과를 가져올 수 있다. 한편 응답자가 질문자에게 역질문을 하는 사례가 실제 학습 토론에서 빈번히 일어나고 있다. 이때는 응답자에게 '제 질문 시간입니다. 토론자의 질문 시간에 질문하시기 바랍니다.'라며 점잖게 피해 가는 것이 좋다.

4) 교차조사 답변 전략

(1) **감정을 효과적으로 조절해야 한다.** 상대 질의자로부터 논리적 허점에 대해 예리한 공격을 당한 후 얼굴이 붉어지거나 약한 한숨 소리와 같은 비언어적 행위를 표현하는 경우가 있다. 하지만 예리한 공략을 당하더라도 감정을 표출해서는 안 된다. 질문자가 호전적으로 질문을 하더라도 감정을 조절하는 것이 좋다. 이 경우에는 감정을 효과적으로 조절하면서 오히려 질문자를 더 호전적으로 보이도록 하는 전략이 유효할 수 있다.

(2) **여유를 가져야 한다.** 질문 시간은 질문자가 포인트를 올리기 위한 시간이다. 질문자가 날카로운 질문으로 포인트를 올린다고 해서 금방 실망스런 반응을 보이는 것은 좋지 않다. 답변하는 사람도 언제든지 만회할 기회가 있다. 자신에게도 질문을 할 시간이 주어지기 때문이다. 입론 시간에 답변을 보완해도 되며 최소한 반론 시간에 자신의 입장을 보완할 수 있으므로 여유를 가지는 것이 필요하다. 그리고 상대의 합리적인 질문

은 인정하는 자세가 오히려 전화위복이 된다. 상대 의견 중 인정할 것은 인정하는 것이 토론에 임하는 올바른 모습이다.

⑶ **상대방의 질문이 목적을 갖고 있음을 염두에 두고 답변한다.** 응답자는 질문자가 파 놓은 함정을 명심하며 대답에 임하는 것이 좋다. 또한 모르는 부분은 솔직히 '모르겠습니다.'라고 대답하는 것이 낫다. 모르는 대답을 말솜씨로 둘러대다가 성공하면 좋지만 실패하면 감점을 당하기 쉽다.

⑷ **답변할 내용이 기억나지 않을 경우에는 추후 답변을 하겠다고 알려 준다.** 질문자가 자료나 근거를 요청할 경우에는 솔직하게 밝히는 것이 좋다. 그리고 모르는 부분이나 자료를 찾지 못하면 '다음 발언 기회에 제시하겠습니다.' 하고 넘어가는 것도 효과적인 답변 요령이다.

⑸ **질문에 대한 답변이 길어질 경우에는** '그 질문에 대한 답변이 길어질 것 같습니다. 지금 해도 괜찮다면 하겠습니다만 다음 발언 기회에 구체적 반증 자료를 제시하겠습니다.'라고 응답하는 것도 효율적인 전략이다.

⑹ **상대 질문이 긴 경우 질문이 길다는 것을 지적하며 상대의 권위를 공략할 수 있다.** 예를 들어, '질문의 핵심이 무엇인가요?' 혹은 '다시 말씀해 주시겠습니까?'라며 상대 질문 전략이 허약하다는 것을 지적할 수 있다.

⑺ **상대방이 단답형 대답만 강요하고 말을 자를 경우** '이에 대해 제 의견을 말해도 되겠습니까?' 혹은 '죄송하지만 질문만 하지 마시고 제게도 답변할 기회를 주십시오.'라며 상대 질문 전략을 공격할 수 있다.

⑻ **답변하는 과정에서 말을 돌리면서 시간을 끄는 전략은 피한다.** 심사자들은 그것이 답변자의 시간 끌기 전략이라는 것을 간파하게 된다. 그리고 지나친 지연 전술이나 회피 전술은 토론 윤리에 위배된다.

⑼ **응답자가 질문자에게 역질문을 하는 사례가 실제 학습 토론에서 빈번히 일어나고 있**

다. 앞에서 지적하였듯이 성공하면 좋지만 잘못하면 질문자로부터 역공을 당할 수 있으므로 유의해야 한다.

(10) **질문자가 흥분하여 말을 빨리 하거나 감정이 내재된 질문을 할 경우 재치 있는 대답으로 역공을 할 수 있다.** 예를 들어 질문자가 말을 빨리 하면 응답자는 오히려 말의 톤과 속도를 조절하며 질문자가 흥분하고 있음을 드러나게 할 수 있다.

(11) **응답 과정도 설득의 의사소통 과정이라는 것을 상기해야 한다.** 질문에 대한 답변에만 몰두하다 보면 토론의 설득적 요소를 간과할 수도 있다. 청중들이 토론을 판정한다는 것을 의식하고 청중들과도 의사소통을 한다는 사실을 명심하여야 한다.

실제 토론 수업에서 교차조사를 할 때 질문자와 응답자가 모두 연단에 서서 청중 혹은 심사위원들을 바라보는 것을 원칙으로 하고 있다. 그러나 초보 토론자들인 경우 질의자만 연단에 서고 나머지 토론자들은 앉아서 응답하게 함으로써 팀원도 응답에 도움을 줄 수 있도록 진행하는 방식도 있다.

반대 측 교차조사 [모병제 도입]

[인사] 질문자: 찬성 측 입론 잘 들었습니다.

[내용 정리]

질문자: 첫째, 현대전은 최첨단전이고 하셨고, 둘째, 징병제가 비효율적이라 하셨고, 셋째, 해외 모병제 사례를 드셨습니다. 맞습니까?

답변자: 맞습니다.

[첫째 질문]

질문자: 먼저 국지전이라고 주장하는 논거에 대해 질문하겠습니다. 지난번 천안함 폭침 사건과 백령도 포격 사건 아시죠?

답변자: 네.

질문자: 국지전입니까? 최첨단 무기전입니까?

답변자: 국지전입니다.

질문자: 네, 그렇습니다. 남북한 전쟁은 초기에 국지전으로 시작될 확률이 매우 높습니다. 전쟁을 억지하려면 우리나라는 일정수의 육군 보병들이 필요합니다. 왜냐하면 남북한 전쟁은 재래식 전쟁으로 시작될 확률이 높기 때문입니다. 그리고 어느 기간 정도는 확실히 보병전이 펼쳐질 것입니다.

[둘째 질문]

질문자: 북한군 병력이 얼마 되는지 아십니까?

답변자: 120만 명 되는 것으로 알고 있습니다.

질문자: 120만 명 중, 몇 명이 휴전선 부근에 있는지 아세요?

답변자: 알려 주세요.

질문자: 70만 명입니다. 그중 15만 명은 공수 보병부대입니다. 서울과 판문점 사이 거리가 얼마인지 아십니까?

답변자: 50여 킬로 됩니다.

질문자: 네, 55킬로입니다. 북한군이 서울까지 오는 데 한 시간도 안 걸립니다. 북한의 예고 없는 공격 억지하려고 우리 군인 70%가 비무장지대를 지키는 것입니다.

질문자: 남북한 간에 전쟁이 일어나면 재래식 형태의 전쟁이 먼저 전개되고, 또 어느 기간 정도는 보병전이 될 확률이 높습니다. 다음 질문 하겠습니다.

[셋째 질문]

질문자: 다음, 모병제로 전환할 때, 비용 말씀 하셨습니다. 출처가 어디죠?

답변자: 국방 개혁 2020입니다.

질문자: 그렇습니다. 국방 개혁 2020 자료는 이미 10년 전 노무현 대통령 시절에 만들어진 것 아시죠. 당시 24조 원 들어간다고 하셨는데 지금은 다르게 산출하고 있습니다. 모병제 비용을 저희 측 입론에서 구체적으로 밝히겠습니다.

[넷째 질문]

질문자: 다음 질문 하겠습니다.

질문자: 입론에서 미국 모병제 사례를 드셨죠?

답변자: 네.

질문자: 미국 사병들의 평균 보수가 얼마인지 아십니까?

답변자: 잘 모르겠습니다.

질문자: 평균 연봉 4~5천만 원입니다.

질문자: 미국 사병 모집하는 데 어려움 겪는다는 사실 아시죠? 각종 인센티브 주어도 모집에 어려움 겪고 있습니다.

답변자: 약간의 어려움 있습니다.

질문자: 약간 어려움 있는 것 아닙니다. 우리나라의 경우, 누가 지원하겠습니까? 병력의 수준이 저하될 것입니다.

[재강조와 정리]

질문자: 지금까지 저희 측은 첫째, 남북한 전쟁은 재래식 전쟁으로 전개된다는 것, 둘째, 찬성 측 모병제 비용 산출의 자료가 정확하지 않다는 것, 셋째, 모병제를 하였을 때, 사병 모집 방안에 대해 찬성 측이 구체적으로 방안을 제시하지 않다는 것을 밝혔습니다.

[마무리 인사]

질문자: 이것으로 반대 측 교차조사를 마치겠습니다.

(학생의 발표문에서 재구성)

3. 반론 내용 구성 방법

반론은 토론의 최후 발언이다. 이미 상대의 입론과 교차조사에서 제기된 주장을 반론하며 자신의 입론과 교차조사에서 나타난 입장과 주장을 강화해야 한다. 반론의 기능은 대립적 쟁점에 초점을 맞추어 상대의 주장보다 자기편의 주장이 더 논리 타당성이 강하다고 설득하는 과정이다. 따라서 반론에서는 상대가 공격한 자신의 논점을 방어하고 상대 주장의 약점을 부각시키며 자신의 주장이 상대의 주장보다 더 우세하다는 것을 증명해야 한다.

반론 시간은 앞선 토론 내용의 주장과 쟁점들을 정리하며 청중들을 설득하는 시간이다. 반론은 시간이 짧기는 하지만, 쟁점들을 분류해서 어떤 쟁점이 자신의 입장에 유리한가를 선택하여 그 쟁점들을 중심으로 상대 주장의 약점을 정리하고 자신들 주장의 우위를 강화하며 마무리하는 단계이다. 반론에서 어느 토론자가 무엇을 주장하였으며 무엇을 주장하지 않았는가도 밝힐 수 있다. 또한 반론은 자신들의 약점을 보완할 수 있는 발언 기회이기도 한 것이다.

하지만 반론에서는 모든 쟁점을 다 논하려고 하지 않는 것이 좋다. 초보 토론자는 입론이나 교차조사에서 다룬 대부분의 쟁점들에 대해 언급하는 경향이 있다. 그러나 숙련된 토론자들은 중요한 대립적 쟁점들에 대해 각각의 장단점을 비교하며 자신들의 주장을 강화한다. 반론에서는 모든 쟁점들을 다 요약할 필요가 없으며 불리한 쟁점은 보완하고 유리한 쟁점을 강화한다. 반론에서 어느 쟁점을 부각하고 어느 쟁점을 피하느냐에 따라 토론의 승패가 좌우될 것이다.

반론에서는 새로운 주장을 하는 것을 원칙적으로 금하고 있다. 새로운 주장이 나오면 이에 대한 토론을 할 시간이 없기 때문이다. 반론을 구성하며 주의할 점을 정리하면 다음과 같다.

1) 반론 구성 원리

(1) **반론 역시 준비 과정에서 사전에 정리되어 있어야 한다.** 반론을 준비할 수 없는 것으로 착각하면 안 된다. 앞서 밝힌 내용 구성 요약을 준비하는 과정에서 반론 때 제기할 쟁점들을 꾸러미 형태로 요약해 두는 것이 효율적인 전략이다. 토론장에서 즉석으로 상대 측의 내용을 다 요약하기엔 토론은 너무 빨리 진행된다. 그러므로 준비 과정에서 반론에 활용할 쟁점들과 그에 대한 근거, 증거 자료들을 요약해 두어야 한다.

(2) **앞서 말한 것처럼 모든 쟁점을 다 논하려 하지 않는 것이 좋다.** 이미 제시된 쟁점들 중 무엇이 유리한 쟁점이며 무엇이 불리한 쟁점인가를 파악해야 하고 쟁점에 대한 자신들의 주장이 우위에 있다는 것을 청중들에게 제시하며 설득력 있게 전달해야 할 것이다.

(3) **단순히 증거를 제시하는 것으로 끝나면 안 된다.** 상대가 제시한 근거나 증거들보다 자신들이 제시한 증거나 근거가 더 신뢰성이 있으며 타당성이 높다는 것을 증명해야 한다.

(4) **반론은 입론 주장의 반복이 아니다.** 입론의 주장을 단순히 반복해서는 안 된다. 자신들의 주장이 더 타당하며 신뢰가 있다는 근거를 제시해야 한다.

(5) **반론에서는 새로운 주장을 하는 것을 원칙적으로 금하고 있다.** 자신들의 주장을 강화할 새로운 증거들을 제시할 필요는 있지만 새로운 주장을 하는 것은 반칙으로 간주한다.

(6) **반론의 시간이 짧으므로 토론자들은 말이 빨라지기 쉽다.** 하지만 말의 속도는 청중들에게 전달될 수 있는 범위 내에서 조절해야 한다.

(7) **반론에서는 주장에 대한 설명을 길게 하지 않는 것이 효율적이다.** 주장을 새롭게 청중들에게 설명하기에는 시간이 짧으므로 쟁점 사안별로 내용을 구성하며 각 쟁점을 비교하는 것이 효율적이다. 그러므로 선택한 쟁점들을 같은 토론팀 내에서 시간별로 고르게 구성하면 효과적이다.

(8) **팀원간 쟁점에 대한 역할 분담을 효율적으로 한다.** 확실히 유리한 쟁점들은 두 토론자

모두 반복해서 하는 전략을 구사할 수도 있겠지만 쟁점에 대한 역할을 분담하여 진행하는 것이 더 좋다.

2) 반론 전략

대부분 토론에서는 반대 측이 먼저 반론을 하고 찬성 측이 마지막으로 반론을 하기 때문에 반론의 순서에 따른 다양한 전략이 있다. 다음은 2인 토론에 필요한 반론 전략들이다.

(1) **반대 측은 자신의 증거들을 제시하며 찬성 측에 답변이나 의견을 제시해 달라는 요청의 형식을 빌려 찬성 측 반론에 부담을 줄 수 있다.** 특히 반대 측 마지막 발언자는 반대 측 제① 토론자가 요청한 사안을 찬성 측이 마무리 반론에서 답하지 않았다면 이를 재확인하며 공격을 할 수 있다.

(2) **반대 측은 마지막 반론에서 입장을 강화하는 전략을 택할 수 있다.** 반대 측 마지막 반론에서는 용어나 개념 규정의 쟁점, 이념적·철학적 근거, 합리화/정당화의 쟁점, 실행 방안의 실천 가능성, 이익과 부작용 중 한두 개 사안을 선택하여 집중 공략하는 것이 효율적이다. 예를 들어 찬성 측의 주장은 논제가 제시하고 있는 문제점을 충분히 제시하지 못하였다는 것을 공략할 수 있을 것이다. 혹은 찬성 측의 용어나 개념 규정보다 반대 측의 용어나 개념 규정이 더 설득적인 논거를 제시하였다는 입장을 강조할 수 있다. 또한 찬성 측 방안의 실효성이나 부작용에 대해 집중하여 반론을 할 수 있다.

(3) **찬성 측은 반대 측 다음에 반론을 하게 된다.** 따라서 찬성 측은 회신 효과를 최대한 활용할 수 있다. 토론 쟁점들의 우위를 판가름하기 힘든 토론일수록 마지막 회신 효과는 더 크다.

(4) **마지막 반론에서 찬성 측이 반격을 가해도 반대 측은 더 이상 발언할 수 있는 기회가 없다.** 따라서 찬성 측은 토론에서 반대가 갖고 있는 모순을 파악하는 것이 반론에 도움이 된다. 예를 들어 마지막 반론에서 찬성 측은 반대 측이 '막연한' 미래의 부작용을 추

정하는 모순을 안고 있다고 공략할 수 있다. 또한 찬성 측은 마지막 반론을 통해 반대 측이 '비합리적인 추정'에 근거하여 부작용이나 실효성을 의심한다고 반론을 할 수도 있을 것이다. 다음은 반론 사례들이다.

찬성 측 제① 토론자 반론 [사후피임약 판매 허용]

[도입] 그럼 이제 찬성 측 첫 번째 반론 시작하겠습니다.

1. 상대 쟁점 정리→반론

1) [반론 예고] 우선 반대 측 주장 몇 가지를 짚고 넘어가도록 하겠습니다.
2) [쟁점 반론 ①] 첫 번째로 부작용에 대해서 계속해서 언급하고 계시는데요. 저희 측에서 말씀드렸다시피 부작용의 경우는 일시적이고 안정성이 FDA 등의 유수 기관에서 충분히 검증되었을 뿐만 아니라 사후피임약의 복용이 자궁외임신에 영향을 미치지 않는다는 연구 결과를 말씀드렸습니다.
3) [쟁점 반론 ②: 상대 답변 요구 전략] 이렇게 저희가 거듭 제시하고 있는 근거에 대해서 직접적인 반론이 없는 점에 대해서는 다음번 반론에서 제시해 주시기 바랍니다.
4) [쟁점 반론 ③: 상대 답변 요구 전략] 또한 의약선진국 8개국 중에서 유일한 아시아 국가인 일본의 경우에는 사후피임약이 전문의약품으로 분류되어 있다고 말씀하셨습니다. 그렇다면 되묻고 싶습니다. 의약선진국 8개국 중 우리나라와 성문화가 비슷한 아시아 국가의 비율이 얼마나 됩니까?
5) [쟁점 반론 ④: 상대 주장 정리→약점 공략] 8개국 중 일본만이 유일한 아시아 국가입니다. 그렇기 때문에 일본의 경우만 비추어 보아서 주장을 전개하는 것은 성급한 일반화의 오류를 범하고 있는 것입니다.
6) [쟁점 반론 ⑤: 상대 주장 정리→약점 공략] 그리고 사후피임약을 일반의약품화할 경

우 낙태율이 감소하지 않았다고 지적해 주셨습니다. 하지만 사후피임약이 우리나라에 도입된 지 10년이 조금 넘은 시점에서 낙태율의 증가와 감소를 논의하기에는 시기상조라고 생각합니다.

7) [쟁점 반론 ⑥: 상대 주장 정리→약점 공략] 또한 사후피임약의 오남용 문제에 대해서 짚어 주셨는데요. 지금도 이미 포털사이트나 중고품 매입 사이트에서 사후피임약이 불법으로 공공연하게 유통되고 있는 것에 대해서는 어떻게 설명해 주실지 궁금합니다.

2. 우리 측 주장 강화

1) [우리 측 주장 강화 예고] 찬성 측에서는 사후피임약이 일반의약품으로 되어야 한다는 입장에서 총 6가지 근거를 내세웠습니다.

2) [주장 강화 ①] 우선, 사후피임약은 낙태약이 아닙니다. 앞서 말씀드렸다시피 낙태는 수정 8주 이후의 태아를 살해하는 행위를 뜻합니다. 하지만 사후피임약의 기능은 낙태의 범주에 속하지 않을 뿐더러 사후피임약과 전혀 다른 성격의 낙태약이 이미 시중에 유통 중인 점을 들어 설명할 수 있습니다.

3) [주장 강화 ②] 둘째, 사후피임약의 일반의약품화는 여성의 원치 않는 임신을 감소시킬 뿐만 아니라 원치 않는 임신으로 인해 야기되는 사회적 문제도 감소시키는 효과를 가져올 수 있습니다.

4) [주장 강화 ③] 세 번째 근거입니다. 사후피임약의 일반의약품화는 헌법이 보장하는 여성의 자기결정권을 지켜 줄 수 있습니다.

5) [주장 강화 ④] 네 번째입니다. 사후피임약의 안전성은 의약적, 그리고 과학적으로 충분히 검증되었습니다.

6) [주장 강화 ⑤] 다섯 번째입니다. 사후피임약은 일반의약품의 정의에 해당되는 의약품입니다.

7) [주장 강화 ⑥] 마지막입니다. 사후피임약의 일반의약품화는 올바른 성의식과 성교육 문화를 고착화시키는 계기를 제공할 수 있습니다.

3. 결론

1) [정리] 저희는 사후피임약이 부작용을 가져오며 사람들의 성의식을 낮출 수 있다는 반대 측 주장이 틀렸다고 말하지 않습니다. 다만 이러한 반대 측이 주장하는 영향들이 사후피임약이 가져다주는 긍정적인 효과에 비해 미미하기 때문에 사후피임약이 일반의약품으로 되어야 한다고 주장하는 것입니다.

2) [수사적 호소] 남자분들에게도 간곡히 부탁드립니다. 이 문제는 여성들만의 문제가 아닙니다. '원하지 않는 임신'은 남자들의 책임이기도 합니다. '원하지 않는 출산'으로부터 여성을 보호해 주세요. 여성이 건강해야 남자들이 편합니다. 여성과 남성들이 함께 행복할 수 있는 사회를 만들 수 있게 해 주세요.

3) [마무리 인사] 이상, 찬성 측 첫 번째 반론 마치겠습니다.

반대 측 제② 토론자 반론 [모병제 도입]

[도입] 그럼 이제 반대 측 마지막 반론 시작하겠습니다.

1. 상대 쟁점 정리→재반론

1) [재반론 예고] 우선 반론하기에 앞서 찬성 측 첫 번째 반론에서 강조한 몇 가지 쟁점 재반론하겠습니다.

2) [쟁점 재반론 ①] 첫째, 방금 반론에서 국방 의무의 형평성 말씀하셨습니다. 형평성 필요합니다. 우리 측은 군가산점제 필요성을 강조했습니다. 그리고 전역자들을 위한 보완 제도도 제시하였습니다. 그러나 무엇보다 국방의 의무는 신성합니다.

3) [쟁점 재반론 ②: 상대 답변 요구 전략] 둘째, 찬성 측은 모집 방안에 대해서 아직 구체적으로 제시하지 못하고 있습니다. 어떻게 모집하겠다는 것입니까? 이렇게 저희가 꾸준히 제시하고 있는 근거에 대해서 직접적인 반론이 없는 점에 대해서는 다음번 반론에서 제시해 주시기 바랍니다.

4) [쟁점 재반론 ③: 상대 답변 요구 전략] 셋째, 모병제 전환 시 모병 방법으로 미국 사례를 들었습니다. 미국 모병제 각종 인센티브 주어도 지금 모병에 어려움을 겪고 있다고 지적했습니다. 우리나라의 경우 더 심각하다고 지적했습니다. 우리나라의 경우에 대해서는 방안을 제시하지 못하고 있습니다.

5) [쟁점 재반론 ④: 상대 주장 정리→약점 공략] 넷째, 모병이 어려우면 병사의 수준이 하락된다고 했습니다. 병사의 수준 하락은 전투력 하락으로 이어질 가능성이 많다고 지적했습니다. 이에 대한 대책에 대해서는 어떻게 설명해 주실지 궁금합니다. 재반론에서 밝혀 주시기 바랍니다.

6) [쟁점 재반론 ⑤: 상대 주장 정리→약점 공략] 다섯째, 방금 반론에서 가칭 '병역형평조세'를 다시 언급하였습니다. 누가 어떻게 냅니까? 여성과 군미필자들이 냅니까? 얼마나 오랫동안 몇 %의 세금을 어떻게 낸다는 말입니까? 구체적 방안 아직 제시 못하고 있습니다. 마지막 찬성 측 재반론에서라도 제시해 주시기 바랍니다.

7) [쟁점 재반론 ⑥: 상대 주장 정리→약점 공략] 여섯째, 청년실업률 예방에 대해서 계속해서 언급하고 계시는데요. 저희 측에서는 계속 말씀드렸다시피 청년실업률 더 증가합니다. 지금 대학생들 실업률이 높아 5학년으로 등록하고 있는 학생 많습니다. 소위 일류대도 마찬가지입니다. 현재 군대 간 젊은이 실업률에 포함 안 되어서 그렇습니다.

2. 우리 측 주장 강화

1) [우리 측 주장 강화 예고] 우리는 모병제 반대 이유로 총 5가지 근거를 내세웠습니다.
2) [주장 강화 ①] 우선, 우리가 처해 있는 한반도는 역사적으로나 세계사적으로나 특수한 상황입니다. 아직 한반도는 동족인 우리 민족끼리 휴전 상태입니다.
3) [주장 강화 ②] 먼저 북한의 위협으로 인한 대비가 필요합니다. 남북한 전쟁은 보병전을 피할 수 없다고 했습니다. 그래서 전쟁 억지력으로 충분한 보병이 필요합니다.
4) [주장 강화 ③] 세 번째 논거입니다. 한반도를 둘러싼 강대국간의 긴장과 갈등으로 인해 한국의 군사력 강화가 필요하다고 주장했습니다. 해군력, 공군력의 강화도 필요합니다. 하사관제의 확대와 병과의 전문성을 대안으로 제시했습니다.
5) [주장 강화 ④] 네 번째입니다. 인권을 위한 군대 문화 개선이 반드시 필요합니다. 이스라엘과 통일 전 서독의 징병제와 군사문화에 대해서 저희 측이 제시했습니다. 군대 구성원들의 인식의 전환을 위한 교육과 홍보 방안도 제시했습니다.
6) [주장 강화 ⑤] 마지막입니다. 전쟁이 일어났을 때 추가 병력의 지원이 필요합니다. 현재 예비군은 우리나라 군사력의 숨은 절대 전력입니다. 모병제 전환 시 예비군이 없습니다. 추가 병력은 어떻게 충원합니까?

3. 결론

1) [정리] 저희는 모병제가 비용의 증대와 전투력 하락으로 이어진다고 주장하였습니다. 찬성 측의 주장이 공감이 가는 부분도 있습니다.
2) [수사적 호소] 그러나 북한은 전투력의 70%인 70만 명을 휴전선 부근에 배치하고 있습니다. 이 중에 7개 사단 12만 명이 공수부대인 보병입니다. 속전속결이 그들의

목표입니다. 서울, 누가 지킵니까? F35 공군기가 서울 지킵니까? 아닙니다. 대비하지 못했던 6.25전쟁으로 수백만의 죄 없는 우리나라 사람들이 죽어 갔습니다. 지금도 그 아픔의 상처가 곳곳에 남아 있습니다. 100년 전 우리는 일본 제국주의에 35년 동안 나라를 빼앗기고 특히 우리의 젊은 남자들, 여자들, 모두 이리 끌려가고 저리 끌려갔습니다. 지금 우리에게 중요한 것은 국방입니다. 국방의 의무는 신성합니다.

3) [마무리 인사] 이상, 반대 측 마지막 반론 마치겠습니다. 감사합니다.

4. 교차조사 토론 형식의 내용 전략

지금까지 필수 쟁점을 기준으로 정책 토론의 입론, 교차조사, 반론의 내용 구성 방법을 살펴보았다. 아래 표는 앞에서 논의한 정책 토론의 내용들을 교차조사 토론 순서에 적용하여 각 발언자들의 주요 전략들을 도표로 제시한 것이다.

교차조사 토론 형식의 내용 전략

	토론 순서	핵심 전략
1	찬성 측 ① 입론	◎ 논제와 관련하여 용어와 개념을 규정함. ◎ 논제의 역사적/문화적/철학적/법적 배경을 소개함. ◎ 현상 및 문제점에 대해 명시함. ◎ 정책 방안에 대한 소개. 이익과 부작용 점검함 　(두 번째 입론자와 필수 쟁점 내용 분담함)
		※ 반①은 찬①의 입론 내용 잘 듣고 반②의 질문을 개발하여 줌
2	반대 측 ② 질문	◎ 찬성 측 입론의 주요 논점, 근거, 증거들을 확인하며 공략함 ◎ 찬성 측 논리의 허점, 오류 등에 대해 집중 공략함 ◎ 찬성 측이 인용한 출처나 자료를 공략함 ◎ 후반부에 공략이 필요한 논거들을 분명히 답하도록 확인시켜 둠

3	반대 측 ① 입론	◎ 상대방 취약 논리를 재강조할 수 있음 ◎ 찬성 측의 쟁점 중 반대 측과 달리하는 부분을 부각함 ◎ 찬성 측의 용어/개념에 대해 대체 정의를 내림 ◎ 찬성 측의 정당화에 대한 반론을 제기함 ◎ 반대 측의 배경 소개, 방안에 대한 비실효성 부각, 부작용 강조함 ◎ 찬성 측과 대립적 쟁점들을 분명히 함 ◎ 대체 방안이 있다면 제기해야 함
		※ 찬②는 반①의 입론 내용 잘 듣고 찬①의 질문을 개발하여 줌
4	찬성 측 ① 질문	◎ 반대 측 입론의 주요 논점, 근거, 증거들을 확인하며 공략함 ◎ 반대 측 논리의 허점, 오류 등에 대해 집중 공략함 ◎ 반대 측이 인용한 출처나 자료를 공략함 ◎ 후반부에 공략이 필요한 논거들을 분명히 답하도록 확인시켜 둠 ◎ 부작용을 주장했다면 부작용에 대해 설명하게 함
5	찬성 측 ② 입론	◎ 찬①의 입론과는 다르게 전개함 ◎ 찬①에서 제기한 쟁점들을 확장하며 구체적인 방안과 이익들을 강조함 ◎ 찬①의 질의에서 반①의 응답이 허약한 부분을 간략히 재공략함 ◎ 여기에서 앞선 반① 입론의 논거를 짧게 재반론하고 들어갈 수 있음 ◎ 반대 측이 논박을 하지 않은 쟁점들은 인정하는 것으로 받아들인다는 것을 청중들에게 확인시킴 ◎ 찬①이 제시한 문제점이나 용어나 개념을 다시 반복할 필요는 없음 (보완이 필요하다면 언급해도 좋음)
		※ 반②는 찬②의 입론 내용 잘 듣고 반①의 질문을 개발하여 줌
6	반대 측 ① 교차조사	◎ 앞부분 반②의 질문 전략과 같음 ◎ 반대 측이 명확히 공격할 수 있는 쟁점들을 강조하며 질문하고 입장을 분명히 해 줄 것을 요청함 ◎ 반②가 질문을 할 때 놓친 쟁점을 질문함

7	반대 측 ② 입론	◎ 반대 측 마지막 주장 기회임 ◎ 반①과 찬성 측 공략 쟁점을 분담하여 집중하는 것이 효율적임 　(예: 실행 가능성에 대한 공략은 반①이, 부작용에 대해서는 반②가 분담함) ◎ 반①의 입론 중 강한 쟁점 일부분을 확산시켜 나감 ◎ 예를 들어 반①이 실효성과 부작용에 대한 공략을 짧게 했다면 구체적 근거나 사례를 제시하며 청중들에게 확신시킴 ◎ 반대 측 입론과 교차질문에서 허약한 부분을 간략히 방어함 ◎ 찬성 측 입론과 교차질문에서 상대의 부족한 답변 재공격함 ◎ 반①의 질의응답에서 찬② 입론의 허약한 부분을 간략히 재공략할 수 있음 ◎ 앞선 반①의 질문 다음, 여기서 반②의 입론이 있고 다시 반론에서 반①이 먼저 발언함으로써 반대 측 ①과 ②가 오랜 시간 발언하게 됨. 이와 같은 이유로 반대 측 발언 구역이라고도 함
8	찬성 측 ② 교차 조사	※ 찬①은 반②의 입론 내용을 잘 듣고 찬②의 질문을 개발하여 줌 ◎ 앞부분 찬①의 질문 전략과 같음 ◎ 찬성 측이 명확히 공격할 수 있는 쟁점들을 강조하며 질문하고 입장을 명확히 해 줄 것을 요청함 ◎ 찬①이 질문을 할 때 놓친 쟁점을 질문함
9	반대 측 ① 반론	◎ 반대 측이 장시간 시간을 활용하므로 이 기회를 최대한 활용함 ◎ 반② 입론에서 다루지 못한 부분이 있다면 보완함 ◎ 최선의 쟁점을 선택하여 반론하여 나감 ◎ 찬성 측이 주장한 효과를 최소화함 ◎ 앞서 반②의 입론에서 제기한 주장을 단순 반복하지 말고, 확장하면서 찬성 측 쟁점을 공략함 ◎ 찬성 측 쟁점을 공략하면서 찬성 측 주장의 근거를 보완해 줄 것을 요청하며 찬성 측 반론에 부담을 줌 ◎ 반②와 쟁점에 대한 역할 분담 중요함

10	찬성 측 ① 반론	◎ 반대 측 주장을 정리하면서 반론함 ◎ 반②의 입론과 반① 반론에서 제기한 반대 측의 주장에 대해 효과적으로 재반론함 ◎ 입증의 부담을 염두에 두며 정당화, 방안, 이익과 부작용 등 중요한 쟁점을 재강조하며 반론을 함
11	반대 측 ② 반론	◎ 반대 측의 마지막 발언 기회임 ◎ 필수 쟁점 중 찬성 측이 약한 쟁점 정리 후에 집중적으로 공략함 ◎ 찬성 측이 불리한 논거, 근거, 증거를 재강조함 ◎ 찬성 측 반론에 미리 근거 제시를 요청하며 부담을 줌 ◎ 반대 측 주장 정리 후에 마지막 설득적 호소 발언 시간을 배분함 ◎ 설득적인 기법으로 청중들에게 호소함
12	찬성 측 ② 반론	◎ 전체 토론의 마지막 발언임. 회신 효과 최대한 활용 ◎ 반②의 반론에서 주장한 내용 재반론함 ◎ 찬성 측의 주장 재정리함 ◎ 전체적 토론 내용 간략 요약하며 정책의 필요성 다시 강조함 ◎ 설득적인 기법으로 청중들에게 호소함

토론의 평가와 내용 정리

1. 토론 평가

　토론의 평가 기준은 논리와 감정, 그리고 인품이라고 말할 수 있다. 이와 같은 평가 기준은 앞에서 밝힌 아리스토텔레스의 설득의 세 가지 요소인 로고스, 파토스, 에토스에 그 이론적 근거를 두고 있다. 심사자들이나 청중들은 이 세 가지 차원에서 토론을 평가한다. 먼저 토론자들이 주장하고 반박한 내용들의 논리적 측면을 평가한다. 동시에 시의적절한 수사적 기법을 활용한 언어 표현으로 청중의 감정을 움직이는 파토스적인 면과 의사소통에서 나타나는 토론자의 인품을 평가한다. 토론에서는 먼저 논리적 내용 구성 능력이 중요한 평가 기준이 된다. 논리적 측면의 평가란 먼저 주요 용어나 개념에 대한 정의가 보편성을 가졌는가를 살피며, 주장을 뒷받침하는 근거나 추론들이 잘 구성되었는가를 평가하는 것이다.

그리고 상대방의 주장에 대한 질문이 효율적으로 이루어졌는가를 살피며, 반론에서는 자기 주장이 상대의 주장보다 더 우위에 있다는 근거를 잘 제시하였는가를 평가한다.

토론은 구술적 의사소통 행위로서 논리도 중요하지만 감정과 인품도 중요하다. 구술적 특성을 가짐에 따라 토론은 상황적이며 심사자라는 즉석 청중을 갖는 특성이 있다. 이런 관점에서 토론은 글쓰기와 다르게 즉시적이며 생동감이 있다. 토론에서는 공격과 방어가 즉각적으로 일어나므로 순발력과 창의력이 중요한 요소가 된다. 순발력과 창의력은 비판적 사고를 갖고 토론 준비를 철저히 하였을 때 배가된다. 강태완 외(2001)는 다음과 같은 평가 기준을 제시하고 있다.

① 논증력과 분석력: 논리적이고 일관성 있는 분석을 토대로 상대방의 주장을 분명하고 확실하게 제압해야 한다.

② 내용: 증거나 통계 외에 실제 생활의 구체적인 사례나 심도 있는 지식을 근거로 한 주장을 제시해야 한다.

③ 반박: 자신의 일방적인 쟁점만을 제시하는 것이 아니라 상대방의 논점을 조목조목 반박하여 제압할 수 있어야 한다.

④ 구성: 자신의 주장을 분명하고도 사려 깊게 구성하여 전달하여야 한다.

⑤ 스타일 및 수사: 주장을 전달하는 방식은 주장의 내용만큼 중요하다. 수사적 기법을 동원하여 매끄럽고도 확신에 찬 스타일로 내용을 전달하여야 한다.

⑥ 팀워크: 토론 팀은 서로 상대방의 주장을 보강해 주면서 토론 과정 내내 일관된 팀의 입장을 제시해야 한다.

⑦ 보충 질의: 상대방의 논리나 구성상의 문제점에 대해 빠르고도 효과적으로 대응하여 보충 질의를 제기하는 것은 토론을 유리하게 진행하는 관건이 된다.

이상의 토론 교육 평가 기준은 미국식 모델을 바탕으로 한 것이며 이를 재구성하면 다음과 같이 크게 세 가지 항목으로 재편성할 수 있다.

(1) 논증력: 토론의 논리적 승패를 가름하는 요인

① 용어·개념: 토론의 논제에 사용되는 주요 개념들을 올바르게 정의하였는가?

토론 과정에서 논의되어야 할 개념들을 적절히 제시하였는가?

② 구성과 전개: 토론의 입론, 교차조사, 반론의 내용 구성이 잘 이루어졌는가?

각 부분 논리 전개가 일관적인가?

증거, 논거, 출처, 자료 제시가 명확하고 타당하였는가?

③ 논박력: 상대방 논리에 대한 이해와 단점을 교차조사나 반론 과정에서 잘 제시하였는가?

(2) 비판적 사고 및 응용: 논제에 대한 비판적 연구와 응용 능력

① 준비성: 논제에 대해 충분히 심도 있게 연구하고 조사하였는가?

자료나 논거 제시가 광범위하고 타당하였는가?

② 창의력 및 응용력: 준비된 자료로 상대방의 논리적 허점을 적절히 공격하였는가?

상대방의 공격에 대해 순발력 있게 대처하였는가?

(3) 전달력: 토론자의 언어적, 비언어적 스타일

① 언어적 측면: 어휘와 수사적 표현, 비유 등으로 청중의 주목도를 높이고, 유머 사용, 창의적 설명 방식 등의 스타일을 효율적으로 사용하였는가?

② 준언어적/비언어적 측면: 발음, 목소리의 강약, 말의 속도, 어조, 시선, 몸동작 등이 적절하였는가?

위의 항목들을 기준으로 구체적인 세부항목을 평가할 수 있다. 심사자로서 유의해야 할

점은 먼저 논제에 대한 자신의 편견, 가치, 이념을 내려놓아야 한다는 것이다. '동성애자 결혼을 합법화해야 한다'는 토론에서 자신의 입장이 반대 측을 선호한다고 해서 반대 측으로 판정이 기울어져서는 안 된다. 토론 실행 시 심사자들은 토론 내용에 절대 간섭하지 않아야 하며 단지 토론의 진행만 담당해야 한다. 그리고 심사자들은 토론 내용을 기록하거나 메모하는 습관을 길러야 한다. 기록 없이는 어느 측이 더 논리적이었는가를 판단하기에 어려움이 생긴다. 그리고 토론자들은 심사자들이 사람이라는 것을 명심해야 한다. 토론 심사를 기계가 대신하는 것이 아니며 논리, 감정, 인격을 가진 사람이 하는 것이다. 그러므로 심사자들에 대한 분석도 필요하다. 심사자들은 내용의 논리적 구성과 전개에 중점을 두는 이도 있는 반면, 전달이나 실행의 설득력에 비중을 많이 두는 이도 있다.

심사를 돕기 위해 다양한 심사 평가표들이 개발되었다. 교차조사 형식 토론에서는 평가표에서 보듯이 ① 용어·개념정의, ② 구성, ③ 논박력, ④ 창의력, ⑤ 언어표현, ⑥ 비언어 등의 항목을 평가한다. 평가는 개별 항목의 총점을 합산하여 승패를 가리는 것을 원칙으로 하고 있다. 그러나 총점이 낮은 팀이 승리를 하는 경우가 나올 수 있도록 허용하는 경우도 있는데 이를 '총점 무관 승리'라고 한다. 평가표의 각 개인 개별 점수는 총 30점 만점이며 팀 점수는 60점 만점으로 총체적인 총점 평가 제도가 도입되어 널리 이용되고 있다. 이 표는 각 토론자의 입론, 교차조사, 반론에서 각 10점 만점으로 하고 개별 점수를 쉽게 산출할 수 있으며 심사위원의 평을 기술할 수 있는 여백을 많이 두었다. 다음은 토론 평가표의 사례이다.

토론 평가표

논제 _____

심사 결과: _____측 승

심사위원: _____(서명)

	찬성 팀명:		반대 팀명:	
	①	②	①	②
	1　　2　　3　　4　　5　　6　　7　　8　　9　　10 매우 못함　　조금 못함　　보통　　조금 잘함　　매우 잘함			
입론 (10점 만점)	(1)	교차조사 ±1(답변)	(2)	교차조사 ±1(답변)	(3)	교차조사 ±1(답변)	(7)	교차조사 ±1(답변)
교차조사 (10점 만점)	(4)	(5)	(6)	(7)
반론 (10점 만점)	(10)	(11)	(9)	(12)
평가 이유	① 입론: 교차조사: 반론: ② 입론: 교차조사: 반론:		① 입론: 교차조사: 반론: ② 입론: 교차조사: 반론:	
개별 점수				
팀 총점				

＊평가요소 : 용어 · 개념정의, 구성, 논박력, 창의력, 언어표현, 비언어

2. 토론 내용 정리

내용 정리표는 토론자들의 토론 내용을 기록하는 문서이다. 대개 한 장으로 이루어져 있으며 토론 내용을 일목요연하게 볼 수 있다. 각 토론자의 발언 내용을 기록하여 논리의 실체와 허실이 잘 나타난다. 심사자들은 내용 정리표를 활용하여 기록이나 메모를 할 수 있다. 실제 토론 수업에서 일부 학생들은 내용을 정리하고, 일부 학생들은 내용 정리 없이 심사 평가만 하고, 일부 학생들에게는 내용 정리와 심사 평가표 작성을 동시에 작성하게 한 후, 세 집단의 평가를 비교해 보았더니 내용 정리표를 작성한 집단은 논리에 중점을 두고, 심사 평가표만 작성한 집단은 설득에 중점을 두고, 둘 다 작성한 집단은 논리와 설득을 동시에 평가한 것으로 나타났다. 내용 정리를 작성한 집단과 내용 정리 없이 심사한 평가자들 간에 토론 승패 결과가 다르게 나타나기도 한다. 그러므로 내용 정리와 함께 심사하는 것이 의사소통 교육에 효과적이다.

내용 정리표는 토론 당사자에게도 반드시 필요하다. 메모를 하지 않은 토론자는 상대 토론자의 논리를 공격할 때 메모를 한 토론자보다 덜 구체적이거나 교차조사에서 명확하고 예리한 질문을 던지지 못하기 때문이다. 다음은 내용 정리표의 가로형과 세로형의 두 가지 사례이다.

내용 정리표(가로형)

논제 _____ 작성자 _____

(1) 찬성 측 ① 입론	(2) 반대 측 ② 교차조사	(3) 반대 측 ① 입론	(4) 찬성 측 ① 교차조사
(5) 찬성 측 ② 입론	(6) 반대 측 ① 교차조사	(7) 반대 측 ② 입론	(8) 찬성 측 ② 교차조사
(9) 반대 측 ① 반론	(10) 찬성 측 ① 반론	(11) 반대 측 ② 반론	(12) 찬성 측 ② 반론

내용 정리표(세로형)

	찬① 입론	반② 교차조사	반① 입론	찬① 교차조사	찬② 입론	반① 교차조사	반② 입론	찬② 교차조사	반① 반론	찬① 반론	반② 반론	찬② 반론
내 용												
메 모												

참고문헌

강태완 · 김태용 · 이상철 · 허경호, 『토론의 방법』, 커뮤니케이션북스, 2001.

김명혜, 『인간 커뮤니케이션의 이해』, 나남출판, 1996.

박승억 · 신상규 · 신희선 · 이광모, 『토론과 논증』, 형설출판사, 2005.

백미숙, 『스피치』, 커뮤니케이션북스, 2014a.

백미숙, 『스피치로 승부하라』, 교보문고, 2013.

백미숙, 『스피치 특강』, 커뮤니케이션북스, 2006a.

백미숙, 「아리스토텔레스와 키케로의 에토스관」, 『독일언어문학』 제33집, 한국독일언어문학회, 109~128, 2006b.

백미숙, 『토론』, 커뮤니케이션북스, 2014b.

양태종, 『수사학 이야기』, 동아대학교 출판부, 2000.

이두원, 『논쟁』, 커뮤니케이션북스, 2005.

이승훈, 『글을 어떻게 쓸 것인가』, 문학아카데미, 1992.

이옥련 · 민현식, 『무슨 말을 어떻게 할 것인가』, 숙명여자대학교 출판부, 1996.

이정자 · 한종구, 『대화와 화술』, 국학자료원, 2003.

이현복, 『한국어의 표준발음』, 교육과학사, 1989.

임영환 외, 『화법의 이론과 실제』, 집문당, 1996.

임태섭, 『스피치커뮤니케이션』, 커뮤니케이션북스, 2003.

장혜영, 『발표와 토의』, 커뮤니케이션북스, 2009.

하병학, 『토론과 설득을 위한 우리들의 논리』, 철학과 현실사, 2000.

EBS 다큐프라임 '이야기의 힘' 제작팀, 『이야기의 힘』, 황금물고기, 2011.

Ammelbur, G., *Sprechen - reden - überzeugen*, Bertelsmann, 1970.

Ayres, J. & Miller, J., *Effective Public Speaking*, Brouwn & Benchmark, 1983.

Bartanen, M. D. & Frank, D. A., *Nonpolicy Debate*, 2nd ed., Prentic Hall, 1994.

Beebe, S.A. & Beebe, S.J., *Public Speaking. An Audience-Centered Approach*, Allyn & Bacon, 1997.

Benoti, William L. & Benoit, Pamdela J., *Persuasive Messages: The Process of Influence.* 이희복 · 정승혜 옮김, 『설득 메시지: 그는 어떻게 내 마음을 바꾸었는가?』, 커뮤니케이션북스, 2010.

Berube, D. M and et al., *Non-Policy Debating,* University Press of America, 1994.

Branham, R. J., *Debate and Critical analysis: The Harmony of Conflict,* Lawrence Erlbaum, 1991.

Braun, R., *Die Macht der Rhetorik.* 염정용 옮김, 『말의 힘』, 이지앤, 2003.

Brydon, S.R. & Schott, M. D., *Between One and Many. The Art and Science of Public Speaking,* Mayfield, 1997.

Ericson, J. M. and et al., *The Debater's Guide,* Southern Illinois University, 1987.

Freely, A. J. & Steinberg, D. L., *Argumentation and Debate: Critical Thinking for Reasoned Decision Making.* 14th ed, Wadsworth, 2013.

Gallo, Carmine , *The Presentation Secrets of Steve Jobs ,* 김태훈 옮김, 『스티브 잡스 프레젠테이션의 비밀』, 랜덤하우스, 2010.

German, K., Gronbeck, B., Ehinger, D. & Monroe, A.H., *Principles of Public Speaking,* Longman, 2001.

Gregory, H., *Public speaking for College and Career,* McGraw-Hill, 2002.

Griffin, C.L., *Invitation to Public Speaking,* Wadsworth, 2003.

Hamilton, C., *Essentials of Public Speaking,* Wadsworth, 1999.

Herbert W., Simons, *Persuasion in Society,* Thousand Oaks, CA: Sage, 2001.

Inch, E. S. & Warnick, B., *Critical Thinking and Communication: The Use of Reason in Argument.* 3rd ed., Simon & Schuster, 1998.

Jaffe, C., *Public Speaking. Concepts and Skills for a diverse Society,* Wadsworth, 2004.

Jaffe, E., *Public Speaking: A Cultural Perspective,* Wadsworth, 1995.

Kanai, H., *Hitomaede bikubiku-odoodosezuni hnaseru hon,* 최현숙 옮김, 『남 앞에서 떨지 않고 말하게 해주는 책』, 국일미디어, 2002.

Kearney, P. & Plax, T.G., *Public Speaking in a diverse Society,* Mayfield, 1996.

Kieger, P. & Hantschel, H. J., *Handbuch Rhetorik,* 백미숙 옮김, 『스피치 핸드북』, 일빛, 2000.

Kulich, C., *Erfolgreich präsentieren, Vorschläge, Ideen,* Konzeptionen, espert·Taylorix, 1991.

Lucas, S. E., *The Art of Public Speaking,* McGraw-Hill, 2001. 김주환 옮김, 『스피치의 정석』, 교보문고, 2012.

Monroe, A. H., *Principle and types of speech.* 5th ed., Chicago: Scott Foresman, 1962.

Osborn, S., *Public Speaking,* Houghton Mifflin: Boston, MA, 1991.

Peterson, B. D., Stephan, E. G. & White, N. D., *The Complete Speaker: An Introduction to Public Speaking.* West Publishing Company: New York, NY, 1992.

Phillips, L. and et al., *Basic Debate.* 4th ed., National Textbook, 1996.

Richmond, V. P., & McCroskey, J. C., *Communication: Apprehension, avoidance, and effectiveness,* 1995.

Rybacki, K. C. & Rybacki, D. J., *Advocacy and Opposition: An Introduction to Argumentation.* 4th ed., Pearson Education, 2000.

Samovar, L.A. & Mills J., *Oral Communication, Message and Response,* Wm.C.Brown, 1992.

Sather, T., *Pros and Cons: A Debater Handbook.* 18th ed., Routledge, 1999.

Sprague, J.& Stuart, D., *The Speaker's Handbook,* Tomson, 2005.

Sugawara, Michiko, *The Power of Empathy.* 윤지나 옮김, 『단박에 통하는 공감의 힘』, 한언, 2010.

Underhill, R., *Khrushchev's shoe,* 이종인 옮김, 『청중을 사로잡는 기술』, 더난출판, 2004.

Verderber, U. F., *Effective Speaking,* Wadsworth, 2000.

Walker, T. J., *How to Give a Pretty Good Presentation,* 이민주 옮김, 『프레젠테이션 하루 전』, 토네이도, 2011.

Wiskup, Mark, *The "IT" Factor: Be the One People Like, Listen to, and Remember,* 안진환 옮김, 『커뮤니케이션 주치의, 잇 팩터』, 다산라이프, 2008.

Witz, M., *Stand up and Talk to 1000 People(and enjoy it!).* 김수진 옮김, 『당당하게 일어나 자신있게 말하라』, 아라크네, 2004.

Yahata, H., *Perfect Presentation.* 나상억 옮김, 『프리젠테이션 박사』, 21세기북스, 1996.

Zarefsky. D., *Public Speaking, Strategies for Success,* Allyn & Bacon, 2002.

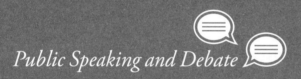

Public Speaking and Debate

지은이

백미숙 | 성균관대학교 학부대학 교수 |
이상철 | 성균관대학교 학부대학 교수 |

감수

유홍준 | 성균관대학교 학부대학장 |

교열

김　진 | 성균관대학교 학부대학 초빙교수 |
손윤락 | 성균관대학교 학부대학 겸임교수 |
안철택 | 성균관대학교 학부대학 초빙교수 |
오현정 | 성균관대학교 학부대학 초빙교수 |
우상수 | 성균관대학교 학부대학 초빙교수 |
이군호 | 성균관대학교 학부대학 초빙교수 |
정세일 | 성균관대학교 학부대학 초빙교수 |
한성일 | 성균관대학교 학부대학 초빙교수 |

교정

김여송 | 성균관대학교 학부대학 조교 |
(이상 가나다 순)

소통의 기초
스피치와 토론

1판 1쇄 발행 2014년 8월 31일
1판 10쇄 발행 2022년 9월 30일

지은이 스피치와 토론 교과교재 출간위원회
펴낸이 신동렬
펴낸곳 성균관대학교 출판부
등록 1975년 5월 21일 제1975-9호

주소 03063 서울특별시 종로구 성균관로 25-2
전화 (02) 760-1253~4
팩시밀리 (02) 762-7452
홈페이지 http://press.skku.edu

ⓒ 2014, 스피치와 토론 교과교재 출간위원회

ISBN 979-11-5550-059-0　03710

값 20,000원

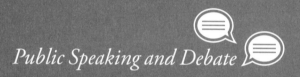
Public Speaking and Debate